中华当代学术著作辑要

当代西方财政经济理论

王传纶
高培勇 著

商务印书馆
The Commercial Press

图书在版编目(CIP)数据

当代西方财政经济理论/王传纶,高培勇著.—北京:商务印书馆,2022
(中华当代学术著作辑要)
ISBN 978−7−100−20647−1

Ⅰ.①当… Ⅱ.①王… ②高… Ⅲ.①财政—经济理论—研究—西方国家 Ⅳ.①F810

中国版本图书馆 CIP 数据核字(2022)第 016913 号

权利保留,侵权必究。

中华当代学术著作辑要
当代西方财政经济理论
王传纶 高培勇 著

商 务 印 书 馆 出 版
(北京王府井大街36号 邮政编码100710)
商 务 印 书 馆 发 行
北 京 通 州 皇 家 印 刷 厂 印 刷
ISBN 978−7−100−20647−1

2022年3月第1版　　　开本710×1000 1/16
2022年3月北京第1次印刷　印张 33¾
定价:158.00元

中华当代学术著作辑要

出 版 说 明

学术升降，代有沉浮。中华学术，继近现代大量吸纳西学、涤荡本土体系以来，至上世纪八十年代，因重开国门，迎来了学术发展的又一个高峰期。在中西文化的相互激荡之下，中华大地集中迸发出学术创新、思想创新、文化创新的强大力量，产生了一大批卓有影响的学术成果。这些出自新一代学人的著作，充分体现了当代学术精神，不仅与中国近现代学术成就先后辉映，也成为激荡未来社会发展的文化力量。

为展现改革开放以来中国学术所取得的标志性成就，我馆组织出版"中华当代学术著作辑要"，旨在系统整理当代学人的学术成果，展现当代中国学术的演进与突破，更立足于向世界展示中华学人立足本土、独立思考的思想结晶与学术智慧，使其不仅并立于世界学术之林，更成为滋养中国乃至人类文明的宝贵资源。

"中华当代学术著作辑要"主要收录改革开放以来中国大陆学者、兼及港澳台地区和海外华人学者的原创名著，涵盖文学、历史、哲学、政治、经济、法律、社会学和文艺理论等众多学科。丛书选目遵循优中选精的原则，所收须为立意高远、见解独到，在相关学科领域具有重要影响的专著或论文集；须经历时间的积淀，具有定评，且侧重于首次出版十年以上的著作；须在当时具有广泛的学术影响，并至今仍富于生命力。

自 1897 年始创起，本馆以"昌明教育、开启民智"为己任，近年又确立了"服务教育，引领学术，担当文化，激动潮流"的出版宗旨，继上世纪八十年代以来系统出版"汉译世界学术名著丛书"后,近期又有"中华现代学术名著丛书"等大型学术经典丛书陆续推出,"中华当代学术著作辑要"为又一重要接续,冀彼此间相互辉映,促成域外经典、中华现代与当代经典的聚首,全景式展示世界学术发展的整体脉络。尤其寄望于这套丛书的出版,不仅仅服务于当下学术,更成为引领未来学术的基础,并让经典激发思想,激荡社会,推动文明滚滚向前。

商务印书馆编辑部

2016 年 1 月

再 版 序 言

今年4月22日,是我的恩师王传纶教授(1922年4月22日—2012年9月13日)百年诞辰。为了纪念这个不同寻常的日子,追忆和弘扬王传纶教授的学者风范和学术思想,经我提议,商务印书馆决定再版王传纶教授的两本代表性著作——《资本主义财政》和《当代西方财政经济理论》。

王传纶教授一生的学术涉猎范围非常广泛,在多个领域均有建树,但相对而言,他的主要学术成就、学术贡献集中体现于财政学、金融学两大学科领域。在我国经济学界,他是公认的学贯中西、能够横跨财政学和金融学两大学科领域的学术名家、学问大家。正因为如此,他也被誉为"财政金融泰斗""新中国财政金融学科的奠基人之一"。

《资本主义财政》和《当代西方财政经济理论》两本著作,也是两本教科书,集中展示了王传纶教授在财政学教学与研究方面的学术成就和学术贡献。

一

《资本主义财政》出版于1981年,它是在王传纶教授1963年所编写的《资本主义财政》油印稿的基础上修改补充而成的。从1963年到1981年,跨越了19个年头。最初是为满足中国人民大学财政金融专业教学需要而编写,也未能修订成书。后来是随着我国对外经济关系的恢复和发展,为满足了解和研究资本主义国家经济以及全国高等院校财政金融专业和世界经济专业的教学需要而修订成书。这期间所经历的变化之巨大,这本书在出版之际以及出版之后所引起的社会反响之巨大,只要了解一点这一段中国历史的人,都可从这本书的字里行间深切体会到。

我清晰地记得,作为国家恢复高考后招收的第一届财政学专业学生,我们的专业教学几乎是在没有教材的情况下或在尚未装订成书的油印教材陪伴下进行的。至于涉及外国经济特别是涉及西方国家财政经济的教学,且不说教材,能够在图书馆找到的包括英文版在内的相关书籍,也极其有限。在那时,举凡有人找到有关外国经济制度、西方经济理论类的书籍或资料,哪怕是复印版,同学们都会争相传阅甚至传抄。

我也清晰地记得,关于《资本主义财政》出版的信息,我是从财政部财政科学研究所(现更名为中国财政科学研究院)时任外国财政研究室主任汪学谦研究员那里得到的。那是1982年春天,我已本科毕业,进入攻读硕士学位阶段。基于请最好、最专业的老师来授课的考量,学校专门请来汪学谦研究员为我们这一届财政学专业研究生讲授"外国财政"课程。汪学谦研究员的研究专长是苏联、东欧国家财政,他在授课中告诉我们,不仅要研究社会主义国家财政,也要研究资本主义国家财政,要比较着研究。中国人民大学王传纶教授编写的《资本主义财政》一书,已经出版发行。这一信息,顿时产生了热烈反响。其时正值"五一"国际劳动节前夕,一位来自北京的同学自告奋勇,趁节日回家探亲之际为大家购来了这本书。

作为中国第一本全面介绍西方发达资本主义国家财政制度、财政理论、财政政策和财政实践的著作,《资本主义财政》不仅满足了教学需要,而且填补了这一研究领域的空白。事实上,在改革开放之初的中国,不仅类如我们这样的财政学专业以及其他相关专业学生,包括政府机关公务员、企业家、高等院校教师在内的各类人士,都是从这本书开始接触、了解、研究西方发达资本主义国家的财政理论和实践的。

除此之外,还有两件事值得一提。其一,当时我国以涉外税收制度为代表的各种涉外经济制度建设正值起步期,借鉴外国经验,特别是西方发达资本主义国家经验,是其中绕不开、躲不过的重要一环。据参与涉外税收制度起草的许多同志回忆,《资本主义财政》是他们当时所能找到的为数不多的案头必备书之一。其二,在这本书出版之后,虽也有类似主题的书籍或培训教材陆续问世,但从它们的内容编排以及所列参考文献清单中总能找到《资本主义财政》的印记。

因此,可以说,这本书所做出的贡献,绝非限于教育领域。从党和国家事业发展全局着眼,它不仅对于改革开放的理论研究,而且对于改革开放的实践探索,甚或对于改革开放所需要的各类相关人才的培养,都具有开创性和奠基性意义。

二

如果说1981年出版的《资本主义财政》主要基于借鉴国外先进经济管理经验的需要而旨在全面介绍西方发达资本主义国家的财政理论和实践,那么,1995年出版的《当代西方财政经济理论》则旨在通过系统阐述当代西方财政经济理论,探索不同社会制度、不同国情、处于不同发展阶段的国家财政运行的一般规律。

之所以要写这样一本书,显然同王传纶教授的求学、治学经历不无关联。王传纶教授曾先后在西南联大经济系和英国格拉斯哥大学社会经济研究系接受系统的经济学训练,很早就立下了把马克思主义基本理论同西方经济学科学成分结合起来分析解决中国问题的志向。作为新中国最早的学成归国者，他最初受聘于清华大学经济系和中央财经学院，1953年在全国高等院校院系大调整中转入中国人民大学，并在此辛勤耕耘了一生。财政学是他在三所高校讲授的主要课程之一。深厚扎实的西方经济学理论功底，对马克思主义经典著作的系统钻研，对资本主义和社会主义两种不同社会制度的观察和思索，对中国社会发展不同阶段所取得的成功和失败的体验和反思，使得他在对中西国家财政问题的比较研究日益深入的同时，建构一门中国财政学的信念亦日趋强烈。他所构想的中国财政学，是建立在中西财政问题比较研究基础上的，是建立在不同社会制度、不同国情、不同发展阶段的国家财政一般规律基础上的，是作为一门科学的中国社会主义财政理论体系。

我是1991年考入中国人民大学，跟随王传纶教授攻读博士学位的。在此之前，我在天津财经学院（现更名为天津财经大学）财政学系任教。考虑到我的财政学科任教经历，入学不久，王传纶教授便让我参编由他主编的全国高等教育自学考试教材《资本主义财政学》。相较于1981年出版的《资本主义财政》，这本《资本主义财政学》前进了一步——冠之以"学"，突出了理论的成分。不过，虽然从理论的意义定位全书，也虽然试图按照理论体系的架构编排，但它毕竟是作为一本自学考试教材而编写的，也毕竟是为满足当时社会主义财政学和资本主义财政学"双轨"或"平行"教学格局的需要而编写的。这不仅距离王传纶教授建构中国财政学的目标尚远，也未能充分地反映当代西方财政学科发展全貌。所以，在《资本主义财政学》脱稿之后，王传纶教授便同我商议另写一本全面反映、系统阐述当代西方财政经济理论发展状况的著作——《当代西方财政经济理论》。

按照王传纶教授当时的构想，中国财政学的建构至少要分三步走：第一步，把当代西方财政学科发展状况及其理论体系真正搞清楚、弄明白。第二步，对中西财政理论和实践做比较研究，从中探索人类社会财政共性,进而归结财政运行一般规律。第三步,将财政运行一般规律与中国财政实情相融合,并以此为基础,建构中国社会主义财政理论体系。《当代西方财政经济理论》的写作,显然是实现这一构想的重要步骤。

对此,王传纶教授在前言中做了多方面的具体交代。

他首先写道,这本书取名为《当代西方财政经济理论》,但它"实是一次学术上的探索。探索的长远目标是比较大的,想在财政学科中寻找出一个科学的理论体系。但我们这本小书的任务则比较小,只是循着这个方向走了一步,而且还是'摸着石头过河'般的一步。……我们这本小书,就是为财政科学的理论框架做一点准备工作"。

他描述了取"渐进"之策建构中国财政理论体系的两种可能前景:"一是以我国从90年代跨越下世纪的社会主义市场经济的建立和发展为背景,建立中国社会主义财政理论的框架,吸收西方有用的观点,形成体系;这样做的好处是与我国财政工作实践的结合较为密切。二是以社会主义市场经济为目标模式,写一本规范性的财政理论著作,不必冠以'中国'两个字,也无须加上'社会主义'的定语;这样做的理由是,我们深信,社会主义市场经济的体制,将是目前不同社会制度下、处于不同发展阶段的国家终究要走向的目标。"

他提出要基于探索人类社会财政共性、归结财政运行一般规律的目的而研究西方财政经济理论:"我们多年来从事于财政经济理论教学,在社会主义和资本主义的'双轨'上费了不少岁月,对资本主义理论观点的批判投入了不少精力。由于对西方财政经济理论缺少历史的、系统的考察,批判未曾深入;批判应能起扬弃的作用,但多年来未能从批判中充实社会主义财政的理论和实践……不同社会制度、不同国情、处于不同发展阶段的国家中,财政有无共性?如果有,能否由此认识某些范畴、某些关系、某些规律,足以构成一个合理的理论框架？如果真能做到这样，岂非对我们财政工作的实践也能有一定的指导作用吗？"

他主张以国家和市场经济之间的关系为逻辑主线去探索人类社会财政共性、归结财政运行一般规律："财政既是国家对经济的一种宏观调控，它不能脱离市场经济，也不排斥市场经济。社会主义市场经济体制不能没有财政，二者之间有本质性的联系。……既然不同社会制度下市场经济的形成和运行方式有相同之处，那么，从国家对市场经济的角度，不同社会制度、不同国情、处于不同发展阶段的国家的财政难道就没有任何共性吗？从国家对市场经济的关系去抓住财政的共性，看来是可能的……"

既要循着国家与市场经济的关系这条逻辑主线而写，用这样一本书概括半个世纪以来西方财政经济理论的发展，很难做到周全，内容取舍实属难免。那么，取什么？又舍什么？王传纶教授提出的标准是：要取"与'政府—市场经济—财政'这条线索有关的理论观点"，要舍"与上述线索不那么直接地关联着的枝枝蔓蔓，或者，较为技术性的阐述"。

他也明确指出了对西方财政经济理论应持的基本立场："诚然，在吸收、借鉴西方财政经济理论中一切有用的思想、经验和方法的同时，我们也必须正视和认识其中的谬误和缺陷。这是因为，同一般西方经济理论一样，西方财政理论也具有科学性的一面和非科学性的一面。我们的态度仍然是：有分析地吸收借鉴前者，恰如其分地批判扬弃后者。"

由本书的长远目标到短期任务，由本书逻辑主线的确立到内容取舍标准的界定，由中国财政理论体系发展的前景擘画到研究西方财政经济理论的出发点和落脚点，王传纶教授关于《当代西方财政经济理论》的布局谋篇以及建构中国财政学的系统构想，无疑站在了财政学教学与研究的制高点上。奔着建构中国财政学的目标而写《当代西方财政经济理论》，虽然写的是当代西方财政学科发展状况及其理论体系，其实质则是作为一门科学的财政理论体系探索，这本在当时无论就其内容还是论其思想均似显"超前"的著作，即便在30年之后的今天读来，仍然具有指导意义，也仍然位居财政学教学与研究前沿地带。

三

从《资本主义财政》到《资本主义财政学》，再到《当代西方财政经济理论》，如同接力赛跑，一步步朝着写一本中国财政学、建构同人类社会财政共性和财政运行一般规律相贯通的中国社会主义财政理论体系的目标逼近，既折射了王传纶教授的执着追求，也浸透着他为财政学教学与研究事业倾注的殷殷心血，更体现了他对祖国、对人民的责任感和使命感。

既不能就中国财政而论中国财政，也不能就西方财政而论西方财政，而要从比较研究出发探索人类社会财政共性，归结财政运行一般规律，这是王传纶教授一贯的思想。

盯住共性和规律，围着共性和规律而转，奔着共性和规律而去，把中国财政学建构在清晰认识和把握人类社会财政共性和财政运行一般规律的基础上，让中国财政学真正成为一门科学，这是王传纶教授留给我们的宝贵遗产。

回望既往走过的路，前瞻未来前行的路，体味颇深的一个基本事实是，中国特色社会主义事业离不开中国特色哲学社会科学的支撑和支持，必须加快构建中国特色哲学社会科学。基于同样的道理，中国特色社会主义财政事业也离不开中国特色社会主义财政理论体系的支撑和支持，必须加快建构中国财政学。

中国特色社会主义已经进入新时代。站在全面建设社会主义现代化国家新征程的历史起点上，无论是加快构建中国特色哲学社会科学，还是加快建构中国财政学，都要解决从何处入手、该如何展开以及框架和构件是什么的问题。

如果说财政从来都是国家治理的基础和重要支柱，并且，这既属于人类社会财政共性，又是一条财政运行的一般规律，那么，中国财政学的建构，必须深入研究财政和国家治理之间关系的变化规律，从根本上摆正财政在党和国家事业发展全局中的位置。

如果说财政治理体系和治理能力现代化从来都是国家治理体系和治理能力现代化的基础性和支撑性要素，并且，这既属于人类社会财政共性，又是一条财政运行的一般规律，那么，中国财政学的建构，必须深入研究财税体制和国家治理体系之间关系的变化规律，从根本上摆正财税体制在中国特色社会主义制度体系中的位置。

如果说财政职能格局从来都同政府职能格局高度耦合，也从来都是可以跨越各种政府职能的交汇点，并且，这既属于人类社会财政共性，又是一条财政运行的一般规律，那么，中国财政学的建构，必须深入研究政府和市场之间关系的变化规律，从根本上摆正财政职能在社会主义市场经济中的位置。

倘若上述的说法大致不错，如下的推论也自然能够成立：

财政不仅是一个经济范畴，而且是一个国家治理范畴。站在党和国家事业发展全局高度，从更高层面、更广范围的现代国家治理意义上定义财政，是中国财政学的题中应有之义。

财税体制不仅是经济体制的组成部分，而且是国家治理体系的组成部分。站在中国特色社会主义制度体系高度，将财税体制作为中国特色社会主义制度的基础性和支撑性要素加以塑造，是中国财政学的题中应有之义。

财政职能不仅涉及恰当满足社会公共需要,而且涉及有效弥补市场失灵。站在社会主义市场经济高度,将财政职能作为明晰政府和市场边界的基本标识加以界定,是中国财政学的题中应有之义。

　　转眼间,王传纶教授离开我们已近10年了。王传纶教授一生没有离开过课堂,将他的全部精力悉数奉献给了他深爱的这片土地、他深爱的教育事业和他深爱的学生们。今天,我们对于王传纶教授最好的纪念,就是传承他的学术思想,弘扬他的学术情怀,将他提出的学术命题继续做下去,将他描绘的学术蓝图绘到底。

高培勇

2022年1月9日于北京

目　　录

前言 …………………………………………………………………… 1

第 1 篇　公共部门的政治经济学

第 1 章　市场和政府 ………………………………………………… 11
1.1　资源配置的效率：含义与条件 ………………………………… 11
1.2　市场失灵和政府经济活动的范围 ……………………………… 17
1.3　公共财政及其职能 ……………………………………………… 25
小结 …………………………………………………………………… 33

第 2 章　外部效应理论 ……………………………………………… 35
2.1　外部效应：分类和事例 ………………………………………… 35
2.2　外部效应与资源配置效率 ……………………………………… 39
2.3　外部效应的内在化：政府的矫正措施 ………………………… 49
小结 …………………………………………………………………… 54

第 3 章　公共物品理论 ……………………………………………… 56
3.1　公共物品的特性 ………………………………………………… 56
3.2　纯粹的公共物品的需求与纯粹的私人物品的需求 …………… 63
3.3　纯粹公共物品的配置效率 ……………………………………… 68
3.4　林达尔均衡和免费搭车者 ……………………………………… 72
3.5　混合物品：半公共或半私人物品 ……………………………… 77
小结 …………………………………………………………………… 80

第4章 公共选择理论 82
- 4.1 多数规则下的公共物品的供给:政治均衡的概念 82
- 4.2 多数规则下投票结果的唯一性和循环性 90
- 4.3 同时就一个以上问题的投票:投票交易的发生 99
- 4.4 政治行为的分析 105
- 小结 111

第2篇 宏观财政理论与政策思想

第5章 公共支出理论 115
- 5.1 公共支出的结构 115
- 5.2 公共支出的经济影响:消耗性支出 120
- 5.3 公共支出的经济影响:转移性支出 123
- 5.4 公共支出的模型:关于公共支出增长现象的解释 128
- 小结 132

第6章 公共财政的效率:预算决策及其经济分析 134
- 6.1 与预算有关的概念 134
- 6.2 预算决策程序 139
- 6.3 预算决策的经济分析:机会成本分析 146
- 6.4 预算决策的经济分析:成本-效益分析 148
- 小结 155

第7章 公共收入:税收、公债及其他 157
- 7.1 公共收入的原则 157
- 7.2 税收:公共收入的主要形式 159
- 7.3 公债:有偿性的公共收入形式 170
- 7.4 其他公共收入形式 173
- 小结 179

第8章 财政乘数与经济均衡 ... 181
8.1 从预算平衡论到功能财政论 ... 181
8.2 无政府预算条件下国民收入的决定 ... 186
8.3 有政府预算条件下国民收入的决定 ... 191
8.4 财政乘数与国民收入的均衡水平 ... 194
小结 ... 199

第9章 财政政策：目标与工具 ... 201
9.1 财政政策的目标 ... 201
9.2 自决的财政政策 ... 207
9.3 非自决的财政政策 ... 212
9.4 供给学派的财政政策主张 ... 216
小结 ... 223

第3篇 税收：理论与结构

第10章 税收原则理论 ... 227
10.1 税收原则理论的演变 ... 227
10.2 税收与公平 ... 236
10.3 税收与效率 ... 243
10.4 对西方税收原则理论做一个归纳 ... 248
附录：西方税收原则的调整及其发展趋势 ... 251
小结 ... 258

第11章 税种分类与税制结构（Ⅰ） ... 260
11.1 税种的分类 ... 260
11.2 税制结构的设计 ... 270
小结 ... 277

第12章 税种分类与税制结构（Ⅱ） …… 279
- 12.1 对所得的课税 …… 279
- 12.2 对财产的课税 …… 295
- 12.3 对商品的课税 …… 308
- 小结 …… 329

第13章 税收效应分析 …… 331
- 13.1 税收与生产者行为 …… 331
- 13.2 税收与消费者行为 …… 338
- 13.3 税收与劳动投入 …… 341
- 13.4 税收与私人储蓄 …… 351
- 13.5 税收与私人投资 …… 355
- 小结 …… 362

第14章 税收的转嫁与归宿 …… 365
- 14.1 税收转嫁与归宿的概念 …… 365
- 14.2 税收的归宿：局部均衡分析 …… 369
- 14.3 税收的归宿：一般均衡分析 …… 390
- 14.4 简短的归纳：税收转嫁的一般规律 …… 399
- 小结 …… 403

第15章 开放经济条件下的税收问题 …… 406
- 15.1 税收管辖权与国际重复课税 …… 406
- 15.2 国际间对商品课税制度的协调 …… 411
- 15.3 国际间对所得课税制度的协调 …… 417
- 15.4 国际间对跨国收入和费用分配的协调 …… 426
- 15.5 国际间对国际避（逃）税防范措施的协调 …… 435
- 小结 …… 442

第4篇　公债的运用与管理

第16章　公债运用的一般原理 ·· 447
- 16.1　有关公债的理论观点的演进 ·· 447
- 16.2　公债的运用原则：归纳与比较 ··· 454
- 16.3　李嘉图等价定理 ··· 456
- 16.4　公债的用途 ·· 464
- 小结 ··· 469

第17章　公债的管理：种类、发行及还本付息 ······························ 471
- 17.1　公债的种类 ·· 471
- 17.2　公债的发行 ·· 479
- 17.3　公债的应债来源 ··· 486
- 17.4　公债的还本付息 ··· 496
- 小结 ··· 502

第18章　公债管理与宏观经济调控 ·· 504
- 18.1　公债管理：流动性效应和利率效应 ···································· 504
- 18.2　公债管理同财政、货币政策的协调配合 ···························· 508
- 18.3　引发的思考：中国公债管理的问题与改革 ························· 513
- 小结 ··· 516

主要参考文献 ··· 517
- 英文部分 ··· 517
- 中文部分 ··· 518

前　　言

（一）

读者面前的这本书，取名《当代西方财政经济理论》，实是一次学术上的探索。探索的长远目标是比较大的，想在财政学科中寻找出一个科学的理论体系。但我们这本小书的任务则比较小，只是循着这个方向走了一步，而且还是"摸着石头过河"般的一步。当今，"渐进主义"颇受非议。但大到我国的社会主义事业，小到一个学科的理论体系，如果说"渐进主义"则未必恰当，但渐进却是必要的。

理论体系的建立，一要有合理的框架，二要有足够的构件。我们这本小书，就是为财政科学的理论框架做一点准备工作。

我们多年来从事于财政经济理论教学，在社会主义和资本主义的"双轨"上费了不少岁月，对资本主义理论观点的批判投入了不少精力。由于对西方财政经济理论缺少历史的、系统的考察，批判未曾深入；批判应能起扬弃的作用，但多年来未能从批判中充实社会主义财政的理论和实践。

在上述"平行"教学中，不时也浮起这样的想法：不同社会制度、不同国情、处于不同发展阶段的国家中，财政有无共性？如果有，能否由此认识某些范畴、某些关系、某些规律，足以构成一个合理的理论框架呢？如果真能做到这样，岂非对我们财政工作的实践也能有一定的指导作用吗？

多年来有不少学者做了若干探索。不少人认为，古往今来，财政总归是社会产品的一种分配。这种说法不难接受，但仍有种种疑问：财政这种分配的范围有多大？分配的目的是什么？分配的机制又是怎样的？这些疑问难有恰当答案。因而，财政作为一种分配的共性也就微不足道了。也有一些人把满足国家需要作为财政的共性，但国家有阶级性而阶级性又有本质的不同。因而，这样的说法在当时就有点"离经叛道"的味道了。当时也还有一种说法：财政虽然纷纭繁复，但总归是某种货币关系。但"某种"如何界定？货币关系又有什么内容？这些也难于弄清楚。回顾几十年的探索，很像"盲人摸象"，接触到一些表面现象，但抓不住本质。

现在，我们认识到：社会主义市场经济体制是社会主义基本制度不可缺少的内容；建立社会主义市场经济体制，就是要使市场在国家宏观调控下对资源配置起基础性作用。财政既是国家对经济的一种宏观调控，它不能脱离市场经济，也不排斥市场经济。社会主义市场经济体制不能没有财政，二者之间有本质性的联系。

基于这样的认识，不妨对不同社会制度下财政的共性另做一些探索。市场经济存在于不同的社会制度下。资本主义制度下市场经济已有几个世纪的发展。社会主义制度下市场经济正在形成和发展。既然不同社会制度下市场经济的形成和运行方式有相同之处，那么，从国家对市场经济的角度，不同社会制度、不同国情、处于不同发展阶段的国家的财政难道就没有任何共性吗？

从国家对市场经济的关系去抓住财政的共性，看来是可能的，但尚未成熟。由此去建立财政科学的理论框架，也为时过早。那么，现在应当做些什么？

千里之行，始于足下。我们想到的一步就是对当代西方的财政理论著作做一些考察。随着对外开放和文化交流的扩大,我们接触到许多西方的财政论著。这些著作都是在这半个世纪中写的,即在资本主义条件下市场经济运行不那么顺利的环境下写的。它们的观点和理论内容有很多差异,但有一点却是共同的,那就是:它们不由自主地注意了国家与市场经济的关系。

正是基于上述原因,作为我们探索的第一步,就写了这本《当代西方财政经济理论》。

(二)

认识因实践而深化,由比较而获得发展。中国的经济学家在比较研究上有着优势。

我们长时期处于传统的、集中的计划体制下,对当时本国的财政工作和财政理论有过较多的了解。我们目前正投身于初步建立社会主义市场经济体制的宏伟事业,对这样的体制下财政的位置和功能虽还未必很清楚,但方向和道路已经明确。在这时候,对西方财政做一番比较研究,是能"为我所用"的。

半个世纪来西方财政经济理论的演变,原因在于经济环境的变化。这些理论,在不同程度上又成为这些国家制定财政经济政策的指导思想。我们这本小书,本身属于思想史范畴,但其一端与经济史相接,另一端与西方政治史有关。这也是财政的位置所决定的。

当代西方经济学家在谈到财政学的定义时,往往采用这样一种表达方式:财政学是一门关于公共部门的政治经济学,它旨在描述和分析公共部门的经济活动。他们所说的"公共",主要就是政府。他们所说的"公共部门",指的是与私人部门相区别的另一个经济部门。

由上述定义出发,西方财政学的研究是从政府经济活动的意义入手的。其基本的线索是:由市场机制失灵的分析,揭示政府经济活动的必要性,界定政府经济活动的范围和公共财政的职能,进而讨论公共部门经济活动的一般原理。在此基础上,将分析对象具体化为公共财政的各个组成要素,即公共支出、公共收入、公共预算、财政政策、税收和公债。

本书的讨论也是围绕这一线索而展开的。全书分为4篇共18章:

第1篇包括第1—第4章,侧重于公共部门经济活动一般原理的阐释。第1章讨论市场和政府的关系。这一章通过对资源配置效率、市场机制失灵、政府经济活动的范围以及公共财政的职能等问题的分析,意在给出研究西方财政经济理论的基本线索。以此为起点,第2、第3和第4章分别讨论了公共财政领域的三个重要理论范畴:外部效应、公共物品和公共选择。对于外部效应和公共物品的讨论,重点在于说明外部效应、公共物品与资源配置效率的关系,以及将矫正外部效应、提供公共物品列入公共财政职能范围的经济原因。对于公共选择的讨论,则旨在将财政决策同政治程序联系起来,用经济学的方法解释公共收支决策的制定过程。

第2篇包括第5—第9章,侧重于宏观财政理论与政策思想的阐释。在这一篇中,分析的对象开始具体化为公共财政的各个组成要素。第5章讨论公共支出,公共支出的结构、经济影响及增长模型,将成为考察的重点。第6章是对公共财政效率的分析,主要说明进行预算决策分析的两种方法——机会成本分析和成本-效益分析。第7章概括讨论了公共收入的主要形式,先后进入考察视野的有税收、公债、政府引致的通货膨胀、对政府的捐赠、使用费和规费。第8—第9章转入对财政政策以及作为其理论基础的财政乘数的讨论。这两章提供了一个分析公共财政对经济均衡作用的理论框架。

第3篇包括第10—第15章,着力于税收理论及其制度结构的阐释。第 10 章讨论税收原则理论,突出说明了税收公平和税收效率两个方面的原则。第 11—第 12 章讨论税种分类与税制结构,从税种的各种分类方法以及税制结构的设计原理入手,着力考察了当今西方国家的三大课税体系:对所得的课税、对财产的课税和对商品的课税。第 13 章是对税收效应的分析,依次考察税收与生产者行为、消费者行为、劳动投入、私人储蓄、私人投资等方面的关系,进而指出了税收在这些方面所可能产生的经济影响。第 14 章对税收的转嫁与归宿进行全方位的分析,在廓清了税收转嫁与归宿的含义和形式之后,着力说明了税收转嫁与归宿的两种分析方法:局部均衡分析和一般均衡分析。第 15 章的讨论则进一步扩展至开放经济,就国际间对商品课税制度的协调、对所得课税制度的协调、对跨国收入和费用分配的协调以及对国际避(逃)税防范猎施的协调等四个方面的问题进行了分析说明。

  第 4 篇包括第 16—第 18 章,着力于公债的运用与管理问题的阐释。第 16 章讨论公债运用的一般原理。有关公债的理论观点、公债的运用原则、税收和公债发生替代关系的可能性与上述替代条件下消费者的行为,以及公债的用途,将依次列入考察的视野。第 17 章转入公债管理的考察,重点说明公债的种类、发行、应债来源和还本付息等方面的情况以及由此引发的经济影响。第 18 章则以"公债管理与宏观经济调控"作为标题,在对公债管理的两种效应——流动性效应和利率效应做出相应界定的基础上,重点讨论了公债管理作为一种宏观经济调控手段的传导作用机制及其同财政、货币政策的协调配合问题。

(三)

  用这样一本小书来概括半个世纪财政理论的发展,当然很难周全。取舍实属难免。取什么?那就是与"政府—市场经济—财政"这条线索有关的理论观点,但这类观点往往是某个学者或某本著作的思想基础,如果仅仅截取某几句话或某些章节,抓不住要点,我们也没有多大参考价值,因此,我们在这本书里力求对这个时期的理论发展做比较系统的分析和介绍。我们也要舍掉一些东西。那就是与上述线索不那么直接地关联着的枝枝蔓蔓,或者,较为技术性的阐述。

在此还想简述一点。写这本小书,只是第一步探索。那么,第二步又将是怎样呢？我们考虑了两种可能。一是以我国从90年代跨越下世纪的社会主义市场经济的建立和发展为背景,建立中国社会主义财政理论的框架,吸收西方有用的观点,形成体系;这样做的好处是与我国财政工作实践的结合较为密切。二是以社会主义市场经济为目标模式,写一本规范性的财政理论著作,不必冠以"中国"两个字,也无须加上"社会主义"的定语;这样做的理由是:我们深信,社会主义市场经济的体制,将是目前不同社会制度下、处于不同发展阶段的国家终究要走向的目标。

两种可能,应能走哪一步呢？这实际上不是经济学者主观上能做选择的。这决定于实践,决定于实践的成就和实践的需要。

（四）

需要指出的是,当代西方的财政理论体系虽然已经把国家与市场经济的关系放在重要位置,但背景仍然是资本主义的市场经济体制,因而与我国传统财政学理论体系是很不同的。对于初涉西方财政经济理论领域的读者来说,这样的线索可能还有些陌生。特别是西方经济学家习惯于吸收自然科学和其他社会科学的成果来深化经济理论分析,并且注重非经济因素给予经济生活的影响的现代研究方法,对于习惯于纯粹从思辨的角度来分析经济问题的读者来说,可能会感到有些费解。因此,初读本书很可能不是轻松愉快的。不过,只要具备一些基本的财政经济理论知识,加上一点耐心,读完全书,将能从另一个角度来领略财政理论的情趣,或能受到一些启迪。

诚然,在吸收、借鉴西方财政经济理论中一切有用的思想、经验和方法的同时,我们也必须正视和认识其中的谬误和缺陷。这是因为,同一般西方经济理论一样,西方财政理论也具有科学性的一面和非科学性的一面。我们的态度仍然是:有分析地吸收借鉴前者,恰如其分地批判扬弃后者。

(五)

本书的写作历时一年,费力颇多。在此过程中,承蒙商务印书馆经济编辑室吴衡康主任以及编辑室其他同志给予热情关怀和大力支持。天津财经学院刘秀丽、刘红艺两位同志帮助誊写部分手稿,我们在此谨致诚挚的谢忱。没有他(她)们的帮助和支持,本书绝不可能在这样短的时间内同读者见面。

当然,书中可能存在的任何错误和不当之处,应由我们负责。我们诚恳地希望得到同行和广大读者的指教。

作者
1993年11月于中国人民大学

第1篇　公共部门的政治经济学

第 1 章 市场和政府

西方经济学家对于财政经济理论的阐释,是从公共部门经济活动的意义开始的。其基本的思路是:由社会资源配置效率的评判入手,分析市场机制的缺陷,揭示政府经济活动的必要性。在此基础上,界定政府经济活动的范围和公共财政的职能。

本章的讨论也将循着这一思路进行。

1.1　资源配置的效率:含义与条件

1.1.1　效率的含义

西方经济学家将社会资源的合理配置视为经济学的核心问题,并把"效率"作为评判社会资源配置状况的标准。

那么,如何把握和理解资源配置效率的含义呢?

如果经济社会中只有一个人,资源配置效率的含义是很容易说清楚的。西方经济学家常用的是鲁滨逊的例子。这位处在荒岛之上的英国人清楚地了解其可资利用的全部资源以及可供其使用的技术手段。对于自己所需物品的种类、数量以及对各种物品的偏好顺序,他也了然于胸。于是,他根据自己的需要顺序安排生产,产出的构成将使他获得满足。如果有一天他的需要发生了变化,他可以改变资源的用途,从而生产出新的物品构成与他的新的需求相吻合。所以,鲁滨逊和其所生产的各种物品之间的关系是一目了然的。然而,鲁滨逊的例子不过是一个寓言故事。现代经济生活中的资源配置要复杂得多。在一个包含有众多消费者而且这些消费者通过商品交换关系联系起来的现代化经济社会中,有多少消费者,几乎就有多少种需求偏好结构。如何安排出一种人人都满意的生产秩序来,即达到社会资源的最佳配置状态,则是一个不那么容易说清的问题。

在西方经济学家看来,对资源配置效率含义的最严谨的解释是由意大利经济学家维尔弗雷多·帕累托(Vilfredo Pareto,1848—1923)做出的。按照帕累托的说法,如果社会资源的配置已经达到这样一种状态,即任何重新调整都不可能在不使其他任何人境况变坏的情况下,而使任何一人的境况更好,那么,这种资源配置的状况就是最佳的,也就是具有效率的。如果达不到这种状态,即可以通过资源配置的重新调整而使得某人的境况变好,而同时又不使任何一人的境况变坏,那就说明资源配置的状况不是最佳的,也就是缺乏效率的。这就是著名的"帕累托效率"准则。

实际上,在现实经济生活中,帕累托效率是不可能完全实现的。大多数的经济活动都可能是以其他人境况变坏为条件而使某些人的境况变好。帕累托效率准则的意义,不过是为实行市场经济的社会提供了一种最合理配置资源的理想状态。所以,可以将帕累托效率准则的实际含义解释为:经济活动上的任何措施,都应当使"得者的所得多于失者的所失",或者从全社会看,"宏观上的所得要大于宏观上的所失"。如果做到了这一点,资源的配置就可说是具有效率的。①

---

① 在一般人的心目中,所谓效率,无非是以最小的投入换取最大的产出。这虽不像经济学家的定义那样严谨,但也表达了同样的意思。

1.1.2 效率的实现条件：MSB=MSC

在得到了关于效率的上述定义之后,效率的实现条件便可运用边际分析的方法直接给出。为此,西方经济学家提出了社会总效益、社会总成本、社会边际效益和社会边际成本的概念。在他们看来,一种物品的社会总效益(total social benefit,简写为 TSB)是指人们从消费一定量的该种物品中所得到的总的满足程度。一种物品的社会边际效益(marginal social benefit,简写为 MSB)则是指人们对该种物品的消费量每增加一个单位所增加的满足程度。社会边际效益可以通过人们为增加一个单位的某种物品的消费量而愿付出的货币最高额来测定。例如,如果每条面包的社会边际效益是 2 美元,那么,消费者为获得一条面包将愿意放弃相当于 2 美元的其他物品的消费支出,同时其境况不会因此较前变好或变坏。如果消费者可以低于 2 美元的价格获得一条面包,其境况将会因此而较前变好。一种物品的社会边际效益随其数量的增加而倾向于减少。

一种物品的社会总成本(total social cost,简写为 TSC)指的是为生产一定量的物品所需要消耗的全部资源的价值。一种物品的社会边际成本(marginal social cost,简写为 MSC)则指的是每增加一个单位该种物品的生产量所需增加的资源消耗的价值。社会边际成本可以通过为补偿因增加一个单位的某种物品的生产量所消耗的资源价值而需付出的货币最低额来测定。例如,如果每条面包的社会边际成本为 1 美元,这一数额就是生产者在保证其境况不会较前变坏的条件下,为补偿因生产该条面包所消耗的生产要素投入而需付出的货币最低额。倘若他们出售每条面包所获取的收入超过 1 美元,其境况将会因此而较前变好。倘若他们出售每条面包所获取的收入少于 1 美元,其境况就会因此而较前变坏。一种物品的社会边际成本随其数量的增加而倾向于增加。

可以用图1-1来说明某种物品的最佳产量的决定条件。其中,图1-1A表示不同的面包产量条件下的社会边际效益(MSB)和社会边际成本(MSC)。图1-1B表示生产这些面包的社会总效益(TSB)和社会总成本(TSC)。可以看出,社会边际效益的数额为△TSB/△Q。其中,

图1-1 最佳产量的决定

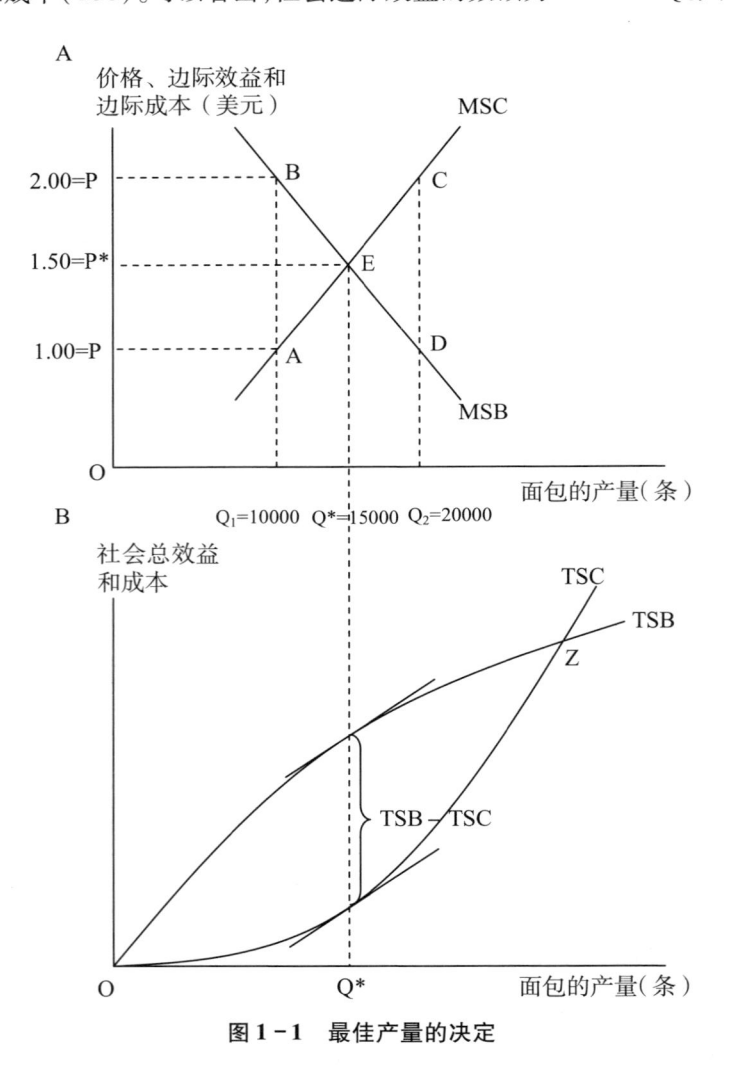

△TSB是面包的社会效益的变动额,△Q是面包的单位产量变动额。因此,社会边际效益即是社会总效益曲线上的任意一点上的斜率。与此相似,社会边际成本,即△TSC/△Q也就是社会总成本曲线上的任意一点上的斜率。

面包的最佳产量可以通过比较其在不同的产量水平上的社会边际效益和社会边际成本来决定。从图1-1A可看出,Q_1=10000条的面包产量不是产量的最佳点。原因在于,在这个产量水平上面包的社会边际效益大于其社会边际成本。这意味着,消费者为增加消费一条面包所愿付出的货币最高额超过了生产者为补偿因增加生产一条面包所消耗的生产要素而需付出的货币最低额,同时其境况又未因此而较前变坏。

比如,假定在Q_1的产量水平上,MSB = \$2,MSC = \$1。如果消费者为购买一条面包而付出了2美元,则其境况并不因此而较前变坏。这是因为,这个消费者的社会边际效益是2美元。如果生产者出售每条面包可从购买者手中获取2美元,其境况就会因此而较前变好。这是因为,这个生产者的社会边际成本只是1美元。这就表明,10000条面包的产量不是最佳产量,生产者在这个产量水平上可以在不使任何消费者境况变坏的条件下,通过生产更多的面包而使自己的境况变好。

将这个道理推而广之,在10000条面包的产量水平上,如果消费者为获得一条面包所付出的货币数额为1美元,其境况就会因此而较前变好。这是因为,他为获得一条面包而实际付出的货币额小于其愿付出的货币最高额。如果生产者出售一条面包所得到的货币数额为1美元,则其境况并不会因此而较前变坏。这是因为,他的边际成本已经得到了补偿。所以,在社会边际效益大于社会边际成本的条件下,至少会有一个消费者可在不使面包生产者境况变坏的同时,而使自己的境况较前变好。

易于看出,只要某种物品的社会边际效益大于其社会边际成本,至少会有一人会随该种物品产量的增加而使自己的境况较前变好,同时又不会使其他任何人的境况较前变坏;可以用净边际效益(marginal net benefit)来表示一种物品的社会边际效益与其社会边际成本之间的差额。于是,可据此得到这样一个结论:只要一种物品的净边际效益是正数,将更多的资源配置在这种物品的生产上,便会获得追加的效益。

进一步推理,为了使某种物品的效益最大化,该种物品的产量的增加应当持续到这样一点上,即其社会边际效益等于社会边际成本,或其净边际效益为0。如果该种物品的产量超过了这一点,其社会边际效益就会小于社会边际成本,从而其净边际效益就会为负数。这表明,用于该种物品生产的资源的追加,反而减少了该种物品的效益。换句话说,如果产量的增加超过了 $Q^* = 15000$ 条面包的水平,消费者为获得一条面包而愿付出的货币数额将不足以补偿生产者因增加一条面包的生产而需消耗的生产要素的价值。这就意味着,当面包的产量超过了 Q^* 点之后,消费者便不能在不使生产者境况变坏的条件下而使自己的境况变好。

由此可见,实现资源配置效率最大化即帕累托效率的条件是:配置在每一种物品或劳务上的资源的社会边际效益均等于其社会边际成本。用公式表示,即为:

$$\text{MSB} = \text{MSC} \tag{1.1}$$

仍用前面的例子来说明,在图1-1A中,MSB 和 MSC 曲线的相交点 E(在这一点上,MSB = MSC)决定了该种面包的有效产量为 $Q^* = 15000$ 条。如果产量处在 E 点的左边,即 MSB>MSC,表明每多生产一条面包所增加的效益大于生产这一条面包所消耗的成本。这时,还有潜在的效益没有获得,将更多的资源配置在该种物品的生产上,肯定可得到追加的效益。ABE 的面积即为产量由 Q_1 增加到 Q^* 而可能带来的追加的净效益。如果产量处在 E 点的右边，即 MSC>MSB，表明每多生产一条面包所增加的效益小于生产这一条面包所消耗的成本。这时有亏损，进行生产是不利的。减少在该种物品生产上的资源配置，至少有一人可在不使其他任何人境况变坏的条件下，而使自己的境况较前变好。即是说，$Q_2=20000$ 条不是该种物品的最佳产量。CDE 的面积即为产量由 Q_2 减少到 Q^* 而可能带来的追加的效益。

只有在 MSB=MSC 即产量为 Q^* 时，配置在该种物品生产上的资源的总净效益（效益扣除成本）才实现了最大化。如图 1-1B 所示，在产量为 Q^* 时，TSC 曲线的斜率等于 TSB 曲线的斜率。这时，两条曲线的垂直距离也最长，TSB-TSC 就是社会总效益扣除其社会总成本之后的剩余，而这正是该种物品的总净效益。若在此基础上，继续追加资源投入，从而增加该种物品的生产，直至 TSB 等于 TSC（即图 1-1B 中的 Z 点），其结果，反会减少该种物品的总净效益。因为，这时的社会总效益和社会总成本之间的差额会减少至 0，即处在 TSB=TSC 的点上。

根据上面的分析，西方经济学家得出了如下结论：

一种有效率的经济制度，可使其全社会的资源配置满足这样一种条件，即每一种物品（或劳务）的社会边际效益均等于其社会边际成本。

1.2 市场失灵和政府经济活动的范围

在以市场为资源配置主体的经济社会中，分析政府经济活动意义的起点是考察市场在资源配置中的作用。这需要从完全竞争的市场机制开始。

1.2.1 完全竞争下的资源配置

西方经济学家认为,完全竞争的市场机制能够使资源的配置达到最有效率的状态。他们的分析是建立在价格信号具有充分灵活性和伸缩性这个基础上的。其必要条件是:

1. 所有的生产资源都为私人所有;
2. 所有的交易都在市场上发生,并且每一市场都有众多的购买者和销售者;
3. 没有任何购买者或销售者能够单独操纵价格;
4. 购买者和销售者都可享有充分的信息;
5. 资源可充分流动并且可无任何阻碍地流向任何使用者。

我们来看一下满足这五个条件的完全竞争的市场是如何实现资源的有效配置的。

先看消费者的购买行为。在决定某种物品的购买量时,消费者总要比较一下其货币支出(价格)与所能获得的满足程度(私人边际效益)。如果追加一个单位物品的消费给他带来的私人边际效益大于其必须为之付出的价格,他就会增加该种物品的购买量。如果追加一个单位物品的消费给他带来的私人边际效益小于其必须为之付出的价格,他就会减少该种物品的购买量。如此的调整将持续到他从最后一个单位物品的消费所获得的私人边际效益恰好等于其必须为之付出的价格时为止。这时,他所获得的满足程度达到了最大化,消费者既不会增加购买量,也不会减少购买量。联系 1.1.2 的分析,消费者购买某种物品所获得的私人边际效益也就是该种物品所提供的社会边际效益。若以 P 代表价格,MPB 代表私人边际效益,MSB 代表社会边际效益,则上述条件可用公式表示为:

$$P = MPB = MSB \qquad (1.2)$$

再看生产者的销售(生产)行为。在决定某种物品的销售(生产)量时,生产者比较的是其增加销售(生产)一单位物品所消耗的成本(私人边际成本)与所能获得的货币收入(价格)。如果追加一个单位物品的销售(生产)所消耗的私人边际成本小于其所能获得的价格,他就会增加该种物品的销售(生产)量。如果追加一个单位物品的销售(生产)所消耗的私人边际成本大于其所能获得的价格,他就会减少该种物品的销售(生产)量。如此的调整会持续到他从最后一个单位物品的销售(生产)所获得的价格恰好等于其因此而消耗的私人边际成本时为止。这时,他所获得的利润实现了最大化。与前面的问题相似,生产者销售(生产)某种物品所消耗的私人边际成本也就是该种物品所消耗的社会边际成本。若以P代表价格,MPC代表私人边际成本,MSC代表社会边际成本,上述条件可以写成:

$$P = MPC = MSC \qquad (1.3)$$

将(1.2)和(1.3)式合并,可得到(1.4)式:

$$P = MPB = MPC = MSB = MSC \qquad (1.4)$$

可以看出,由此决定的产量水平意味着,所有的消费者已将其消费量调整到了其私人边际效益等于该物品的价格的水平,所有的生产者已将其生产量调整到了其私人边际成本与该物品的售价相等的水平。

进一步看,如果消费者就是所出售物品的唯一受益者,且生产者承担了制造该物品的所有成本,那么,(1.4)式也意味着该种物品的MSB=MSC。所以,该种物品市场的均衡点就是其最佳的产量点。如果这种条件在所有的市场上以及所有通过市场进行交易的物品上都得到了满足,那么,就意味着该经济社会中的所有资源的配置达到了最佳状态,即实现了帕累托效率。

再回过头来看图1-1A。MSB曲线显然就是市场需求曲线,它反映着消费者在不同的面包产量下所愿付出的最高价格。在完全竞争的市场上,MSC曲线也就是市场供给曲线,它代表着生产者在任何水平的一定面包产量下所愿接受的最低价格。MSB和MSC在E点相交,说明E点为该种面包的市场均衡点。由此决定了每条面包的价格为$P^* = \$1.50$,销售量为$Q^* = 15000$条。均衡价格$P^*$就是该种物品的最佳价格。这是因为,它同时代表着该种物品的社会边际效益和社会边际成本。均衡产量以也就是该种物品的最佳产量。这是因为,在这一产量水平上,

$$P^* = \$1.50 = MPB = MSB = MSC \qquad (1.5)$$

西方经济学家由此得出结论:当(1.4)式的条件在所有的市场上和通过市场进行交易的物品(或劳务)上都得到了满足时,完全竞争的市场机制可以通过供求双方的自发调节,而使资源配置达到最佳状态。

1.2.2 市场机制的失灵:效率的背离

问题在于,完全竞争的市场机制毕竟只是一种理论上的理想状态,在现实经济生活中,它的五个必要条件不可能同时完全具备。而这五个条件如果缺少一个,市场机制在实现资源配置的效率方面就有可能出现运转失灵。这时,公共部门的干预即政府的经济活动就成为必要的了。

在西方经济学家看来,导致市场运转失灵的基本原因,在于价格信号并非总是能充分地反映社会边际效益和社会边际成本。

一个突出的例子,是那些可称作"公共物品或劳务"(public goods or service)的具有共同受益或联合消费特征的物品或劳务。由于这类物品或劳务所提供的效用不能分割为若干单位,从而不能向个人或企业出售,也不能为其定价,市场的供给自然就成为无效的方式。诸如国

防、公安、司法、防洪设施,等等,便是这类物品或劳务的典型代表。很明显,它们不同于一般的物品或劳务。其效用的不可分割性使得消费者不愿为此付出价格,市场也无法通过供求双方的力量为其求得一种均衡价格。其所以如此,恰恰在于私人边际效益和社会边际效益、私人边际成本和社会边际成本在这类物品或劳务上发生了分离,或说是这类物品或劳务的社会边际效益大于社会边际成本;在这种条件下,市场显然不能按照有效的产量水平供给这类物品或劳务。市场机制的作用在这类物品或劳务上的失灵,决定了政府部门介入该领域,担当起供给这类物品或劳务的责任的必要性。

另外一种与公共物品或劳务有密切关系的现象,称作"外部效应"(externalities)。① 所谓外部效应,指的是私人边际成本和社会边际成本之间或私人边际效益和社会边际效益之间的非一致性。其关键方面是指某一个人或厂商的行为活动影响了其他人或厂商,却没有为之承担应有的成本费用或没有获得应有的报酬。这就决定了,带有外部效应的物品或劳务的市场供给,只能是过多或过少的,而不会达到最佳的资源配置状态。因而政府也有必要在这一领域发挥自己的特殊作用,以非市场的方式去矫正或解决带有外部效应的物品或劳务的供给问题。

再一个例子是垄断现象的存在。当一个企业可以通过减少其所出售的物品的供给量,从而使得物品的出售价格高于该种物品的边际生产成本时,就发生了所谓"垄断"。如所熟知,垄断者实现利润最大化的办法是将其产量确定在边际效益(MR)等于其私人边际成本的水平上。

---

① 对于"公共物品或劳务"和"外部效应"的理论,本书将在第 2 章和第 3 章专门讨论。

如图 1-2 所示,垄断性物品的需求曲线代表着其社会边际效益。假定垄断性物品的私人边际成本代表着生产最后一个单位物品所使用的所有生产要素的价值,即代表着社会边际成本,那么,该垄断企业的产量将为 Q_M。Q_M 是 A 点所决定的产量,而在 A 点上,MR=MSC。在这样的产量水平上,其价格将为 P_M。P_M 正是这种产量水平上的社会边际效益 MSB_M。由于垄断者的边际效益低于该物品的价格,生产的社会边际成本也会低于该物品的价格。因此,在 Q_M 的产量水平上,P=MSB>MSC。而只要 MSB>MSC,资源配置的效率就不会实现。在图 1-2 中,三角形的阴影面积 ABE 代表着因垄断所造成的净效益损失。不难看出,如果能通过政府部门的干预,强迫垄断者增加产量,使其价格降至同社会边际成本相等的水平,即按照 E 点所决定的产量水平,将产量由 Q_M 增至 Q^*,从而使得 MSC=MSB,便可因此而获得 ABE 所代表的净效益。所以,政府有责任通过法律和经济手段保护有效竞争,排除垄断对资源有效配置的扭曲。

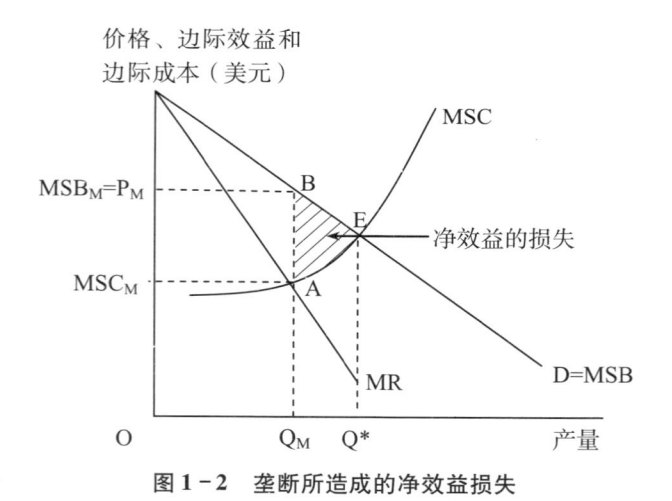

图 1-2 垄断所造成的净效益损失

规模报酬递增①(increasing returns to scale)是市场运转失灵的又

---

① 亦有人将此称作"规模成本递减"。

一个现象。它是指某些行业如供水、供电、煤气管道、电话服务等,具有经营规模越大,经济效益越好的特点。也可以说这些行业具有边际成本不断下降的特点,因而独家经营的经济效益将远胜于多家竞争。在这种情况下,可以说天然存在着竞争失灵的可能性,或者说,天然存在着政府介入这些企业的必要性。

市场机制在实现资源配置方面的失灵,不仅表现在微观经济领域,宏观经济领域同样存在着市场失灵的现象。从微观上考察,资源配置的效率是可以运用帕累托效率准则来评判的。但是,若将该准则推广到宏观,就显得有些不够用了。宏观经济领域资源配置效率即宏观经济效率的评判,还需要借助于其他的指标。这就是,就业、物价水平和经济增长。而自发的市场机制并不能自行趋向于充分就业、物价稳定和适度的经济增长。这一点早已为创立现代宏观经济理论与政策体系的凯恩斯学派所证明。在他们看来,自由放任的市场机制在实现宏观经济水平方面的失灵,一方面是由于价格信号在某些重要的市场上并不具有伸缩自如、灵活反应的调节能力,另一方面,从总供求角度看,不同经济主体在实现其经济利益上所具有的竞争性和排他性,也会使市场的自发力量不能经常保证总供求在充分利用资源的水平上相一致。为此,唯有政府担负起对宏观经济的管理职能,经济才有可能获得稳定的增长。

1.2.3 市场机制的失灵:分配的不公

西方经济学家还认为,效率并不是评判社会资源配置状况的唯一标准。在很多情况下,公平也是必须加以考虑的一个重要因素。

然而,在市场经济中可以观察到的一个基本事实是,由市场所决定的收入的初次分配(即纳税前收入的分配)是极不公平的。这是因为,在市场机制的作用下,收入的分配状况是由每个人提供的生产要素(如劳动力、资本、土地等)的数量以及这些生产要素在市场上所能获得的价格决定的。显而易见,由于人们占有(或继承)财产情况的不同以及劳动能力的差别,由市场所决定的收入分配状况肯定高低悬殊。这不仅本身于社会公平的要求有违,而且会导致诸如贫困、富裕阶层中财富的浪费、社会冲突、低收入者阶层得不到发展与改善自己处境的机会等一系列不好的社会后果,所以,政府亦有责任弥补市场机制的这一缺陷,将解决收入分配不公问题纳入其职责范围。

1.2.4 简短的归纳:政府经济活动的范围

在分析了市场机制失灵的若干方面之后,政府经济活动的范围便不难界定了。按照西方经济学家的推论,市场机制发生失灵的领域,也就是需要公共部门即政府发挥作用的范围。至此,我们可以对市场经济中政府的经济活动做一简短的归纳:

1. 提供公共物品或劳务。即由政府部门负责提供那些社会边际效益大于社会边际成本,因而不能通过市场有效供给的物品或劳务。

2. 矫正外部效应。即由政府部门采取措施来排除私人边际成本和社会边际成本以及私人边际效益和社会边际效益之间的非一致性。

3. 维持有效竞争。即由政府部门制定有关政策法令,实施禁止垄断、维持市场有效竞争的措施,以保证竞争性市场在资源配置方面的效率。

4. 调节收入分配。即由政府部门运用各种手段对有欠公平的收入分配状况进行调节,解决市场经济条件下的收入分配不公问题。

5. 稳定经济。即由政府担当起维持经济稳定发展的责任,干预经济的运行。

1.3 公共财政及其职能

在西方财政理论中,公共经济和公共财政是一对可以且经常互换的概念。公共部门的经济活动也就是公共财政的活动。因此,在界定了市场经济中政府经济活动范围的基础上,公共财政的职能范围就可随之给出了。

从前面的分析不难做出这样的推论:在以市场为资源配置主体的经济社会中,只有在"市场失灵"的领域,政府部门的介入才是必要的。公共财政的职能范围,应以"市场失灵"为标准,从纠正和克服"市场失灵"现象出发加以界定。财政所要解决的只能是通过市场不能解决,或者通过市场解决得不能令人满意的问题。

按照这种思路,西方经济学家将公共财政的职能归结为以下三个方面:

1.3.1 财政的资源配置职能

财政履行资源配置的职能,首先是由于公共物品或劳务的存在。

公共物品或劳务的严格定义是保罗·萨缪尔森在"公共支出的纯理论"(The Pure Theory of Public Expenditure)[1]一文中给出的。按照他的定义,纯粹的公共物品指的是这样的物品或劳务,即每个人消费这种物品或劳务不会导致别人对该种物品或劳务消费的减少。

为了清楚地辨别公共物品或劳务同私人物品或劳务[2]的区别,西

---

[1] 保罗·萨缪尔森:"公共支出的纯理论",载《经济学和统计学评论》(Review of Economics and Statistics)1954年11月号。

[2] 公共物品或劳务是相对于私人物品或劳务而提出的概念。私人物品或劳务的三个特性是:效用的可分割性、消费的竞争性和受益的排他性。

方经济学家们将萨缪尔森的定义加以引申,提出了公共物品或劳务具有与私人物品或劳务完全不同的三种特性。

第一,效用的不可分割性(non-divisibility)。即公共物品或劳务是向整个社会共同提供的,整个社会的成员共同享用公共物品或劳务的效用,而不能将其分割为若干部分,分别归属于某些厂商或个人享用。或不能按照谁付款、谁受益的原则,限定为之付款的个人或厂商享用。①

第二,消费的非竞争性(non-rivalness)。即某一个人或厂商对某种公共物品或劳务的享用,并不排斥、妨碍其他人或厂商同时享用,也不会因此而减少其他人或厂商享用的数量或质量。②

第三,受益的非排他性(non-excludability)。即在技术上没有办法将拒绝为之付款的个人或厂商排除在公共物品或劳务的受益范围之外。不论个人或厂商是否为之付款,都能从公共物品或劳务的提供中得到利益。或者,任何个人或厂商都不能用拒绝付款的办法,将其所不喜欢的公共物品或劳务排除在其享用品范围之外。

正因为公共物品或劳务具有上述三个特性,它们才不能由私人部

---

① 关于纯粹公共物品或劳务的这一特性,还可由下述定义看出:
对一种私人物品或劳务来说,

$$X_j = \sum_{i=1}^{n} X_j^i$$

这就是说,物品 X_j 的总量等于每一个消费者 i 所拥有或消费的该物品数(X_j^i)的总和。它意味着私人物品或劳务是能在消费者之间分割的。
对一种纯粹的公共物品或劳务来说,

$$X_{n+i} = X_{n+j}^i$$

这就是说,对于任何一个消费者 i 来说,他为了消费而实际可以支配的公共物品的数量,就是该公共物品的总量 X_{n+j}。它意味着公共物品或劳务在一组消费者中是不可分割的。

② 也可以使用另外一种表述方式,即:当一种公共物品或劳务在增加一个消费者时,其边际成本为零。

门通过市场提供。这时,就发生了休谟(David Hume)早在1740年就指出过的所谓"公共的悲剧"。

"公共的悲剧",形容的是这样一种情况:在一个经济社会中,如果有公共物品或劳务存在,"免费搭车者"(free rider)的出现就不可避免;但如果所有的社会成员都成为免费搭车者,最后的结果则是没有一个人能享受到公共物品或劳务的好处。中国古老的"一个和尚挑水吃,两个和尚抬水吃,三个和尚没水吃"的寓言,其实也是用于形容"免费搭车者"这类"公共的悲剧"的。"公共的悲剧"实际上告诉我们,不能指望追求自身利益-效用最大化的个人会保证公共物品或劳务的供给。因此,休谟认为,公共财政的职能之一,就是在个人之间以及眼前与长远利益之间合理配置资源,以实现全体社会成员的公共利益最大化。

可以用一个典型的例子来说明。

假定一个社会是由生活在一个孤岛上的渔民所组成的。经过了几次渔船与岩石相撞和搁浅之后,这个孤岛上的渔民感到有必要建造一个灯塔为渔船导航。显而易见,这样的灯塔一旦建成,对岛上的每一个渔民都可带来益处,每个渔民都可享用它所提供的效用。就是说,它的效用具有不可分割性。任何一个渔民对灯塔效用的享用不会排斥、妨碍其他渔民的同时享用,也不会因此减少其他渔民享用的数量和质量。就是说,它的消费具有非竞争性。同时,即使有个别渔民不参加灯塔建造或不为之承担费用,他照样可享受灯塔导航的益处,没有办法因其未为此出力或出资而不准他享用灯塔的效用。就是说,它的受益具有非排他性。可见,这样的灯塔是一种公共物品。

仍继续上面的例子。这样的灯塔对岛上的每个渔民来说无疑是有必要建造的。那么,采取什么方式才能建造起来呢?

一种方式是由私人即某一渔民出资建造。这显然是不可行的,任何渔民都不能因为其出资建造了灯塔,而向享用灯塔导航效用的渔民收费,或禁止不肯交费的渔民在灯塔附近航行。他做不到这一点。另一种方式是组织渔民共同去干。渔民们可以召集在一起,共同制订建造计划,按照某一标准确定每个人应分摊的工时和费用,然后集体建造。然而,要做到这一点,必须满足下述两个条件之一:一是参与灯塔建造的渔民们有权强迫不肯合作的人离开这个岛屿;二是这个岛上没有不予合作的人存在。显然,这也是不可能的。第三种方式是由政府出面兴建。而政府一旦介入,前述问题就迎刃而解了。政府在这方面的最大优越之处是它拥有强迫其所辖区域内的所有成员(如这个岛屿上的所有渔民)为类似灯塔这样的公共物品的建造出资或出力的权力。政府可以向其所管辖的人民征税,然后用来提供类似灯塔这样的公共物品。也就是说,政府一方面可以通过征税取得灯塔建造资金,另一方面可以将灯塔建造纳入政府支出,从而以非市场方式——财政手段提供类似灯塔这样的公共物品,实现资源在私人物品与劳务和公共物品与劳务之间的有效配置。

在以政府财政手段履行资源配置的职能方面,有许多现代例子。诸如国防、外交、宇宙空间探索、公安司法、环境保护,等等,都是西方经济学家所列举的主要公共物品或劳务,也都是需要通过政府财政手段来提供的。

不过,有一点需要注意:以财政手段提供公共物品或劳务,并不意味着公共物品或劳务一定要由公共部门来直接生产。例如供国防使用的军备用品无疑属于公共物品,但西方国家的军备用品相当大的部分是由政府财政出资交由私人部门生产的。

财政履行资源配置的职能,其次是由于外部效应的存在。

在西方财政经济理论中,可见到的有关外部效应的定义颇多。布坎南(J. M. Buchahan)和斯塔布尔宾(W. C. Stubblebine)1962 年合作发表了一篇题为"外部效应"(Externality)①的论文。在这篇论文中,他们对外部效应给出了自己的定义:只要某一个人的效用函数(或某一厂商的生产函数)所包含的变量是在另一个人(或厂商)的控制之下,即存在外部效应。可用公式表示为:

$$U^A = U^A(X_1, X_2, X_3, \ldots, X_n, Y_1)$$

即是说,如果某一个人 A 的效用,不仅受其所控制的活动 X_1,X_2,X_3,…,X_n 的影响,而且也受到其他活动 Y_1 的影响,而 Y_1 又在第二个人 B 的控制之下,就发生了外部效应。布坎南和斯塔布尔宾将类似于 Y_1 的这类活动解释为"任何可以计量的人类行为,如吃面包、喝牛奶、向空中喷烟、在公路上洒水以及救济穷人等"。

西方财政学教科书的定义似乎更为简练些:当一种经济交易的结果对除交易双方之外的第三者发生了影响,而该第三者又未参与该项交易的任何决策时,即存在有外部效应。

由上述对外部效应定义的表述可见,外部效应的关键方面是相互影响而又没有相应的补偿。某些个人或厂商的行为活动影响了他人或厂商,却没有为之承担应有的成本费用或没有获得应有的报酬。简言之,外部效应就是未在价格中得以反映的经济交易成本或效益。

很明显,在现实生活中,有无数种活动会影响到其他人或厂商,或者,会受到其他人或厂商的影响。也就是说,具有外部效应的经济活动的例子是随处可拾的。

如果某一个人或厂商的行为活动使得其他人或厂商因此而受益,可称为正的外部效应,或称作外部效益。反之,如果某一个人或厂商的行为活动使得其他人或厂商因此而受损,可称为负的外部效

---

① 布坎南和斯塔布尔宾:"外部效应",载《经济学》(*Economics*)杂志 1962 年 11 月号。

应,或称作外部成本。无论是正的外部效应还是负的外部效应,如果不能予以纠正或抵消,其结果都将是资源配置的失效,即具有外部效应的物品或劳务的供给,不是过多,就是过少,不可能实现具有效率的均衡。

这是因为,在存在正的外部效应(外部效益)时,社会边际效益就会和私人边际效益发生偏离,社会边际效益超过了私人边际效益,而决定市场状况的是私人边际效益,因此会导致社会消费不足;在存在负的外部效应(外部成本)时,社会边际成本也会和私人边际成本发生偏离,社会边际成本超过了私人边际成本,而决定市场价格的是私人边际成本,因此会造成物品的过度生产。

由此看来,除非外部的有利因素(正的外部效应)正好为外部的不利因素(即负的外部效应)所抵消,帕累托的资源配置效率便不可能达到。那么,采取什么样的办法才能纠正外部效应呢?

如果市场处于完全竞争状态,市场机制的作用有可能求得外部效应问题的适当解决。可以通过市场估价解决一个单位与另一个单位的外部联系问题,使每一单位的边际成本等于边际效益。其结果,将无外部效应存在。但是,如果完全竞争的五个必要条件有一个或更多的条件丧失,就会产生不能适当解决的外部效应。这时,就不能指望在市场机制的框架内解决问题了,而必须由政府部门以包括财政手段在内的非市场方式来解决了。

用于矫正外部效应的财政手段通常可归纳为两类:为了纠正诸如环境污染这类问题,政府可以课征污染税,迫使污染者为此付出附加成本,调整生产决策,减少产出水平,从而减少环境的污染程度;为了纠正因外部效应对总产出带来的波动影响,政府在财政上可对因负的外部效应造成的过度生产实施抑制生产措施,如课征高额税收。而对因正的外部效应造成的生产不足实施鼓励生产措施,如给予财政补贴。①

财政履行资源配置的职能,还由于不完全竞争状态的存在。

不完全竞争状态或说是市场竞争失灵的出现,主要是垄断以及规模报酬递增行业的存在而造成的。从前面的讨论可以看出,在不完全竞争的状态下,生产者按照边际效益等于边际成本法则决定的产量水平,低于帕累托资源配置效率所要求的水平,按此决定的价格水平,高于社会边际成本的水平。由此势必造成一种净效益的损失,或说是资源配置的失效。

为了使产量增加到社会边际效益等于社会边际成本的水平,并使价格降至同社会边际成本相等的水平,政府财政必须进行干预。例如,可以通过对这类厂商发放财政补贴的办法,要求其增加产量,降低价格,也可以接管这类企业,直接将产品低价出售,并按照价格＝社会边际效益＝社会边际成本的标准安排产量和产品售价。

1.3.2 财政的调节分配职能

财政履行调节分配的职能,是由于收入分配不公现象的存在。

前已述及,市场机制所决定的收入初次分配状况极不公平。这样,客观上就要求社会有一种有助于实现公平目标的再分配机制。然而,在市场机制的框架内,有效的再分配很难完成。原因在于：(1)在市场中通常不存在以公平分配为目标的再分配机制,或者,即使这样的再分配机制存在,功能也极为微弱;(2)私人慈善机构或许能进行某些方面的再分配活动,但不能从根本上解决问题;(3)在缺乏一种相互配合的政策的情况下,一种慈善行为很可能与另一种慈善行为发生冲突。

---

① 更详尽的说明将在第2章给出。

既然在市场机制的框架内不能解决再分配问题,客观上又要求社会进行这种再分配,那显然只有依靠外部的力量,以非市场方式——财政手段来完成这一任务了。在西方经济学家看来,政府财政可以说天然地具有作为再分配工具的有利条件:政府拥有强制征税的权力,这使得它可以大规模地介入国民收入的分配过程,通过税制设计上的巧妙安排,如征收累进的所得税,把资金从那些应该减少收入的人们手中征集上来,然后,再通过各种类型的转移性支出项目,如医疗保险、食品券补贴等,把资金转移给那些应该增加收入的人们。

1.3.3 财政的稳定经济职能

财政履行稳定经济的职能,是由于市场经济不可能自动、平稳地向前发展。

在当代西方财政经济理论中,稳定经济是使用频率相当高的概念。所谓稳定经济,就是指政府作为市场上的一种经济力量,运用宏观上的经济政策手段有意识地影响、调控经济,实现既无失业、又无通货膨胀的经济增长;这一概念是建立在市场经济不可能自动、平稳地向前发展的认识基础上的。

如所熟知,无论是亚当·斯密的"看不见的手",还是萨伊的"供给能够创造其本身的需求"等市场经济发展初期阶段的代表性观点,实质上都在于表明这样一种共同的认识,即自由放任的市场经济是完美无缺的,无须由政府进行宏观调控。是20世纪30年代大萧条的爆发给鼓吹自由放任者以当头棒喝,使之陷入无法自圆其说的境地。以此为契机,人们对市场经济的认识有了根本的转变。从过去的自由放任市场经济是尽善尽美的转变为认识到其在实现宏观经济目标方面难如人愿。为此,政府必须担负起对宏观经济的管理职能,去充当协调总供求关系与维持力量平衡的砝码,发挥推进经济持续发展的推进器作用。

在政府所拥有的各种宏观经济政策手段中,财政的地位举足轻重,它在维持总供求的大体制方面具有无法被替代的作用。例如,在总需求超过总供给时,财政可以减少支出和增加税收,或二者兼用,通过压缩政府部门需求和压缩非政府部门需求来抑制社会总需求;在总需求小于总供给时,财政又可以增加支出和减少税收,或二者兼用,通过增加政府部门需求和增加非政府部门需求来扩大社会总需求。在这个过程中,财政收支发生不平衡是可能的,而且是允许的,因为这正体现了以政府财政收支的不平衡换取整个社会总供求的平衡的意图。除此之外,还可以通过财政上的制度性安排,使财政发挥某种"自动"的稳定作用。如累进所得税制就具有这种功能。当经济繁荣时,投资增加,国民收入增加,累进所得税会自动随之而递增。这时,它就产生了一种拉力,防止经济过度繁荣而发生通货膨胀。当经济衰退时,投资减少,国民收入下降,累进所得税会自动随之而递减。这时,又产生了一种推力,防止经济过度衰退而导致萧条,从而促使经济趋于自动稳定增长。在支出方面,如失业救济金支出制度,也可以发挥类似的作用。由于它规定了领取失业救济金者的收入标准,当人们的收入因经济过"热"而普遍增加时,可领取失业救济金的人数自然减少,救济金支出随之减少,从而财政总支出"自动"获得压缩。反之,当人们的收入因经济不景气而普遍下降时,有资格领取失业救济金的人数自然增加,救济金支出随之增加,从而财政总支出"自动"获得增加。

小　　结

1. 西方经济学家以帕累托效率准则来评判资源配置状况。按照这一准则,只要经济活动上的任何措施,可使"得者的所得多于失者的所失",或者从全社会看,"宏观上的所得大于宏观上的所失",资源配置就可说是具有效率的。

2. 资源配置效率的实现条件可运用边际分析的方法直接给出，即社会边际效益等于社会边际成本。据此，可将评判一种经济制度是否具有效率标准定义为：全社会的资源配置状况满足这样一种条件，即每一种物品或劳务的社会边际效益均等于其社会边际成本。

3. 政府经济活动的必要性是同市场失灵相联系的，由于完全竞争的市场的五个必要条件不可能同时完全具备，市场机制在实现资源有效配置和收入分配公平目标方面存在诸多缺陷。公共物品或劳务、外部效应、垄断、规模报酬递增、收入分配不公以及经济周期性波动便是市场失灵的主要领域，也就是需要政府部门发挥作用的范围。

4. 在以市场机制为资源配置主要方式的经济社会中，公共财政的职能范围是以"市场失灵"为标准，从纠正和克服市场失灵现象出发加以界定的。公共物品或劳务、外部效应以及不完全竞争状态的存在，决定了财政履行资源配置的职能；收入分配不公现象的存在，决定了财政履行调节分配的职能；市场经济不可能自动、平稳地向前发展，又决定了财政履行稳定经济的职能。

第 2 章 外部效应理论

外部效应的定义在前一章已经给出。简单地说,外部效应就是指某些个人或厂商的经济行为影响了其他人或厂商,却没有为之承担应有的成本费用或没有获得应有的报酬的现象。换言之,外部效应就是未在价格中得以反映的经济交易成本或效益。我们已经知道,当外部效应存在时,人们在进行经济活动决策时所依据的价格,既不能精确地反映其全部的社会边际效益,也不能精确地反映其全部的社会边际成本。其原因在于,某种经济活动的外部效应的存在,使得除交易双方之外的第三者(个人或厂商)受到了影响,而该第三者因此而获得的效益或因此而付出的成本在交易双方的决策中未予考虑。其后果在于,依据失真的价格信号所做出的经济活动决策,肯定会使得社会资源配置发生错误,而达不到帕累托效率准则所要求的最佳状态。

本章将首先对外部效应进行简单的分类,然后考察外部效应是如何导致资源配置的扭曲的。在此基础上,说明政府财政对外部效应进行矫正的政策措施。

2.1 外部效应:分类和事例

2.1.1 外部效应的分类方法

现实经济生活中,外部效应的表现形式是多种多样的。对此,可以依照不同的标准来分类。例如：

外部效应的承受者,可能是消费者也可能是生产者。于是,按照外部效应的承受者的不同,可将外部效应区分为对消费的外部效应和对生产的外部效应。

外部效应的发起者,可能是生产单位,也可能消费单位。于是,又可按照外部效应的发起者的不同,将外部效应区分为生产活动的外部效应和消费活动的外部效应。

外部效应可能对承受者有利,也可能对承受者不利。于是,还可按照外部效应结果的不同,将外部效应区分为正的外部效应（外部效益）和负的外部效应（外部成本）。

据此,外部效应可能有下述八种排列：

第一,消费活动产生正的消费外部效应——某个人或家庭因其他人或家庭的消费活动而受益,如 A 的邻居 B 拥有一个美丽的花园,A 也会因此而享受到该花园的效益。此即为正的消费外部效应。

第二,消费活动产生正的生产外部效应——某厂商因某个人或家庭的消费活动而受益,如购买者因偏好的变化增加了对厂商的产品的需求。

第三,消费活动产生负的消费外部效应——某个人或家庭因其他人或家庭的消费活动而受损。如 A 嫉妒 B 的较高生活水平,他会因此而遭受负的消费外部效应。

第四,消费活动产生负的生产外部效应——某厂商因某个人或家庭的消费活动而受损。如购买者因偏好的改变减少了对厂商的产品的需求。

第五,生产活动产生正的消费外部效应——某个人或家庭因某厂商的生产活动而受益。如由于采用新的技术,企业可以在追求最大利润时,以较低的价格出售质量较好的产品,消费者就会因此而受到正的外部效应。

第六,生产活动产生正的生产外部效应——某厂商因别的厂商的生产活动而受益。如一个养蜂者接近苹果园,他的养蜂活动便会有益于苹果园的主人。反过来,苹果园的扩大,也会给养蜂者带来益处。

第七,生产活动产生负的消费外部效应——某个人或家庭因某厂商的生产活动而受损。如厂商的活动造成了污染,便会对附近居民的健康带来有害影响。

第八,生产活动产生负的生产外部效应——某厂商因别的厂商的生产活动而受损。如设在湖边上的纺织印染厂排出的污水,便有害于养鱼者的生产活动。

2.1.2 正的外部效应与负的外部效应

西方经济学家强调,尽管对外部效应可从不同的角度做不同的分类,但从外部效应同经济效率的关系来看,最基本的还是依靠外部效应的结果来分类,即正的外部效应和负的外部效应。

正的外部效应,亦称外部效益或外部经济,指的是对交易双方之外的第三者所带来的未在价格中得以反映的经济效益。在存在正的外部效应的情况下,无论是产品的买者,还是产品的卖者,都未在其决策中意识到他们之间的交易会给其他人或厂商带来益处。关于正的外部效应的一个最突出的例子是消防设备的交易。很明显,一笔消防设备的交易,除了买卖双方可从中得益之外,其他人或厂商(至少是邻近买方的人或厂商)也可从火灾蔓延的风险因此而减少中得益。但消防设备买卖双方并未意识到这一点。他们的买卖决策并未加入其交易会降低第三者的财产损失风险这样一个因素。如果加入了这一因素,也就是将外部效应考虑在内,在不能向第三者收取相应报偿的情况下,消防设备的消费量将肯定会因此而出现不足。

　　负的外部效应,亦称外部成本或外部不经济,指的是对交易双方之外的第三者所带来的未在价格中得以反映的成本费用。工业污染对人及其财产所带来的损害,是关于负的外部效应的一个最突出的例子。工业污染在损害人们的身体健康,降低人们的财产以及资源的价值上的负效应,已为现代社会的人们所共识。但是,与带来工业污染有关的产品的生产者和购买者,显然是不会在其生产决策或消费决策中考虑那些因此而受损害的人们的利益的。也正因为如此,这类产品的生产往往是过多的。

　　在这里,有必要指出的是,并非所有的对交易双方之外的第三者所带来的影响都可称作外部效应。那些对第三者所造成的可以通过价格或可以在价格中得以反映的影响,就不是本章所讨论的外部效应。例如,如果一个人增加了摄影的爱好,那么,这一爱好本身肯定会增加对摄影器材的市场需求,从而抬高摄影器材的市场价格。毫无疑问,其他摄影爱好者或摄影器材消费者会因摄影器材价格上涨而受损。但不能因此说由于这个人的摄影爱好的增加而给第三者带来了负的外部效应。产品价格上涨,仅仅说明这样一个事实,即该物品相对于人们的现实需求来说变得稀缺了。价格上涨的结果是一部分收入从购买者手中转移给生产者,并增加了生产该种产品的动力。同时,从资源配置的角度看,通过价格的提高也使现有的产量处于合理状态。[1] 很明显,这样的影响并不会导致资源配置的扭曲,当然也不在政府要采取措施加以矫正的效应范围之列。

---

[1] 一些经济学家将这种因某种物品或劳务需求量或供给量变动而以价格上涨或下降形式给现有消费者带来的影响,称作"金钱的(Pecuniary)外部效应",以此同"真正的(real)外部效应"即不能在价格中得以反映的效益或成本相区别。

2.2 外部效应与资源配置效率

前面已经指出,在存在外部效应的情况下,私人的边际效益和边际成本会同社会的边际效益和边际成本发生偏离。由于决定个人或厂商的经济选择的是私人边际效益和私人边际成本,而不是社会边际效益和社会边际成本,所以,当个人或厂商仅从自身的利益出发,而完全忽略了外部效应带给其他人或厂商的效益和成本时,其所做出的决策很可能会使资源配置发生错误。

2.2.1 负的外部效应与资源配置效率

负的外部效应的最关键问题,就是带有负的外部效应的物品或劳务的价格,不能充分反映用于生产或提供该种物品或生产要素的社会边际成本。比如,由于污染环境,纸张的生产会给除纸张买卖双方之外的其他人或厂商造成损害。而无论买者或卖者都未核算其给第三者带来的这一成本,对此,西方经济学家用外部边际成本(marginal external cost,简写为 MEC)来表示这种因增加一个单位的某种物品或劳务的产量而给第三者所带来的额外的成本。外部边际成本是生产某一物品或提供某一劳务的社会边际成本的一部分,但它未在该种物品或劳务的价格中得到反映。

仍以纸张生产为例,它之所以会带来负的外部效应,是因为纸张生产所造成的污染物倾泻于河流,导致水资源的污染,从而降低水资源使用者可从中获得的效益,如减少可供捕捞的鱼量,妨碍人们可进行的诸如游泳、划船等各种形式的娱乐活动。对此,可区别三种情况来分析,即外部边际成本不变、外部边际成本递增和外部边际成本递减。

图 2-1A 描绘的是外部边际成本不变的情况。假定每吨纸的 MEC 为 10 美元,且固定不变,MEC 线与横轴平行。这就意味着,外部总成本将随产量的增加而按照一个不变的比率即每吨纸 10 美元的幅度增加。如图2-1B所示,如果某一造纸厂的年产量为40吨,其外部

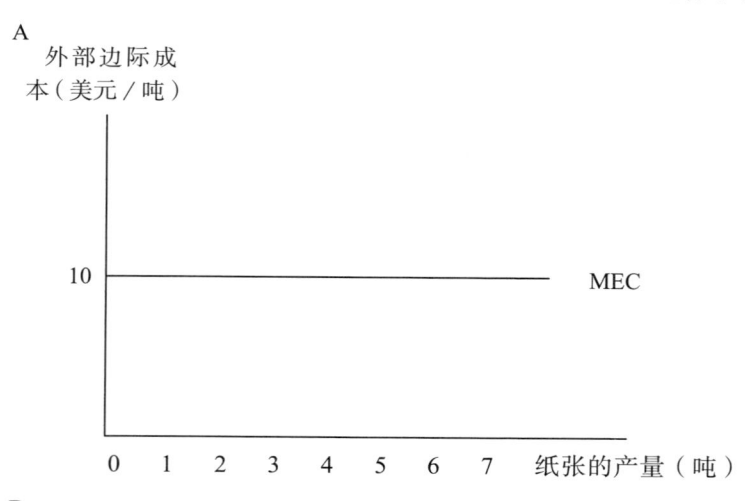

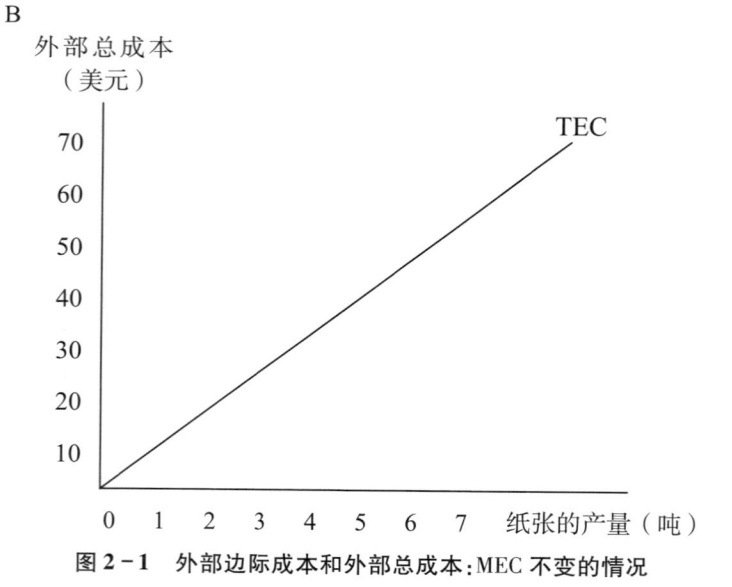

图 2-1 外部边际成本和外部总成本:MEC 不变的情况

边际成本为每吨 10 美元,外部总成本(TEC)就将为 400 美元。这时,TEC 线是一条斜率为 △TEC/△Q = MEC = \$10 的直线(△TEC 是外部总成本的增量,△Q 为纸张产量的增量)。如果纸张年产量增加一倍,但 MEC 不变,那么,外部总成本也将随之增加一倍。

图 2-2 描绘的是外部边际成本随产量增加而递增的情况。对第三者造成的外部边际损害递增,意味着较高的年产量水平比较低的年产量水平带来的边际损害更大。所以,图 2-2A 中的 MEC 线向右上方倾斜。在这种情况下,外部总成本将随产量的增加而按照一个递增的比率增加。如图 2-2B 中的 TEC 线所示,如果纸张年产量增加一倍,那么,对第三者造成的外部总成本的增加将大于一倍。这也说明,纸张产量越增加,由此而产生的污染损害越严重。

再一种情况是,外部边际成本随着产量的增加而趋于递减,并最终为零。但对于负的外部效应来说,这种情况发生的可能性一般较小。这是因为,外部边际成本的递减实际上意味着污染造成的总损害将按一个递减的比率增加;而在某一点之后,追加的污染不会带来进一步的损害。显而易见,污染损失不可能存在一个最高限额。

运用外部边际成本的要领,可以解释负的外部效应是如何导致资源配置的扭曲的。

现在假定造纸工业处在完全竞争的市场条件下,即是说,在纸张市场上,任何买者或卖者都不可能操纵价格。在图 2-3 中,需求曲线 D 和供给曲线 S 在 A 点相交,这一点决定的均衡价格和均衡产量分别为 100 美元和 5 万吨。从图中可以看出,需求曲线 D 代表着购买者可从纸张的消费中所得到的边际效益。为了简化起见,假定这条曲线所代表的也就是纸张的社会边际效益,即 D = MSB。供给曲线 S 代表着厂商为生产每一追加单位的纸张所付出的边际成本。但是,这条曲线所代表的边际成本仅是私人边际成本,即 S=MPC,而未将生产每一追加单位纸张所发生的全部成本包括在内,也就是未计入外部边际成本 MEC。

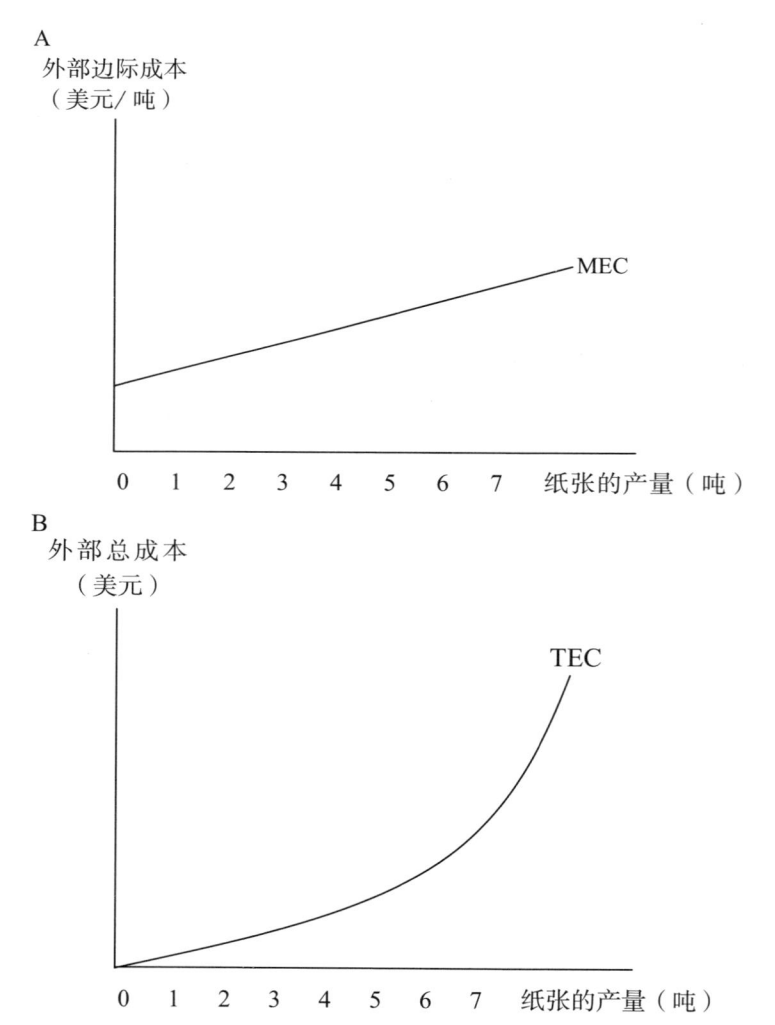

图 2-2　外部边际成本和外部总成本:MEC 递增的情况

价格、边际效益
和边际成本（美元）

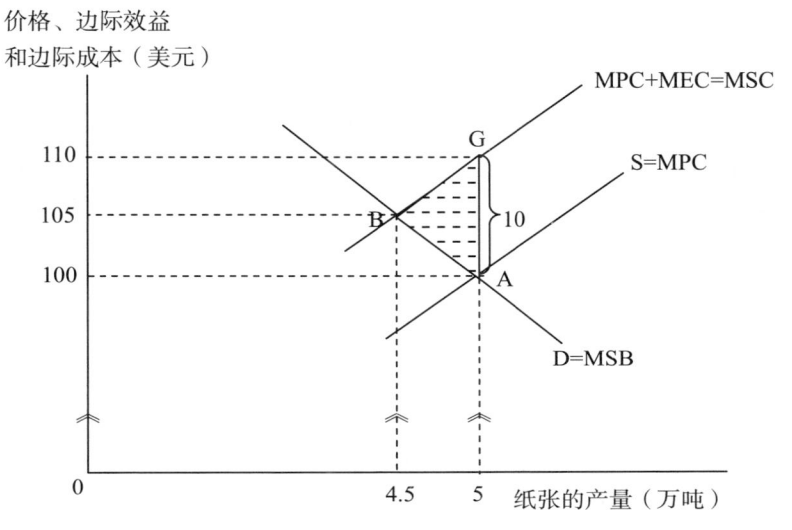

图2-3 市场均衡、负的外部效应与资源配置效率

再假定生产每吨纸张的外部边际成本为10美元，且固定不变，其变动趋势如图2-1A所示。这10美元的外部边际成本显然未在生产者的产量决策中加以考虑，生产者所考虑的仅仅是其私人的边际成本。前面已经指出，除非私人边际成本与社会边际成本相一致，否则，依据私人边际成本做出的产量决策肯定不是最佳的。

为了得到社会边际成本MSC，私人边际成本MPC必须加上外部边际成本MEC，即

$$MPC + MEC = MSC \qquad (2.1)$$

这表明，在存在负的外部效应的情况下，物品或劳务的私人边际成本小于其社会边际成本。

要得到图2-3中的社会边际成本MSC，可将MPC与MEC（$10）相加，即MPC+$10=MSC。鉴于MEC固定不变，不随产量变动而变动，MPC曲线应按相当于10美元的幅度向上平行移动至MSC。也就是说，MSC曲线与MPC曲线之间垂直距离为10美元（如图2-3所

示)。如果 MEC 不是固定不变的,而是随产量的增加而递增,则 MSC 曲线与 MPC 曲线之间的垂直距离将呈逐渐扩大趋势。

现在来总结一下已经得出的分析结果。

如图 2-3 所示,不加干预的纸张市场的均衡在 A 点实现。在这一点上,

$$MPC = MSB \tag{2.2}$$

A 点所决定的产量水平显然不是最佳的。因为资源配置效率的实现条件应是 MSC=MSB,而不是 MPC=MSB。这就意味着,有效的均衡应当在 B 点实现。在这点上,包括了私人边际成本和外部边际成本在内的社会边际成本恰好同社会边际效益相等:

$$MSC = MPC + MEC = MSB \tag{2.3}$$

仍继续纸张市场的例子。A 点所决定的 5 万吨的年产量水平是缺乏效率的。因为在这一产量水平上,社会边际成本为每吨 110 美元(如 G 点所示),而其社会边际效益只有每吨 100 美元(如 A 点所示)。纸张生产的社会边际成本大于其社会边际效益,其结果必然是纸张以高于最佳产量的水平在市场上出售。随着纸张年产量由 5 万吨减少至 4.5 万吨,即降至 B 点所决定的年产量水平,将会因此而获得相当于 BGA 面积大小的社会净效益。① 这时,纸张的价格也将由每吨 100 美元升至 105 美元,以促使消费者将年消费量从 5 吨减少至 4.5 吨。4.5 吨即是纸张的最佳产量水平。因为在这一产量水平上,纸张生产的社会边际成本恰好等于其社会边际效益。

西方经济学家由此得出的结论是,在存在负的外部效应时,物品(或劳务)的生产和销售将会呈现过多状态。

---

① 换一个角度说,若不对纸张生产的负的外部效应加以矫正,社会将会有相当于 BGA 面积大小的净效益损失。

2.2.2 正的外部效应与资源配置效率

同负的外部效应类似,正的外部效应的最关键问题,就是带有正的外部效应的物品或劳务的价格,不能充分反映该种物品或劳务所能带来的社会边际效益。例如,用于预防传染病的疫苗接种,就是带来正的外部效应的一个典型例子。一个明显的事实是,疫苗接种不仅会使被接种者本人减少感染病菌的可能,那些没有接种疫苗的人也可因此而减少接触感染病菌者的机会。依此类推,整个社会都可从减少疾病传播的可能性中得益。再进一步,如果疾病能以这种方式得以根除,那么,整个世界的人口都会成为某一人进行疫苗接种的受益者。对此,也可用外部边际效益(marginal external benefit,简写 MEB)来表示这种因增加一个单位的某种物品或劳务的消费而给第三者所带来的额外的效益。疫苗接种的外部边际效益,就是给除疫苗接种者之外的其他人所带来的减少感染病菌可能性的好处。

外部边际效益的概念,可用以解释正的外部效应是如何导致资源配置的扭曲的。

图 2-4 将疫苗接种服务置于竞争的市场上来考察。从图中看出,疫苗接种的需求曲线 D 和供给曲线 S 相交于 U 点,这一点所决定的均衡产量分别为 25 美元和 10 万人次。显而易见,10 万人次的疫苗接种量不是最有效率的。因为需求曲线 D 所反映的仅是消费者自身可从疫苗接种中获得的边际效益。也就是说,消费者的决策所依据的仅仅是 25 美元的私人边际效益,而未包括 20 美元的外部边际效益。这样一来,在 D 与代表疫苗接种的社会边际成本的供给曲线 S(为简化起见,这一例子假设提供疫苗接种的私人边际成本恰好等于其社会边际成本)相交点所决定的产量水平上,疫苗接种的实际社会边际效益(45美元)超过了私人边际效益(25 美元)。前面已经指出,只要社会边际

效益和私人边际效益不一致,依据私人边际效益做出的产量决策肯定不是具有效率的。

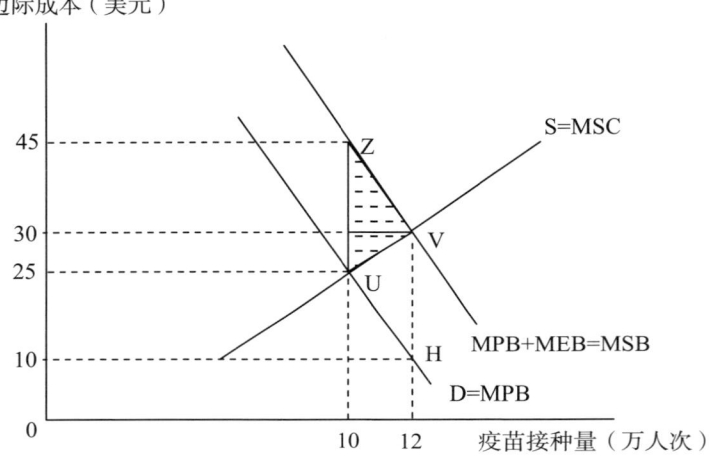

图 2-4 市场均衡、正的外部效应与资源配置效率

社会边际效益(MSB)可通过将私人边际效益(MPB)同外部边际效益(MEB)相加而求出。即

$$MPB+MEB=MSB \qquad (2.4)$$

这表明,在存在正的外部效应的情况下,一种物品或劳务的私人边际效益小于其社会边际效益。

要得出图 2-4 中的社会边际效益,MPB 必须加上 MEB,即 MSB=25 美元+20 美元=45 美元。这就是说,原来的 D=MPB 线应当向右上方平行移动相当于 20 美元的垂直距离,并为 MPB+MEB=MSB 线所替代。MPB+MEB=MSB 线同 S=MSC 线在 V 点相交,由此而决定疫苗接种量为 12 万人次。易于看出,这一产量水平是最佳的产量水平。因为它满足实现效率的边际条件:在 V 点上,疫苗接种的社会边际效益恰

好等于其社会边际成本,即

$$MPB+MEB = MSB = MSC \qquad (2.5)$$

随着疫苗接种量由 10 万人次增加到 12 万人次,社会将会因此而获得相当于 UZV 面积大小的净效益。① 同时,向消费者收取的疫苗接种价格也将由原来的 25 美元降至 10 美元,以和疫苗接种的市场需求曲线上的 H 点相对应。在这一价格水平上,消费者对疫苗的需求量正是 12 万人次的最佳水平。

西方经济学家由此得出的结论是,在存在正的外部效应时,物品(或劳务)的生产和销售将会呈现不足状态。

2.2.3 正的外部效应:外部边际效益递减的情况

西方经济学家指出,在现实经济生活中,某种物品(或劳务)的外部边际效益往往不是固定不变的。它很有可能随其消费量的增加而递减。前面所说的疫苗接种的例子就是一个典型。每一人次的疫苗接种所带来的外部边际效益是会随接种人次的增加而逐渐减少的。其中的原因不难理解,随着接种人次的增加,疾病传播的可能在递减,担心感染疾病的人数在递减,给外部带来的边际效益自然也是要递减的。一旦出现这种情况,当接种疫苗的人次达到一定水平时,其外部边际效益将最终趋向于零。

这种情况可用图 2-5 来说明。假定疫苗接种的 MEB 逐渐下降,并在 16 万人次的接种水平上趋向于零。如图 2-5 所示,MSB 大于 MPB 的现象只有在疫苗接种量少于 16 万人次的条件下才会存在。而且,由于 MEB 随着接种疫苗人员的增加而递减,MPB 曲线和 MSB 曲线的距离也趋向于越来越小。

---

① 换一个角度说,若不对疫苗接种的正的外部效应加以矫正,社会将有相当于 UZV 面积大小的净效益损失。

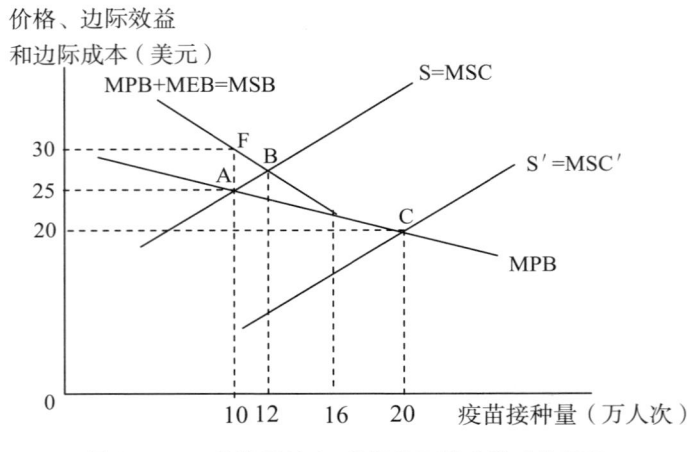

48　第1篇　公共部门的政治经济学

图2-5　正的外部效应：外部边际效应递减的情况

西方经济学家认为,这种形式的外部效应所体现的含义对于理解市场失灵是非常重要的。例如,假设社会边际成本曲线是S,S也是完全竞争市场条件下的供给曲线。这时,市场的均衡将在A点实现,由此而决定的疫苗接种价格为每人次25美元,疫苗接种量为10万人次。这肯定不是最佳的产量水平。因为在这一点上,疫苗接种的社会边际效益大于其社会边际成本。与B点所对应的12万人次才是具有效率的最佳水平。因为在这一点上,MSC = MSB = MPB + MEB。这说明,这时有市场失灵现象存在。如果供给曲线不是S = MSC,而是S′ = MSC′。这时,市场的均衡点就为C点了。由此而决定的疫苗接种价格为每人次20美元,疫苗接种量为20万人次。那么,这一产量水平是不是也缺乏效率呢?答案当然是否定的。因为在20万人次的疫苗接种量水平上,MEB = 0。也就是社会边际成本同社会边际效益恰好相等。

可由此得出的结论是,在存在外部边际效益递减的正的外部效应时,市场机制作用下的产量水平并非总是缺乏效率的。只有在处于较低产量水平——在这一水平下,MEB>0——条件下,市场机制才会在实现资源配置的效率方面发生失灵。

2.3 外部效应的内在化:政府的矫正措施

2.3.1 何谓外部效应的内在化

西方经济学家用外部效应的内在化来解释政府对外部效应的矫正措施。在他们看来,既然造成带有外部效应的物品或劳务的市场供给不是过多就是不足的原因,在于私人边际效益或成本同社会边际效益或成本的非一致性,那么,政府的矫正措施应当着眼于对私人边际效益或成本的调整。当某种物品或劳务的私人边际效益或成本被调整到足以使得个人或厂商的决策考虑其所产生的外部效应,即考虑实际的社会效益或成本时,就实现了外部效应的内在化。由此看来,外部效应的内在化过程,也就是外部效应得以矫正,资源配置由不具有效率到具有效率的过程。

具体来说,外部效应的内在化,实际上就是外部效应的边际价值被定价了。就负的外部效应而言,其内在化就是外部边际成本被加计到私人边际成本之上,从而物品(或劳务)的价格得以反映全部的社会边际成本;就正的外部效应而言,其内在化就是外部边际效益被加计到私人边际效益之上,从而物品(或劳务)的价格得以反映全部的社会边际效益。

政府用于矫正外部效应(或说是实现外部效应内在化)的财政措施大体可区分为两类,即矫正性的税收和矫正性的财政补贴。前者用于实现负的外部效应的内在化,后者则用于实现正的外部效应的内在化。

2.3.2 矫正性的税收与负的外部效应的内在化

矫正性的税收着眼于私人边际成本的调整。其操作办法是：对带有负的外部效应的物品或劳务征收相当于其外部边际成本大小的税收，以此将征税物品或劳务的私人边际成本提高到同社会边际成本相一致的水平，实现负的外部效应的内在化。所以，矫正性的税收的突出特征是其数额同外部边际成本相等。

仍以造纸工业的例子来说明。假定政府决定以对纸张的生产者征收矫正性的税收(如污染税)的办法，来实现纸张生产所带来的负的外部效应的内在化。其影响如图2-6所示。

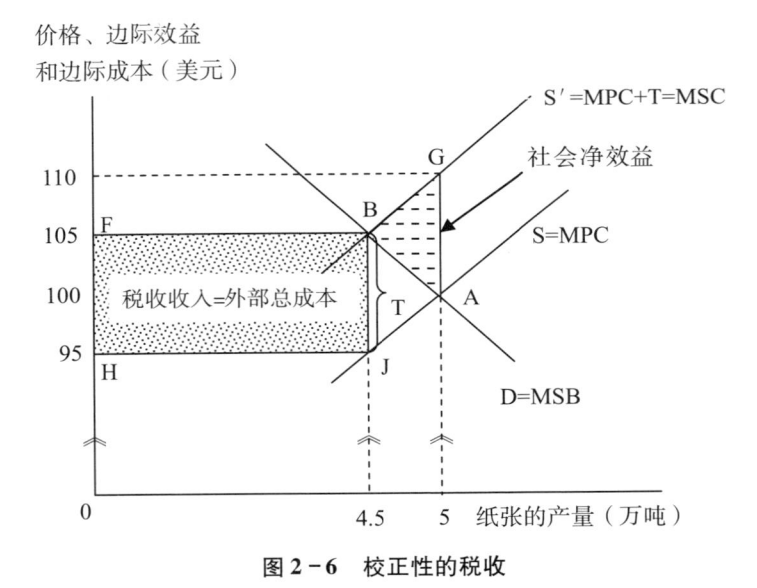

价格、边际效益和边际成本(美元)

图2-6 校正性的税收

矫正性的税收T的额度取决于外部边际成本MEC的大小，即

$$T = MEC \tag{2.6}$$

假定每吨纸张的外部边际成本为10美元，矫正性的税收额度即为

每吨纸张 10 美元。由于政府对所生产的每一吨纸张都征收 10 美元的税收,生产者所面临的纸张生产的私人边际成本将因此而加计相当于税收的数额,也就是 MPC+T。其结果,纸张的供给曲线由 S 移至 S′,而 S′所代表的正是纸张生产的全部社会边际成本,即 S′=MPC+T=MSC。S′线与需求曲线 D=MSB 在 B 点相交,于是,市场均衡点也因政府征税而从 A 移向 B,随着市场均衡点的变动,纸张的市场价格提高至每吨 105 美元,纸张的均衡产量从 5 万吨减少至 4.5 万吨。而 4.5 万吨恰恰就是最有效率的年产量水平。

在 4.5 万吨的年产量水平下,政府可征收的税收总额为 45 万美元($10×45000=$450000),如图 2-6 中的 FBJH 的面积所示。政府对纸张生产的征税,还使得河流的污染成本因此而下降了。政府征税之前,由于每吨纸张生产造成的污染成本为 10 美元,在纸张年产量为 5 万吨的情况下,河流的污染成本为 50 万美元。征税之后,随着纸张产量从 5 万吨减少至 4.5 万吨,河流的污染成本也减至 45 万美元。但是,矫正性的税收虽有助于河流污染的减少,但并不能使河流的污染成本减少至零。

政府征得的税收也可用于实现各种政策目标。例如,可将 45 万美元的税收以补贴的形式发放给除纸张生产者之外的其他水资源使用者,以补偿他们因河流被污染而受到的 45 万美元的损失。也可将 45 万美元的税收用于增加政府提供的服务或弥补政府其他公共收入的减少,等等。

至此,可将矫正性的税收的作用做一简要的归纳:

1. 将外部边际成本加计到私人边际成本之上,以此增加纸张的生产成本和售价,进而将纸张的产量减少至社会边际效益和社会边际成本相等的最佳水平。

2. 将部分收入从纸张生产者手中转移给遭受纸张生产所带来的负

的外部效应之害的个人或厂商以及需要享受政府提供的服务的个人或厂商。

3.将水资源的污染减少至可以容忍的水平(但不能减少至零)。

在图2-6中,BGA的面积代表的正是矫正性的税收所能带来的社会净效益。

2.3.3 矫正性的财政补贴与正的外部效应的内在化

矫正性的财政补贴着眼于私人边际效益的调整。其操作方法是:对带有正的外部效应的物品或劳务的消费者,按照该种物品或劳务的外部边际效益的大小发放财政补贴,以此将补贴物品或劳务的私人边际效益提高到同社会边际效益相一致的水平,实现正的外部效应的内在化。所以,矫正性的财政补贴的突出特征是其数额与外部边际效益相等。

仍可用疫苗接种的例子来说明。假定政府决定以对疫苗接种者发放财政补贴的办法,来增加消费者对疫苗接种的需求,实现疫苗接种带来的正的外部效应的内在化。其影响如图2-7所示。

矫正性的财政补贴 W 的额度取决于外部边际效益 MEB 的大小,即

$$W = MEB \tag{2.7}$$

前面曾假定每一人次的疫苗接种所带来的外部边际效益为20美元。故政府宣布将给疫苗接种者每人发放20美元的补贴,这样,每一人次的疫苗接种的私人边际效益将因此而加计20美元,亦即 MPB+ $20。于是,对疫苗接种的需求曲线向右上方移动,由原来的 D = MPB 平行移至 D′= MPB+ $20 = MSB。随着对疫苗接种的需求量的增加,市场均衡点也从原来的 U 点移至 V 点。由此而决定的疫苗接种的市场价格增加到30美元,以弥补生产的边际成本的增加。然而,消费者得到补贴之后所支付的净价格却下降了。现在每一人的疫苗接种的

净价格是 $30-$20=$10。消费者所支付的净价格的下降,可诱使消费者将疫苗接种的需求量增加到 12 万人次,即达到疫苗接种量的最佳水平。

矫正性的财政补贴的发放,通过诱使消费者增加对疫苗接种的需求量,也增加了疫苗接种者所得到的效益。即从原来的 200 万美元增加到 240 万美元($20×120000=$2400000)。政府为每年 12 万人次的疫苗接种者发放补贴,共支付 240 万美元,如图 2-7 中的 RVXY 的面积所示。

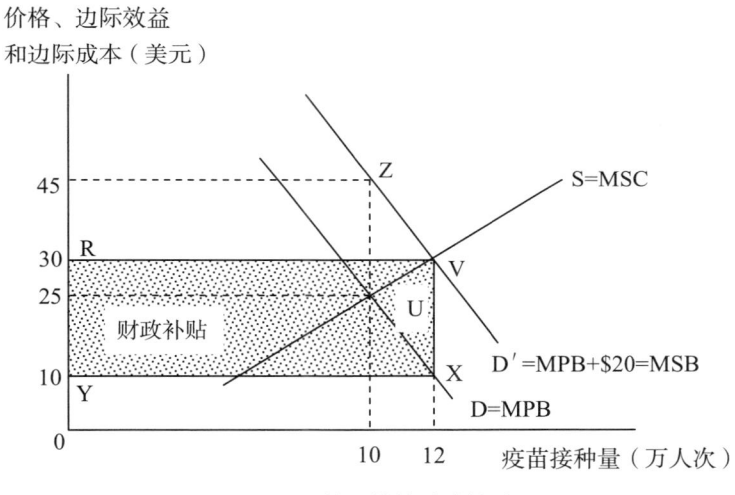

图 2-7 校正性的财政补贴

在西方国家,关于矫正性的财政补贴的例子是很多的。例如,对于在自己庭院内或庭院周围植树的个人或家庭,虽然其所植的树木属私人财产,但因由此可带来自然环境的改善,政府往往要给予补贴,如他们可以半价从政府那里购置树苗,以此实现植树所带来的正的外部效应的内在化。还有,政府对在校学生所发放的助学金和奖学金,也可看作是矫正性的财政补贴的一种类型。教育所带来的正的外部效应表现在：良好的社会风气和生活环境、经济可以较快地获得发展等。助学金和奖学金的发放，显然是将这些正的外部效应内在化的一个措施。

但是，也要注意到，并非政府发放的财政补贴都是基于矫正外部效应的目的。实际上，政府发放的许多财政补贴是建立在其他政策目标的基础之上的。如食品券补贴、副食品补贴，就不是用于实现外部效应的内在化，而是为了减轻贫困，维持人们基本的生活水准。

至此，矫正性的财政补贴的作用可归纳如下：

1. 将外部边际效益加计到私人边际效益之上，以此增加对带有正的外部效应的物品或劳务的需求，并降低消费者为其支付的净价格，进而将其产量调整至社会边际效益同社会边际成本相等的最佳水平。

2. 增加带有正的外部效应的物品或劳务的消费者所获得的效益，从而鼓励这类物品或劳务的消费。

小　　结

1. 外部效应指的是某些个人或厂商的经济行为影响了其他人或厂商，却没有为之承担应有的成本费用或没有因此获得应有的报酬的现象。它可以简单地定义为未在价格中得以反映的经济交易成本或效益。

2. 对外部效应可从不同的角度来分类。但最基本的还是依外部效应所带来的后果分类。按照这一标准，可将外部效应区分为正的外部效应和负的外部效应。前者指对交易双方之外的第三者所带来的未在价格中得以反映的经济效益，后者则指对交易双方之外的第三者所带来的未在价格中得以反映的成本费用。

3. 在存在外部效应的情况下，私人的边际效益与成本会同社会的边际效益与成本发生偏离，由此会导致资源配置的扭曲。带有负的外部效应的物品或劳务,因其价格不能充分反映用于生产或提供该种物品或劳务的生产要素的社会边际成本,它的生产和销售会呈现过多状态。带有正的外部效应的物品或劳务,因其价格不能充分反映该种物品或劳务所能带来的社会边际效益,它的生产和销售会呈现不足状态。

4. 可以用外部效应的内在化来解释政府对外部效应的矫正措施。当某种物品或劳务的私人边际效益或成本被调整到足以使得个人或厂商的决策考虑其所产生的外部效应时,就实现了外部效应的内在化。为此,政府通常在财政上采取两类措施:矫正性的税收和矫正性的财政补贴。前者意在私人边际成本的调整。通过对带有负的外部效应的物品或劳务征收相当于其外部边际成本大小的税收,将其私人边际成本提高至同社会边际成本相一致的水平,以此实现负的外部效应的内在化。后者意在私人边际效益的调整。通过对带有正的外部效应的物品或劳务的消费者发放相当于其外部边际效益大小的财政补贴,将其私人边际效益提高到同社会边际效益相一致的水平,以此实现正的外部效应的内在化。

第 3 章 公共物品理论

西方经济学家历来十分重视公共物品或劳务问题的研究。这不仅是因为公共物品或劳务是市场机制发生失灵的一个重要领域,公共财政的资源配置职能主要是体现在公共物品或劳务的提供上,而且,市场经济下公共财政所涉及的许多问题,都与公共物品或劳务有关。正因为如此,对公共物品或劳务问题的研究,构成了西方财政经济理论的一个核心内容。

公共物品或劳务理论要回答的问题很多。比如,什么是公共物品或劳务?公共物品或劳务的特性是什么?为什么在公共物品或劳务的配置上市场机制会发生失灵?怎样衡量对公共物品或劳务的需求?又怎样决定其最佳产量?如何保证公共物品或劳务的有效供给并实现公共物品或劳务与私人物品或劳务的最佳组合?等等。对上述这些问题的考察分析,就是本章的主要内容。

3.1 公共物品的特性

3.1.1 公共物品与私人物品:特性的比较

公共物品或劳务的特性是在同私人物品或劳务的特性的比较中得出的。如第 1 章所述,相对于私人物品或劳务的特性来说,公共物品或劳务的特性可归纳为如下三种:

第一,效用的不可分割性(non-divisibility)。即公共物品或劳务是向整个社会共同提供的,具有共同受益或联合消费的特点。其效用为整个社会的成员所共享,而不能将其分割为若干部分,分别归属于某些个人或厂商享用,或者,不能按照谁付款、谁受益的原则,限定为之付款的个人或厂商享用。例如,国防提供的国家安全保障即是对一国国内的所有人而不是在个人的基础上提供的。事实上,只要生活在该国境内,任何人都无法拒绝这种服务,也不可能创造一种市场将为之付款的人同拒绝为之付款的人区别开来。所以,国防被作为公共物品或劳务的一个典型事例。相比之下,私人物品或劳务的效用则是可分割的(divisibility)。私人物品或劳务的一个重要特性就是它可以被分割为许多能够买卖的单位,而且,其效用只对为其付款的人提供,或说是谁付款、谁受益。例如,日常生活中的电冰箱就与国防显著不同。它可以按台出售,出售后,其效用也归购买者自己或其家庭独享。这样的物品或劳务显然属于私人物品或劳务。

第二,消费的非竞争性(non-rivalness)。即某一个人或厂商对公共物品或劳务的享用,不排斥、妨碍其他人或厂商同时享用,也不会因此而减少其他人或厂商享用该种公共物品或劳务的数量或质量。这就是说,增加一个消费者不会减少任何一个人对公共物品或劳务的消费量,或者,增加一个消费者,其边际成本等于零。仍以一国的国防为例。尽管人口往往处于与年俱增状态,但没有任何人会因此而减少其所享受的国防所提供的国家安全保障。私人物品或劳务的情况就不是这样。它在消费上具有竞争性(rivalness)。即某一个人或厂商对某种一定数量的私人物品或劳务的享用,实际上就排除了其他人或厂商同时享用。例如,前述的可按台出售的电冰箱,当某一消费者将一台电冰箱购入家中后,这台电冰箱显然就只有归这个消费者及其家庭享用了,其他人或家庭不可能同时享用这台电冰箱所提供的效用。其他人或家庭要享用电冰箱的效用,只能另行购入。而这时,其边际成本显然不为零。

第三,受益的非排他性(non-excludability)。即在技术上没有办法将拒绝为之付款的个人或厂商排除在公共物品或劳务的受益范围之外。或者说,公共物品或劳务不能由拒绝付款的个人或厂商加以阻止。任何人都不能用拒绝付款的办法,将其所不喜欢的公共物品或劳务排除在其享用品范围之外。比如国防,如果在一国的范围内提供了国防服务,则要排除任何一个生活在该国的人享受国防保护,是极端困难的。就是那些在政治上反对发展核武器,而拒绝为国防费用纳税的人们,即使被投进监狱,也仍然处在核武器所提供的国家安全保障的范围之内。在私人物品或劳务上,这种情况就不会发生。私人物品或劳务在受益上是必须具有排他性(excludability)的。因为只有在受益上具有排他性的物品或劳务,人们才愿意为之付款,生产者也才会通过市场来提供。例如,如果一个人喜欢某种电冰箱,其他人不喜欢,那么这个人就可付款得到它,其他的人则无须这样。如果某个人拒绝付款,而又想得到电冰箱,那么也很简单,卖者就可拒绝卖给他。这个人肯定会被排除在电冰箱的受益范围之外。

在揭示了公共物品或劳务的上述三个特性的基础上,西方经济学家又给出了"纯粹的公共物品或劳务"的概念。在他们看来,现实生活中的公共物品或劳务满足三个特性的情况是不同的。并不是所有的向整个社会共同提供的物品或劳务,都同时具有非竞争性和非排他性的特性。或者,在消费上具有非竞争性的物品或劳务,却很可能是具有排他性的。例如,公路所提供的服务,按照上述的特性标准来看,无疑是具有非竞争性的。但是,它却不一定满足非排他性的条件。因为在实践上,完全可通过收取养路费的方式将不愿为此付款的人排除在公路的使用者范围之外。所以,公共物品或劳务是可以分作几个层次的。只有同时满足前述三个特性条件的物品或劳务,才可称作"纯粹的公共物品或劳务"。

这就是说,纯粹的公共物品或劳务,指的是那种向全体社会成员共同提供的且在消费上不具竞争性、受益上不具排他性的物品或劳务。相对来说,纯粹的私人物品和劳务,就指的是那种只向为其付款的个人或厂商提供的,且在消费上具有竞争性,并很容易将未为其付款的个人或厂商排除在受益范围之外的物品或劳务。如果将外部效应理论应用于公共物品或劳务和私人物品或劳务的区分,那就是,纯粹的私人物品或劳务的市场交易,既不会带来正的外部效应,也不会带来负的外部效应。而纯粹的公共物品或劳务,即使初衷是只提供给某一特定的个人,其结果也会使该社会的所有人享受广泛的外部效益。可以将纯粹的私人物品或劳务和纯粹的公共物品或劳务视作一个闭区间的两个极点,居于它们之间的显然就既带有公共物品或劳务的特性,又带有私人物品或劳务的特性的物品或劳务。例如,消费上具有非竞争性,但受益上具有非排他性的公共资源,①以及消费上具有非竞争性,但技术上能够实现排他的公共物品或劳务等,都不是纯粹的公共物品或劳务,当然也不是纯粹的私人物品或劳务。对于这样的物品或劳务,政府财政是需采取补贴的办法,并通过市场给予支持的。

　　西方经济学家强调区分"分配成本"和"生产成本"的必要性。前面说过,根据公共产品或劳务的特性之一即消费的非排他性,将一定数量的某种公共物品或劳务分配给任何一个追加的消费者的边际成本等于零。但是,生产任何一个追加单位的公共物品或劳务的边际成本都永远是正数。这是因为,正如所有其他的经济物品一样,纯粹的公共物品或劳务的数量的增加,要求以追加的资源投入为条件。图3-1提示了这两种成本的区别。其中,图3-1A表明,一旦向任何一个人提供了

---

① 例如草原,当某个人在草原上放牧时,他与这块草原的其他放牧者之间在消费上就具有竞争性关系。

一定数量的某种纯粹的公共物品,那么,在这个既定数量的该种公共物品上无论添加多少消费者,其边际成本均等于零。图3-1B则假定,纯粹的公共物品的平均成本是固定不变的。如果公共物品的平均成本为每单位200美元,其边际成本也将为200美元。即生产该公共物品的边际成本永远是正数。

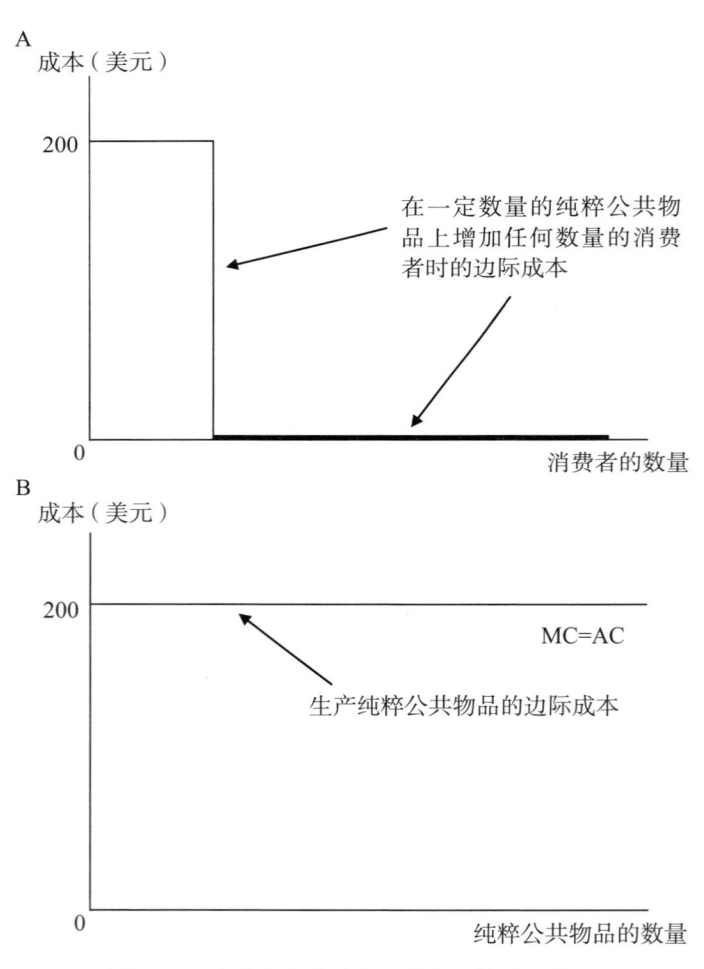

图 3-1 消费和生产纯粹公共物品的边际成本

3.1.2 一个典型的事例：面包与取暖

可以用一个简单的例子来说明纯粹的公共物品或劳务与纯粹的私人物品或劳务之间的区别。

假定一个社会是由生活在一个房间内的人们所组成的。在这个房间内所做出的决策只对这个房间内的人们产生影响，而不会影响到其他任何人。这个房间的人每天都收到固定数量的面包和一定数量的供取暖用的燃料。很明显，面包是一种纯粹的私人物品。这是因为：(1)面包可以分割成若干单位，并在人们之间进行分配（满足"效用的可分割性"）。(2)这个房间的人每天所收到的面包总量多一些，其他的人所消费的面包数量就要少一些（满足"消费的竞争性"）。(3)面包可以很容易地通过由每天供求双方的力量对比所决定的价格在市场上出售。在价格既定的条件下，这个房间的人可根据其偏好和经济状况而调整其面包的消费量（满足"受益的排他性"）。

那么，取暖属于一种什么性质的物品呢？这也可从三个方面来分析：(1)在这个房间所提供的热量是不可能在人们之间进行分割的，生活在这个房间的任何位置上的人都享受同样的室内温度（满足"效用的不可分割性"）。(2)假定这个房间的面积很大，可容纳更多的人进住其内，而随着室内居住人数的增加，为该房间取暖所使用的燃料并不需要增加。同时，也没有可能使某些人所消费的热量多一些，其他人所消费的热量少一些（满足"消费的非竞争性"）。(3)在技术上没有可能让生活在这个房间的不同的人消费不同数量的热量，即任何人所享受的室内温度，其他所有人同样能够享受。所以，消费者无法根据其个人偏好及经济状况来调整其所消费的热量（满足"受益的非排他性"）。易于看出，这个房间的取暖水平同时具有公共物品或劳务的三个特性，它无疑是一种纯粹的公共物品。

3.1.3 判定公共物品的步骤

由上述分析可以看出,要辨别一种物品或劳务是否是公共物品或劳务,可以分以下步骤进行:

第一步,看该种物品或劳务的效用是否具有不可分割性。如果具有不可分割性,则转入第二步分析;

第二步,看该种物品或劳务的消费是否具有非竞争性。如果具有非竞争性,则转入第三步分析。

第三步,看该种物品或劳务的受益在技术上是否具有非排他性。如果具有非排他性,则该种物品或劳务必为纯粹的公共物品或劳务。

如果一种物品或劳务既不具有效用的不可分割性,又不具有消费的非竞争性和受益的非排他性,则该种物品或劳务必为纯粹的私人物品或劳务。

如果一种物品或劳务同时具有效用的不可分割性和消费的非竞争性,但在技术上能够排他,可进一步分析实现排他的成本是否较高。如果排他的成本较低,则该种物品或劳务属于"拥挤性的公共物品或劳务",如电影院、足球赛、公路和桥梁等等。这类物品或劳务可通过市场提供,同时,政府财政给予补贴。

如果一种物品同时具有效用不可分割性和受益的非排他性,但在消费上具有竞争性,则该种物品或劳务属于资源,即属于具有非排他性,但有竞争性的物品。

如果一种物品或劳务是纯粹的公共物品或劳务,则它应由政府财政来提供,市场机制在这个领域肯定是要失灵的。

如果一种物品或劳务是纯粹的私人物品或劳务,则它有可能通过市场机制来实现供求平衡。

上述步骤可图示如下:

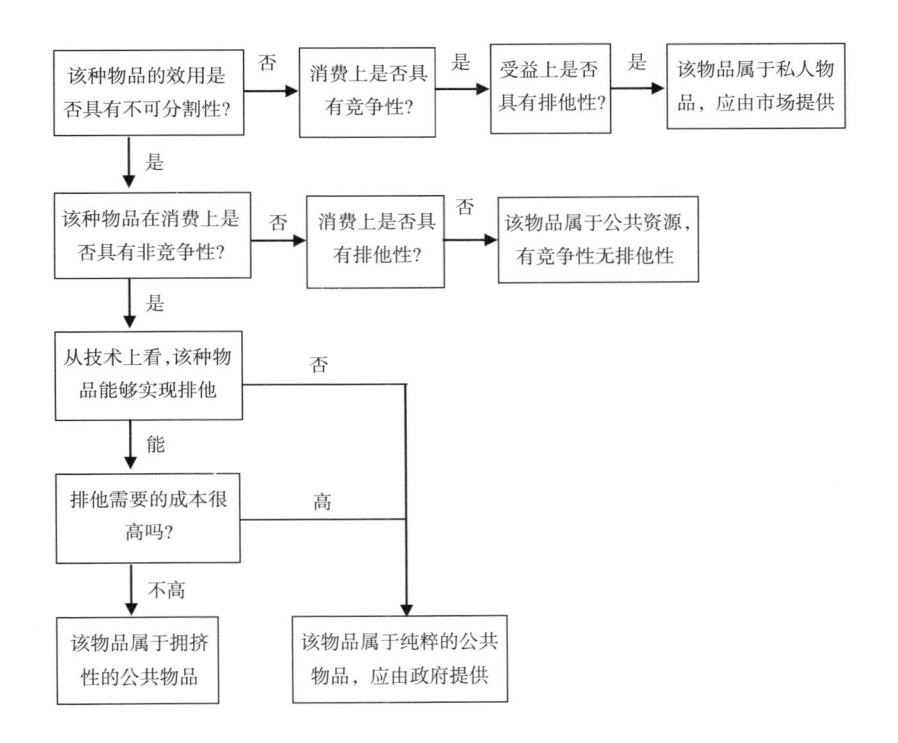

```
┌─────────────┐ 否 ┌─────────┐ 是 ┌─────────┐ 是 ┌──────────────┐
│该种物品的效用是│───→│消费上是否具│──→│受益上是否│──→│该物品属于私人物品,│
│否具有不可分割性?│    │有竞争性? │    │具有排他性?│    │应由市场提供   │
└─────────────┘    └─────────┘    └─────────┘    └──────────────┘
       │是
       ↓
┌─────────────┐ 否 ┌─────────┐ 否 ┌──────────────┐
│该种物品在消费上│───→│消费上是否具│──→│该物品属于公共资源,│
│否具有非竞争性? │    │有排他性? │    │有竞争性无排他性 │
└─────────────┘    └─────────┘    └──────────────┘
       │是
       ↓
┌─────────────┐ 否
│从技术上看,该物│────────────────┐
│品能够实现排他 │                │
└─────────────┘                │
       │能                      │
       ↓                        │
┌─────────────┐ 高              │
│排他需要的成本很│────────────────┤
│高吗?        │                 │
└─────────────┘                 │
       │不高                     │
       ↓                        ↓
┌─────────────┐         ┌──────────────┐
│该物品属于拥挤 │         │该物品属于纯粹的公共│
│性的公共物品   │         │物品,应由政府提供 │
└─────────────┘         └──────────────┘
```

3.2 纯粹的公共物品的需求与纯粹的私人物品的需求

由公共物品或劳务的特性的分析可以引出一个重要的结论:对公共物品或劳务的需求完全不同于对私人物品或劳务的需求。两者必须严格区别开来。

3.2.1 对纯粹的私人物品的需求:水平相加

根据私人物品或劳务的特性,对某种纯粹的私人物品或劳务的市场需求,可以通过加总某一时间内市场上所有单个消费者在各种价格水平上对该种私人物品或劳务的需求量而得出。只要能计算出每个消费者在一定时间内,在各种可能的价格水平上愿意并且能够购买的某种纯粹的私人物品或劳务的数量,又知市场上有多少消费者(购买者),便可得到对该种私人物品或劳务的市场需求。同样的道理,只要知道每个消费者的个人需求曲线,通过把某种纯粹的私人物品或劳务市场上的所有消费者(购买者)的需求曲线水平相加,即可得出对该种私人物品或劳务的市场需求曲线。图3-2所描绘的是对某种纯粹的私人物品,如面包的市场需求曲线。可以看出,在任何既定的价格水平上,对某种纯粹的私人物品或劳务的市场需求曲线上的任何一点,都可简单地通过将每一消费者在该价格水平上愿意并且能够购买的数量加总来得出。所以,只要将个人需求曲线按水平的方向相加,即可得出市场需求曲线。

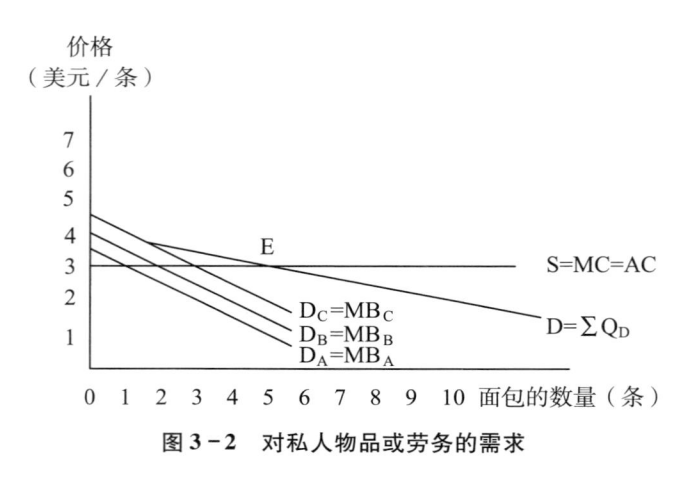

图3-2 对私人物品或劳务的需求

在图3-2中,假定面包市场上只有三个消费者A、B和C,其个人需求曲线分别以D_A、D_B和D_C代表。当面包价格为每条3美元时,A每周购买1条面包,因为在这个购买量水平上,价格恰好等于其每周所获得的边际效益(MB_A=\$3)。依此类推,B在每条3美元的价格水平上的购买量为每周2条面包,因为在这个购买量水平上,其每周所获得的

边际效益为 $MB_B = \$3$。C 在每条 3 美元的价格水平上的购买量为每周 3 条面包,因为在这个购买量水平上,其每周所获得的边际效益为 $MB_c = \$3$。于是,当面包价格为每条 3 美元时,这三个消费者的总的市场需求量是每周 6 条,即 $D = \sum Q_D = 1+2+3 = 6$(条)。这恰好是图 3-2 中的市场需求曲线 $D = \sum Q_D$ 同市场供给曲线 $S = MC = AC$ 的相交点 E 所决定的购买量水平。

还可从图 3-2 中看出,当面包价格为每条 4 美元时,其个人需求曲线为 D_c 的消费者 C 是唯一的购买者。只有当价格降到一定水平之后,其个人需求曲线分别以 D_B 和 D_A 代表的消费者 B 和 A,才会相继进入面包市场,其在价格水平上的需求量才可与 C 的需求水平相加,从而得出市场需求量 $\sum Q_D$。

3.2.2　对纯粹的公共物品的需求:垂直相加

对于某种纯粹的公共物品或劳务来说,所有的消费者必须同时消费同样数量的该种物品或劳务。这就使得它同私人物品或劳务的情况完全不同了。

纯粹的公共物品或劳务的购买者,没有能力调整他们的消费量,从而不能出现其消费量分别为某人每周 1 个单位,另一人每周 2 个单位,再一人每周 3 个单位的情况。如果 A 每周的消费量为 3 个单位,其他所有的人也必须每周消费 3 个单位。也就是说,纯粹的公共物品或劳务的消费者无法将其购买量调整到该种公共物品或劳务的价格恰好等于其边际效益的水平。事实上,由于受益的非排他性的存在,纯粹的公共物品或劳务是不能定价的。

那么,如何才能得出对于某种公共物品或劳务的需求曲线呢? 既然公共物品或劳务是不能定价出售的,图 3-3 中的纵轴所代表的变量就不是市场价格,而是消费者对某种既定数量的公共物品或劳务所愿支付的最大货币数量。它通常以消费者在既定数量的公共物品或劳务上所能获得的边际效益来代表。例如,假定三个消费者 A、B 和 C 生活在一起并组成一个小社区。这个小社区显然需要安全保障。再假定安全保障的数量可以用为在其社区巡逻而需雇用的巡警数量来测定。在这里,巡警就是这三个消费者的纯粹的公共物品。即是说,A、B、C 中的任何一人都无法在不使其邻居受益的条件下,而为自己单独雇用一个巡警。

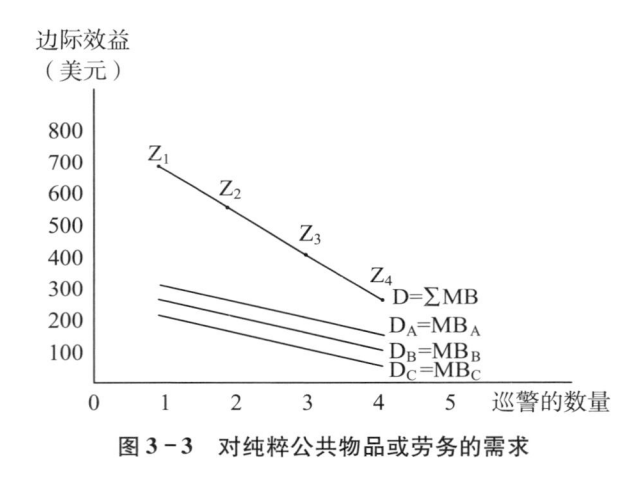

图 3-3 对纯粹公共物品或劳务的需求

在图 3-3 中,A、B、C 对巡警的需求曲线分别以向下倾斜的 D_A、D_B 和 D_C 来表示。个人需求曲线上的任何一点都代表着消费者为获取每一单位的相应数量的公共物品所愿支付的最大货币数量。在这一例子中,这个最大货币数量指的是每一单位数量的巡警所能带来的边际效益。从每一个需求曲线可以看出,巡警所能带来的边际效益随着巡警数量的增加而下降。

这样一来,对纯粹公共物品的总需求曲线可以通过将每一消费者在每一可能数量水平上的边际效益加总来得出。所以,只要将个人需求曲线以垂直的方向相加,即可得到对公共物品的需求曲线。这就是说,对纯粹的公共物品或劳务的需求曲线,是通过把该种物品或劳务的所有消费者的个人需求曲线垂直相加而得到的。

例如,当只雇用一个巡警时,其个人需求曲线为 D_A 的消费者 A 为此所愿支付的最大货币数量为 $MB_A = 300$ 美元。与此类似,其个人需求曲线为 D_B 和 D_C 的消费者 B 和 C 所愿支付的最大货币数量分别为 $MB_B = 250$ 美元和 $MB_C = 200$ 美元。于是,对巡警的需求曲线可以简单地通过将这些最大量相加而得到。在图3-3中,这一点用与三个消费者的边际效益总量相对应的 Z_1 所代表。由此决定的是,当只雇用一个巡警时,这个社会所愿支付的最大数量为 $\sum MB = 750$ 美元。

还可看出,每一追加单位的纯粹公共物品或劳务的边际效益是呈递减状态的。当可雇用的巡警数为2人时,消费者为雇用每一巡警所愿放弃的最大数量肯定小于可雇用的巡警数为1人时的情况。如图3-3所示,当可雇用的巡警数为2人时,三个消费者为每一巡警所愿放弃的最大货币数量分别为:A,$MB_A = 250$ 美元;B,$MB_B = 200$ 美元;C,$MB_C = 150$ 美元。所以,可雇用的巡警为两人时的边际效益总数是 $\sum MB = 600$ 美元,即图3-3中的 Z_2 点所示。将任何巡警数量水平上的每一消费者所能获取的边际效益垂直相加,其结果,就是对纯粹的公共物品或劳务的需求曲线上的各个点,再将这些点用一条线连接起来,即可得到需求曲线 $D = \sum MB$。

为什么私人物品或劳务的需求是水平相加,而公共物品或劳务的需求却是垂直相加呢?这是因为,在私人物品或劳务的情况下,每个消费者都是既定价格的接受者,他所能调整的只是其消费的数量。而在公共物品或劳务的情况下,每个消费者所面对的是同样数量的公共物品或劳务,但他所愿支付的价格(边际效益)是不一样的。

3.3 纯粹公共物品的配置效率

3.3.1 MSB=MSC 同样适用于公共物品

在第 1 章中曾经指出,实现社会资源配置效率最大化的条件是:配置在每一种物品或劳务上的资源的社会边际效益均等于其社会边际成本,即 MSB=MSC。这一条件同样适用于纯粹的公共物品或劳务。现举例加以说明。

假定某个人欲购买一种纯粹的公共物品供自己使用。很明显,依照公共物品的定义,该种公共物品的购买,不仅会使这个购买者本人受益,其所在社会的其他所有成员也会因此而受益。所以,这种公共物品的社会边际效益肯定大于购买者本人所获得的追加效益。也就是说,购买者本人和其他所有成员会同时享受这种公共物品所带来的效益。将带给这个社会的所有成员的这些效益加总求和,就是每一追加单位的公共物品的购买所带来的社会边际效益。于是,一定数量的纯粹公共物品或劳务的社会边际效益,就是所有消费者因此而获得的个人边际效益的总和。

所以,纯粹的公共物品或劳务的最佳产量应当在这样一点实现,即所有消费者因此而获得的边际效益总和恰好等于该种物品的社会边际成本。若以 $\sum MB$ 代表消费者所获得的边际效益的总和,则纯粹的公共物品或劳务的配置效率的实现条件可以写成:

$$MSB = \sum MB = MSC \qquad (3.1)$$

进一步来看,由于公共物品的购买者在决定其购买量时所考虑的仅仅是他个人的边际效益,个人对于公共物品的购买显然会带来正的外部效应。这种外部边际效益就是所有消费者因此而获得的边际效益的总和。由前章的分析可知,当个人购买者未将外部边际效益纳入其决策因素时,物品的销售量肯定会出现不足,而小于其最佳产量水平。为了评估某种公共物品所带来的追加效益,不仅要计入实际购买该种物品的个人所获得的效益,而且须计入其他所有人因此而获得的效益。

这样,纯粹的公共物品或劳务的配置效率的实现情况还可改写为:

$$\text{MSB} = \text{MB}_i + \sum_{j=1}^{n-1} \text{MB}_j = \text{MSC} \qquad (3.2)$$

(3.2)式表明,某一单位的纯粹的公共物品或劳务的社会边际效益,就是接受该种物品或劳务的任何个人本人所获得的边际效益(MB_i)加上这个接受者之外的所有其他社会成员(n-1)因此而获得的边际效益的总和($\sum \text{MB}_j$)。或者,社会边际效益即是某一个人效益和由此而带给其他所有社会成员的外部效益的总和。由此也可将$\sum_{j=1}^{n-1} \text{MB}_j$视作某一单位的纯粹公共物品或劳务所带来的外部边际效益的总和。正因为如此,也有人将纯粹的公共物品或劳务定义为,其生产会给所有社会成员带来正的外部效应(外部效益)的物品或劳务。

3.3.2 一个数字的例子

表3-1提供了一组有关公共物品或劳务所带来的边际效益的数字。这些数字是根据图3-3所描绘的由三个消费者所组成的小社区对安全保障的需求曲线而得出的。在表3-1中,列出了消费者A、B和C在雇用的巡警数量分别为1人、2人、3人和4人时所获得的边际效益(仍分别以MB_A、MB_B和MB_C来代表)。

表3-1 由三个消费者所组成的小社区从安全保障中获得的边际效益

	巡警的数量			
	1	2	3	4
MB_A	$300	$250	$200	$150
MB_B	250	200	150	100
MB_C	200	150	100	50
$\sum MB$	$750	$600	$450	$300

现假定巡警的雇用费用(工资)为每人 450 美元。如果在这个费用率下可雇用的巡警数量是无限的,雇用巡警的平均成本将固定为每人 450 美元不变。由于平均成本固定不变,其边际成本也就等于平均成本。再假定巡警提供的安全保障不会带来负的外部效应,雇用巡警的社会边际成本也将保持在 450 美元的水平不变。

表3-1 也列出了三个消费者在雇用巡警的数量分别为 1 人、2 人、3 人和 4 人时所获得的边际效益的总和数字 $\sum MB$。将表3-1 图示化,可得到图3-4。图3-4 分别标绘了三个消费者的边际效益曲线 MB_A、MB_B 和 MB_C。并在同一坐标系上标绘出了社会边际成本曲线。由于假定平均成本等于边际成本,又和社会边际成本相等,即 $MC = AC = MSC$,社会边际成本曲线便是一条在 450 美元的水平上与横轴平行的直线。将 MB_A、MB_B 和 MB_C 加总求和,便可绘出三个消费者的边际效益的总和 $\sum MB$ 曲线,即社会边际效益曲线 $D = \sum MB = MSB$。

易于看出,由三个消费者所组成这个小社区的巡警的最佳雇用量为 3 人。这是由 MSB 线和 MSC 线的交点 E 所决定的。在这一雇用量上,边际效益的总和即社会边际效益恰好等于社会边际成本。除此之外,在任何雇用量,如 2 人或 4 人都是缺乏效率的,因为其社会边际效益不是大于社会边际成本,就是小于社会边际成本。

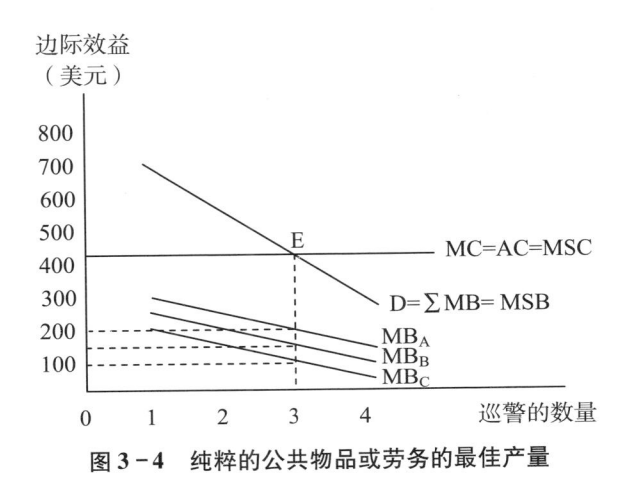

图 3-4 纯粹的公共物品或劳务的最佳产量

深一层看,图 3-4 还可以用来解释为什么市场机制在提供类似安全保障这样的公共物品或劳务上是失效的,如果巡警的服务只是由单一的消费者个人通过市场来购买,那么,这个社区的巡警的雇用量将为零。这是因为每一巡警的雇用费用为 450 美元,而任何单一的消费者个人的边际效益都达不到如此高的水平。即使在只雇用 1 个巡警的条件下,消费者为此所愿支付的最高数额也只有 300 美元。显而易见,对于任何单一的购买者(消费者)来说,其所愿支付的最高数额都小于每一巡警的市场价格,从而无法弥补供给者因此而付出的边际成本。

然而,雇用量为零是无效率的。如图 3-4 所示,当只雇用一个巡警时,消费者所获得的边际效益总和超过了为此而付出的社会边际成本。雇用第一个巡警的社会边际效益是 750 美元,而其社会边际成本只有 450 美元。所以,一个巡警都不雇用肯定是没有效率的。事实上,具有效率的雇用量为 E 点所决定的 3 人。在这一点上,个人所获得的边际效益总和恰好等于社会所付出的边际成本。这也正是公共物品或劳务必须以非市场方式提供的原因所在。

3.4 林达尔均衡和免费搭车者

3.4.1 一种公共物品的供给方式：自愿捐献与成本分担

仍继续上一节的讨论。一个明显的事实是，雇用3个巡警对这个小社区来说是最有效率的。但如何才能实现这一目标呢？

一种可选择的方式是该社区的所有成员分担为此而发生的成本。假定三个消费者决定在解决他们所共同需要的安全保障方面实行合作，并为此而分担雇用巡警所需的资金费用。三个消费者可以将其所拥有的资金集中在一起，用于雇用巡警的需要。如果以这种方式可筹措到足够的资金，他们就能够通过享受巡警所提供的安全保障来使自己的境况变好，而这种效益是他们中的任何一个人都无法或不愿凭借自己的资金实力来实现的。在这种情况下，他们会乐于以这种合作方式雇用巡警，并将雇用数量增加到其所集中的资金不再足以承担最后一个巡警的雇用费用时为止。例如，倘若他们试图只雇用1个巡警，那么，他们可以自愿捐献方式筹措的资金数额是多少呢？图3-4表明，A将为第一个巡警的雇用捐献300美元，依此类推，B将捐献250美元，C将捐献200美元。这些数额代表着三个消费者在巡警的雇用数量为1时所获得的边际效益。可以看出，由于自愿捐献的资金总额大于第一个巡警的边际成本，这些人会得出结论，即将巡警的雇用数量增加到2人是值得的。从另一角度看，如果巡警的雇用数量只有1人，用于安全保障的预算肯定会有剩余。这就是说，只要预算存在剩余，那就表明，这个社区所雇用的第一个巡警的社会边际效益超过了其社会边际成本。

再来看一下巡警的雇用数量为2人时的情形。从表3-1和图3-

4可知,雇用第二个巡警时的边际效益总和为600美元。所以,该社区的成员将为每一巡警的雇用捐献600美元。这同样超过了第二个巡警的边际成本。该社区用于安全保障的预算肯定会有剩余。那么,剩余的数额是多少呢?前面曾经指出,巡警的雇用费用固定为每人450美元,因此,雇用两名巡警的总成本为900美元。同时,由于每一成员均按照本身的边际效益确定捐献的资金数额,故当雇用的巡警数量为2人时,A将为此捐献500美元,B将为此捐献400美元,而C将捐献300美元。捐献的资金总额为1200美元。收支相抵,剩余的数额是300美元。

那么,雇用3个巡警的情形又怎样呢?当巡警的雇用数量为3人时,$MB_A = \$200$,$MB_B = \$150$,$MB_C = \$100$。边际效益的总和(450美元)恰好等于第3个巡警的边际成本450美元。这时,雇用3个巡警的总成本为1350美元。A将为每一巡警的雇用捐献200美元,或者为3个巡警的雇用捐献600美元;B将为每一巡警捐献150美元,从而为3个巡警的雇用共支付450美元;而C为每一巡警捐献100美元,即为3个巡警的雇用捐献300美元。捐献的总额为1350美元,恰好与雇用3个巡警的总成本1350美元完全相等。在图3-4中,这正是E点所决定的最佳雇用量水平。在E点上,这种公共物品或劳务的$\sum MB$曲线与其边际成本曲线相交。这时,对这三个消费者来说,$MSB = \sum MB = MC = MSC$。

能否将巡警的雇用量增加到大于3人的水平呢?当雇用量大于3人时,以自愿捐献方式筹措的资金将不足以抵付其成本。因为雇用量大于3人时的边际效益总和小于那个雇用量水平的边际成本,如表3-1和图3-4所示。所以,通过自愿捐献方式将不能筹措到巡警雇用量大于3人时所需的资金。

由此可见,在成员人数较少的社会中,通过自愿捐献和成本分担的合作方式,有可能使得公共物品或劳务的供给量达到最佳水平。

3.4.2 林达尔均衡条件与免费搭车者的出现

从上面的分析可以得到这样一个结论:如果每一个社会成员都按照其所获得的公共物品或劳务的边际效益的大小,来捐献自己应当分担的公共物品或劳务的资金费用,则公共物品或劳务的供给量可以达到具有效率的最佳水平。在西方财政经济理论中,这被称作"林达尔均衡"。

然而,以瑞典经济学家林达尔(Erik Lindahl)的名字命名的这一具有效率的均衡的实现,是以下面两个假设为前提的。

第一,成员都愿意准确地披露自己可从公共物品或劳务的消费中获得的边际效益,而不存在隐瞒或低估其边际效益从而逃避自己应分担的成本费用的动机。

第二,每一社会成员都清楚地了解其他社会成员的嗜好以及收入状况,甚至清楚地掌握任何一种公共物品或劳务可给彼此带来的真实的边际效益,从而不存在隐瞒个人的边际效益的可能。

易于看出,上述的假设条件只有在人数非常之少的群体中,才是有可能存在的。而在人口众多的社会中,情况就有所不同了。

例如,如果一个群体是由生活在同一套公寓中的人们所组成的,由于生活在同一套公寓中,他们常常需要聚在一起协商诸如维修其公寓内的走道、提供公寓的安全保障等事宜。所以,这个群体的人们之间彼此熟悉,任何人都可对邻居的嗜好及收入状况有充分的了解,甚至能够准确地说出任何一种物品或劳务可给彼此带来的边际效益为多少。在这样的情况下,即使处于讨价还价式的决策过程中,人们通常也不会有隐瞒其偏好的念头。既然人们不想也无法将其对公共物品或劳务的偏好隐瞒起来,依据人们所获得的边际效益的大小来确定各自应分担的公共物品或劳务的成本费用,并最终在社会边际效益与社会边际成本相一致的基础上实现公共物品或劳务的最佳供给,将不是一件十分困难的事情。

但是,如果一个社会是由成千上万的人所组成的,上述的假设条件则就很难具备了。在一个人口众多的社会中,没有任何人能够做到对其他所有成员的情况无所不知。既然不能准确地掌握社会成员的嗜好和经济状况,人们便有可能隐瞒其从公共物品或劳务上所获得的真实的边际效益。而且,如果人们知道他们所须分担的公共物品或劳务的成本份额,取决于其因此而获得的边际效益的大小,从低呈报其真实的边际效益的动机也肯定会产生。这样一来,一方面,人们可通过从低呈报边际效益而减少其对公共物品或劳务的出资份额,从而保存其收入;另一方面,由于公共物品或劳务的消费不具排他性,人们也不会因其出资份额的减少而失掉公共物品或劳务的任何效益。事实上,在这样的社会条件下,人们完全有可能在不付任何代价的情况下,而享受通过其他人的捐献而提供的公共物品或劳务的效益。这时,在经济学上被称作"免费搭车者"(free rider)的人便出现了。

免费搭车者是对那些寻求不付任何代价而又得到效益的人的一种形象的说法。然而,一个不容回避的事实是,如果所有的社会成员都采取这样的行为方式,其结果,公共财政将没有任何资金来源,从而也就谈不到公共物品或劳务的效益了。

广播电视节目便是这个问题的一个突出例子。如果播放广播电视节目的资金来源于听众和观众的自愿捐献,那么,大部分听众和观众很可能倾向于这样一种行为方式:一方面依旧收听或收看广播电视节目,同时却不为此捐献任何资金,或者,按照远远低于其边际效益的数额捐献资金。很显然,如果所有的听众和观众都如此,结果就是没有任何广播电视节目可供播放了。这就是被休谟早在1740年就描绘过的"公共的悲剧"。

在西方经济学家看来,免费搭车对任何人来说都是一种理性选择。这就是说,只要有公共物品或劳务存在,免费搭车者的出现就不可避免。所以,在合作性的自愿捐献和成本分担制度下,公共物品或劳务的供给量发生不足,而低于其应当达到的最佳产量水平,就是一件不言而喻的事情了。

仍以前面巡警雇用量的例子来说明。那个小社区的三个成员都可通过采用免费搭车策略而使自己的境况更好。假设 C(其边际效益曲线如图 3-4 所示)试图成为免费搭车者,他因此可得到多少效益呢?这需要计算其从巡警最佳雇用量 3 人所获得的净效益。从图 3-4 和表 3-1 可知,他的总效益为 450 美元。这是通过将其在每一巡警雇用量上所获得的边际效益加总(450 = 200 + 150 + 100)而得到的。如果他确实可隐瞒其边际效益而成为一个免费搭车者,他对雇用巡警的捐献额将为零。这时,如果其余两个成员仍旧依其边际效益的大小做出自己的捐献,第三个巡警的雇用费用就不足了。道理很简单,在 3 个巡警的雇用量上,A 和 B 的边际效益为:$MB_A + MB_B = \$350$,每一巡警的雇用费用则为 450 美元。而在 2 个巡警的雇用量上,$MB_A + MB_B = \$450$,恰好弥补第二个巡警的雇用费用。在这一雇用量水平上,C 可在不为此掏一分钱的情况下而获得 350 美元的净效益(第一个巡警的边际效益 200 美元加上第二个巡警的边际效益 150 美元)。这就是说,由于 C 成为免费搭车者,这个社区的巡警雇用量由原来 3 人的最佳水平减少至 2 人,这一水平显然是缺乏效率的。

其他社会成员也是可采取免费搭车策略的。然而,就这个社区而言,如果有两个人试图成为免费搭车者,其结果就是没有一个巡警可以雇用了。在这种情况下,由于他们完全丧失了安全保障,所有三个人的境况都因此而变坏了。

进一步来看,如果这个社区的成员不是 3 人,而是 10000 人乃至更多,免费搭车的问题将更为尖锐。因为在人数较少的群体中,只要有一个成员不做出捐献,人们就会强烈地感觉到公共物品或劳务的可供量的减少。这肯定会驱使他们进行合作。而在人口众多的群体中,某一成员或几个成员的免费搭车,对公共物品或劳务的可供量的影响就不那么显著了。所以,一个社会的成员越多,人们免费搭车的欲望就越是强烈,从而因免费搭车者问题而导致公共物品或劳务供给量下降的可能性就越大。

3.4.3 强制性的融资——免费搭车者问题的解决

由上述分析可见,由于免费搭车者问题的存在,自愿捐献和成本分担的合作性融资方式,不能保证公共物品或劳务的有效供给。既然公共物品或劳务不可或缺,免费搭车者的问题又不可避免,那就只有依靠强制性的融资方式来解决公共物品或劳务的供给问题了。事实上,政府正是一方面以征税手段取得资金,另一方面又将征税取得的资金用于公共物品或劳务的供给的。

仍依前例,既然那个小社区的巡警最佳雇用量为 3 人,实现这一最佳雇用量所需的费用为 1350 美元,那就完全可通过向三个消费者征税的办法来筹措这 1350 美元,即可以依照他们的边际效益的大小,分别向 A 征收 600 美元,向 B 征收 450 美元,向 C 征收 300 美元,①也可以根据他们的收入水平或支出水平的高低,制定相应的征收标准。但不管怎样,其结果是,强制性融资方法使 3 个巡警的最佳雇用量得到了保证,同时也基本上排除了免费搭车的可能性。

3.5 混合物品:半公共或半私人物品

3.5.1 混合物品的概念

前面说过,纯粹的公共物品或劳务与纯粹的私人物品或劳务并不是普遍存在的。在现实经济生活中,更为常见的物品或劳务是居于这

---

① 这正是林达尔均衡的理论意义所在。

两个极点之间的。它们既非纯粹的公共物品或劳务,又非纯粹的私人物品或劳务;既具有私人物品或劳务的特性,又具有公共物品或劳务的特性。正因为如此,西方经济学界赋予它们一个特殊的名称,即"混合物品"。也有人将其称作"半公共物品"或"半私人物品"。

拥挤性的公共物品(congestible public goods)即是其中之一。所谓拥挤性的公共物品,是指那些随着消费者人数的增加而产生拥挤,从而会减少每个消费者可以从中获得的效益的公共物品或劳务。这种物品或劳务的效用虽为整个社会成员所共享,但在消费上具有一定程度的竞争性。这即是说,这种物品或劳务在消费者的人数达到拥挤点之后,消费者人数再增加,其边际成本不为零。例如,拥挤性的公路,当行驶的车辆达到一定数量之后,追加的车辆便会阻碍交通,甚至增加交通事故的风险。图3-5描绘的正是这种情况。图中的N点即为公路的拥挤点。最初消费者人数的增加不会增加公路的边际成本,这时的边际成本曲线与横轴重合,即边际成本等于零。但是,当消费者的人数增加到N之后,这时的边际成本曲线便不再与横轴重合,而随之向右上方倾斜。这表明,类似公路这样的拥挤性公共物品或劳务,在消费者达到一定数量之后,其边际成本将为正数。

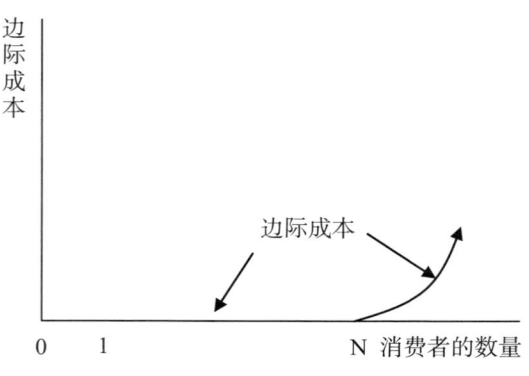

图3-5 拥挤性的公共物品或劳务

价格排他的公共物品(price-excludable public goods)是另一个例子。它是指那些效益可以定价,从而可在技术上实现排他的公共物品或劳务。这类物品或劳务的特点是:一方面,它的效用名义上向全社会提供,即谁都可以享用;另一方面,它在受益上却可以排他,即谁花钱谁受益。中央政府或地方政府兴建的公园以及其他娱乐设施即是这样。名义上整个社会的成员都可到公园游览,享受公园提供的效益。而实际上由于公园收费,只有为此花钱的人才可以进入公园,而不为此付款的人是被排除在公园的受益范围之外的。公办的学校和医院也属于这类。一方面,谁都可以进入学校和医院就学、就医,而且,就学、就医也会带来正的外部效应。另一方面,学校和医院的收费制,又使得那些不愿为此付款的人享受不到学校和医院的服务。

3.5.2 混合物品的供给

在西方经济学家看来,私人物品或劳务由私人部门通过市场提供,公共物品或劳务由政府部门以非市场方式提供,只是理论上的一种理想化的说法。现实生活中的情况并非如此简单。实践上很难将市场的供给和政府的供给截然分开。在许多物品或劳务上,市场的供给和政府的供给都是交织在一起的。这突出表现在混合物品或劳务的供给上。

就前述两类混合物品或劳务来看,它们的一个共同特点就既可由私人部门通过市场提供,也可由政府部门直接提供,或是通过政府部门给予补助的办法由市场提供。

例如,价格排他的公共物品或劳务,可在技术上实现排他,但其生产或消费很可能会产生外部效应,而且是正的外部效应。这类物品或劳务,如果由私人部门通过市场提供,由此而带来的正的外部效应,必须由政府财政给予补贴,否则很可能会出现供给不足。如果由政府部门直接出资经营,往往也需通过市场上的销售渠道,利用市场价格机制。无偿(免费)供给的情况是不多见的。西方国家的私人或公共医院、学校、大型交通设施等方面的供给,即属于这种情况。

拥挤性的公共物品,只有在消费者达到一定数量之前,其消费才具有非竞争性。这就意味着,通过向消费者收取一定的费用,也是可以在技术上实现排他的。既然如此,市场的供给和政府的供给便都是可以选择的方式。至于实践上是以政府的供给为主,还是以市场的供给为主,则可视具体情况而定。如公路、桥梁及其他类似公共设施的建设,通常要以政府的税收为资金来源,并由政府部门经营。但同时,这些公共设施的使用者或受益者则要以向政府交纳一定的使用费为代价。而电影院、剧场、体育设施等,通常是由私人部门出面提供的,但其建设和经营的资金,一方面来源于向使用者收取的费用,另一方面也有可能来源于政府给予的补贴。所以,在这类物品或劳务的供给中,市场的因素与政府财政的因素兼而有之。

小　　结

1. 公共物品或劳务的特性,是在同私人物品或劳务的特性的比较中得出的。这就是效用的不可分割性、消费的非竞争性和受益的非排他性。纯粹的公共物品或劳务,需同时满足上述三个特性。非纯粹的公共物品或劳务,只需满足上述一个或两个特性。

2. 纯粹的公共物品或劳务的需求同纯粹的私人物品或劳务的需求显著不同。后者表现为水平相加,即某种纯粹的私人物品或劳务的需求曲线,可通过加总某一时间内所有单个消费者在各种价格水平上对该种私人物品或劳务的需求曲线而得出。前者则表现为垂直相加,即某种纯粹的公共物品或劳务的需求曲线,可通过将该种公共物品或劳务的所有消费者的个人需求曲线垂直相加而得到。其原因在于，在后一种情况下，每个消费者都是既定价格的接受者，他所能调整的只是其消费的数量。在前一种情况下，每个消费者所面对的是同样数量的物品或劳务，但他所愿支付的价格是不一样的。

3. 纯粹的公共物品或劳务的配置效率在这样一点实现，即其私人边际效益的总和（社会边际效益）恰好等于其社会边际成本，即 MSB = $\sum$MB = MSC。市场的供给对于纯粹的公共物品或劳务来说，往往是缺乏效率的。这是因为对于它的个人消费必然伴随着正的外部效应，从而会导致免费搭车者的出现。

4. 如果每一社会成员自愿捐献的资金数额与其所获得的公共物品或劳务的边际效益相等，公共物品或劳务的供给量便可以达到具有效率的最佳水平。这被称作"林达尔均衡"。然而，免费搭车现象的不可避免将会造成公共物品或劳务供给的不足，从而达不到帕累托效率所要求的最佳水平。强制性的融资方式是解决免费搭车问题的有效途径。

5. 现实社会中，许多物品或劳务居于纯粹的公共物品或劳务与纯粹的私人物品或劳务之间。它们兼有公共物品或劳务以及私人物品或劳务的特性，被经济学家称作"混合物品"。也正因为如此，其供给的方式往往是市场的因素和政府财政的因素兼而有之。

第 4 章　公共选择理论

公共选择可以定义为对非市场决策的经济学研究,或者简单地说,是对政府决策过程的经济分析。

在西方经济学家看来,政治不过是经济交易过程的延伸。"经济学家们可以根据交易范例来观察政治和政治过程",[①]而不应该对私人经济和公共经济采取两套不同的分析方法。从本质上说,政治家、官僚或国家代理人同私人经济中的个人一样,也是一种"经济人",他们同样是个人私利的追求者。在公共选择领域做出决定的人和其他人没有差别,既不更好,也不更坏;这些人一样会犯错误,他们的行动本身也要受到一些规则与约束的影响。这些规则与约束同样是人类创造的,不一定比其他任何社会组织的规则更加正确无误。由此出发,他们将经济交易和政治决策这两个人类行为的基本方面纳入单一的私人利益分析模式。并在此基础上,运用经济学的方法解释个人偏好与政府的公共选择的关系,研究作为投票者的消费者如何对公共物品或劳务的供给的决定表达意愿。

4.1　多数规则下的公共物品的供给:政治均衡的概念

按照西方经济学家的解释,公共选择是根据既定的规则并通过许多人的政治交互作用而做出的。这就是说,通过公共选择过程而进行

[①]　詹姆斯·M. 布坎南:《自由、市场与国家》,平新乔、莫扶民译,上海三联书店 1989 年版,第 31 页。

的公共物品或劳务的供给,要求人们在公共物品或劳务的供给数量和融资方式方面达成协议。不过,在以民主方式进行的公共选择过程中,一般并不能要求就公共物品或劳务的供给数量以及融资方式的问题取得完全一致的意见。事实上,在各种可供选择的公共规则中,最常用的是多数投票法,或称简单多数规则。简单多数规则要求,一项提案在付诸执行之前必须拥有 1/2 以上的拥护者。

上一章所讨论的建立在自愿捐献基础上的公共物品或劳务的供给模型,对于影响公共选择的因素的分析,是有帮助的。只不过在这里,用于弥补公共物品或劳务的提供费用的资金来源是税收,而不是自愿捐献。对某项已获通过的提案投了反对票的公民,也必须接受并遵守投票的结果。这是与建立在自愿捐献和成本分担基础上的公共物品或劳务的供给模型的区别所在。

4.1.1 政治均衡

西方经济学家用政治均衡(political equilibrium)来说明公共选择的过程。他们认为,如果一个社会的人们根据既定的规则,就一种或多种公共物品或劳务的供给量以及相应的税收份额的分配达成了协议,就取得了所谓政治均衡。

这里所说的税收份额(tax shares),有时也称作税收价格(tax prices),是指事先公布的公民所须承担的税收数额,它是政府所提供的公共物品或劳务的单位成本的一部分。对某一投票者来说,这些税收份额代表着政府所提供的公共物品或劳务的单位价格,其总额必须等于公共物品或劳务的平均成本(没有盈余或赤字)。如果以 t_1 代表某一投票者须承担的某种纯粹公共物品或劳务的单位成本的份额,那么,对于所有投票者来说,$\sum t_1$ 必须等于该种物品或劳务的平均成本。

公民须承担的税收份额的大小,是由公共物品或劳务的生产成本所决定的。在税收份额的分布既定的条件下,公共物品或劳务的平均成本的增加,将导致人们为每单位该种公共物品或劳务所须承担的税收份额的增加。因此,除非这种成本的增加伴随着效益的增加,否则,税收的增加肯定会减少人们对于增加公共物品或劳务的产量的支持率。

在现实社会中,有关公共物品或劳务的成本的信息是很难获得的。由于生产成本的大小在很大程度上影响着投票者对各种水平的公共物品或劳务的支持率,政治家们往往出于自身的需要,而故意夸大或缩小公共物品或劳务的成本数字。因此,一旦这些成本数字被人为地夸大或缩小,公共选择的结果便很可能是缺乏效率的。这就是说,对于公共物品或劳务的成本和效益的信息的操纵,是影响公共选择及其效率的一个重要因素。为了简化起见,本章所讨论的模型假定人们可以充分获得有关公共物品或劳务的成本和效益的信息。

4.1.2 投票与决策

在形式上,公共选择的决策是通过投票而做出的。在这一过程中,通常每人只有一票。前面说过,政治过程的经济分析是按照私人利益的分析模式进行的。投票者对于政府所提供的公共物品或劳务的评价与其对市场提供的私人物品或劳务的态度没有什么区别。也就是说,只有在他们的境况能够较前变好的情况下,他们才会对提案投赞成票。

依此推理,对于某一个人来说,其最偏好的政治结果是政府所提供的公共物品或劳务的数量达到这样的水平:他所须承担的税收份额恰好与该种物品或劳务带给他的边际效益相等。在这一点上,他所获取的满足程度最大。如果政府所提供的公共物品或劳务的数量超过了这一水平,其境况就会较前变坏。

图 4-1 揭示了投票者最偏好的政治结果。在该图中,t_i 和 MB_i 分别代表某一投票者为每一单位的公共物品所承担的税收份额和该种物品对他的边际效益曲线。不难看出,其最偏好的结果是 Q^* 个单位的公共物品或劳务的产量。这个产量水平之所以对于他是最优的,是因为在与这个产量水平相对应的 Z 点上,$MB_i = t_i$。如果产量水平超过了 Q^* 个单位,他因此而须承担的追加的税收份额就要超过其所获得的追加的效益。这时,投票者的境况显然会较前变坏。实际上,投票者对于公共物品或劳务的行为方式,如同他在市场上按照 t_i 的价格购买公共物品或劳务一样,只要其从某一特定产量的公共物品或劳务所获得的边际效益不少于其因此而必须支付的税收份额,他就会对这个产量水平的公共物品或劳务的提案投赞成票。

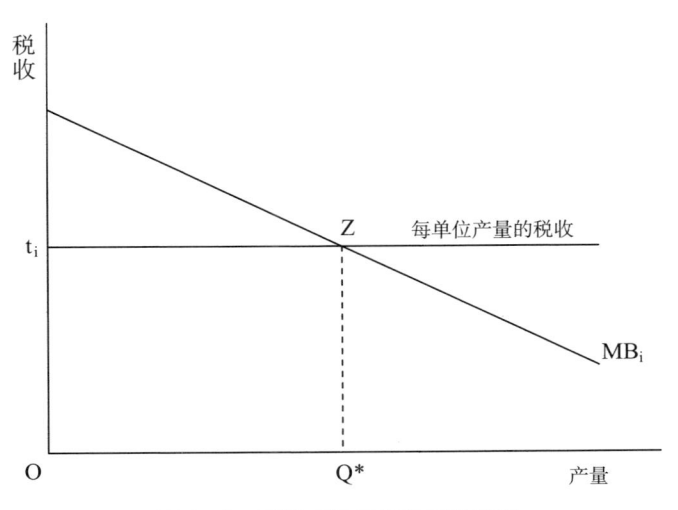

图 4-1 投票者最偏好的政治结果

进一步看,对于一种既定的公共选择规则来说,投票的结果在一定程度上取决于税收份额在人们之间的分布状况。在某种税收份额的分布状况下不能获得通过的增加公共物品或劳务的产量的提案,在另一种不同的税收份额分布状况下却可以获得通过。之所以如此,是因为投票者的税收份额的变化会带来其最偏好的政治结果的相应变化。依此类推,政治均衡的结果也取决于公共物品或劳务的效益在人们之间的分布状况。某项公共工程的效益分布状况的变化,会因投票者最为偏好的政治结果的相应变化而改变其获得通过的可能性。

4.1.3 简要的归纳:政治均衡的决定因素

综前所述,在公共选择过程中,一项有关公共物品或劳务的产量提案能否获得通过,取决于如下几个因素:

1. 公共选择的规则,即提案获得通过所需的赞成票数占投票者总数的比例;
2. 公共物品或劳务的平均成本和边际成本;
3. 投票者获得与提案有关的成本和效益信息的难易程度;
4. 税收份额在投票者之间的分布状况;
5. 公共物品或劳务的效益在投票者之间的分布状况。

上述任何一个因素发生变化,都会导致政治均衡结果的相应变化。

4.1.4 多数规则下的政治均衡:一个模型

我们来考察下述例子。现假定投票者必须就某种纯粹公共物品或劳务的产量做出抉择。该种物品或劳务的平均成本既定;税收份额的分布状况已经公布,每一个人将为每单位的公共物品或劳务缴纳相同数额的税收。这样,如果该种公共物品或劳务的平均成本 AC 固定不变,并且该社会的人数为 n,那么,每一个人为每单位公共物品或劳务所需缴纳的税收数额就为 AC/n。

在图 4-2 中,假定共有 7 个投票者要就巡警的雇用数量的提案进行投票。这些投票者的边际效益曲线分别为 MB_A、MB_B、MB_C、MB_M、

MB_F、MB_G 和 MB_H。巡警的边际成本(平均成本)曲线为 MC = AC。每个投票者为每一巡警的雇用所需缴纳的税收为 t。巡警所提供的安全保障具有纯粹公共物品或劳务的所有特性,并随巡警雇用数量的多少而增减。再假设每一巡警的雇用费用为 AC = MC = \$350,每个投票者为每一巡警的雇用所承担的税收份额为 t = \$50(AC/n = \$350/7 = \$50)。

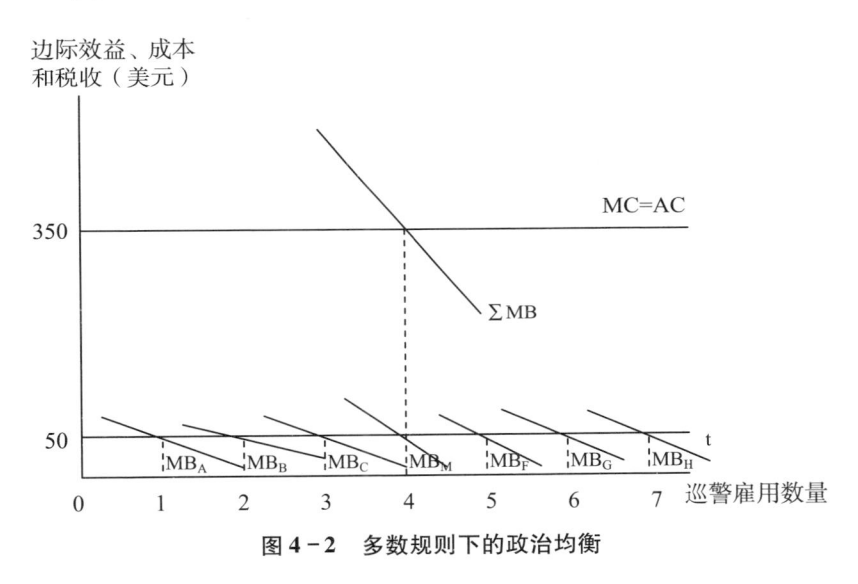

图 4-2 多数规则下的政治均衡

易于看出,如果巡警所提供的安全保障是一种按 t 的单价出售的私人物品或劳务,每个投票者都能够按照其 MB 曲线与 t 相交点所决定的最为偏好的数量来雇用巡警。这时,巡警的雇用数量将从 1 至 7 而有所不同。然而,由于它是一种纯粹的公共物品或劳务,所有人都必须消费同样的数量,巡警的雇用量便只能按照多数原则通过的提案来决定了。依此例,只要增加巡警雇用量的提案获得至少 4 张(半数以上)赞成票,提案就可获得通过。

表 4-1 揭示了投票者就增加巡警雇用量(从 1 个到 7 个)提案进

行表决的情况及其结果。可以清楚地看出,就巡警雇用量从 0 增加到 1 的提案进行的第一轮投票获得了一致通过。之所以如此,是因为对于任何一个投票者来说,第一个巡警所提供的边际效益均不小于其所承担的税收份额。如表 4-1 所示,所有的投票者都投了赞成票。

表 4-1　简单多数规则下就巡警雇用量提案所进行的投票及其结果

投票者		增加巡警雇用量至:						
		1	2	3	4	5	6	7
投票者	A	赞成	反对	反对	反对	反对	反对	反对
	B	赞成	赞成	反对	反对	反对	反对	反对
	C	赞成	赞成	赞成	反对	反对	反对	反对
	M	赞成	赞成	赞成	赞成	反对	反对	反对
	F	赞成	赞成	赞成	赞成	赞成	反对	反对
	G	赞成	赞成	赞成	赞成	赞成	赞成	反对
	H	赞成	赞成	赞成	赞成	赞成	赞成	赞成
投票结果		通过	通过	通过	通过	否决	否决	否决

就巡警的雇用量从 1 增加到 2 的提案进行的第二轮投票,只有投票者 A 投了反对票。他之所以这样做,是因为第二个巡警给其带来的边际效益小于其为该巡警的雇用所须支付追加的税收($MB_A < \$50$)。然而,在简单多数规则下,即使有一人的境况会因此而变坏,这项提案还是以 6:1 的投票比分获得了通过。依此类推,增加巡警雇用量至 3 和 4 的提案,也在 5:2 和 4:3 的投票比分下获得通过。这是因为,有半数以上的社会成员的境况会随巡警雇用量增加至 3 和 4 而较前变好。

但是,当巡警雇用量增加到 4 个以上时,提案就不能获得通过所需的多数赞成票了。例如,就巡警雇用量增加到 5 的提案进行的投票,只能获得 3 张赞成票。其余的 4 个投票者投反对票的原因在于,第五个巡警给他们带来的边际效益小于其因此而须承担的追加的税收份额。

所以,在边际效益曲线既定(如图 4-2 所示)的条件下,根据简单多数规则所取得的政治均衡,①为 4 个巡警的雇用量。如果投票者必须在这个雇用量数字同其余的数字之间进行选择,4 显然会获得通过。其原因不难说清,这就是 4 个巡警的雇用量接近多数投票者所最偏好的结果。

4.1.5 中间投票者

所谓中间投票者,指的是这样一种投票者:其最偏好的结果处于所有投票者最偏好的结果的中间状态。在图 4-2 中,其边际效益曲线为 MB_M 的投票者,就是中间投票者。可以看出,所有投票者的偏好的结果区间为 1 至 7 个巡警。投票者 M 最偏好的结果为 4 个巡警,恰好处于 1 至 7 这一区间的中间位置。有 3 个投票者最偏好的结果少于 4 个巡警,另有 3 个投票者最偏好的结果多于 4 个巡警,因此,M 即为中间投票者。

在前面的例子中,7 个投票者就巡警雇用量提案所达成的政治均衡为 4 个巡警的雇用量,这正是中间投票者 M 所最偏好的结果。在税收份额既定的情况下,投票者 A、B、C 将消费高于其最偏好水平的巡警雇用量,而投票者 F、G、H 所消费的巡警雇用量将低于其最偏好的水平。

进一步看,如果所有投票者对公共物品或劳务的边际效益曲线均呈向右下方倾斜状态(如图 4-2 所示),那么,中间投票者最偏好的公共物品或劳务的产量,就是多数规则下的政治均衡。西方经济学家将此称作"中间投票者定理"(median voter rule)。②

---

① 请注意 4.1.1 所给出的政治均衡的定义。
② 在此前的例子中,我们曾假定所有投票者所承担的税收份额相同。下面的分析还将表明,即使在每一个投票者所承担的税收份额不同的条件下,中间投票者定理也是成立的。

根据中间投票者定理,简单多数规则下的反映中间投票者意愿的那个提案会最终获胜。因为选择该提案会使整个社会的效益损失最小,或者说,会使整个社会获得的效益最大。这是多数规则下的一个重要结果。换一个角度说,当有两种以上的方案可供选择时,多数规则并不能保证51%的投票者将获得他们最偏好的结果。实际上,只有中间投票者可获得其最偏好的结果。多数规则所能保证的是使所有投票者最偏好的结果和最终达成的政治均衡的偏离度最小。

中间投票者定理在公共选择理论中占有重要地位。它实际上告诉人们,任何一个政党或政治家,要想赢得极大量的选票,必须使自己的竞选方案符合中间投票者的意愿。

4.2 多数规则下投票结果的唯一性和循环性

在某些情况下,依据简单多数规则所取得的政治均衡并不是唯一的。就某种特定的公共物品或劳务来说,可能有两种或两种以上的产量提案,均获得多数赞成票。对此,可用单峰偏好和多峰偏好(single-peaked and multiple-peaked preferences)来解释。

4.2.1 单峰偏好与多峰偏好

现考察下述假设的投票例子。由三个公民所组成的一个小社会必须就每年燃放的焰火数量进行表决。每燃放一个焰火的费用为200美元,投票者A、B、C因此而必须承担的税收份额 t 分别为:t_A = \$100;t_B = \$75;t_C = \$25。投票者们面临三种选择:每年燃放1个、每年燃放2个、每年燃放3个。就任何两种选择进行投票的结果将根据简单多数规则来决定。

表4-2揭示了每一投票者对三种选择方案按其所获得净效益水

平(假定其税收份额既定),从高到低依次排列的情况。换句话说,投票者是依据其从每一种方案可获得的总效益,减去其必须承担的税收份额之后所得出的净效益的大小顺序,而对三种选择方案加以排列的。对于投票者来说,每一种产量水平的净效益,就是该产量水平的总效益与以税收衡量的该产量水平的总成本之间的差额。

表4-2 投票者对每年焰火燃放方案的排列

投票者	第一种选择	第二种选择	第三种选择
A	3	2	1
B	1	3	2
C	2	1	3

将表4-2图示化,即可得到三个投票者A、B、C在每一种选择下的净效益曲线(如图4-3所示)。可以清楚地看出,对于三种选择方案来说,A的偏好情况是这样,其所获得的净效益随着每年焰火燃放数量的增加而上升。而B在每年只燃放1个焰火时所获得的净效益最大。其次是每年燃放3个,即投票者们所面临的最多的燃放数量方案。每年燃放2个的中等次数方案,带给他的净效益最小。相对于中等次数方案来说,B显然会偏好其余的两极,即每年燃放1个和3个。至于C,其在每年燃放2个焰火时所获得的净效益最大,除此之外,无论是每年燃放1个,还是每年燃放3个,都只能给其带来较低的净效益。与上述情况相对应,人们的偏好结构也就有单峰形和多峰形之别。

单峰偏好意味着人们最理想的结果只有一个。对于这个唯一的最理想目标的偏离,无论是正的方向,还是负的方向,都是坏事情。多峰偏好则意味着人们最理想的结果不止一个。最初,当人们偏离其最偏好的选择目标时,境况会因此变坏。但若继续沿着这个方向运动,其境况则会最终变好。依上例,在三个投票者中,只有B是具有多峰偏好的。如图4-3所示,当每年燃放的焰火数量由1增加到2时,B的境况因此而变坏了。然而,当每年燃放数量由2再增加到3时,这个投票者的境况又因此而变好了。相比之下,A和C则是具有单峰偏好的。对于A来说,如果每年燃放焰火的数量减少到低于3时,他的境况便会持续变坏。对于C来说,只要每年燃放焰火的数量偏离了其最偏好的结果2,不论是向哪个方向偏离,他的境况都会因此变坏。

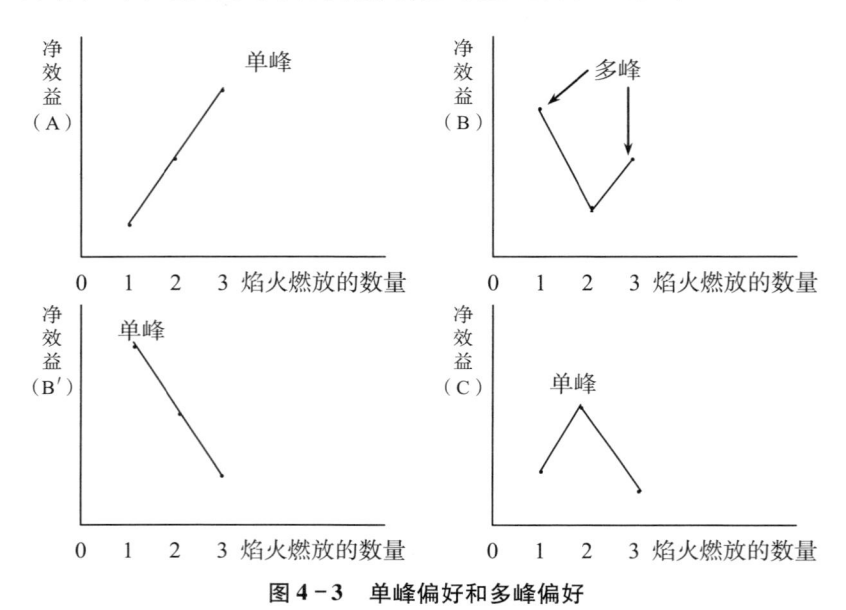

图4-3 单峰偏好和多峰偏好

4.2.2 配对投票:循环现象的出现

当有三个或更多的方案可供选择时,就其中的任意两个方案进行的投票,便是所谓"配对投票"。

我们的考察可从就每年燃放焰火1个还是每年燃放焰火2个的提案所进行的第一轮配对投票开始。其前提条件是,每个投票者都将把赞成票投在可给其带来最大净效益的提案上。表4-3根据表4-2对每年

第 4 章 公共选择理论 93

燃放焰火方案的排列顺序给出了历轮配对投票的得票记录及结果。

从表 4-3 可以清楚地看出,就每年燃放焰火 1 个还是 2 个所进行的第一轮配对投票,由于每年燃放 2 个的提案获得 2 张赞成票,而每年燃放 1 个的提案只获得 1 张赞成票,其结果,每年燃放 2 个的提案以 2∶1 的比分赢得胜利。

表 4-3　配对投票的得票记录及其结果(以表 4-2 为依据)

第一轮配对投票	每年燃放焰火 3 个	每年燃放焰火 2 个
投票者		
A		×
B	×	
C		×
得票数	1	2

结果:每年燃放焰火 2 个的提案获胜

第二轮配对投票	每年燃放焰火 3 个	每年燃放焰火 1 个
投票者		
A	×	
B		×
C		×
得票数	1	2

结果:每年燃放焰火 1 个的提案获胜

第三轮配对投票	每年燃放焰火 2 个	每年燃放焰火 3 个
投票者		
A		×
B		×
C	×	
得票数	1	2

结果:每年燃放焰火 3 个的提案获胜

现在,假定下一轮配对投票在上一轮配对投票中被否决的提案,即每年燃放1个和所剩的每年燃放3个的提案之间进行。这时,一个有趣的现象出现了。如表4-3所示,每年燃放1个的提案赢得了胜利。

最后,再假定第三轮配对投票在每年燃放3个和每年燃放2个的提案之间进行。这时,有趣的现象再次出现,在上一轮配对投票中被否决的每年燃放3个的提案赢得了胜利。

以这种方式在三种可供选择的方案之间进行的配对投票,其结果将是一个永远没有尽头的循环。在上述三轮配对投票中,先是每年燃放2个的提案战胜了每年燃放1个的提案;然后,每年燃放一个的提案又在同每年燃放3个的较量中成为胜利者;最后,当每年燃放3个提案与每年燃放2个的提案配对时,前者又赢得了胜利。每一项被否决的提案,当与另一种可选择的提案配对时,都有可能变成胜利者。也就是说,按照所进行的配对投票中的次序的不同,三种可选择的提案都可在简单多数规则下获胜。这种现象被西方经济学家称作"循环性"。一旦出现这种循环,多数规则下的投票结果便不具有确定性,政治均衡也就不存在了。这时,没有任何一种提案可以战胜其他所有可供选择的提案。

为什么配对投票的结果会出现循环现象呢?这可以从多峰偏好的存在找到答案。应当注意的是,我们前面的考察是建立在表4-2所给出的提案排列顺序基础之上的。而在表4-2中,投票者B的偏好是多峰形的(参见图4-3)。那么,如果所有投票者的偏好都是单峰形的,多数规则下的配对投票结果会不会呈现循环现象呢?

让我们删除具有多峰偏好的投票者B,而代之以其偏好呈单峰形的投票者B′,并假定B′所承担的税收份额同B完全一样,B′从焰火燃放中所获得的净效益随着燃放数量的增加而下降(参见图4-3)。现在我们将A、B′和C的净效益函数放在同一坐标图上。如图4-4所示,三个投票者都分别有自己的偏好单峰(或极大值)。A在每年燃放3个的水平上获得的净效益最大,B′在每年燃放1个的水平上获得的净效益最大,而 C 则会在每年燃放 2 个焰火时获得最大的效益。C 的偏好峰处于三个投票者的偏好峰的中间状态,根据中间投票者定理,C 最偏好的结果即每年燃放焰火 2 个的提案便是多数规则下的政治均衡。我们来考察一下情况是否如此。

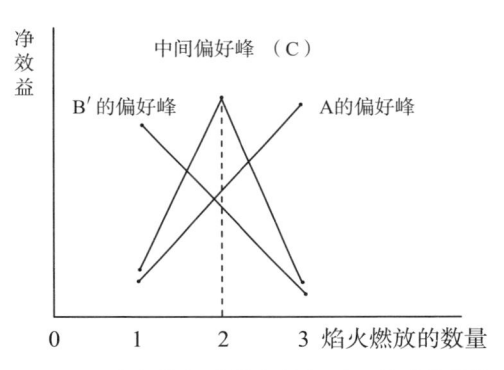

图 4-4　中间偏好峰是多数规则下的政治均衡

现在仍按照前面的方式进行配对投票,但其根据不再是表 4-3,而是表 4-4(在该表中,B 的多峰偏好结构为 B′的单峰偏好结构所替代)。历轮配对投票的得票记录及结果如表 4-5 所示。

表 4-4　投票者对每年焰火燃放方案的排列:所有投票者都具有单峰偏好

投票者	第一种选择	第二种选择	第三种选择
A	3	2	1
B	1	2	3
C	2	1	3

在第一轮和第三轮配对投票中,每年燃放 2 个的提案分别与每年燃放 1 个和 3 个的提案直接配对。结果每年燃放 2 个的提案均以 2∶1 的比分获得通过。第二轮配对投票是在每年燃放 3 个的提案和每年燃放 1 个的提案之间进行的。结果是后者赢得了胜利。但是,当这种提

案和中间投票者最偏好的结果,即每年燃放2个的提案进行配对投票时,它又会成为失败者。所以,每年燃放2个的中间偏好峰,就是多数规则下的唯一的政治均衡。

表4-5 配对投票的得票记录及其结果(以表4-4为依据)

第一轮配对投票	每年燃放焰火1个	每年燃放焰火2个
投票者		
A		×
B′	×	
C		×
得票数	1	2

结果:每年燃放焰火2个的提案获胜

第二轮配对投票	每年燃放焰火3个	每年燃放焰火1个
投票者		
A	×	
B′		×
C		×
得票数	1	2

结果:每年燃放焰火1个的提案获胜

第三轮配对投票	每年燃放焰火2个	每年燃放焰火3个
投票者		
A		×
B′	×	
C	×	
得票数	2	1

结果:每年燃放焰火2个的提案获胜

这就是说,如果所有投票者的偏好都呈单峰形,多数规则下的投票结果就是唯一的,而不会出现循环现象。反过来说,如果多数规则下的投票结果出现了循环现象,那就说明,在所有投票者中,至少有一个人的偏好是多峰形的。

再进一步,只要所有投票者的偏好都是单峰形的,多数规则下的投票结果就只有一个。这就是,中间偏好峰即反映中间投票者最偏好的结果的提案获胜。①

这进一步告诉我们,只要所有投票者的偏好都呈单峰形,不论他们所须承担的税收份额如何,中间投票者定理均可成立。

4.2.3 多峰偏好的存在

按照边际效益递减规律,任何物品或劳务的边际效益都是随其数量的增加而减少的。易于说明,多峰偏好与公共物品或劳务的边际效益的递减趋势是矛盾的。

图 4-5A 给出了某投票者从纯粹的公共物品或劳务中所获得的净效益曲线,其相应的税收份额和边际效益曲线也由图 4-5B 同时给出。可以看出,当该投票者从每单位的公共物品或劳务中所获得的边际效益大于其因此而须承担的税收时,他所获得的净效益就增加。当公共物品或劳务的产量达到 Q^* 个单位时,他所获得的净效益最大。如果产量水平高于 Q^* 个单位,他所获得的边际效益就会小于其因此而须支付的税收,净效益将要随之下降。所以,对于任何投票者来说,公共物品或劳务的边际效益递减将使得其净效益曲线呈倒"U"形,如图 4-5A 所示。还可进一步看出,图 4-5A 中的净效益曲线是单峰形的。而且,当产量的增加达到 Q^* 个单位,即 MB=t(边际效益等于税收)时,净效益曲线也恰好达到峰顶。

然而,问题在于,边际效益递减和单峰偏好的一致性(或者说,边

---

① 中间投票者定理的正式提出者 A. 唐斯(A. Downs)在《民主的经济理论》(*An Economic Theory of Democracy*, New York: Harper & Row, 1957)一书中指出:如果在一个多数投票规则模型中,个人偏好都是单峰的,则反映中间投票者意愿的那种政策会最终获胜。

际效益递减同多峰偏好的矛盾性),并不能排除存在多峰偏好的可能性。事实在,正如本节开头所说的那样,某些情况下,就某种特定的公共物品或劳务来说,可能有两种或两种以上的产量提案,在多峰偏好的作用下均获得多数赞成票。

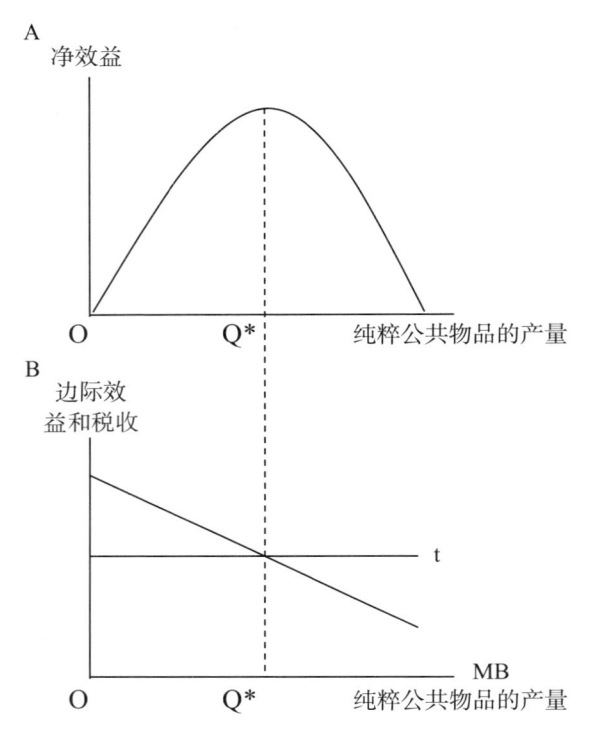

图 4-5 纯粹的公共物品或劳务的边际效益递减,
意味着投票者的偏好是单峰形的

人们就公立学校预算提案的投票,就是一个现成的例子。假定投票者既可将孩子送到私立学校就学,也可送到公立学校就学。并假定决定投票者在送孩子到哪种学校就学态度上的因素,在于公立学校的质量,而公立学校的质量又与其预算规模正相关。

我们的考察可从投票者将孩子送到私立学校就学的选择开始。如果他这样做,公立学校的预算规模尽可能地压缩,于他的利益是有利的。因为他既不能直接享受公立学校的效益,同时还须为其纳税。所以,他的第一种选择将是一个仅够维持最低质量的公立学校的预算。

那么,他对维持中等质量的公立学校的预算态度怎样呢?沿着前面的思路,如果为维持中等质量的公立学校预算所征收的税收,将使得其税后收入在支付孩子私立学校就学费用上发生困难,或者,使得其认为送孩子到私立学校就学不再划算,他会转而支持一个可以维持高质量的公立学校的预算。因为如果这样做的话,他可以让孩子直接享受公立学校所提供的高水平的效益,而放弃送孩子到私立学校就学。所以,他的第二种选择是一个可以维持高质量的公立学校的预算。维持中等质量的公立学校的预算,对于他来讲,是一种最差的选择。

可以看出,在就公立学校的预算规模提案的投票过程中,投票者最偏好的结果是两个极端,即或是尽可能压缩预算的规模,或是尽可能扩大预算的规模,而不会依低、中、高预算规模的次序来排列。这时,他对公立学校预算规模的偏好线,就会呈双峰形状。

4.3 同时就一个以上问题的投票:投票交易的发生

4.3.1 互投赞成票与投票交易

前两节的分析都是基于一次就一项提案的投票而展开的。现实生活中也常常存在这样的情形:投票者须同时就两个或两个以上的问题提案进行投票。其中既有投票者所赞成的,也有其所反对的。如果投票者对这些问题具有不同的偏好强度,他们会愿意就那些与其关系重大的问题进行投票交易。在公共选择理论中,这种投票交易过程被称作"互投赞成票"(logrolling)。

例如,假定投票者同时就两项提案进行投票。一项提案可给石油生产者带来利益,另一项提案则会给食品生产者带来利益。由于两项提案都分别代表着少数投票者的利益,任何一项提案均没有单独获得通过的可能。这时,如果石油生产者从对其有利的提案中获得的效益,大于其在对食品生产者有利的提案获得通过的情况下所蒙受的损失,他们将愿意对代表食品生产者利益的提案投赞成票,以换取食品生产者对代表石油生产者利益的提案的支持。如果食品生产者的情况也是如此,他们会同意进行这种交易。于是,两项分别代表对方利益的提案同时获得了多数赞成票,交易双方也同时获得了净效益。

需要指出的是,投票交易只有在与提案有关的效益和损失不对称的情况下才会发生。如果石油生产者从对其有利的提案中获得的效益,恰好为其在对食品生产者有利的提案获得通过的情况所蒙受的损失所抵消,他们肯定不会有进行投票交易的动机。

不管怎样,以互投赞成票为特征的投票交易,无疑大大增加了某些提案在简单多数规则下获得通过的机会。

4.3.2 隐含的投票交易

当分别代表不同利益集团和两个或更多的议题被组合在一起,让投票者就此进行投票时,隐含的投票交易(implicit logrolling)就会发生。这在现实政治生活中,可说是屡见不鲜的。例如,两个本来互不相关的议题,如对纺织品的进口限额和新型轰炸机的研制经费,可能被放在同一项提案中。在这种情况下,投票者将不得不面临这样的选择:要么两者都要,要么两者都不要。很显然,对纺织品的进口限额是一项对纺织品生产者有利的提案,而新型轰炸机的研制经费是一项对军工品生产者有利的提案。由于这两项提案都只代表少数投票者的利益,若将他们分别交投票者表决,肯定会遭否决。然而,在将它们组合在一起,并放入同一提案交投票者表决的情况下,获得通过的可能性就加大了。因为在这时,每一处于少数地位的特殊利益集团,为了获得对自己有利的项目的利益,是愿意对组合在一起的包括一揽子项目的提案投赞成票的。

同样的道理,每一特殊利益集团对组合性的包括一揽子项目的提案是否投赞成票,取决于其对这些项目的相对偏好强度。如果从对其有利的项目中获得的效益,同其从对其他特殊利益集团有利的项目中蒙受的损失相等,他们就不会有对此类提案投赞成票的动机。只有在这样的提案可给其带来正的净效益的条件下,人们才会愿意以互投赞成票的方式进行这种隐含的投票交易。

4.3.3 投票交易与效率

让我们来考察下述例子。

假定一个社会的公民就是否支持安全保障和社会娱乐这两项提案进行投票。两项提案涉及的物品或劳务,对于这个社会的公民来说,都属于纯粹的公共物品或劳务。安全保障可用每年雇用的巡警数量来测度,社会娱乐则可用每年燃放的焰火数量来测度。再假设这个社会只有三个投票者,并且他们同意平均分担这两种公共物品或劳务的费用。每个焰火的燃放费用为300美元,每个巡警的雇用费用也是300美元。所以,这两种公共物品或劳务的边际成本和平均成本均为300美元。最初三个投票者就这两项提案是分别进行投票的,且没有互投赞成票的投票交易。每一投票者须为每一单位的公共物品或劳务承担100美元的税收。投票的结果根据简单多数的规则来决定。

图4-6分别给出了两种公共物品或劳务的边际效益曲线、税收份额曲线和边际成本曲线。如图4-6A所示,当焰火燃放数量为每年1个时,投票者A和B所获得的边际效益为0。然而,投票者C从每年燃

图 4-6　投票交易：互投赞成票

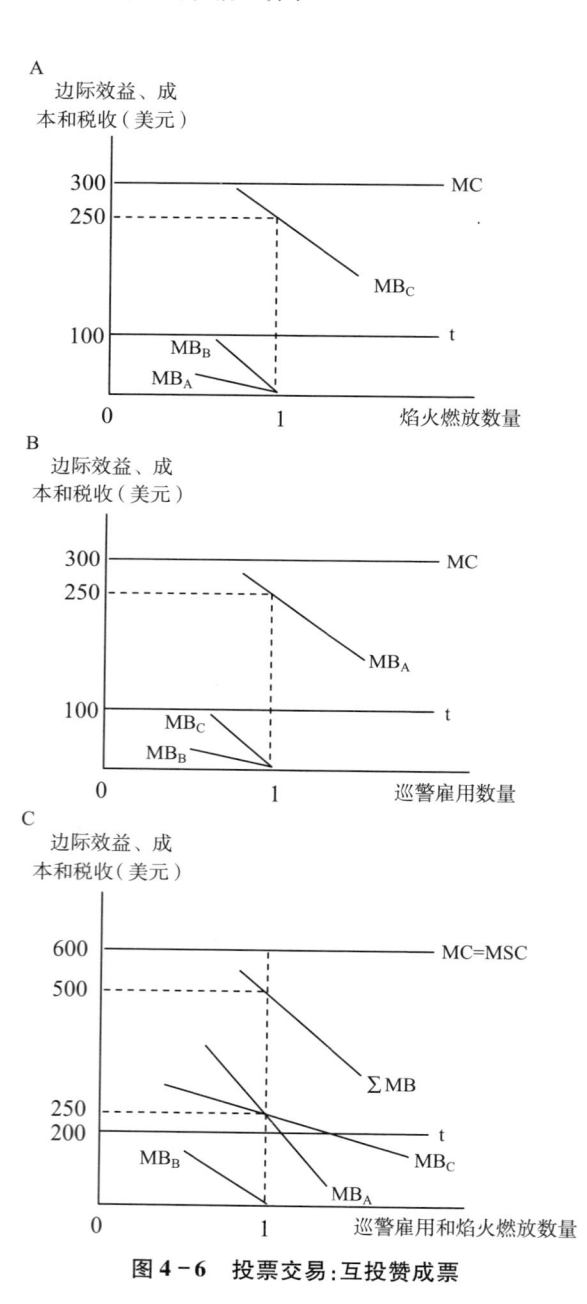

放 1 个焰火中所获得的边际效益却为 250 美元。三个投票者中,只有 C 所获得的边际效益大于其因此而承担的税收。因此,他是唯一一个对每年燃放一个焰火的提案投赞成票的人。A 和 B 则将对此投反对票。根据多数规则,其结果是该社会没有任何焰火可供燃放。

再看图 4-6B,当巡警的雇用量为每年 1 个时,投票者 A 所获得的边际效益为 250 美元,投票者 B 和 C 所获得的边际效益则为 0。在他们为此而须承担的税收均为 100 美元的条件下,只有 A 所获得的边际效益大于其为此承担的税收份额,故他是唯一一个对此提案投赞成票的人。而 B 和 C,则会对此提案投反对票。根据多数规则,其结果同样是该社会不雇用任何巡警,从而不提供任何安全保障。

这就是说,在就两项提案分别进行投票,且无投票交易的情况下,多数规则下的投票结果是,既不提供安全保障,也不提供社会娱乐。

现在假定 A 和 C 私下串通,达成了隐含的投票交易,从而将焰火燃放和巡警雇用组合在一起,并放在一项提案中。这时,交投票者进行表决的提案,就是一项包括每年燃放一个焰火和每年雇用一个巡警的预算。图 4-6C 将焰火燃放数量和巡警雇用数量加在一起,并给出了在这一加总的产量水平下的边际效益、边际成本和税收份额曲线。

于是,一项为数 600 美元的预算提案被提出。所有的投票者都明白这项预算由每年燃放 1 个焰火和每年雇用一个巡警的费用所组成,而且,每一投票者须为此而承担 200 美元的税收份额。然而,投票者 A 和 C 将双双对这项预算提案投赞成票,因为焰火燃放和安全保障给他们带来的边际效益均大于其所承担的税收。对投票者 A 来说,该项预算的边际效益为 250 美元,它全部来自于巡警所提供的安全保障。对投票者 C 来说,该项预算的边际效益也为 250 美元,它则全部是从焰火燃放项目所获得的。当他们就将两项分别对对方有利的提案组合在一起达成协议时,无论 A 还是 C,其在投票过程中所处的地位都会较两项提案分别单独交付表决的情况变得有利。这样一来,两项本来在分别投票的情况下肯定不会获得通过的提案,当组合在一起并放进一项提案进行投票时,却双双获得了通过。

换一个角度,如果焰火燃放和巡警雇用两项提案不是组合在一起,而是分别交投票者表决,但 A 和 C 达成了投票交易,也会导致同样的结果。这就是,在 A 同意对焰火燃放提案投赞成票的情况下,C 也将对安全保障提案投赞成票,即使该提案的通过会使其遭受一定的损失。其结果,两项分别对对方有利的提案,双双获得通过。对于 A 来说,这种投票交易给其带来的净效益为 50 美元。这是其从雇用 1 个巡警所获得的边际效益 250 美元同其为焰火燃放和安全保障两个项目所承担的 200 美元税收之间的差额(即 \$50 = \$250 - \$200)。与 A 的情况相似,C 也同样从投票交易中获得了 50 美元的净效益。在这一过程中的最大损失者是投票者 B,他每年须为焰火燃放和巡警雇用而支付 200 美元的税收,而这两个项目都不能给其带来正的边际效益。

由上述例子可见,投票交易有可能造成资源配置效率方面的损失。如上例,在每年 600 美元预算的政治均衡水平上,A 和 C 从焰火燃放和安全保障两个项目中所获得的边际效益总额为 500 美元。由于 B 从这两种公共物品或劳务中获得的边际效益为 0,即使将三个投票者的边际效益加总求和,总共也只有 500 美元($\sum MB = \$500$),远低于提供这两种公共物品或劳务的边际成本 600 美元($MC = MSC = \$600$)的水平。既然该项预算的社会边际成本高于其社会边际效益达 100 美元,它的通过显然意味着公共支出的浪费。

不过,投票交易的结果并非总是资源配置效率的损失。例如,如果 A 和 B 从焰火燃放中获得的边际效益均为 25 美元,那么,每年燃放 1 个焰火显然是具有效率的。因为在这一产量水平上,三个投票者所获得的边际效益总额为300美元（∑MB=25+25+250=＄300），恰好等于其边际成本。但是，若将每年燃放1个焰火的提案单独交付表决，A和B肯定要投反对票，因为他们为此而须承担的税收份额（每人100美元）均大于其可获得的边际效益（25美元）。与其类似，如果B和C从巡警雇用中获得的边际效益均为25美元，每年1个巡警的雇用量也是具有效率的，因为在这个雇用水平上的巡警的边际效益总额为300美元（∑MB=250+25+25=＄300），恰好与其边际成本相等。而这项提案在B和C投反对票的情况下，也是不能通过的。然而，当这两项提案被组合在一起时，情况就发生变化了。这时，B仍然要投反对票，因为他从两个项目中获得50美元的效益低于其须为此付出的200美元税收。但是，A和C却双双要投赞成票。这是因为，他们每人都可从这项组合性提案中获得275美元的效益，而每人须为此支付的税收却只有200美元。这项组合性提案的边际效益总额为600美元（∑MB=275+275+50=＄600），恰好等于其边际成本600美元。投票交易对资源配置效率的作用，是不言而喻的。

4.4　政治行为的分析

前三节较详尽地阐述了公共选择的程序和规则的理论。这一节拟在此基础上，转入对参与公共选择过程的投票者、政治家（政党）、官僚以及特殊利益集团的行为的分析。

4.4.1　投票还是不投票：投票者的行为特点

在西方经济学家看来，投票者是否参加投票，主要取决于两个方面的因素：一是其参加投票的效益和成本；二是其投票对公共选择发生影响的可能性。

参加投票的效益,来自于投票者从行使公民权利中所获得的满足和利益。参加投票的成本,则是指为投票所花费的时间和精力。只有在参加投票有净效益(MB-MC≥0)①的情况下,投票者才会乐于参加投票。

很多人会因确信其投票不会对投票结果产生任何影响而不愿参加投票。这通常出现于投票者人数相当多的社会。在这种情况下,由于每个投票者参加投票的成本是正数,而其按对投票结果的影响力衡量的效益接近于0,投票者选择弃权策略是合乎理性的。但是,如果所有的投票者都选择这种行为方式,其结果也就不会有以投票为特征的公共选择过程了。因此,为了防止在投票活动上的"免费搭车者"现象的出现,一些国家将参加投票视为公民必须履行的法律义务。不过,按照西方经济学家的说法,即使在没有这种法律规定的国家,行使公民权利所带来的满足和利益,以及不参加投票所面临的社会压力,也足以促使大多数人参加投票活动。

4.4.2　政治家(政党)与选票极大化

投票过程中,在有关政府的作用和其他问题上意见一致或相似的人们,往往会组合成一个势力集团,形成政党。这些政治家们,不仅对交付投票者表决的提案的形成施加影响,而且当有关提案的信息相对稀缺时,他们的政治行为通常也可在一定程度上左右最终达成的实际政治均衡。

对于个人投票者来说,任何一项特定的预算提案给其带来的边际效益情况,不仅取决于整个预算支出规模的大小,也取决于各种类型支出在预算中的构成。同时,他对该项预算提案是否投赞成票,还要视为弥补预算支出所需征收的税收规模及其负担的分布情况而定。从某种

---

① 在这里,MB代表投票者因参加投票所获得的边际效益,MC代表投票者因参加投票所付出的边际成本。

意义上说,政党在投票过程中的作用,就像是促成投票者之间达成投票交易的经纪人。政党的纲领通常由一系列分别迎合少数投票者利益的项目所组成,然而,通过将这些利益项目巧妙地进行组合,并将其成本分散到多数人身上,政党可以赢得选票。

西方经济学家用追求选票极大化来解释政党的行为,并认为,在多数规则下,哪个政党可在实现选票极大化方面获得成功,哪个政党就可赢得选举。所以,选票极大化是多党制社会中成功地获得政治权力的先决条件。

前面曾说过,任何一个政党或政治家,要想赢得极大化的选票,必须使自己的竞选方案符合中间投票者的意愿。如果各政党或政治家的竞选方案的区别点只有一个,即公共物品或劳务的供给量,那么,政治均衡总是要在中间投票者最偏好的结果上形成。也就是说,哪个政党或政治家能够精确地了解中间投票者最偏好的结果,哪个政党或政治家就会成为竞选的胜利者。

A.唐斯对此做出了精辟的归纳。在他看来,"政党所感兴趣的并不是社会资源的有效配置,相反,每个政党追求的只是通过获得最多的选票从而再次被选上。因此,如果政府确有能力使社会向帕累托效率移动,这也只有通过同别的政党的竞争才能达到,……所以,关键在于政党之间的竞争是否总是迫使政府向一种帕累托最佳状态努力"。

由此可见,在唐斯的模型中:(1)政党或政治家是追求自己的利益的,而不是追求某种意识形态的目标或者公共利益的;(2)政党或政治家是凭选票的极大化才能实现自我利益的;(3)政党或政治家是以其提出的竞选纲领或可供选择的提案来争取选票的;(4)政党或政治家提出的纲领或提案,只有符合中间投票者的偏好,才能实现选票极大化。[1]

---

[1] A. Downs:*An Economic Theory of Democracy*, New York: Harper & Row, 1957.

4.4.3 官僚主义与公共物品的供给

在西方财政经济理论中,"官僚主义"是政府机构和政府官员行为的同义语。一个显而易见的事实是,政府机构和政府官员的行为,对于公共物品或劳务的供给及其效率状况会发生重大影响。换句话说,官僚们的行为将影响公共物品或劳务的供给条件,从而影响最终形成的政治均衡。

西方经济学家用追求公共机构权力的极大化来解释政府机构和政府官员的行为。在他们看来,政府官僚机构提供公共物品或劳务同私人部门提供私人物品和劳务之间,是有着很大差别的:

第一,在政府官僚机构中,并不存在提供同种公共物品或劳务的竞争。缺乏竞争意味着缺乏刺激,从而会降低公共部门的服务效率。

第二,政府机构的官僚们并不以利润最大化作为其工作目标。由于追求利润必然要降低成本,不以营利为目的政府机构所提供的公共物品或劳务,往往要与相对较高的成本相伴随。

第三,公共物品或劳务通常不以价格形式出售,因此,社会成员在对公共部门的工作进行评价时,其敏感程度肯定低于市场价格。①

既然官僚们不以营利为目的,而是将公共机构权力的极大化作为追求的目标,公共权力的大小又与其所控制的社会资源的数量正相关,从而与政府预算的规模正相关,其结果也就不言自明:追求公共机构权力的极大化必然带来政府预算规模的极大化。

西方经济学家的分析表明,②官僚们对政府预算极大化的追求,必

---

① 参见平新乔:《财政原理与比较财政制度》,上海三联书店1992年版,第90—91页。
② 参见尼斯卡宁(William A. Niskanen):《官僚主义与代议政府》(*Bureaucracy and Representative Government*, Chicago: Aldine-Atherton, 1971)和"官僚与政治家"("Bureaucrats and Politicians," *Journal of Law and Economics*, December 1975)。

然导致公共物品或劳务的供给量过剩,而高于其最佳的产量水平。图 4-7 有助于解释这个结论。

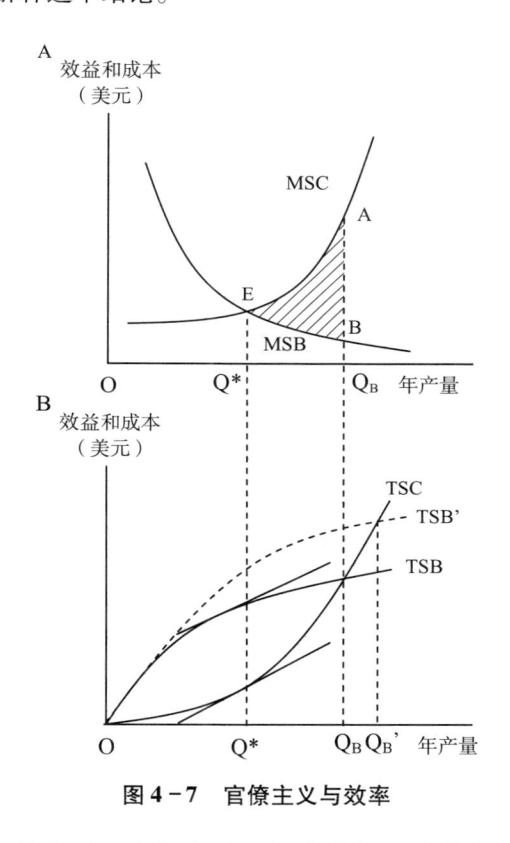

图 4-7　官僚主义与效率

图 4-7A 给出了一定年产量下的公共物品或劳务的社会边际成本(MSC)和社会边际效益(MSB)曲线。在 E 点,社会边际成本曲线与社会边际效益曲线相交,由此决定了最佳的年产量水平为 Q^*。然而,官僚们为追求其预算规模的极大化,而想方设法说服投票者们同意给予其动用尽可能多的资金的权力(如征收尽可能多的税收的权力或发行政府债券的权力),并按照社会总成本(TSC)和社会总效益(TSB)相一致的条件来安排公共支出规模。如图 4-7B 所示,在与最佳的产量

水平 Q* 相对应的点上,社会总成本曲线的斜率恰好相等。这个产量水平正好与图 4-7A 中的 MSC=MSB 点相对应。但官僚们企图获得通过的产量水平却是 Q_B,它是由 TSC 与 TSB 的交点(即 TSC=TSB)所决定的。很显然,官僚们所偏好的产量水平超过了最佳的产量水平。

从图 4-7A 中,还可看出若官僚们所追求的公共物品或劳务的年产量水平获得通过,而可能造成的净效益损失。它由 EAB 的面积所代表。

还应当注意的是,政府官僚机构通常拥有提供公共物品或劳务的垄断权。如类似环境保护、国防、社会保险等,是由专门的政府机构负责提供的。在很多情况下,只有政府机构本身能够掌握有关这些物品或劳务的信息。这就使得官僚们在追求预算规模的极大化方面更上一层楼:将公共物品或劳务的社会效益人为夸大,如由图 4-7B 中的 TSB 线向左上方移动至 TSB′,从而使得通过投票过程所决定的公共物品或劳务的年产量水平进一步由 Q_B 增至 Q_B′。

4.4.4 特殊利益集团与政治均衡

"特殊利益集团"一词,指的是谋求增加对其成员有利的政府支出的院外活动集团。他们与政党的不同之处在于,其领导人并不执掌政治机构的权力,但是,他们却对政府官员、投票施加各种压力或影响,以谋求对有利于其成员的提案的支持。为此,特殊利益集团通常采用的手段是:对政治家以让集团成员投票反对他相威胁;对支持对其有利的提案或反对对其不利的提案的政治家,提供竞选资金。

特殊利益集团是公共选择过程中的一种不可忽视的力量。西方经济学家的研究结果表明,[1]特殊利益集团的活动常常可左右税收负担

---

[1] 参见加里·S. 贝克尔(Gary S. Becker):"压力集团之间的政治影响方面的竞争理论"("A Theory of Competition among Pressure for Political influence," *Quarterly Journal of Economics*, August 1983)。

的水平及其分布、政府财政补贴的去向、政府支出项目的设置,并对政治均衡的最终形成产生重大影响。然而,由此而引发的一个容易忽略的问题是,特殊利益集团在获得来自于政府支出的增加的效益的同时,必然要以其他人的境况因此而变坏为前提。这是因为,政府用于增加对某一特殊利益集团有利的项目支出的资金来源,不外有二:或是增加对其他社会成员(或全体社会成员)征收的税收,或是减少对其他社会成员有利的项目的支出。

小　　结

1. 公共选择可以定义为非市场决策的经济学研究。其特点是将经济交易和政治决策这两种人类行为的基本方面纳入单一的私人利益分析模式,并在此基础上,运用经济学的方法解释个人偏好与政府的公共选择之间的关系,研究作为投票者的消费者如何对公共物品或劳务的决定表达意愿。

2. 所谓政治均衡,是在一定的规则下,就一种或多种公共物品或劳务的供给量以及相应的税收份额在人们之间的分配所达成的协议。公共物品或劳务的生产成本与效益的大小以及投票者获得有关信息的难易程度,是决定政治均衡状况的主要因素。投票者最偏好的政治结果是政府所提供的公共物品或劳务的数量达到这样的水平:他所承担的税收份额与该种公共物品或劳务的边际效益恰好相等。而在投票者最偏好的政治结果中,处于中间状态的反映所谓中间投票者意愿的公共物品或劳务的产量,往往是多数规则下的政治均衡。

3. 由于人们的偏好结构有单峰形和多峰形之别,多数规则下所取得的政治均衡,有时并不是唯一的。单峰偏好意味着人们最理想的结果只有一个,在所有投票者的偏好都呈单峰形的条件下,多数规则可以保证投票结果的唯一性。多峰偏好则意味着人们最理想的结果不止一个,而在所有投票者中,只要有一人的偏好呈多峰形,多数规则下的投票结果便可能出现循环现象。

4. 互投赞成票是在投票者之间就那些与其关系重大的问题或提案所进行的投票交易。当两个或两个以上的问题或提案同时交付投票者表决时,互投赞成票的投票交易就可能发生。在这种情况下,两项本来在分别投票下肯定不会获得通过的提案,便可能双双获得通过。投票交易一方面会造成资源配置效率的损失,另一方面,也可以在促成资源配置效率目标的实现方面发挥作用。

5. 参与公共选择过程的投票者、政治家(政党)、官僚以及特殊利益集团的行为各有其特点。投票者只有在参加投票获有净效益,或确信其投票可对投票结果发生影响的情况下,才会乐于参加投票;政治家(政党)的追求目标是选票极大化,故其所提出的竞选方案或提案总是设法向符合中间投票者意愿的结果倾斜;政府机构的官僚们并不以营利为目的,而以权力极大化作为追求目标,这就导致了政府预算规模和公共物品或劳务的供给量总是高于其最佳状态的水平;特殊利益集团往往通过对政府官员、投票者施加压力或影响,来谋求对有利于其成员的提案的支持,其活动常常左右公共选择的结果。

第 2 篇　宏观财政理论与政策思想

第 5 章 公共支出理论

公共支出(public expenditures),亦称财政支出或政府支出,系指政府为履行其职能而支出的一切费用的总和。换句话说,一旦政府在以多少数量、以什么质量向社会提供公共物品或劳务方面做出了决策,公共支出实际上就是执行这些决策所必须付出的成本。所以,公共支出也就是政府行为的成本。

公共支出是公共财政活动的一个重要方面。在西方国家,公共财政对经济的影响作用主要表现在公共支出上,政府干预、调节经济的职能也主要是通过公共支出来实现的。可以这样说,公共支出的数额反映着政府介入经济生活和社会生活的规模和深度,也反映着公共财政在经济生活和社会生活中的地位。

本章先考察公共支出的构成情况,然后择其主要项目进行经济分析。最后,讨论公共支出的增长趋势问题。

5.1 公共支出的结构

公共支出总是由不同项目的支出所构成的。对此,西方经济学家常常采用不同的方法进行分类。但综合起来看,基本的方法无非两种:理论分类法和预算分类法。

5.1.1 公共支出：理论上的分类

对公共支出的理论分类，可根据分析问题的不同需要而做如下区分：

第一，按照公共支出的性质来分类，可分为消耗性支出和转移性支出。① 消耗性支出（exhaustive expenditures）直接表现为政府购买物品或劳务的活动，包括购买进行日常政务活动所需的或用于进行国家投资所需的物品或劳务的支出。前者如政府各部门的行政管理费，后者如政府各部门的投资拨款。它由这些物品或劳务的数量与它们的价格相乘来计算。这些支出项目的目的和用途当然有所不同，但却具有一个共同点：政府一手付出了资金，另一手相应地获得了物品或劳务，并运用这些物品或劳务，来履行政府的各项职能。就是说，在这样的一些支出安排中，政府如同其他经济主体一样，在从事等价交换的活动。之所以称这类支出为消耗性支出，是因为这类支出反映了公共部门要占用社会经济资源的要求，由政府部门运用这些资源，就排除了私人部门运用它们的可能性。因此，在西方国家，这类公共支出是计入国民生产总值与国民收入之内的。

转移性支出（transfer expenditures）直接表现为资金的无偿的、单方面的转移，这类支出主要包括政府部门用于养老金、补贴、债务利息、失业救济金等方面的支出。这些支出的目的和用途当然也有不同，但却有一个共同点：政府付出了资金，却无任何资源可得。在这里，不存在任何交换的问题。这些公共支出并不反映公共部门占用社会经济资源的要求，相反，转移只是在社会成员之间的资源再分配，公共部门只发挥中介人的作用。

---

① 也有人将此称作政府采购支出与转移支付。

顺便指出,按照公共支出的性质将全部公共支出区分为消耗性支出和转移性支出,有着较强的经济分析意义。例如,前者所起的作用,是通过支出使政府所掌握的资金和其他经济主体所提供的物品或劳务相交换。在这里,政府直接以物品或劳务的购买者身份出现在市场上,因而,对于生产、就业以及社会总需求有着直接的影响。这类支出当然也会影响到国民收入的分配,但这种影响是间接的。后者所起的作用,则是通过支出过程使政府所掌握的资金转移到特定的领受者手中,它只是资金使用权的转移,对于国民收入的分配有直接影响,但对生产、就业以及社会总需求的影响是间接的。再如,联系公共财政的职能来看,在公共支出总额中,若消耗性支出所占的比重较大,说明直接通过财政所配置的社会资源的规模较大。所以,消耗性支出占较大比重的公共支出结构,履行资源配置的职能较强。反之,在公共支出总额中,若转移性支出所占比重较大,说明公共财政活动对国民收入分配的直接影响较大。所以,转移性支出占较大比重的公共支出结构,履行调节收入分配的职能较强。这两类支出在 5.2 和 5.3 中会做出详细分析。

第二,按照公共支出的目的性来分类,可分为预防性支出和创造性支出。预防性支出(precautionary expenditures),指的是用于维持社会秩序和保卫国家安全,不使其受到国内外敌对力量的破坏和侵犯,以保障人民生命财产安全与生活稳定的支出。这类支出主要包括国防、警察、法庭、监狱与政府行政部门的支出。创造性支出(creative expenditures)指的是用于改善人民生活,使社会秩序更为良好,经济更加发展的支出。这类支出主要包括经济、文教、卫生和社会福利等项支出。对公共支出做这样的区分,可以揭示公共支出的去向及其在经济生活中的作用。

第三,按照政府对公共支出的控制能力来分类,可分为可控制性支出与不可控制性支出。这里所说的控制能力,就是政府可根据经济形势的变化和公共收入的可能而对公共支出进行调整(增减)的能力。以此为分类标准,不可控制性支出可解释为根据现行法律和契约所必须进行的支出,也就是说,在法律或契约的有效期间内必须按照规定准时如数支付,不得任意停付或逾期支付,也不得任意削减其数额。在西方国家,这类公共支出主要包括两大项:一是国家法律已有明文规定的个人所享受的最低收入保障和社会保障,如失业救济、食品券补贴等;二是政府遗留义务和以前年度设置的固定支出项目,如债务利息、对地方政府的补助等。与此相反,可控制性支出可解释为不受法律和契约的约束,可由政府部门根据每个预算年度的需要分别决定或加以增减的支出。对公共支出做这样的区分,可以表明政府对其支出项目的可控制能力,哪些支出有伸缩的余地,哪些支出是固定不变的。

第四,按照公共支出的受益范围来分类,可分为一般利益支出与特殊利益支出。所谓一般利益支出,指的是全体社会成员均可享受其所提供的效益的支出,如国防支出、警察支出、司法支出、行政管理支出等。这些支出具有共同消费或联合受益的特点,所提供给各个社会成员的效益不能分别测算。所谓特殊利益支出,指的是对社会中某些特定居民或企业给予特殊利益的支出,如教育支出、医药支出、居民行为支出、企业补助支出、债务利息支出等。这些支出所提供的效益只涉及一部分社会成员,每个社会成员所获效益的大小有可能分别测算。按照这种标准进行分类,可以说明公共支出所体现的分配关系,进而分析不同阶层或不同利益集团的投票者在公共支出决策过程中所可能采取的态度。

5.1.2　公共支出:预算上的分类

对公共支出的预算分类,是根据政府财政预算所编列的支出项目来进行的。在西方国家,预算支出项目编制通常与政府部门的职能或机构设置结合起来,即有多少职能就设置多少支出项目,有多少机构就设置多少支出项目。各国的情况虽有不同,但归纳起来,大体有下列几项:

1. 国防支出。包括各种武器和军事设备支出、军事人员给养支出、有关军事的科研支出、对外军事援助支出等。

2. 外交事务支出。包括驻外使领馆支出、国际会议支出、对国际组织缴纳费用支出、外事机关活动经费支出等。

3. 行政管理支出。包括国家元首、国会、国家行政机关、公安警察机关、司法机关的管理费支出等。

4. 经济建设支出。包括公营企业支出、公共经济事业支出、农业援助支出、交通运输支出、物资储备支出、对外经济援助支出等。

5. 社会文教支出。包括社会保障支出、社会救济支出、教育支出、科研支出、文化事业支出、医疗卫生支出、退伍军人福利和服务支出等。

6. 保护环境和自然资源支出。包括能源支出,污染控制设施建设支出,水力、电力资源设施建设支出等。

7. 政府债务支出。包括公债利息支出、公债还本支出和公债管理支出等。

8. 其他支出。

表5-1提供了美国联邦政府1989—1991预算年度按预算支出项目编列的支出情况。

表5-1 美国联邦政府按预算支出项目编列的支出情况
(1989—1991预算年度) (单位:亿美元)

项目	1989	1990	1991
国防	2983	2993	2725
国际事务	107	138	162
一般科学、空间和技术	126	144	159

(续表)

能源	41	24	17
自然资源和环境	165	177	187
农业	209	119	148
商业和住房信贷	200	671	756
交通运输	280	294	315
社区和地区发展	63	85	74
教育、训练、就业和社会服务	364	385	415
卫生保健	498	577	712
收入保障	1369	1473	1716
社会保障和医疗照顾	3190	3464	3734
退伍军人福利和服务	292	291	313
司法管理	94	100	123
政府一般行政费	100	107	113
债务利息	1657	1842	1950
减去:收入抵补支出项目	-369	-366	-393
合计	11361	12517	13237

注:因四舍五入关系,各项支出数相加未必与合计数一致。
资料来源:《美国联邦储备公报》1992年10月号。

5.2 公共支出的经济影响:消耗性支出

前面指出,按照公共支出的性质将公共支出区分为消耗性支出和转移性支出,有着较强的经济分析意义。本节和下一节将分别分析消耗性支出和转移性支出的经济影响。

5.2.1 消耗性支出对流通领域的影响

政府的消耗性支出,首先影响到物品或劳务的销售市场。如所周知,在市场经济条件下,物品或劳务必须通过市场销售后才能被使用;市场上必须有足够的有支付能力的需求,销售才能实现。

在现代市场经济条件下,社会总需求是由私人消费需求、私人投资需求和政府消耗性需求所构成的。政府的消耗性支出显然对于社会总需求的形成有着重大影响。在社会总需求中占主要地位的私人消费需求,其中包括了政府雇员、军事人员及其家庭的消费需求,而这些显然也是必须通过政府的消耗性支出才能形成的。私人投资需求,主要是资本品的投资。私人部门中介在市场情况对它们有利的情况下才会进行这种投资,而只有在政府大量订货的刺激诱导下,市场情况才能满足其追求最大利润的欲望。所以,没有相应的政府消耗性支出,私人部门的生产投资必然不能达到这样的规模。至于政府部门本身的消耗性需求,更是社会总需求的一个组成部分。它的增减变动会直接制约社会总需求的形成,在此不必赘述。简言之,政府的消耗支出是现代市场经济条件下各种物品或劳务的销售得以实现的一个不可或缺的条件。

5.2.2 消耗性支出对生产领域的影响

政府的消耗性支出,既然能够影响流通,自然也会在一定程度上影响生产。政府消耗性支出对生产领域的影响,可以从两个方面来分析,即消耗性支出的减少。

前已述及,政府的消耗性需求是社会总需求的一个重要组成部分。当消耗性支出增加时,政府对物品或劳务的需求增长。这就会导致市场价格水平上升,厂商利润率提高;厂商会因利润率提高而扩大生产,所需的资本品和劳动力亦将随之增多;所需资本品的增多,又可以推动生产资本品的厂商扩大生产;所需劳动力的增多,会引起就业人数的增多,从而引起消费品的社会需求膨胀,生产消费品的厂商的生产规模同样可能因之扩大。在各部门厂商相互刺激和相互推动的情况下,消耗性支出的增加有可能在全社会范围内导致一系列厂商的生产有较为普遍的增长。随着社会生产的增长,对资本和劳动力的需求就可能增加,从而出现下述情况:在资本市场方面,由于投资的利润率有所提高,原来不愿投资的市场游资会转向生产,或者个人将储蓄资金的一部分用于投资;在劳动力市场方面,失业的劳动者会被吸收到生产中去,或者新生劳动力获得就业的机会。资本和劳动力供给的增加,均为继续扩大社会生产提供了所需的物质条件。于是,政府消耗性支出的增加,往往会通过直接或间接刺激社会总需求的增加,导致社会生产的膨胀,形成经济繁荣的局面。

当消耗性支出减少时,则会出现相反的情况,即政府对物品或劳务的需求减少,市场价格下降,利润率下降,厂商收缩生产,所需资本品和劳动力减少。同样的道理,在各部门厂商之间出现连锁反应、相互影响的情况下,政府消耗性支出的减少可能导致社会生产普遍萎缩。随之,资本市场和劳动力市场亦将有相应的反应:一方面出现游离的闲散资本,另一方面出现失业的劳动力。由此而引起的投资和消费需求的减少,都会导致社会生产的继续萎缩。于是,政府消耗性支出的减少,往往会通过直接或间接减少社会总需求,而导致社会生产萎缩,形成经济衰退的局面。

5.2.3 消耗性支出对分配领域的影响

如果政府消耗性支出的总额不变,而只是所消耗的物品或劳务的种类发生变动,那么,为政府提供所需物品或劳务的各个厂商分别从政府消耗性支出中所获得的收益额便会因此而发生变动。相应地,这些厂商对各种生产要素的报酬也会有增有减。如果政府决定增加某种物品或劳务的购置,同时减少另一种物品或劳务的购置,那么,后者的生产厂商或部门从政府消耗性支出中所获得的利润以及对各种生产要素所支付的报酬,肯定会随之减少。减少的这部分利润将转入为政府提供所增购物品或劳务的生产厂商或部门,并使这些厂商或部门有可能对其所使用的各种生产要素支付较高的报酬。其结果,各有关厂商或部门从政府消耗性支出中所获得的利润在比例上发生变动,有的增加,有的减少,整个社会的收入分配状况,将因政府消耗性支出结构的变动而受到相应的影响。

如果政府的消耗性支出不是在结构上发生变化,而是普遍增加或普遍减少,那么,为政府提供所需物品或劳务的各个厂商或部门从政府消耗性支出中所获得的收益额也会随之增减。当消耗性支出普遍增加时,由于促使社会生产增长,特别是为政府提供所需物品或劳务的厂商或部门的生产增长,国民收入随之增加,资本的利润率和劳动力的工资率都会有所提高。而当消耗性支出普遍减少时,由于社会生产因此而萎缩,特别是为政府提供所需物品或劳务的厂商或部门的生产萎缩,国民收入随之减少,资本的利润率和劳动力的工资率都会有所下降。

5.3 公共支出的经济影响:转移性支出

5.3.1 转移性支出对流通领域的影响

政府的转移性支出对流通领域的影响,是通过其对社会总需求构成中的私人消费需求和私人投资需求的作用来实现的。

如前所述,政府的转移性支出,主要是由养老金、补贴、债务利息和失业救济金等方面的支出所构成的。这些支出的结果,是政府的一部分财政资金无偿地注入到非政府部门之中。如果转移性支出的对象是个人或家庭,这些支出会直接转化为个人或家庭的可支配收入,从而依这些个人或家庭的边际消费倾向的大小而形成私人消费需求;如果转移性支出的对象是厂商,这些支出会直接转化为厂商的可支配收入。其中一部分有可能形成厂商的私人投资支出,另一部分则通过增加资本和劳动力的报酬的途径而转化为个人或家庭的可支配收入,从而进一步形成私人消费需求。这就是说,政府的转移性支出的相当部分会通过各种途径直接或间接地转化为私人消费支出和私人投资支出,从而制约社会总需求的形成。毋庸赘言,政府的转移性支出也是现代市场经济条件下各种物品或劳力的销售得以实现的一个重要条件。

5.3.2 转移性支出对生产领域的影响

政府的转移性支出对生产的影响,视转移性支出的对象是个人、家庭还是厂商而有所不同。

如果转移性支出的对象是个人或家庭,如居民生活补贴,其对生产的影响就是间接的。它是通过受补贴的居民将所受领的补贴用于购买物品或劳务才实现的。享受补贴的居民大都属于低收入阶层,他们所购买的一般都是大众消费品或劳务。其购买量是这类物品或劳务的销售总量的一个重要组成部分,对这类物品或劳务的生产有相当大的影响。当享受补贴的居民领到补贴金时,就形成了一定数量的货币购买力,从而会增加对大众消费品的需求,并导致这类物品或劳务的产量的相应增加。也就是说,随着居民生活补贴规模的变动,大众消费品或劳务的产量会随之发生相应变动,增则亦增,减则亦减。进一步看,生产大众消费品所需原材料的各种厂商,也可能受到居民生活补贴的影响,而使其生产规模随之扩张或收缩。

如果转移性支出的对象是厂商,如企业生产补贴,其对生产的影响就是直接的。向厂商发放补贴的目的,就是保障所得利润不低于应有的水平,以鼓励私人厂商对利润较低或风险较大的行业进行投资,或者,使有亏损的私人厂商得以维持其原有的生产规模,继续经营。所以,企业生产补贴通过对一些在国民经济中占有重要地位的厂商给予支持，帮助其克服生产经营中的各种困难，可以在促进生产发展或遏止生产规模萎缩方面发挥重要作用。

5.3.3 转移性支出对分配领域的影响

政府的转移性支出有可能改变在初次分配中形成的国民收入分配格局。就以个人或家庭为对象的转移性支出如居民生活补贴来说，它实质上是在国民收入已经完成了初次分配的基础上进行的再分配。一方面，转移性支出的资金来源于各种纳税人在国民收入初次分配中所分得的各种收入，如利润、利息、地租和工资。另一方面，转移性支出的对象又是特定的，且主要限于那些收入低于维持通常生活标准所应有的水平（即在所谓贫困线以下）的居民。于是，通过转移性支出这一渠道，国民收入的分配格局会发生有利于享受居民生活补贴的个人或家庭的变化。

就以厂商为对象的转移性支出如企业生产补贴来说，其资金来源当然也是政府的税收收入，而税收收入又是政府取自各种纳税人在国民收入初次分配中所分得的收入。通过课税和转移性支出的过程，国民收入中的一部分便会由纳税人的手中转移到享受补贴的厂商手中，从而导致纳税人和享受补贴的厂商在国民收入分配中所占份额的相应变化。很显然，这种变化不利于前者，而有利于后者。

5.3.4 一个简化了的事例：食品券补贴

让我们来考察一个简化了的有关转移性支出的事例——食品券补贴（food stamp program）。

假定政府为了保证低收入者的最低生活水平，决定对低收入家庭发放一种食品券，受领者可凭券购买一定数量的食品。对于受领者来说，在购买食品上，食品券同货币的功能是一样的。

图 5-1A 给出了某一食品券受领者的无差异曲线 U_1 和 U_2,并假定该受领者的月收入水平为 OI。在食品价格既定的条件下,该受领者的最佳选择点为其无差异曲线 U_1 与预算线 IA 的相切点 E_1。这时,他每月购买 Q_{F1} 个单位的食品,用于其他物品的支出为 OM_1。

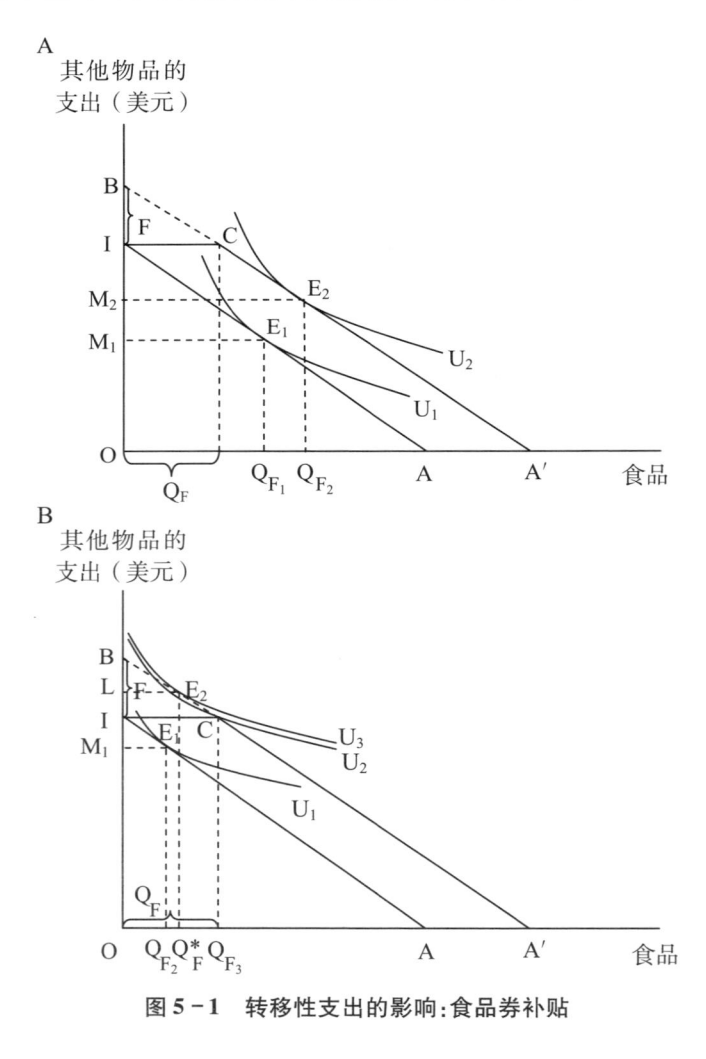

图 5-1 转移性支出的影响:食品券补贴

现假定该受领者每月可从政府那里领取食品券。凭券他每月可购买 Q_F 个单位的食品。这些食品券的货币价值为 F,它代表着购买 Q_F 个单位的食品所需的货币数量。例如,美国在 1988 年发给四口之家的食品券的货币价值为 300 美元。也就是说,这种补贴若不是以食品券形式,而是以货币形式发放的话,受领者的预算线将由 IA 升至 BA′。然而,由于食品券只可用来购买食品,该受领者的预算线在领得食品券后由 IA 变为 ICA′。这时,该受领者的最佳选择点便由 E_1 移至 E_2,即其新的预算线 ICA′ 与无差异曲线 U_2 的相切点。在这一点上,他每月消费 Q_{F2} 个单位的食品。花费在其他物品上的支出为 OM_2。

在这种情况下,食品券补贴的效应是受领者在食品和其他物品上的消费量同时增加。事实上,即使食品券只可用来购买食品,受领者也是将食品券视同货币收入的。因为,这时他完全可以将原本花费在购买食品上的一部分货币收入腾出,转用于购买其他物品。所以,图 5-1A 中的均衡点 E_2 既可用来描绘以食品券形式发放的食品补贴,也可用来描绘以货币形式发放的食品补贴。也就是说,在这种情况下,两种形式的食品补贴在对消费的影响上无差异。

但在不同的情况下,对消费的影响可能有差异。图 5-1B 即描绘了这样的情况。受领者最初的最佳选择点为 E_1。当其获得为数 F 的货币补贴后,其最佳选择点便由 E_1 移至 E_2,即其新的预算线 BA′ 与无差异曲线 U_3 的相切点。这时,他每月消费的食品量为 Q_F^* 个单位。如果情况相反,他所获得的食品补贴不是货币,而是价值相当于 F 的食品券,其最佳选择点将不得不移至 C。在这一点上,他可达到的最高无差异曲线是 U_2,而 U_2 低于 U_3,说明其可获得的效益降低了。之所以如此,是因为他不能用食品券来购买处于 BC 线段上的食品和其他物品的组合(而 E_2 恰处于 BC 线段上)。在 C 点,该受领者每月消费的食品量为 Q_{F3} 个单位,Q_{F3} 大于 Q_F^*。这说明,以食品券形式发放的食品补贴较以货币形式发放的食品补贴所带来的食品消费量的增加幅度更大。在以货币形式发放的食品补贴下,他只将 BL 的收入(含补贴收入)花费在购买食品上(OL 用于购买其他物品)。不过,一个显而易见的事实是,对于这个受领者来说,其在以食品券形式发放的食品补贴下的境况较在以货币形式发放的食品补贴下的境况为差。

由此可以得出的结论是:(1)食品券补贴可有效地增加受领者的食品消费量(在图 5-1A 中,受领者的食品消费量由 Q_{F1} 增至 Q_{F2})。(2)食品券补贴可有效地提高受领者所获得的效用水平(在图 5-1A 中,受领者的最佳选择点由 E_1 移至 E_2)。(3)货币形式的食品补贴较之食品券形式的食品补贴,一般地说,在增加受领者食品消费量上的效应小,但在增加受领者所获得的效用水平上的效应大(在图 5-1B 中,受领者的食品购买量由 Q_{F2} 增至 Q_F^*,而不是 Q_{F3};受领者的最佳选择点由 E_1 移至 E_2,而不是 C)。(4)食品补贴的发放,无论是以食品券形式,还是以货币形式,其作用范围都不仅仅限于食品,而会扩展到其他物品。它在带来食品消费量增加的同时,也会带来其他物品消费量的增加(在图 5-1A 和图 5-1B 中,受领者花费在其他物品上的支出分别由原来的 OM_1 上升至 OM_2 和 OL)。

5.4　公共支出的模型:关于公共支出增长现象的解释

统计资料表明,公共支出无论是从绝对量还是从相对量(公共支出占 GNP 的比重)来看,在各国都呈上升的趋势,对公共支出的这一增长现象,如何从理论上给出恰当的解释呢?

在西方财政经济理论界,对于公共支出增长现象的解释,值得作为重点提及的主要有如下几种,即瓦格纳(Adolph Wagner)的"政府活动扩张法则"、皮考克(Peacock)和魏斯曼(Wiseman)的"公共收入增长引致说"、马斯格雷夫(Musgrave)和罗斯托(Rostow)的"公共支出增长的发展模型"以及鲍莫尔(William Baumol)的"非均衡增长模型"。

5.4.1 政府活动扩张法则

瓦格纳是一位19世纪的德国经济学家。他考察了当时几个工业先进国家的公共支出记载后,认为发现了政府职能不断扩大以及政府活动持续增加的规律,并将其命名为"政府活动扩张法则"(the law of expanding state activity)。对此,他的解释是:

1. 一方面,随着社会的发展,完善国内外法律规章以及维护社会秩序的要求随同递增,以保证市场机制发挥作用所必需的社会"环境条件"。另一方面,在经济工业化和随之而来的管理集中化、劳动力专门化的条件下,经济结构以及当事人之间的关系越来越趋于复杂化,所有这些,都有赖于公共部门活动的加强。

2. 政府从事物质生产的经济活动越来越增加了。因为随着劳动生产率的提高,规模较大的公营企业较之规模较小的私营企业变得相对优越起来。这又促进了政府对生产领域的介入。

3. 政府提供的公共物品或劳务的范围越来越大了。诸如交通、银行、教育、卫生保健等项目,通常具有一种天然垄断的属性,且投资数额大,外部效应显著。如果交由私人部门经营,则很容易因私人垄断而导致社会的不安定。所以,政府介入这些项目,将这些物品或劳务的提供纳入其职能范围,是一件必然的事情。

据此,瓦格纳得出结论:政府活动不断扩张所带来的公共支出的不断增长,是社会经济发展的一个客观规律。

5.4.2 公共收入增长引致说

皮考克和魏斯曼用英国1890—1955年间有关公共支出的统计资

料,对瓦格纳提出的"政府活动扩张法则"进行了验证。他们发现,瓦格纳的法则在现代经济条件下仍然是有效的。但他们提出了一个更为复杂的解释。他们认为,公共支出的增长只是由于公共收入的增长而造成的,而不是其他别的什么原因所造成的。基于这种判断,他们将导致公共支出增长的因素归结为两种:

1. 内在因素。在税率不变的税收制度下,随着经济的发展和国民收入的增加,政府所征得的税收收入必然呈不断增长趋势。而追求政治权力最大化的政府是喜欢多支出的。除非既有的公共收入水平构成对其扩大支出欲望的约束,否则,政府的公共支出的上升必然会同GNP的增加以及由此而带来的公共收入的增加呈线性关系。

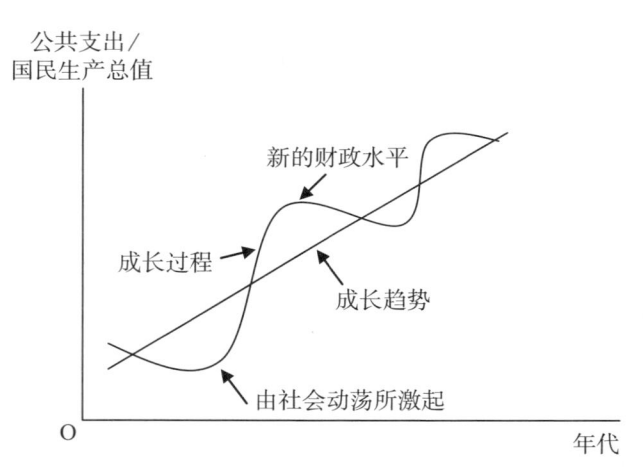

图5-2 公共支出的增长趋势与过程

2. 外在因素。除了公共支出随着收入的增加而增加这种内在因素之外,还有一种外在因素也会导致公共支出的增长趋势。这就是,在社会发展过程中总会遇上动荡时期,如战争、饥荒及别的社会灾难。在动荡时期,政府的支出不能不急剧增加。于是,政府会被迫提高税率或增加新税,不愿意多交税的公众也会被迫接受提高了税率和新增的税种。

但在动荡时期过后,税率水平并不会退回到原来的水平上,有些新税还要继续存在。因而政府能够继续维持动荡时期的高额支出(公共支出的这一增长过程可参见图 5-2)。

据此,皮考克和魏斯曼的结论是:公共收入和公共支出总是同步增长的。

5.4.3 公共支出增长的发展模型

与前面的两种解释不同,马斯格雷夫和罗斯托倾向于用经济发展阶段论来解释公共支出增长的原因。

在他们看来,在经济发展的早期阶段,政府投资往往要在社会总投资中占有较高的比重。这是因为,在这一时期,公共部门须为经济发展提供必需的社会基础设施,如公路、铁路、桥梁、环境卫生、法律和秩序、电力、教育等,这些公共投资对于处于经济和社会发展的早期阶段的国家步入"起飞",并进入发展的中期阶段来说,是必不可少的前提条件。当经济发展进入中期阶段之后,政府的投资便开始转向对私人投资起补充作用的方面,公共投资的规模虽有可能减少,但由于这一时期,市场失灵的问题日趋突出,成为阻碍经济发展进入成熟阶段的关键因素,从而要求政府部门加强对经济的干预。对经济的干预显然要以公共支出的增加为前提。随着经济发展由中期进入成熟阶段,公共支出的结构会发生相应的转变。从以社会基础设施投资为主的支出阶段,逐步转向以教育、保健和社会福利为主的支出结构。这些旨在进行福利再分配的政策性支出的增长会大大超过其他项目的公共支出的增长,这又进一步使得公共支出的增长速度加快,甚至快于国民生产总值的增长速度。

由上述可见,马斯格雷夫和罗斯托的模型,实际上是关于公共支出的结构在长时期中的变化模型。这也正是将其称作"公共支出增长的发展模型"的原因所在。

5.4.4 非均衡增长模型

美国经济学家鲍莫尔对公共支出增长原因的解释,是从公共部门平均劳动生产率偏低的现象入手的。

鲍莫尔在他所建立的所谓"非均衡增长模型"(unbalanced growth model)中,将国民经济区分为两个部门:生产率不断提高的部门(即有技术进步的部门)和生产率提高缓慢的部门。前者如制造业,后者则为服务业和政府部门。鲍莫尔假定两个部门的工资水平相等,且工资水平随着劳动生产率的提高而相应上调。据此,他对两个部门的有关数据进行了测算,并获得了下列结论:

1. 生产率增长缓慢的部门,其产品的单位成本不断上扬,而生产率不断提高的部门,其产品的单位成本或是维持不变,或是不断下降。

2. 如果消费者对生产率增长缓慢部门的产品需求富有弹性,则该部门的产品产量将越来越少,甚至可以完全停产。

3. 如果要维持生产率较低部门的产品产量在整个国民经济中的比重,必须使劳动力不断涌入该部门。

4. 如果要维持两个部门的均衡增长,政府部门的支出只能增加,同时也会导致整体经济增长率的不断降低。

5. 根据以上推论,鲍莫尔得出了作为生产率偏低的政府部门的规模必然越来越大、负担必然越来越重的结论。

小　　结

1. 公共支出指的是政府为履行其职能而支出的一切费用的总和。也就是政府行为的成本。它是公共财政活动的一个重要方面,其数额的大小不仅反映着政府介入经济社会生活的规模和深度,也反映着公共财政在经济社会生活中的地位。

2. 对公共支出可从不同的角度进行分类。在理论上,按照公共支出的性质,可分为消耗性支出和转移性支出;按照公共支出的目的性,可分为预防性支出和创造性支出;按照政府对公共支出的控制能力,可分为可控制性支出和不可控制性支出;按照公共支出的受益范围,可分为一般利益支出和特殊利益支出。在预算上,还可根据财政预算所编列的支出项目和政府部门的职能或机构设置,将公共支出区分为若干项。

3. 消耗性支出对流通、生产和分配均有影响。在流通领域,它直接制约着社会总需求的形成;在生产领域,它的增减变动会通过社会总需求的相应变动而导致社会生产规模的扩大或萎缩;在分配领域,它的结构和总额上的变动,都会引起国民收入分配状况的相应变动。

4. 转移性支出对流通、生产和分配领域也均有影响。它对流通领域的影响是通过私人消费需求和私人投资需求的制约作用来实现的,它对生产领域的影响,是通过转移性支出的对象将所获资金用于购买消费品或资本品的途径来实现的;它对分配领域的影响,实质上是在国民收入已经完成了初次分配的基础上进行的再分配。

5. 对于公共支出增长现象的理论解释,主要有四种:一是瓦格纳的"政府活动扩张法则",他倾向于从社会经济发展要求政府履行越来越多的职能的角度做出解释;二是皮考克和魏斯曼的"公共收入增长引致说",他们倾向于从公共收入随经济发展和社会动荡而增长,并导致公共支出相应增长的角度做出解释;三是马斯格雷夫和罗斯托的"公共支出增长的发展模型",他们倾向于从经济发展的不同阶段要求公共支出结构做出相应变化的角度做出解释;四是鲍莫尔的"非均衡增长模型",他则倾向于从公共部门劳动生产率偏低必导致其规模偏大的角度做出解释。

第6章 公共财政的效率：预算决策及其经济分析

公共部门的收支决策是通过预算的编制过程来完成的。在预算的编制过程中,通常要面临两个互为关联的问题:一是公共支出的规模应当控制在怎样的水平上？二是如何保证公共部门的资源配置具有更高的经济效率？为此,本章将研究这样几项内容:第一,公共部门的收支决策在实际上是如何制定的？第二,经济分析能否应用于公共收支的预算决策？第三,哪些经济分析手段有助于这个决策过程？

6.1 与预算有关的概念

为了说明公共部门的收支决策在实际上是如何做出的,有必要先弄清与预算有关的几个概念。

6.1.1 什么是预算

西方经济学家通常从几个角度给"预算"下定义。在家计经济学中,预算被定义为在一定时期内家庭生活支出的计划安排;在有关宏观经济政策的讨论中,预算被视为执行财政政策的有效途径;在政治程序中,预算被解释为政府行政首脑每年年初向立法机关呈送的文件。

但就公共财政本身而言,预算则指的是政府在每一个财政年度的全部公共收支结构一览表。简言之,预算是政府的公共收支计划。本书的讨论即采用这一定义。

预算作为政府的公共收支计划,它的功能首先是反映政府的活动范围和公共收支状况。从形式上看,预算就是按一定标准将公共收入和支出分门别类地列入特定的表格,它不仅表明了政府各部门及其机构是如何使用其经费的,也表明了政府的各项收入是从何种来源筹措的。它成为反映政府活动的一面镜子。从实际经济内容看,预算的编制是政府对公共收支的计划安排,预算的执行是公共收入的筹措和使用过程,预算的执行结果又会形成决算。预算反映着政府介入经济活动的详细计划和记录。也许正因为这个原因,一位美国经济学家曾这样写道:"要发现联邦政府将要做些什么或已经做了什么,看一看联邦政府预算就足够了。"①

预算的另一个重要功能,还体现在它对政府支出的控制上。我们在"公共选择理论"一章中曾经指出,政府官僚的政治行为特点,是追求公共机构权力的极大化,而公共权力的增大与公共支出的规模正相关。这就意味着,如不对公共支出加以有效的控制,很可能会出现公共物品或劳务的供给过剩。预算恰恰就是控制政府支出规模的一个有效手段。一方面,政府的全部收支项目及其规模都纳入预算,预算能够全面反映政府的收支状况。另一方面,预算作为公共选择的一个重要内容,必须经过国家立法机关的审批才能生效,并最终形成国家的重要立法文件。这就使得政府的支出被置于公民(投票者)、代议机关的监督和制约之下。而通过这一监督和制约,实际形成了对政府支出规模的有效控制。

---

① 阿图·埃克斯坦:《公共财政学》,张愚山译,中国财政经济出版社1983年版,第31页。

6.1.2 预算年度

预算年度,亦称作财政年度,是指编制和执行预算所应依据的法定时限,也就是预算收支起讫的有效期限。

各国预算年度的起讫日期不尽相同。有的采用历年制预算年度,即从每年1月1日起至同年12月31日止,如法国、德国、意大利等(我国采用的也是历年制预算年度)。有的采用跨年制预算年度,即从某年某月某日起,至次年某月某日止,中间历经12个月,但却跨越了两个日历年度。如美国的预算年度,从每年的10月1日起,至次年的9月30日止(终了日属于哪一年份,就称为哪一年的预算年度);英国、日本的预算年度,从每年的4月1日起,至次年的3月31日止(开始日属于哪一年份,就称为哪一年的预算年度)。

一般说来,决定预算年度起讫日期的因素有二:一是每年公共收入的旺季,二是每年立法机关召开会议的日期。各国的预算年度一般都是从一年中缴纳入库的公共收入为数最多,且立法机关又要召开会议的时刻开始的。以公共收入缴纳入库为数较多的时刻为预算年度的开始日期,可以使预算年度开始时的公共收入较为充足,得以保证其时较多的资金需要。以立法机关召开会议的日期为预算年度的开始日期,可以使拟定的预算早日获得立法机关的通过,以便及时着手执行。

6.1.3 预算的分类

预算作为政府的公共收支计划,在技术操作上要解决的主要是两个方面的问题:一是计划表格的安排,二是计划指标(数字)的确定。前者通常称为预算的形式,后者则是预算的内容。相应地,预算在形式和内容上的差别,便是对五花八门的预算进行分类的依据所在。

以形式上的差别为依据,预算可分为单式预算和复式预算。单式预算,指的是政府公共收支计划通过一个统一的计划表格来反映;复式预算,则指的是政府公共收支计划通过两个或两个以上的计划表格来反映。

以内容上的差别为依据,预算可分为增量预算和零基预算。增量预算,指的是公共收支计划指标是在以前预算年度的基础上,按新的预算年度的经济发展情况加以调整之后确定的;零基预算,则指的是公共收支计划指标的确定,只以新的预算年度的经济社会发展情况为依据,而不考虑以前的公共收支状况。①

这里需要指出的是,预算的划分,在总体上只包括上述两种方法。而且,零基预算事实上还未成为确定的编制预算的一般方法,它通常只适用于某些具体的收支项目。目前各国普遍采用的,无论是单式预算,还是复式预算,仍主要是增量预算法。至于其他预算分类方法或其他各类预算,有些属于政府财政政策的代名词,有些是某项或某几项公共收支指标的测定方法,有些则是预算执行情况的考核方法。如中长期预算,实际是政府的中长期公共收支状况的预测;项目预算、行动预算和绩效预算,是某些建设项目或某些行政支出的安排和核算方法,属于工程预算或行政机构预算的范畴。至于国民经济预算和充分就业预算,事实上是一种财政政策。如充分就业预算就是按照凯恩斯主义财政思想设计的实现充分就业、缓和经济衰退的一种政策手段。②

6.1.4 预算的原则

一定的预算制度,总要依据一定的原则来建立和调整。自预算产

---

① 这就是零基预算的所谓"从零开始"之意。但须注意,从零开始并不是一切都要重新开始,而是对已有的项目需要重新审定和安排,起点为零。

② 参见陈共主编:《财政学》,四川人民出版社1991年版,第385—386页。

生之后,便开始了对预算原则的探索,形成了各种各样的思想和主张。目前在西方财政经济理论界,影响较大,并为多数国家所接受的预算原则可归纳为如下五条:

第一,预算必须具有完整性。这就是要求政府的预算必须包括其全部公共收支,反映它的全部财政活动。不允许有预算外的公共收支,不允许有在预算管辖之外的政府财政活动。

第二,预算必须具有统一性。这就是要求预算收支按照统一的程序来计算和编制。任何机构的收支都要以总额列入预算,而不应只列入收支相抵后的净额。这实际上是要求各级政府都只有一个预算,而不能以临时预算或特种基金的名义另立预算。

第三,预算必须具有年度性。这就是要求预算按年度编制,列出全年的公共收支,对年度公共收支进行比较,不应对年度之后的公共收支做出任何事先的安排。

第四,预算必须具有可靠性。即收支数字必须正确估计,不能估计得过高或过低;各种收支的性质必须明确地区分,不能掺杂混同。

第五,预算必须具有公开性。即全部公共收支必须经过立法机关审议,而且要采取一定形式向社会公布。

不过,上述预算原则是就一般意义而言的,不能做绝对的理解。一套预算原则的确立,不仅要以预算本身的属性为依据,而且也要考虑到当时的经济社会状况。事实上,各国所推崇的预算原则,并不是一成不变的,常常要随经济社会形势的变化而做相应的调整。在这里,值得提及的是美国联邦政府第二次世界大战后对预算原则进行的调整。

1945年,为了适应联邦政府加强对经济的干预的需要,美国联邦政府行政管理和预算局局长斯密,一改过去倾向于国会拥有较大预算权限的预算原则,而提出了旨在加强政府行政部门预算权限的八条预算原则。这就是:

第一,预算必须有利于行政部门的计划。这就是说,美国联邦政府预算必须反映总统的计划;在经国会通过之后,就成为施政的纲领。

第二,预算必须加强行政部门的责任。这就是说,国会只能行使批准预算的权力,至于预算中已经核准的资金如何具体使用,责任在于总统。

第三,预算必须加强行政部门的主动性。这就是说,国会只能对资金使用的大致方向和目标做出原则规定,至于如何达到这个目标,要由总统及其所属各个机构来决定。

第四,预算收支在时间上要保证灵活性。这就是说,国会通过的关于预算收支的法案必须授权总统可以在一定范围内进行调整,有权把本年度的预算中的拨款转到以后年度的适当时机动用。

第五,预算应以行政部门的情况报告为依据。即是说,当总统向国会提出预算草案及执行情况的报告时,应当一并提供国内外的情况资料作为国会立法的依据。

第六,预算的"工具"必须充分。即是说,在总统的领导下,必须有预算编制和执行的专职机构和人员。总统有权规定季度和月度的拨款额,有权建立储备金并在必要时动用它们。

第七,预算程序必须多样化。即是说,政府的各种活动在财政上应当采取不同的管理方式,公共收支数字也应当采用不同的预算形式。

第八,预算必须"上下结合"。即是说,无论是在编制或执行预算时,总统必须充分利用他所领导的各个机构的力量。

6.2 预算决策程序

预算的决策程序,大体是在每一个预算年度开始之前,由政府的编制预算机关编就当年度的预算草案,经立法机关审议批准,成为正式预算;预算年度开始后,由政府行政机关负责执行预算,并由审计机关进行日常监督;预算年度终了后,由执行预算机关就全年执行预算情况及其结果编制该年度的实际收支报告(决算),经审计机关审核后,由立法机关予以批准。就整个预算决策程序来说,它可以分作四个阶段:预算的编制、预算的批准、预算的执行和预算的事后监督。这也就是通常所说的"预算周期"。

本节以美国联邦政府1993预算年度的预算为例,说明预算决策的大致程序。在此基础上,从下一节起,将经济分析应用于预算决策,并说明预算决策效率的评估标准。

6.2.1 预算的编制和提出

美国联邦政府的支出预算和收入预算的编制工作是上下结合进行的,并由以行政管理和预算局及财政部为中心的行政部门分别负责。预算编制的重点是支出预算。

1. 联邦支出预算的编制

1993预算年度的联邦支出预算要从1991年着手编制,即在一年多以前就开始了。工作程序如下:

(1)1991年4月,政府各个部门和机构所属的各个司(处)都要制订出17个月后开始的1993预算年度的初步经费支出计划。

(2)1991年5月底以前,各个部门和机构的预算财务司要汇总所属各司(处)的经费支出计划数字,并编制整个部和机构的初步支出预算,上报行政管理和预算局。

(3)总统从财政部了解公共收入的预计数字,从经济顾问委员会了解经济形势的预测资料,从联邦储备银行了解货币的供需情况,然后确定财政政策和预算的指导原则。

(4)以此为准,在6—7月,行政管理和预算局综合各个部门和机构提出的初步支出预算,编制要在 15 个月后开始实施的"预算纲要计划",并下达到各个部门和机构。这个计划主要是对各个部门和机构的支出分别规定支出限额。

(5)7—9 月,各个部门和机构根据下达的"预算纲要计划"修改各自的初步预算。在正常情况下,这个过程要包括削减、修订或重新安排,以便与行政管理和预算局的计划相协调。

(6)9 月底,各个部门和机构向行政管理和预算局呈送各自的预算文件。

(7)9—11 月,行政管理和预算局的官员审查各部和机构的预算并听取他们的要求。一般是要削减各部门的预算数字,因为这些数字往往是宽打窄用的。最后由行政管理和预算局核定各部门预算并修订成最后文件呈送总统。

(8)11—12 月,行政管理和预算局向总统提出支出预算草案,财政部向总统提出最后的收入预算数字及其说明书。总统在这些文件的基础上最后确定预算草案,并最后确定收支对比的数字(即确定是平衡还是赤字或结余)。同时,在总统的亲自掌握下,行政管理和预算局起草预算咨文,并向各部门通知最后的核准支出数字。

(9)1992 年 1 月份,总统将 1993 财政年度的预算草案,包括支出的详细预算数字和税收的预计数字送交国会。同时还要递交预算草案的详细说明,包括预算的构成、规模的说明,也包括对经济形势的估计。这份送交的预算咨文就成为行政部门要求新的预算拨款授权的基础数字。

2. 联邦收入预算的编制

在行政管理和预算局编制支出预算的同时,财政部也要编制收入预算。

联邦收入预算的编制工作,主要是对预算年度的公共收入进行估计。采用的基本方法是直接计算法,即根据1992预算年度(上年度)的实际收入数,利用政府关于经济形势的统计资料,结合预算年度中政府即将实行的政策和措施,分别各项税收,进行估算。例如,个人所得税收入数字的估算,要分下列两个步骤进行:

(1)根据以往年度中个人所得总额和应税所得额的比例,从有关预算年度中个人所得总额的统计资料计算出1993预算年度的应税所得额。

(2)从以往年度统计资料中计算出个人所得税的平均税率,根据1993预算年度中政府税制改革的具体计划来调整这个平均生产率。然后用调整过的生产率与上述的应税所得额相乘,计算出个人所得税的税额。

财政部门各个税种的收入数字分别进行估算后,就可编制出1993预算年度的公共收入预算,并在1991年11—12月间将收入预算提交总统,由总统在1992年1月份连同支出预算一起以预算咨文形式送交国会审议。

6.2.2　预算的审议和批准

美国总统将预算草案提交给国会,就进入了预算程序的第二个阶段——国会对预算草案进行审议、批准的阶段。

从美国总统将预算送交国会的1992年1月至1993预算年度开始的1992年10月之间,是美国国会对预算草案进行审议和表决的时间。根据1974年预算改革法,国会审议和批准预算草案的程序大体是:以两院的预算委员会为主,向国会提出两次决议,经过批准就完成了立法手续,其过程如下:

1. 3月15日,国会的各个拨款委员会各自向两院的预算委员会提出有关预算的意见,这些拨款委员会是根据政府的有关职能,如国防、公共服务、教育等组成的。

2. 4月1日,国会预算处向两院预算委员会提出关于预算的报告书。此后,两院预算委员会以此为基础,经过磋商,确定各项拨款的数额,拟定两院共同的预算决议。

3. 4月15日,预算委员会向两院提出第一次预算决议。在第一次预算决议中,必须包括岁出、岁入总额,结余或赤字数额,公债发行总额,分别用途的岁出细目,税制修改的内容等。

4. 4月15日—5月15日,国会要完成第一次预算决议的审议。这项工作是把预算决议分成若干部分,由拨款委员会的13个小组委员会(按政府职能设立)分别进行审议,并且按照众议院拨款小组委员会、拨款委员会及该院全体会议,参议院拨款小组委员会、拨款委员会及该院全体会议的程序进行审议。

5. 5月15日,国会对第一次预算决议进行表决。

6. 9月15日,国会在重新审议第一次预算决议的基础上,不论对此予以确认或者否定都必须做出第二次决议。第二次预算决议与第一次决议不一致的地方,由拨款委员会(在仅需变更岁出就足以解决的情况下)或者预算委员会(在变更岁出及修改税制都属必要的情况下)提出调整法案。

7. 9月25日,国会对上述调整法案的审议终了。然后将两院通过的预算草案送还总统签字。如果总统在国会通过预算之日起的10天之内不表示反对意见并把预算草案退回国会,预算即完成立法手续,必须贯彻执行。

6.2.3 预算的执行

美国联邦预算经过国会的立法程序之后,就成为正式的法案,进入预算程序的第三和第四阶段,即执行以及执行过程和执行后的审核监督阶段。

1. 收支预算的执行

联邦预算的执行是在由美国总统负全责的情况下，由财政部办理执行预算的具体事项。所谓执行预算，就是把税收和其他公共收入征入国库，然后按照各部门组织系统分配出去，一般是把"收入预算"和"支出预算"分为两部分具体执行。

（1）执行收入预算是联邦财政部所属的国内收入局的职责。它们按照现行法令进行各种课征，把款项纳入国库。除非变更税法，在整个预算年度中一般不能调节收入预算的执行。

（2）执行支出预算则情况有所不同。在这个过程中，资金分配和资金使用是由不同的部门来负责的。就全国来说，财政部分配资金而各个部门支用资金。就一个部门来说，是部门的预算财务司分配资金，而各个业务基层机构支用资金。这样，既然在支出预算的执行过程中，还需要从上到下进一步分配资金，就有可能也有必要来进一步调整支出，改变资金的使用方向，调整它的进度，甚至改变它的规模。

2. 授权额和支出额

预算的执行还涉及预算拨款授权额和预算支出额之间的关系。预算授权额是总统以预算咨文向国会提出申请，国会予以核准，行政部门可以在预算年度内支用的数额。预算支出额则是预算年度内的实际支出额。这两个数额一般是不一致的。

美国采取的是跨年度拨款授权的形式，预算拨款授权经国会核准后，并不一定在当年支用。在美国联邦预算执行过程中，只有在三年期满之后，任何一笔授权中未曾支用的余额，才退回国会。因此，就一个特定的预算年度来看，国会当年核准的拨款授权未必在年度内支用，当年发生的支出中有相当大的部分是从以往年度国会核准的拨款授权数字中来的。

3. 银行代理国库制度

在预算执行过程中，另一个重要问题就是资金的出纳。公共收入的项目不同,发生地点和交纳地点都是不一致的;大量的资金必须经常地从分散的来源在全国范围内集中起来。同时,预算资金的使用单位分布于全国,使用资金的时间也并不一致。因此,已经集中起来的资金又必须经常地在全国范围内分配出去。预算资金的这种经常性的上下运动就要求联邦政府设立专门的预算出纳机关——国家金库。

美国实行的是银行代理国库制度,即把预算资金的出纳事务全部交给联邦储备银行来做。财政部在联邦储备银行开立专户,全部公共收入都要存入该专户,全部拨款也都必须从这种专户支付。联邦储备银行体系相当庞大,属于该体系的银行遍布美国各地。由它代理国库事务,不仅有利于加速资金的调拨,有利于简化手续和降低预算执行费用,而且更重要的是便于总统对预算执行过程的集中控制。

6.2.4 预算执行的监督

美国联邦政府预算的执行过程受到多方面的监督,但必须区别两个重要方面:一是由总统领导的,主要由财政机关进行的监督,通常称为财政监督;二是由国会及其领导的专门监督机关总会计署进行的监督,通常称为审计监督。

1. 财政监督

财政监督是一种实在的监督,它是美国总统所掌握的加强行政权力的一个手段。联邦预算的执行,尤其是支出预算的执行,关系到联邦政府一切部门的为数众多的单位的活动。为了执行政府的财政政策,也为了对这些单位的活动进行控制,总统有必要通过财政系统进行有力的监督。

2. 审计监督

对联邦预算招待情况的审核,是由总会计署来负责的。总会计署由总监督长领导,专门进行审计工作。它的任务就是监督联邦预算中的资金是否按照国会通过的法案来分配使用；它只对国会负责，对审计的情况要负责起草文件交国会审查通过。

6.3 预算决策的经济分析：机会成本分析

西方经济学家认为，政府部门制定决策和私人部门制定决策是十分不同的。在私人部门中，市场机制的作用可以使其开支和生产的决策达到最优状态。而在政府部门中，决策是通过政治程序制定的，市场机制对于预算资金的分配使用并不起作用。既然客观上不存在这样的一种机制但又需要这样一种机制，将适用于私人部门开支和生产决策的经济分析，应用于政府部门的预算决策，即进行所谓模拟经济分析，就是一种可选择的方法了。

具体来说，西方经济学家对于预算决策的经济分析，大体是从两个方面进行的：一是从宏观的角度，就整体的预算决策对社会资源配置的影响进行分析；二是从微观的角度，就某一项目或方案的预算决策对社会资源配置的影响进行分析。与之相对应，前者使用的是机会成本分析法，后者则使用的是成本-效益分析法。

6.3.1 机会成本分析的含义

通过预算程序所做出的有关公共收支的决策，实质上是将私人部门的部分资源转移到公共部门，并由政府加以集中使用的决策。所以，它也有一个资源配置的效率问题。

不言而喻的是，只有当资源集中在政府手中能够发挥较在私人部门更大的效益时，政府占用资源才是对社会有益的，或说是具有效率的。从这一推论出发，西方经济学家倾向于用"预算资金的社会机会成本"(social opportunity cost of budget funds)来评价预算决策的效率。

这里所说的预算资金的机会成本,指的是因这样一笔资金由私人部门转移到公共部门而导致的私人部门的效益损失。这样一来,预算决策的效率评估也就演变为同样一笔资金由公共部门和由私人部门使用所能达到的效益的比较问题了。如果一笔特定的资金交由公共部门使用所能达到的效益,大于交由私人部门使用所能达到的效益(或说是大于其机会成本),那么,有关这笔资金的预算决策就是具有效率的;如果一笔特定的资金交由公共部门使用所能达到的效益小于交由私人部门使用所能达到的效益(或说是小于其机会),那么,有关这笔资金的预算决策就是缺乏效率的;如果一笔特定的资金交由公共部门使用所能达到的效益,恰恰等于交由私人部门使用所能达到的效益(或说是等于其机会成本),那么,这时整个社会的资源(资金)配置处于最佳状态。

6.3.2 进一步的说明:资源在公共物品和私人物品之间的配置

如图 6-1 所示,假定公共物品或劳务和私人物品或劳务的支出效益曲线 M 和 N 均是向右下方倾斜的。[①] 当用于公共物品或劳务的资金支出为 OA,而用于私人物品或劳务的资金支出为 OB,且 OA 和 OB 的边际效益恰好相等,即 OC = OD 时,资源配置处于最佳状态,这时的预算决策就是最有效率的;当用于公共物品或劳务的资金支出仅为 OA′,而用于私人物品或劳务的资金支出为 OB′,OA′的边际效益大于 OB′的边际效益,即 OC′>OD′,且 OA+OB = OA′+OB′= 全国可用资源时,增加公共部门支出的预算决策就是具有效率的。因为,如果这样的

[①] 在边际效益递减规律的作用下,任何物品或劳务的边际效益曲线通常都会呈向下倾斜状。

话,整个社会的总效益可望获得增加。沿着这个方向调整,最终将会出现资源配置的最佳状态。即每一货币单位无论花在公共物品或劳务上,还是花在私人物品或劳务上,所带来的边际效益都相等。由此可将整个社会资源的最佳配置条件用公式表示为:

$$\frac{公共物品或劳务的边际效益}{公共物品或劳务的边际支出} = \frac{私人物品或劳务的边际效益}{私人物品或劳务的边际支出} \quad (6.1)$$

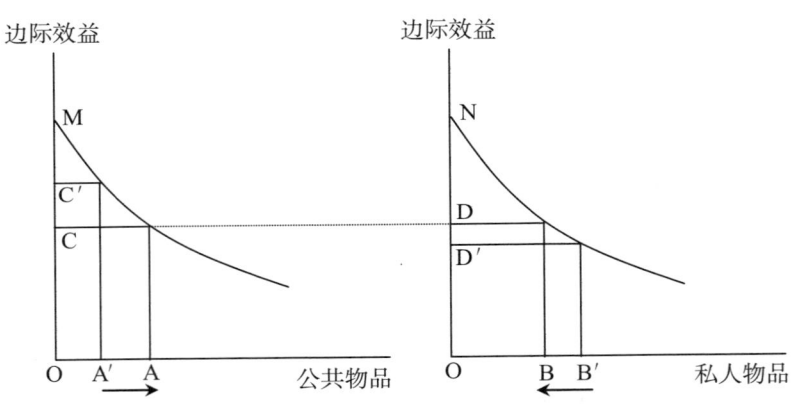

图 6-1 资源在公共物品和私人物品之间的配置

一旦整个社会的资源(资金)配置满足了上述条件,则不仅资源配置状态是最优的,与此有关的预算决策也是最优的。

6.4 预算决策的经济分析:成本-效益分析

6.4.1 成本-效益分析的含义

对预算决策进行成本-效益分析,就是把预算资金的作用划分为若干项目或方案,分别就每个项目或方案核算其效益和成本。在此基础上,对不同项目和不同方案之间进行比较,确定其优先采用的次序,并摒弃那些社会边际成本超过社会边际效益的项目或方案。

6.4.2 成本-效益分析的步骤

我们以一个具体事例来说明。

假定某一地区洪水经常泛滥,给该地区造成很大损失。为了治理洪水,政府拟建设一座防洪设施。其成本和效益如表 6-1 所示。

对类似防洪设施这样的公共支出项目的成本-效益分析通常按照下列步骤进行:

第一步,计算各个项目或方案的效益和成本。

这是一项比较复杂的工作。无论效益和成本,都可以区分为该项目直接的效益和成本,以及与该项目有关的间接的效益和成本。前者较为具体,是该项目本身的。后者较为复杂,也不那么具体,是该项目对整个经济社会所造成的影响,可以称作该项目的社会效益和社会成本。如果仅仅考虑前者而完全忽略后者,则对该项目的效益就不能做出正确的分析。而如果要完整地、毫不遗漏地计算一个项目的社会效益和社会成本,不仅难于做到,而且也会使分析工作实际上难于进行。所以,实际的做法是:详尽地计算每一项目的直接成本和效益,适当地计算其社会成本和效益。至于哪些社会成本和效益应当计算,在各个项目之间应当有一个统一的标准。但这种标准也是可以调整的。

另外,无论效益还是成本,都可以区分为两种:一种是所谓实际的成本和效益。如由于建设防洪工程而实际耗费的人力和物力,以及对社会、经济和人民生活造成的实际损失,是该项防洪工程的实际成本;由于建设防洪工程而更多地生产出的社会财富,以及由此而带来的社会的发展和人民生活水平的提高,是该项防洪工程的实际效益。另一种是所谓金钱的成本和效益,如由于防洪工程的建设,邻近地区的地价腾贵,这既增大了这个项目的金钱上的效益,也由于工程造价上升而加大了该项目的金钱上的成本。这种效益显然与航运的增加、农产量的增长等实际的效益性质不同。这种成本显然也与工程费用、设备费用的性质不同。一个显而易见的道理是,甲方之所得或所失,即为乙方之所失或所得,整个社会的总成本与总效益的对比,并无变化。所以,这种成本和效益又称虚假的成本和效益,是应在经济分析中加以剔除的。

再有,每一项目的效益和成本,也有有形和无形之分。有形的成本和效益,指的是可以用市场价格计算的且按惯例应计入会计账目的一切成本和效益;无形的成本或效益,则指的是不能经由市场估价的,因而也不能入账的一切成本和效益。很显然,预算决策的经济分析也是要将无形的成本和效益计算在内的。

防洪工程的效益和成本的计算如表6-1中的B、C栏所列。

表6-1 防洪工程的成本-效益分析 （单位:万美元）

项目(方案)	效益B	成本C	B-C	$\dfrac{B}{C}$	$\dfrac{B-C}{C}$	次序
A	40000	20000	20000	2.0	1.0	2
B	19500	15000	4500	1.3	0.3	4
C	12000	10000	2000	1.2	0.2	5
D	12500	5000	7500	2.5	1.5	1
E	45000	30000	15000	1.5	0.5	3
F	12500	12500	0	1.0	0	6
G	27000	30000	-3000	0.9	0.1	7

第二步,计算各个项目或方案的效益和成本的比率。

如果对每个项目或方案都核算出效益和成本的总金额,那就可以随之计算出成本和效益的比率。通常使用的是两种比率:

其一,$\dfrac{B}{C}$（即效益/成本）比率。其值的最低限是1,凡低于1的项目在经济上都是不可行的。

其二,$\dfrac{B-C}{C}$［即（效益-成本）/成本］比率。其值的最低限应是0,凡是低于0即负值的项目在经济上都是不可行的。

本例的效益和成本比率的计算如表6-1中的 $\dfrac{B}{C}$ 和 $\dfrac{B-C}{C}$ 栏所列。

第三步,确定各个项目或方案的优劣次序。

计算出效益和成本的比率之后,就可以据此确定各个项目或方案的优劣次序。无论 $\dfrac{B}{C}$ 比率还是 $\dfrac{B-C}{C}$ 比率,都是值越大越好,因而优劣次序的确定可以按照数值的大小进行。在本例中,项目D最优,A次之,……C最劣(参见表6-1次序栏)。

第四步,进行各个项目或方案的选择和决策。

选择和决策,要以上列次序作为一种根据,并要看限制条件情况而定。

以本例来说,如果有七个不同的项目,如何选择就要看公共支出总额是既定的,还是可变的。公共支出总额既定,如既定不得超过7亿美元,那就是一个限制条件。在此情况下,就应选定项目D、A、E和B。因为这四个项目的成本之和刚好是7亿美元,效益之和为11.7亿美元,效益和成本之差($\sum B-\sum C$)为4.7亿美元。而这是在那样的限制条件下所能取得的最大可能的值,因而这样的选择也是最佳的。

如果公共支出的总额不是不变的,可以扩大,那么,实际的选择面就较广,项目实施的"边际"可以推广。以本例来说,除D、A、E、B四个项目外,C也可以选定,因为采用这个项目也还是可以使$\sum B-\sum C$的值有所增长;项目F就是所谓边际项目,即得失相等;项目"G"则是不应选定的。

如果本例不是七个不同的项目,而是同一项目的七个不同的方案,那么,选择的限制条件就更多了。由于这些方案之间相互可以代替,一般情况下,选定了其中一个方案之后,其他的方案就不能再实施了。因为各个方案的效益和成本都有联系,一个方案的效益实际上成为另一个方案的成本(即有限的资源用于此就不能用于彼,从而形成所谓"机会成本")。在这样的条件下,方案 D 无疑还是应当优先被选定;至于其他方案如 A 是否也应被选,那就要看其他条件了。

6.4.3　时间因素的考虑:贴现

以上只是简单说明了成本-效益分析的步骤及其有关情况。但有一个重要的因素尚未提到,这就是在成本和效益计算中肯定要遇到的时间问题。

在实际生活中,类似防洪工程这样的公共支出项目,其建设周期或使用周期往往都不会限于一个年份,或者准确地说,不会限于该项支出的预算年度,而要持续若干年甚至几十年。这样一来,任何一个项目的效益和成本,都不可能是一个数值,而要形成一系列的数值,即形成所谓由若干年的效益和若干年的成本所构成的效益流和成本流。不同时间发生的效益或成本不能直接相加,不同时间发生的效益和成本也不能直接相减即比较。这里的关键在于,必须将时间价值因素以及由此而形成的利息因素考虑在内,也就是说,必须通过贴现的过程,将这些发生在若干年间的成本流和效益流都折算成现值,然后才能相加或相减,进行比较和分析。

对于一个公共支出项目而言,其效益和费用的"流"相应如下列:

$B_1, B_2, \ldots, B_n$

$C_1, C_2, \ldots, C_n$

$C_1+B_1, \ldots, C_n+B_n$

由于是在同一时间发生的,可以相比。但 C_1 和 $B_2, \ldots, C_{n-1}$ 和 B_n,就不能直接比较。

为了使不同时间上的 B 和 C 能够相加或相减,就必须使用一个贴现率(r)加以换算。一般来说,贴现率实际上相当于一个年利率,即任何一笔资金相隔一年之后平均增值的百分比率。

依此方法,就可以比较 B 和 C 的"流",得出公共支出项目的净效益(B-C)的现值,即该项目的净现值(net present value,简写为 NPV)。其计算公式为:

$$NPV = \frac{B_1 - C_1}{1 + r} + \frac{B_2 - C_2}{(1 + r)^2} + \frac{B_3 - C_3}{(1 + r)^3} + \cdots + \frac{B_n - C_n}{(1 + r)^n} = \sum_{i=1}^{n} \frac{B_i - C_i}{(1 + r)^i}$$

易于得出结论:只有 NPV 大于 0 的项目或方案,在经济上才是可行的。但这里只解决了一个问题,还有一个问题没有解决:对于不同的项目来说,NPV 是不可比的。

为了使不同项目或方案之间可以比较,还应按同样的程序计算出各个项目或方案的成本流的总现值(present value of costs,简写为 PVC),从而求出每个项目或方案的比值:NPV/PVC。由于这个比值是相对数,这时就可以在不同项目或方案之间进行比较,进而按这个比率的数值大小,确定各个项目或方案的优劣次序。

可以看出,无论是 NPV 还是 PVC,其大小都与贴现率 r 有密切关系。抽象地说,r 越大,则 NPV 或 PVC 越小;r 越小,则后两个值越大。因此,贴现率的慎重选择至关重要。如果选择不当,就很可能导致错误的分析结果。例如较高的贴现率,对使用年限较短的支出项目有利。较低的贴现率,则有利于使用期限较长的支出项目。更为重要的是,过低的贴现率,会使得政府的支出计划受到过分的鼓励,私人投资相对减少,其结果会扭曲公共部门和私人部门之间的资源配置。

那么,如何才能较为恰当地选择好贴现率呢?对此,西方经济学家倾向于用前已述及的"预算资金的社会机会成本"作为确定贴现率的依据。

所谓预算资金的社会机会成本,是指同样的一笔资金若不用于公共支出项目,而投入私人部门所能创造的社会效益。显而易见的是,如果一笔资金投入私人部门能够创造出更高的社会效益,就不应当将这笔资金从私人部门转到公共部门,由政府支配使用。将贴现率确定在资金的社会机会成本的水平上,将有助于避免资源配置的扭曲。

预算资金的社会机会成本通常可以用资金市场上的利率来表示。但在使用时须注意两点:一是市场利率应是完全竞争的资金市场上的利率,在不存在完全竞争市场的情况下,就必须利用"影子利率"(shadow interest rate)来衡量了。二是市场利率往往含有税收的因素,在使用时必须加以排除。如在所得税税率为10%的条件下,市场利率为20%,排除掉税收的因素,其实际的市场利率也就是纳税人实际可以获得的资金收益率,只有10%。很显然,资金的机会成本应以后者为准,而不能建立在前者的基础上。

6.4.4 成本-效益分析的作用与局限性

虽然成本-效益分析可以作为预算决策的经济分析的一个重要手段,但西方经济学家对成本-效益分析的评价并不很高。在他们看来,这种方法的适用范围是很有限的。因为以货币为尺度并不能适当地对许多政府活动领域的效益进行分析。如国防、太空研究、对外援助、公安和司法裁决等方面的效益要用货币这个尺度来表示,是很困难的。教育、住宅建设和公路,虽然被认为可提供巨大的货币效益,但迄今为止也没有可靠的测量方法。它们的效益扩散得很广泛,而且用有一部分是属于非经济性质的。因此,成本-效益分析仅适用于有限的几种情况,如防洪、电力生产、邮政、一些运输和娱乐设施等。即是说,它一般只适用于那些效益主要是经济性质的、有形的、且可以测量的公共支出项目。

然而,对于预算决策的经济分析来说,成本-效益分析的作用是十分重要的,在西方经济学家看来,它至少可以纠正下面两种广泛存在而

又肯定会带来不良后果的倾向:

其一,它有助于纠正那些只顾需要、不管成本如何的倾向。在某些情况下,有些公共支出的项目确实是需要的,但是考虑到其成本情况,却是不值得的,因此必须予以放弃。因为预算资金有限,要在一些项目或方案之间进行稳妥的选择,过分强调需要无助于使公共支出的效益达到最优。

其二,它也有助于纠正那种只考虑成本而不管效益如何的倾向。在某些情况下,即使有些公共支出项目的成本相当庞大,但是其效益更大,在经济上这种项目就是可行的,应该选定,不应该因为成本过大就予以放弃。

小　　结

1. 公共部门的收支决策是通过预算的编制过程来完成的。把经济分析方法运用于预算决策,可以考察、评估公共财政的效率。为此,可以采用机会成本分析和成本-效益分析两种方法。

2. 预算指的是政府在每一个财政年度的公共收支计划。其功能在于反映政府的活动范围和公共收支状况,并对政府支出加以控制。预算的决策程序大体由四个阶段组成。这就是预算的编制和提出、预算的审议和批准、预算的执行、预算的监督。

3. 对预算决策所做的机会成本分析,是从宏观的角度,就整体的预算决策对社会资源配置的影响进行的分析。它以预算资金的社会机会成本作为评价预算决策效率的依据。其含义在于,只有当一笔特定的资金交由公共部门使用能够创造出较私人部门使用更大的效益时,有关这笔资金的预算决策才是具有效率的。

4. 对预算决策所用的成本-效益分析,是从微观的角度,就某一项目或方案的预算决策对社会资源配置的影响进行的分析。它通常按照下列步骤进行:计算出各个项目或方案的效益和成本;计算各个项目或方案的效益和成本的比率;确定各个项目或方案的优劣次序;进行各个项目或方案的选择和决策。在这一分析过程中,应当将时间因素考虑在内,将发生在若干年间的与所分析项目或方案有关的成本流和效益流折算成现值。在此基础上,才能对公共支出项目的成本和效益相加或相减,进行比较和分析。

第7章 公共收入:税收、公债及其他

公共收入(public revenue)亦称财政收入或政府收入,系指政府为履行其职能而筹集的一切资金的总和。

就一般的意义来说,公共财政是由两个阶段的活动所构成的:一是政府将私人部门的一部分资源转移到公共部门的过程,即公共收入阶段;二是政府以其所占有的资源向社会提供公共物品或劳务的过程,即公共支出阶段。后一阶段的活动,也就是公共支出,我们已在第5—6章做了较为详细的讨论。本章的任务则是对前一阶段的活动,也就是公共收入,进行初步的考察。

本章将着力于讨论下述几个问题:第一,公共支出的费用应如何在社会成员之间分配?第二,政府取得公共收入的主要形式都有哪些?第三,如何评价公共收入的各种形式?其经济效应怎样?

7.1 公共收入的原则

西方经济学家将如何把政府所提供的公共物品或劳务的成本费用分配给其社会成员,视为公共收入的基本问题。对此,他们提出了许多原则。由于这些原则在讲座公共收入的具体形式时还要分别提到,这里只简要地介绍两条原则,即受益原则和支付能力原则。

7.1.1 受益原则

受益原则(benefit principle)指的是,政府所提供的物品或劳务的成本费用的分配,要与社会成员从政府所提供物品或劳务中获得的效益相联系。从这个原则的角度看,规费和使用费是最理想的公共收入形式。规费和使用费具有类似价格的功能,它可以将物品或劳务的成本费用分配给其消费者。

受益原则的主要优点在于,如果它能够得以成功地贯彻,那么,政府所提供物品或劳务的每单位成本可以同这些物品或劳务的边际效益挂钩。而如果所有的社会成员都依据其从政府所提供物品或劳务中获得的边际效益的大小做出相应的缴纳,那么,林达尔均衡就会形成,同时不存在免费搭车者的问题。

然而,问题在于,政府所提供的大多数物品或劳务,属于联合消费或共同受益的性质。客观上很难说清每一个社会成员受益多少。唯一的办法是让每一个社会成员自己呈报其所获得的效益为多少。但是,按照前已述及的道理,如果人们知道其所承担的公共支出的成本份额取决于其所呈报的边际效益,他们肯定从低呈报或根本不呈报其所获得的真实的效益。只有在一个社会是由很少的成员所组成,人们对彼此的偏好非常了解的情况下,才不至于出现从低呈报或隐瞒不报的现象。

7.1.2 支付能力原则

支付能力原则(ability-to-pay principle)指的是,政府所提供的物品或劳务的成本费用的分配,要与社会成员的支付能力相联系。例如,收入挣取能力较强的人,应当比挣取能力较弱的人负担更多的税收。按照这个原则,政府所提供物品或劳务的成本费用的分配,与社会成员所获得的边际效益大小无关,而只应依据社会成员的支付能力进行。

支付能力原则的主要优点在于,如果它能够得以成功地贯彻,政府所提供物品或劳务的成本费用的分配,可以使社会成员的境况达到一种相对公平的状态。例如,政府的许多税收就可以改变国民收入的分配状况,使其向收入分配公平的目标转变。

但是,支付能力原则也不是没有问题。按照社会成员的支付能力确定其所承担的政府支出成本的份额是一回事,怎样测度其支付能力又是一回事。西方经济学家在如何测度社会成员的支付能力上是存在着许多争议的。如有的主张以社会成员的收入、财产和消费支出的多少来测度其支付能力。有的则主张以社会成员因承担政府支出成本而在主观上感受的牺牲程度大小来测度其支付能力。对于这些问题,我们将在第10章给出较详细的分析,这里暂不讨论。

7.2 税收:公共收入的主要形式

西方经济学家对于公共收入的分类,基本上是以公共收入的形式为标准的。按照这一标准,可以把公共收入区分为税收、公债和其他收入三大类。本章也将按照这一分类方法,依次地阐述税收、公债及其他公共收入形式。

7.2.1 什么是税收

西方经济学家对税收概念的表述历来众说纷纭,莫衷一是。以下是其中一些有代表性的说法。

英国经济学家道尔顿认为,税收乃公共团体所谓的强制捐输,不论是否对纳税人予以报偿,都无关紧要。但也不是因违法所征收的罚金。

美国经济学家塞利格曼认为,税收是政府对人民的一种强制征收,以供支付谋取公共利益所需要的费用。但此项征收能否给予被强制者以特殊利益,则并无关系。

日本经济学家小川乡太郎认为,税收是国家为支付一般经费需要,依据其财政权力而向一般人民强制征收的财物或货币。

比较起来,现代西方国家一些经济类工具书有关税收要领的表述,更为完备些。

英国的《新大英百科全书》给税收下了如下定义:"在现代经济中,税收是国家公共收入最重要的来源。税收是强制的和固定的征收;它通常被认为是对政府公共收入的捐献,用以满足政府开支的需要,而并不表明是为了某一特定的目的。税收是无偿的,它不是通过交换来取得。这一点与政府的其他收入大不相同,如出售公共财产或发行公债等等。税收总是为了全体纳税人的福利而征收,每一纳税人在不受任何利益支配的情况下承担了纳税义务。"

美国的《现代经济学词典》给税收下的定义是:"税收的作用在于为了应付政府开支的需要而筹集稳定的财政资金。税收具有强制性,它可以直接向居民或公司征收。"《美国经济学词典》则认为:"税收是居民个人、公共机构和团体向政府强制转让的货币(偶尔也采取实物或劳务的形式)。它的征收对象是财产、收入或资本收益,也可以来自附加价格或大宗的畅销货。"

日本的《现代经济学辞典》对税收的定义亦有较详细的表述:"税收是国家或地方公共团体为筹集满足社会共同需要的资金,而按照法律的规定,以货币的形式对私人的一种强制性课征。因此,税收与其他公共收入形式相比,具有以下几个特征:(1)税收是依据课税权进行的,它具有强制的、权力课征的性质;(2)税收是一种不存在直接返还性的特殊课征;(3)税收以取得公共收入为主要目的,调节经济为次要目的;(4)税收的负担应与国民的承受能力相适应;(5)税收一般以货币形式课征。"《大日本百科事典》中也说:"税收又常称税或税金,它是国家或地方自治团体为了维持其经费开支的需要而运用权力对国民的强制性征收。税收以这一强制性特点使之同公共事业收入、捐款等区别开来。尽管税收也是公共收入的一种形式,但它并不像手续费那样具有直接的交换关系,它是无偿的。尽管当税收收入转化为公共支出以后又返还给国民,但是每一个纳税人受益的大小与其纳税额并不成比例。"①

综观西方经济学界关于税收要领的表述,可以明确这样几点:

1. 税收是由政府来征收的。也就是说,税收的主体是政府,而不是其他别的什么机构或组织。征税权力只属于政府,包括中央政府和地方政府。除此之外,其他任何组织或机构均无征税权。

2. 政府征税凭借的是其政治权力。税收的征收,实质上是政府参与社会资源的分配,而社会资源的分配总是要依据一定的权力来进行的。依据资本的所有权,可以取得利润、利息的收入;依据土地的所有权,可以取得地租的收入;依据劳动力的所有权,可以取得工资收入。而作为公共管理机构的政府,显然只能依据政治权力来取得社会资源,即凭借政府的政治权力把私人部门占有的社会资源的一部分转移到公共部门。

3. 税收是强制征收的。在私有制条件下,征税是政府对私有财产的侵犯。在政府政治权力和私有财产权的对立之中,不实行强制,政府就不可能在国民收入已分解为工资、利润、利息、地租的情况下实行再分配,就不可能占有私人部门的一部分资源。这种强制征收的具体表现,就是政府以法律形式颁布税收制度和法令。不论纳税人是否愿意,都必须照章依法纳税,否则就要受到法律制裁。

---

① 转引自邓子基:《比较财政学》,中国财政经济出版社 1987 年版,第 177 页。

4.税收是无偿征收的。政府征税之后,税款即为公共部门所有。政府既不需要任何偿还,也不需要向纳税人付出任何代价。纳税人所缴纳的税款与其所可能享受的公共物品或劳务的效益之间也无任何必然联系。税收的征收完全是无偿的,不存在任何等价交换或等价报偿的关系。

5.税收的征收有固定限度。政府征税既然是对私有财产的一种侵犯,这种侵犯就必须有一定限度。课征的数额也必须以法律形式预先确定下来。比如,对一亩地课征多少斤粮食、每个人丁缴纳多少钱、某一种收入要缴纳其中几分之几,等等。

6.税收是为了满足政府经费开支的需要而征收的。政府为了维持它的存在和实现它的职能,需要耗费一定的人、财、物力,而所有这些经费开支的来源主要是税收。"捐税体现着表现在经济上的国家的存在。官吏和僧侣、士兵和舞蹈家、教师和警察、希腊式的博物馆和哥特式的尖塔、王室费用和官阶表这一切童话般的存在物,于胚胎时期就已安睡在一个共同的种子——捐税之中了。"①

由此可以归纳出税收这一经济范畴的比较全面而确切的简短定义:

税收是政府为实现其职能的需要,凭借其政治权力,并按照特定的标准,强制无偿地取得公共收入的一种形式。

7.2.2 课税主体、课税客体和税率

不管什么样的税收,总离不开三方面内容,即向谁课税,对什么课税和课征多少税。相应地,课税主体、课税客体和税率也就成为税收的三个基本要素。

---

① 《马克思恩格斯选集》第1卷,第181页。

1. 课税主体

课税主体,是课税客体的对称,亦称"纳税人"或"纳税义务人",也就是税法上规定的直接负有纳税义务的人。

无论什么税,总是要由有关的课税主体来承担。因此,每一种税都有关于课税主体的规定。课税主体是税制构成的一项最基本要素。

在西方国家,税法上规定直接负有纳税义务的,可以是自然人,也可以是法人。"自然人"就是指个人。"法人"则是相对于或区别于自然人来说的,它是指依法成立并能独立地行使法定权力和承担法律义务的社会组织,如社团、公司、厂商等等。法定的课税主体有缴纳税款的义务,直接同国家的财政、税务机关发生关系。在不能依法履行纳税义务时,要受到法律的制裁。

课税主体或纳税人并不一定就是税负的承担者,即负税人。纳税人和负税人不一致的情况是经常发生的。比如,消费税是由消费品的生产者或经营者缴纳的,但纳税人可以把税款加在消费品价格上转嫁给消费者。因此,生产者或经营者只是纳税人,真正的负税人则是消费者。在某些情况下,纳税人和负税人又是一致的。比如,对一般劳动者课征的个人所得税以及对一部分厂商课征的法人所得税,由于不存在税负转嫁的可能,纳税人就是负税人。

2. 课税客体

课税客体俗称"课税对象",即是课税的目的物,也就是对什么课税。

政府进行课税,仅仅规定课税主体是不够的,还必须进一步规定对什么东西课税。例如,仅仅规定厂商有纳税的义务,但不明确对它们课征什么税或对它们的什么东西课税,就无法将该收的税收上来。而规定对什么东西课税,就是在规定课税对象。

课税对象是税收制度中的核心要素。这首先是因为它体现着不同税种课税的基本界限。即凡是列入课税对象的,就属于该税的课征范围；凡是未列入课税对象的，就不属于该税的课征范围。其次，它是区别不同税种的主要标志，通常要以课税对象为标志来划分税种并规定税名。如对个人所得的课税，就叫个人所得税。对财产的课税，就叫财产税，等等。

课税客体或课税对象不一定就是税收的源泉即税源。税收作为国民收入再分配的一种形式，其税源只能是在国民收入初次分配中已经形成的各项收入。在西方国家，它主要是工资、利息、利润、地租等等。这些税源可以是直接的课税对象，也可以不是直接的课税对象。例如，对财产的课税，课税对象是特定的财产，而税源只能是各种收入。对农民的课税，税源是农民的收益，而课税对象却可以规定为农民所占用的土地量或利用土地所生产的农作物的产量。又如对厂商的课税，税源是厂商创造的利润额，但课税对象却可以是厂商的包括产品成本在内的商品销售收入，也可以是厂商的利润额，如此等等。因此，只是在少数的情况下，课税对象同税源才是一致的。而对于大多数税种来说，二者并非一致。课税对象解决的是课税的直接依据问题，税源则是税收收入的最终来源。

3. 税率

税率，是所课征的税额与课税对象之间的数量关系或比例，也就是课税的尺度。

税率是税收制度的一个核心要素。在课税对象既定的前提下，税收的负担程度和政府课税的程度就主要体现在税率上。一般说来，税率越高，税收负担越重，政府的税收越多。

税率通常用百分比的形式表示。它又可具体分为比例税率、累进税率和累退税率等三种形式。为了清楚地说明三种形式税率的区别，先引入两个概念即平均税率和边际税率。

所谓平均税率，指的是全部应征税额占课税对象数额的比例。用公式表示，即为：

$$平均税率 = \frac{全部应征税额}{课税对象数额} \times 100\%$$

所谓边际税率，则指的是课税对象数额的增量中税额所占的比例。可用公式表示为：

$$边际税率 = \frac{\triangle 全部应征税额}{\triangle 课税对象数额} \times 100\%$$

运用上述两个概念，比例税率、累进税率和累退税率就很容易解释了。

先看比例税率。

比例税率，就是对课税对象规定的课税比率不随课税对象数额的变化而变化，而保持在一个不变的水平上。例如，对商品的课税，按商品销售额课征 20% 的税款。两个销售额分别为 10000 美元和 100000 美元的厂商，都按 20% 的税率计征税款。对 10000 美元的销售额按 20% 的税率计征的税款为 2000 美元，而对 100000 美元的销售额按 20% 的税率计征的税款为 20000 美元。可见，在比例税率下，平均税率（不是税款的绝对额）的高低，既同课税对象的数额无关，又与边际税率相等（参见图 7 - 1）。

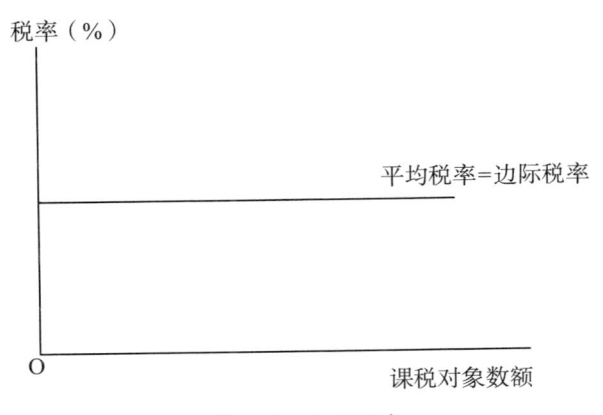

图 7 - 1　比例税率

再来看累进税率。

累进税率，就是按照课税对象数额的大小，规定不同等级的税率，课税对象数额越大，税率越高。所以，在累进税率下，每一级税率也就是相应级距的课税对象数额的边际税率。同时，由于边际税率随课税对象数额的增加而上升，致使平均税率也呈现出同样的变化趋势：随着课税对象数额的增加而上升（参见图7-2）。

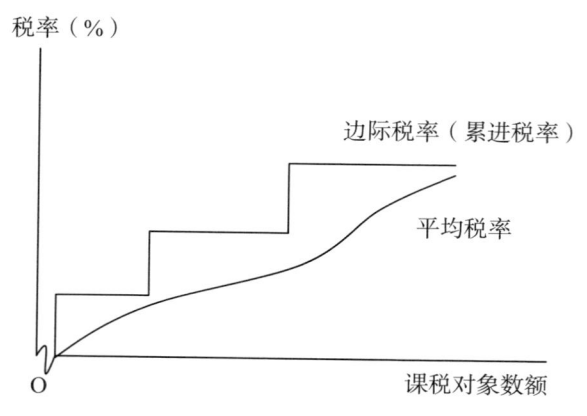

图7-2 累进税率结构

累进税率又可进一步分为全额累进税率和超额累进税率。全额累进税率是随课税对象数额的增加，税率逐步提高，全部应税数额都适用相应的最高等级的税率课征。假定全额累进税率规定为：所得未满1200美元的，税率为10%；1200美元以上未满1800美元的，税率为15%；1800美元以上未满2500美元的，税率为20%……若某纳税人的所得额为2400美元，那么，这2400美元要全部按照20%的税率计税。超额累进税率是把课税对象按数额大小划分为若干等级部分，对每个等级部分分别规定相应的税率，分别计算税额，而后相加即为应征税款。也就是一定数量的课税对象可以同时适用几个等级部分的税率。假定超额累进税率规定为：所得额2000美元以下的，税率为10%；超过 2000 美元至 3000 美元的部分,税率为 15%;超过 3000 美元至 5000 美元的部分,税率为 20%……若某纳税人的所得额为 4000 美元,则 2000 美元以下的部分,按 10% 的税率计征;2000 美元至 3000 美元之间的 1000 美元,按 15% 的税率计征;超过 3000 美元的 1000 美元,按 20% 的税率计征。两种累进税率相比,全额累进税率计算简便,但累进比较急剧,特别是在两个级距的临界部分可能出现税负增加超过课税对象数额增加的不合理现象。超额累进税率计算比较复杂,但累进程度缓和,更能体现税收公平原则。西方国家所适用的累进税率,主要是超额累进税率。

最后来看累退税率。

累退税率,与累进税率正相反,就是按照课税对象数额的大小,规定不同等级的税率,课税对象数额越大,税率越低。所以,在累退税率下,边际税率随课税对象数额的增加而下降。同时,由于边际税率的变动在先,平均税率的变动在后,在边际税率随课税对象数额下降的带动下,平均税率也呈现出同样的变化趋势:随课税对象数额的增加而下降。

对于累退税率,可以美国联邦保险捐助税的例子来说明。它是按照雇员全年领取或雇主全年对每个雇员支付的工资、薪金总额计征的(雇员、雇主各负担一半),但有最高应税限额规定。在 1989 年,税率为 15.02%,但限额为 48000 美元。也就是说,凡高于 48000 美元的工薪额,税率为 0,如图 7-3 所示。对每一雇员来说,这种税每年最高计征额为 $48000 \times 15.02\% = \$7209.60$。当年工薪额未超过 48000 美元时,其面对的平均税率即是 15.02% 的边际税率。然而,当年工薪额增加到超过 48000 美元时,其面对的平均税率却持续下降了。如当一个雇员的年工薪额达到 60000 美元时,其面对的平均税率即为 $\$7209.60/\$60000 = 12\%$。这显然低于年工薪额为 48000 美元时的 15.02% 的平均税率。

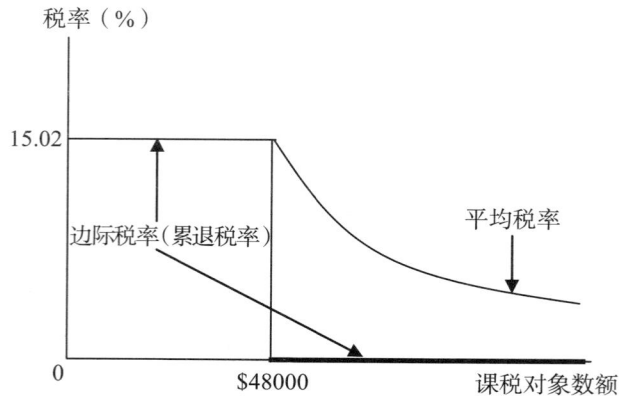

图 7-3　累退税率结构：一个典型事例

顺便指出，在现实生活中，税率有时还可以用绝对量的形式表示。即按照课税对象的一定数量，直接规定一定的税额。比如，一辆汽车缴纳几元的牌照税，一个商店缴纳多少钱的营业执照税，进口一立升酒缴纳多少钱的进口税，等等。这种固定税额，即为税率，称作定额税率。

7.2.3　税收是政府取得公共收入的最佳形式

在西方经济学家看来，政府可以通过多种形式取得履行其职能所需要的公共收入，但税收是最有效或最佳的形式。例如：

政府可以通过直接增发货币来取得公共收入。政府拥有货币发行权，它完全可以视财政需要而印发相应数量的货币。但是，凭空增发票子的结果会造成无度的通货膨胀，极不利于经济的稳定发展，在物价因此而飞涨的情况下，还可能诱发社会动乱。所以，除非在万不得已的情况下是不能靠印发票子来取得公共收入的。

政府也可以通过举借公债来取得公共收入。政府可以债务人的身份，依据有借有还的信用原则，向国内外发行政府债券来取得相应公共收入。但是，举债取得的收入终究是要偿还的。而且除偿还本金之外，还要加付利息。所以,以举债形式取得公共收入是以支付一定的代价为条件的。

政府还可以通过收费的形式来取得公共收入。它可以像一个商业性厂商那样,对公共场所或公共设施的使用者或享用者按照特定标准收取相应的费用,以所收费用来满足政府用款的需要。但是,政府收费总要依据"受益原则",向公共场所或公共设施的使用者或享用者取得,未使用者或不使用者是无须交费的。这就决定了政府以收费形式取得的资金数额不可能较大,显然是无法抵付政府支出的需要的。

相比之下,政府能过课征税收的办法取得的公共收入,实质是人民将自己所实现的收入的一部分无偿地转移给政府支配。这一来不会凭空扩大社会购买力,引起无度通货膨胀;二来政府不负任何偿还责任,也不必为此付出任何代价,不会给政府带来额外负担;三来税收是强制征收,政府一般可以制定法律向其管辖范围内的任何人或任何行为课征任何数额的税款,故可为政府支出提供充足的资金来源。

正因为如此,在各种可供选择的公共收入形式中,西方经济学家特别推崇税收,视税收为最佳形式。

7.2.4 实际情况:税收占公共收入的比重

实际情况也正是如此。自 19 世纪末至今,在主要西方国家中,如英、美、法,税收收入一直占到公共收入的 90% 以上(80 年代这三国税收收入在公共收入中的占比分别是 95.2%、93.4%、99.5%)。只有在战争或经济衰退严重时期,由于政府往往要依靠大量借债解决公共支出的一部分需要,税收的比重才可能因此而暂时有所降低。马克思曾明确指出:"赋税是政府机器的经济基础,而不是其他任何东西。"美国著名经济学家保罗·萨缪尔森在其《经济学》一书中也做过这样的表述:"国家(即政府)需要钱来偿付它的账单,它偿付它支出的钱的主要来源是赋税。"由此可见,税收是西方国家公共收入的主要支柱。

对税收的详细分析,将在第3篇给出,这里暂从略。

7.3 公债:有偿性的公共收入形式

7.3.1 什么是公债

公债的概念在上一节中已经有所涉及,一个国家的政府在组织公共收入时,一方面可以凭借政治权力,采取无偿的形式来进行,如课征税收,另一方面还可以依据信用原则,采取有偿的形式来进行,如发行公债。这就是说,公债是政府取得公共收入的一种有偿形式。

公债在将私人部门占有的一部分资源转移到公共部门,从而为政府取得公共收入这一点上,同税收的功能是无差别的。但它毕竟又不同于税收,而有着其本身的特征:

1. 公债的发行或认购是建立在资金持有者自愿承受的基础上的。对于公债,买与不买或认购多少,完全由资金持有者视本身情况自主决定。政府发行公债,所依托的是其信用,而不是政治权力。在这里,政府处于债务人的地位,而债务人是不能向债权人(认购者)实行"强制"的。

2. 公债的发行是有偿的。通过发行公债取得的公共收入,政府必须按期偿还,除此之外,还要按事先约定的条件,向认购者支付一定数额的对暂时让渡资金使用权的报酬,即利息。

3. 公债的发行较为灵活。公债发行与否以及发行多少,一般完全由政府根据公共收支的状况,灵活地加以确定,而不是像课税那样,通过法律形式预先规定。也就是说,公债的发行,既不具有发行时间上的连续性,也不具有发行数额上的相对固定性,而是何时需要,何时发行,需要多少,发行多少。

将上述各点加以归纳,可以得出公债这一经济范畴的简短定义:

公债是政府举借的债,是政府为履行其职能的需要,依据信用原则,有偿、灵活地取得公共收入的一种形式。

7.3.2 公债主要作为弥补财政赤字的来源而发挥作用

公债作为一种公共收入形式出现,在历史时序上要比税收晚得多。它是在政府职能不断扩大,支出日益增加,仅靠税收已不能满足公共支出需要的情况下产生的。也就是说,公债本身就是与财政赤字相联系的公共收入形式,是作为弥补公共收支差额的来源而产生的。弥补财政赤字是公债最基本的功能。

如所熟知,财政赤字一般就是指公共收入小于公共支出即收不抵支的差额。问题在于,弥补财政赤字的方式可有多种,如增加税收、增发通货,并非只有发行公债一种方式。为什么说公债最基本的功能是弥补财政赤字呢?

这里的道理并不难说清。增加税收,可使政府公共收入增加到与公共支出相当的水平,因而是弥补财政赤字的一种方式。但税收的增加客观上受经济发展状况的制约,如果因强行提高税率或增设税种而影响了经济的正常发展,使财源枯竭,结果将是得不偿失;同时,改变税制也要受立法程序的制约,不仅不能保证短期内迅速地筹得所需的资金,而且会在政治和经济上遭到纳税人的强烈反抗。通过中央银行增发通货,也是增加公共收入,从而弥补财政赤字的一种形式。但通货虚增的结果是社会中流通的货币量的凭空扩大,很可能出现无度的通货膨胀。况且,在许多西方国家的现行金融制度下,也是难以办到的。如美国的货币发行由联邦储备银行掌握。财政部出现赤字时,自己不能直接增发通货来弥补,也不能要求联邦储备银行为弥补财政赤字而增发通货。相比之下,以发行公债的方式弥补财政赤字,只是社会资金的使用权的暂时转移,既不会招致纳税人的不满,又不会无端增加流通中的货币总量,造成无度的通货膨胀,还可以迅速地取得所需资金。此外,公债的发行或认购通常建立在资金持有者自愿承受的基础上,通过发行公债筹集的社会资金,基本上是资金持有者暂时闲置不用的资金。将这部分资金暂时集中,归政府使用,在正常情况下不会对经济发展造成不利的影响。

7.3.3 公债与政府的资本性支出

当然,将弥补财政赤字视为公债的基本功能,并不意味着公债不能有其他方面的用途。事实上,在西方国家,政府的资本性支出,有许多就是以发行公债作为财源的。如日本发行的公债明确分为两种,即建设公债和赤字公债。建设公债用于公共设施的建设,形成有益于当前和长远的社会资本;赤字公债用于弥补经常性公共支出的不足,只是在支出年度受益。美国州和地方政府发行的公债,其收入一般只能用于铁路、公路、公用事业等基本建设(被称为所谓"资本工程")。

在西方经济学家看来,用发行公债的方式为资本性支出开辟财源,是有其经济合理性的。这主要是基于公平和受益原则的考虑。我们以一个具体事例来说明。

例如,公共设施的建设,如学校,一旦建成后,便会在长时期内发挥效益。如果以税收的形式为学校的建设筹集资金,则因建设费用庞大,会使税率急剧提高。这样,不仅纳税人不会容忍,让这个特定年份(指学校建设期间)的纳税人承受学校建设的全部负担,而让以后若干年代的人无偿享用学校所提供的效益,也有违公平和受益的原则。特别是如果这一时期又发生了居民迁移的情况,不公平的问题会更加突出。而如果用发行公债的形式为学校建设筹集资金,不但该年(学校建设期间)的税收不会急剧增加,而且,随着学校的使用,受益人也可通过纳税来偿还为学校建设而积欠的债务。于是,学校的建设费用便可在学校使用期间的几代受益人中分摊。

7.4 其他公共收入形式

除了税收和公债之外,政府也可以通过其他形式取得公共收入。这主要包括通货膨胀、捐赠、使用费、规费等。

7.4.1 政府引致的通货膨胀

政府引致的通货膨胀(government-induced inflation)指的是这样一种情况:为了弥补政府提供的物品或劳务的费用而扩大货币供给,从而造成物价的普遍上涨。

为了弥补政府支出,政府可以开动印刷机印制钞票,或者采用扩大货币供给的手段。不管怎样,由此而带来的货币供给增加的结果,都是物价水平的普遍上涨。或者,换句话说,发生通货膨胀。因货币供给增加而导致的物品或劳务的市场价格上涨,其结果是人们手中持有的货币的购买力下降,政府部门所能支配的资源即公共收入增加。也就是说,政府引致的通货膨胀,实质上是一种社会资源的再分配。其净效应也是将私人部门占有的一部分资源转移到公共部门,只不过它采取的是一种隐蔽的形式。就这个意义讲,它和税收无异。也正因为如此,政府引致的通货膨胀被人们喻为"通货膨胀税"。

深一层分析,为弥补政府支出而增加的货币供给会导致通货膨胀,这一点已经明确。但如前所述,在许多西方国家的现行制度下,货币的发行权属于中央银行。财政部门发生赤字是不能靠直接增发货币来弥补的。因此,政府引致的通货膨胀往往是在中央银行的配合下发生的。一个为人们所熟知的道理是,中央银行增加基础货币,等同于印制钞票。财政部门的支出,如采取向中央银行透支或借款的办法加以弥补,其结果无异于基础货币的增加。这就是说,在现代经济社会条件下,政府引致的通货膨胀一般是通过向中央银行透支或借款的途径而发生的。

如图7-4所示,政府以通货膨胀作为取得公共收入的形式,可以视作是企图将经济向生产可能性曲线(production-possibility curve)① TT′之外的点移动。例如,在战争时期,以增加货币方式来扩大定购军事物品,实际上是企图在不减少民用品如黄油的产量的同时,增加军事物品如大炮的产量。换句话说,政府以通货膨胀作为取得公共收入的形式,就是企图从图7-4中的A点移向I点。但由此而造成的通货膨胀,却促使经济向C点移动;大炮产量的增加($G_1 \rightarrow G_2$)导致了黄油产量的下降($B_1 \rightarrow B_2$)。之所以如此,是因为通货膨胀所引起的物价水平的上升,使消费者不得不减少民用品的消费量。与此同时,通货膨胀

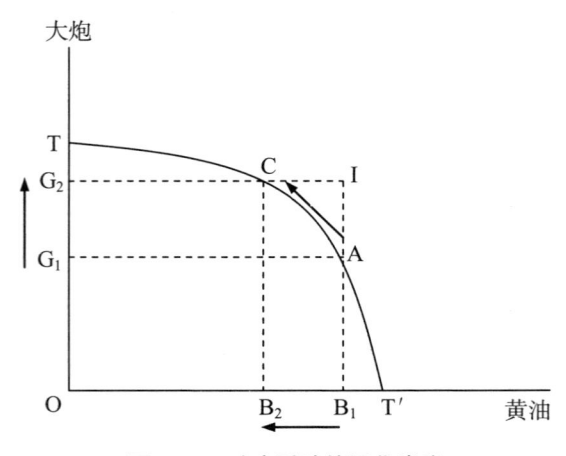

图7-4 政府引致的通货膨胀

---

① 生产可能性曲线表明在既定的资源条件下所能达到的两种产品最大产量的组合。线上的各点都是能够实现的最大产量的组合;线内的各点虽能够实现,但并不是最大产量的组合;线外的各点则是在现有资源条件下所实现不了的。

也造成了人们所持有的金融资产(如储蓄)实际价值的下降,其结果是其民用品消费量的进一步减少。

7.4.2 对政府的捐赠

政府有时也能得到来自个人或组织的捐赠(donations)。这往往发生在政府为某些特定的支出项目融资的情况下。比如,政府为了建立专门用于向遭受自然灾害地区的灾民或其他生活陷于困难之中的人提供救济的特别基金,会要求或号召人们对这样的基金提供捐赠。在战争期间,许多国家的人们都曾接到过政府要求捐助物资或人力的请求。即使在和平时期,政府也常常鼓励厂商和个人帮助提供那些本应属政府职能范围的诸如公路、下水道和公园之类的公共物品或劳务。

不过,在西方经济学家看来,尽管来自个人或组织的捐赠可以构成公共收入的来源,但只有在那些由具有相同的偏好或目标的人们所组成的规模较小的社会中,人们的自愿捐赠才有可能作为主要的筹资手段,而发挥值得称道的作用。在现代经济社会条件下,自愿捐赠只能作为政府的一个很小部分的公共收入来源,其作用常常是微不足道的。

7.4.3 使用费

对政府所提供的特定公共设施的使用者按照一定的标准①收取使用费(user charges),也是公共收入的一个来源。这通常发生在公路、桥梁和娱乐设施等的使用上。按照受益原则,享受政府所提供的特定的公共物品或劳务的效益,应当相应地为此支付一部分费用,即所谓谁受益谁出钱。对政府所提供的诸如公路、桥梁和娱乐设施等收取使用费,是和受益原则的要求相一致的。不过在西方国家,这种使用费通

---

① 当然,这种标准不是由供求双方的力量对比所决定的,而是通过政治程序制定的。

常实行的是专款专用原则。也就是说,来自于公路、桥梁和娱乐设施等的使用者交纳的费用,要专门用于公路、桥梁和娱乐设施等的建设和维修。

政府收取的使用费,通常低于其提供该种物品或劳务的平均成本,易于看出,平均成本和使用费之间的差额,便是对使用者的补贴,而这一补贴是以税收为资金来源的。也就是说,政府对其所提供的物品或劳务收取的使用费,往往只相当于其为提供该种物品或劳务所花费的成本费用的一部分。诸如对公共住宅、公共交通、教育设施、公共娱乐设施、下水道、供水、公共保健等收取的使用费,都属于这种类型。

在西方经济学家看来,收取使用费的作用,除了可以让政府筹集一部分公共收入之外,更重要的还在于以下两个方面:一是有利于促进政府所提供的公共设施的使用效率,二是有助于避免经常发生在政府所提供的公共设施上的所谓"拥挤"(congestion)问题。我们分别用图示来说明。

在多数情况下,政府所收费的物品或劳务是会产生一定的外部效益的项目。例如,学校疫苗接种、文化设施等,是人们所公认的会产生外部效益的物品或劳务。

对政府所提供的带有外部效益的物品或劳务收取使用费的决策,类似于前所述及的矫正性的财政补贴的决策。图7-5给出了某城市垃圾清理设施的社会边际成本和社会边际效益。社会边际效益由两部分构成:垃圾清理服务所带来的私人边际效益 MPB 和其所带来的外部边际效益 MEB。这种外部效益可以是传染疾病风险的降低,或者是城市环境的清洁。这是该城市的所有公民所能得到的公共效益。垃圾清理设施的最佳数量为 Q^*,Q^* 与 MSC 和 MSB 的相交点 Z^* 恰好对应。从图上看出,这一最佳数量可以通过对每一清理设施收取数额相当于 C^* 的使用费的办法来实现。在这个使用费水平上,公民对垃圾清理设

施的需求量为 Q^*。它与图中的 Z 点相对应。然而，C^* 低于这一垃圾清理设施数量水平上的社会边际成本。两者之间的差额便是财政补贴 S^*（相当于外部边际效益）。所以，结果是，全体纳税人为每一垃圾清理设施支付 S^*，同时其使用者为每一垃圾清理设施支付 C^*。这显然会促使公共设施的使用者，对其所获得的效益与其所付出的成本加以比较。或者换句话说，使得公共设施的使用者所获得的私人边际效益与其为此而付出的使用费（私人边际成本）大体相等。其结果，肯定是社会资源的使用效率的提高。

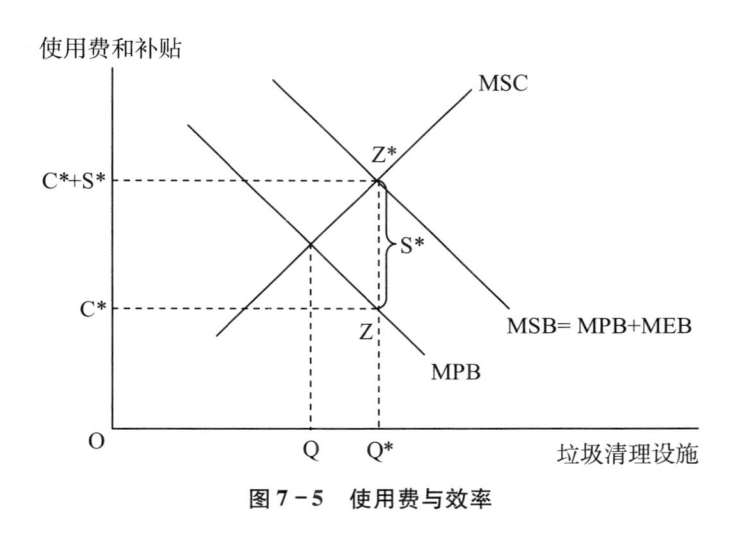

图 7-5 使用费与效率

如果政府所提供的公共物品或劳务面临拥挤问题，使用费的收取也有助于避免或减轻这个问题。例如，如果公路面临拥挤问题，在公路的使用达到拥挤点之后，使用量的追加会降低所有消费者从公路使用中所得到的效益。为了使公路的通行量达到具有效率的水平，可以按照一定水平的通行量的社会边际成本来收取公路使用费。如图 7-6 所示，如果公路是一种拥挤性的公共物品，在第一个使用者进入公路之后，最初使用者的增加所带来的社会边际成本为 0。但当使用者数量的增加达到拥挤点之后,其社会边际成本会变为正数。在图 7-6 中,公路每小时每公里的车辆行驶量达到 100 辆时,就是拥挤点。如果对公路使用的需求曲线为 D_1,免费使用公路(即不收取任何使用费)将是具有效率的。这是因为,在价格为 0 的条件下,均衡点为 E_1。而在这一点上,$MSB_1 = MSC = 0$。E 代表着公路每小时每公里 80 辆汽车的行驶量,这个行驶量低于拥挤点 N^* 的行驶量,故社会边际成本为 0。但是,如果对公路使用的需求曲线不是 D_1,而且 D_2,免费使用公路就不再是具有效率的了。在价格为 0 的条件下,均衡点将为 E_2,即每小时每公里 150 辆汽车的行驶量。这个行驶量水平上的社会边际成本超过了其社会边际效益($MSC > MSB_2$)。在这种情况下,公路的实际使用量肯定会大于其具有效率的使用量。

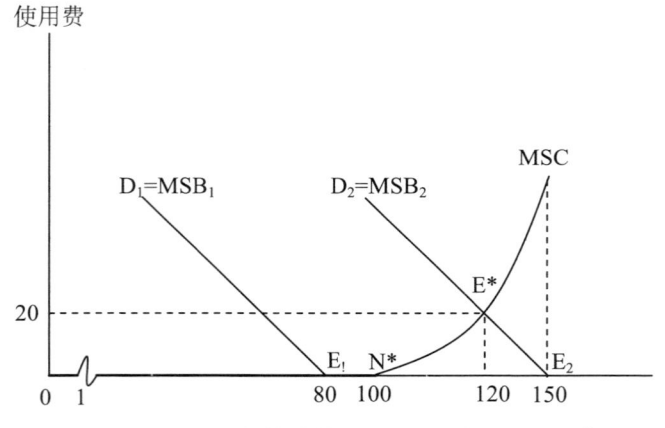

图 7-6 适用于拥挤性的公共物品或劳务的使用费

那么,公路的最佳使用量水平是多少呢?从图上可得知,它应该是 E^* 点所对应的每小时每公里 120 辆汽车的行驶量。这是因为在 E^* 点上,$MSB_2 = MSC$。为了达到这一水平,政府可以对每辆汽车按每公里 20 美分收取使用费。可以清楚地看出,每公里 20 美分的使用费,将驱使公路的使用量降低到具有效率的最佳水平。同时又可以增加政府所取得的公共收入。

7.4.4 规费

规费是政府部门为公民提供某种特定服务或实施行政管理所收取的手续费和工本费。通常包括两类：一是行政规费，这是附随于政府部门各种行政活动的收费，名目很多，范围很广。计有：外事规费（如护照费）、内务规费（如户籍规费）、经济规费（如商标登记费、商品检验费、度量衡鉴定费）、教育规费（如毕业证书费）以及其他行政规费（如会计师、律师、工程师等执照费）。二是司法规费，它又可分为诉讼规费和非诉讼规费两种。前者如民事诉讼费、刑事诉讼费；后者如出生登记费、财产转让登记费、遗产管理登记费、继承登记和结婚登记费等。

政府部门收取规费的数额，在理论上通常有两个标准：一是所谓填补主义，即根据政府部门提供服务所需的费用数额，来确定规费的收取标准。二是所谓报偿主义，即以公民从政府部门服务中所获得效益的大小，来确定规费的收取标准。事实上，政府在规费数额的确定上，并非完全依据理论的标准来进行。通常的情况是，规费数额的确定，既不衡量（也很难衡量）当事人所获得的效益，又不依据其所付出的劳务费用（往往超过劳务费用）。故规费的高低标准不一。

小　　结

1. 公共收入是指政府为履行其职能而筹集的一切资金的总和。也就是公共支出的资金来源。它实质上是将私人部门的一部分资源转移到公共部门并由政府加以集中使用的过程，是公共财政活动的一个重要方面。

2. 税收是公共收入的主要形式,公债则主要作为弥补财政赤字和资本性支出的来源而发挥作用。然而,政府也通过其他形式来取得公共收入,如政府引致的通货膨胀,接受个人或组织的捐赠,对公共设施的使用者收取使用费,向政府部门提供特定服务或实施行政管理的对象收取规费等等。

3. 政府所利用的公共收入形式,可以对政治和经济均衡以及社会资源的有效配置产生影响。不同的公共收形式有着不同的经济和社会效应。对此,应从不同的角度进行具体的分析。

4. 公共收入的一个基本问题,是如何将公共支出的费用在社会成员之间分配。对此,西方经济学家持两种观点:一是所谓受益原则,即主张公共支出的费用分配与社会成员获得的效益相联系;二是所谓支付能力原则,即主张公共支出的费用分配与社会成员的支付能力相联系。两个原则各有优点,也分别存在问题。实际上,现实生活中是很难找到一种能为所有社会成员满意的所谓最好的公共收入形式的。当然,要同时实现上述两条原则的目标,也是相当困难的。

第8章 财政乘数与经济均衡

本书第1章在讨论公共财政的职能时曾说过,在政府所拥有的各种宏观经济政策手段中,财政的地位举足轻重。它在维系社会总供求的大体平衡方面具有无法被替代的作用。公共财政对经济均衡的作用主要是通过财政政策来实施的,而财政政策的一个理论基础是财政乘数。本章和下一章将分别对财政乘数和财政政策的有关问题,做出较详细的阐述。

财政乘数理论是以凯恩斯主义为代表的现代西方宏观经济学财政理论的核心内容。它旨在说明政府财政在国民收入的决定过程中不是无能为力的,而是可以积极发挥作用的。本章对财政乘数理论的讨论将循着下述思路进行:首先考察西方经济学家对政府财政预算行为准则的解释;然后分两步来说明国民收入的决定原理,即无政府预算条件下的国民收入决定和有政府预算条件下的国民收入决定;在此基础上最后将分别给出支出乘数、税收乘数和平衡预算乘数,并说明其对国民收入均衡水平的影响。

8.1 从预算平衡论到功能财政论

西方经济学家对于政府财政预算行为准则的解释,大体经历了这样几个发展阶段,即年度预算平衡论、周期预算平衡论和功能财政论。

8.1.1 大衰退以前的正统预算准则:年度预算平衡论

在30年代大衰退之前的资本主义自由竞争时期,西方经济学家一般是反对国家干预、主张自由经营的。反映在对政府财政预算行为准则的解释上,这一时期的西方经济学家特别是古典学派的经济学家,主张实行平衡的预算,而且要实行严格的年度预算平衡。

古典学派的经济学家们为什么主张年度预算平衡呢？其基本观点概括起来不外乎下列四个方面:

1.政府对私人经济部门发行公债会延缓后者的发展,因为这会造成原可为私人部门用于生产投资的资本,被挪作政府花费;

2.政府支出是非生产性的,政府的赤字支出更会造成巨大的浪费;

3.政府的赤字支出必然导致通货膨胀;

4.年度预算平衡是控制政府支出增长的有效手段。

然而,随着资本主义经济自由竞争阶段向垄断的过渡,年度预算平衡在理论和实际上都面临了无法解决的难题:

1.它大大束缚了政府在反衰退方面采取财政措施的手段。面对经济衰退的频繁爆发,政府只能固守年度预算平衡,而在财政上无所作为。

2.更为严重的是,年度预算平衡实际上起到了加剧经济波动的作用。在经济衰退时期,由于国民生产总值的大幅度下降,政府税收一般总是处于减少状态的,而政府支出却往往处于上升或不变的状态。在这种情况下,为了实现年度预算平衡,政府面临的选择只有三种:要么提高税率,要么减少开支,要么增税和减支同时并举。很显然,这些都是紧缩需求的措施。其结果,只能是让已经存在的以有效需求不足为特征的经济衰退雪上加霜。而在通货膨胀时期,由于国民生产总值的增加,政府税收亦自动增加,这时的政府支出则处于下降或不变状态。

在这种情况下,为了避免即将发生的财政剩余,平衡预算,政府面临的选择也只有三种:要么降低税率,要么增加开支,要么减税和增支同时并举。很显然,这三种措施都是在加大需求。其结果,只能是给已经出现的通货膨胀火上浇油。

8.1.2 大衰退的产物:周期预算平衡论

大衰退的爆发,动摇了西方经济学家对自由放任的市场经济内在稳定机制的信念,把政府干预经济提上了议事日程。反映在预算准则上,就是所谓周期预算平衡论的产生。

周期预算平衡论的出发点,是主张政府财政发挥反经济周期的作用,同时也实现预算平衡。不过这种平衡绝不是以12个月作为一个预算年度的所谓年度的平衡,而是在控制经济周期波动的条件下,做预算平衡。其基本观点可概括为以下几个方面:

1. 在经济衰退时期,为了消除衰退,政府应该减少税收,增加支出,有意识地使预算产生一个赤字。赤字财政之所以必要,是因为这样既可直接扩大投资和消费,补充私人投资和消费需求的不足,又可间接地刺激私人投资和消费需求的扩大,从而提高整个经济的有效需求水平。

2. 在经济繁荣时期,政府应该增加税收,紧缩开支,有意识地使预算产生一个盈余。财政盈余之所以必要,是因为这样既可直接压缩投资和消费,抵消私人投资和消费需求的过旺,又可间接抑制私人投资和消费需求,从而降低整个经济的有效需求水平。

3. 在上述情况下,政府财政将发挥其反经济周期乃至"熨平"经济周期的巨大威力。而且,政府仍可使其预算保持平衡。只不过这时的预算平衡,不是年度平衡,而是周期平衡。即从整个经济周期来看,繁荣时期的盈余可以抵销衰退的赤字。所以,即使预算不在每一年或每一个月保持平衡,也会在整个经济周期内保持平衡(参见图8-1)。

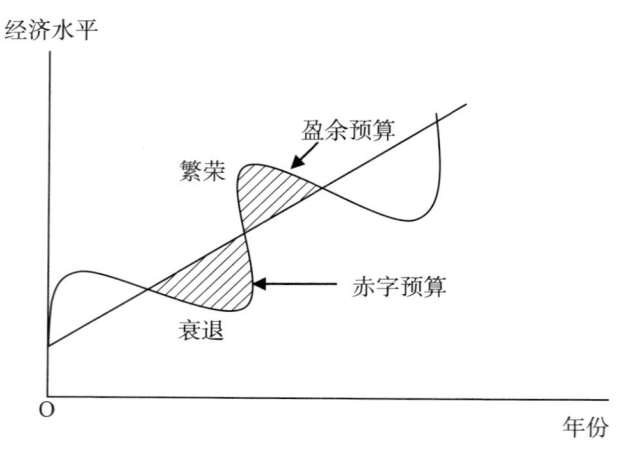

图8-1 周期预算平衡论

但是,周期预算平衡论也存在着一个重大的缺陷,而这种缺陷又是其本身所无法解释的。这就是,周期预算平衡是以经济周期的发展有规律性,即它始终围绕着某个正常水平上下波动为前提。然而,经济循环的上升或下降,其深度和持久性绝不是相等的。繁荣时期的盈余是不可能与衰退时期的赤字正好相等,从而相互抵消的。资本主义经济周期的实际情况往往是,在长期严重的衰退之后,紧接着是短期而有限的繁荣。这就意味着,在衰退时期会呈现大量赤字,而在繁荣时期只有少量甚至没有盈余。所以,其结果显然不是周期平衡,而是周期赤字。

8.1.3 功能财政论

周期预算平衡论既已无法解释政府财政发展的客观实际状况,它就注定要被一种新的预算准则所取代。美国经济学家 A. 勒纳（Abba

Lerner)在20世纪40年代发表的"经济舵轮"(The Economic Steering Wheel)①和"功能财政与联邦债务"(Functional Finance And The Federal Debt)②两篇文章中,明确提出了"功能财政"的预算准则。

关于功能财政,勒纳这样解释道:"其核心思想在于,政府的财政政策,政府的开支与税收,政府的债务收入与清偿,新货币发行与货币收缩等政策运用,都应该着眼于这些举动对经济所产生的结果,而不应该着眼于这些举动是否遵循了既定的传统学说,顾虑这些传统学说是否好听。"③

换句话说,在勒纳看来,财政预算应该从其对经济的功能上来着眼,而不应仅注重其收支是否平衡。具体而言,勒纳的基本观点可概括如下:

1. 平衡预算,无论是年度的还是周期的,只具有第二位的重要性。政府财政的基本功能是稳定经济,这才是至关重要的;

2. 政府预算的首要目的,是提供一个没有通货膨胀的充分就业,即经济平衡不是预算平衡。不应为达到预算平衡而置经济平衡于不顾。

3. 如果为达到经济稳定的目的,必须长期坚持盈余或大量举债,那就不应有任何犹豫。政府预算盈余或赤字的问题本身与严重的通货膨胀或持续的经济衰退相比是不重要的。

由此可见,勒纳的功能财政论已经完全抛弃了预算平衡的准则,而把着眼点放在通过预算收支的安排来维持经济的稳定发展上。这就为政府运用财政政策手段调节经济的运行,从而实现经济的稳定增长,铺平了道路。

---

① 载《大学学报》(The University Review),June1941,第2—8页。
② 载《社会研究》(Social Research),February1943,第38—51页。
③ A. 勒纳:"功能财政与联邦债务",《社会研究》,1943年2月,第38—51页。

8.2 无政府预算条件下国民收入的决定

凯恩斯主义的财政乘数理论,是根据其所谓收入均衡分析的理论提出来的。它从国民收入均衡的原理出发,认为国民收入的大小决定于社会总需求与总供给的均衡水平。而由于短期内生产技术、资本设备的质量与数量、劳动力的质量与数量都是既定不变的,即总供给是既定的,因此,国民收入的大小就主要取决于社会总需求的水平。

那么,在经济中总需求和总供给各包括什么内容,它们又如何决定国民收入的呢? 这正是本节和下一节所要讨论的中心问题。

为了便于理解,我们的讨论先从最简单的无政府预算条件下的二元经济体系开始。

8.2.1 二元经济下的国民收入流量循环模型

首先定义这样几个概念:

国民收入(national income),指的是一个经济社会在一定时期(一般为一年)内生产的作为最终产品①的商品或劳务的市场价值扣除为生产这些产品的资本耗费后的净值。它等于社会各种生产要素的收入(工资、利息、地租、利润)的总和。

流量(flow),是指给定时期内货币或实物的运动。与流量相对应的是存量(stock),它指的是任何一个时点上货币或实物的存积总量。

个人可支配收入(personal disposable income),指的是一个经济社

---

① 最终产品就是最终供消费者使用的消费品和用于投资的资本品。它与中间产品不同,中间产品是还需要加工才能供消费者使用的产品。只计算最终产品的值是为了避免重复计算。

会在一定时期(一般为一年)内可以由个人支配的全部收入。一般指个人纳税后的收入,它可以分为消费和储蓄两个部分。

边际消费倾向(marginal propensity to consume,简写为 MPC),是指消费增量在收入增量中所占的比例。如以 $\triangle C$ 代表消费增量,以 $\triangle Y$ 代表收入增量,则边际消费倾向的公式为:$MPC = \triangle C / \triangle Y$。

边际储蓄倾向(marginal propensity to save,简写为 MPS),是指储蓄增量在收入增量中所占的比例。如以 $\triangle S$ 代表储蓄增量,以 $\triangle Y$ 代表收入增量,则边际储蓄倾向的公式为:$MPS = \triangle S / \triangle Y$。由于 $\triangle Y = \triangle C + \triangle S$,所以,$MPC = 1 - MPS$。

先假定一个封闭型的社会(国家),只存在家庭和厂商(企业)两个经济部门,没有政府的经济活动。在这种二元经济体系中,家庭向厂商提供各种生产要素,并得到各种收入;厂商用各种生产要素进行生产,向家庭提供各种最终产品和劳务。这时,国民收入的流量循环模型如图 8-2A 所示。

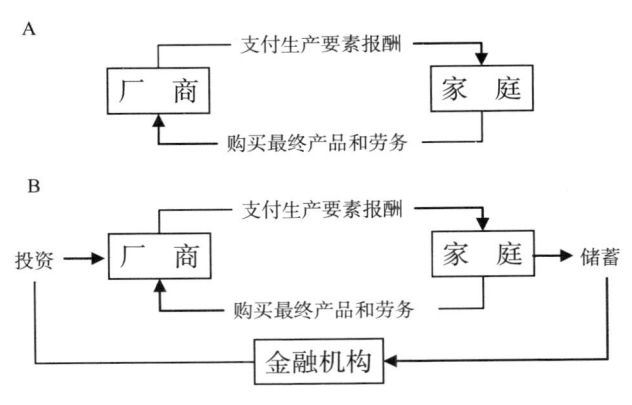

图 8-2 二元经济下的国民收入流量循环模型

如果家庭把一部分收入用来向厂商购买产品与劳务,把另一部分收入储蓄起来,厂商如果在家庭的消费支出之外又获得了其他来源的资金,那么,国民收入流量循环的模型就要在图 8-2A 的基础上稍做修改:家庭把储蓄存入金融机构,而厂商则从金融机构获得投资。如果通过金融机构把全部储蓄都转化为投资,国民收入流量的循环仍可正常进行下去,如图8-2B所示。

8.2.2 二元经济下的国民收入的决定

在上述简单的二元经济体系中,可以从总需求和总供给两个角度来考察国民收入的均衡情况。

从总需求的角度看,一国的国民收入就是私人消费需求和私人投资需求的总和。它是各个家庭的收入产生出来的,可分别用消费支出和投资支出来代表。消费支出即为消费,投资支出即为投资。所以,国民收入的均衡公式为:

$$\begin{aligned}国民收入 &= 消费需求+投资需求 \\ &= 消费支出+投资支出 \\ &= 消费+投资\end{aligned}$$

若以 C 代表消费,I 代表投资,Y 代表国民收入,则上述公式可以写成:

$$Y = C + I \tag{8.1}$$

从总供给的角度看,一国的国民收入就是各种生产要素供给的总和,即劳动、资本、土地、企业家才能供给的总和。这种总和可以用各种生产要素相应得到的收入(报酬)的总和,即工资、利息、地租、利润的总和来表示。这些收入又可分作私人消费和私人储蓄两个部分。所以,国民收入的均衡公式为:

$$\begin{aligned}国民收入 &= 各种生产要素供给的总和 \\ &= 各种生产要素所得到的收入的总和 \\ &= 工资+利息+地租+利润 \\ &= 消费+储蓄\end{aligned}$$

若以 C 代表消费,S 代表储蓄,Y 代表国民收入,则上述公式可以写成:

$$Y = C + S \tag{8.2}$$

前面说过,国民收入的大小,取决于社会总需求与总供给的均衡水平。如果总需求小于总供给,表明社会上需求不足,产品卖不出去,这就意味着价格必然下降,生产必然收缩,从而总供给减少,国民收入也因此减少。如果总需求大于总供给,表明社会上供给不足,这就意味着价格必然上升,生产必然扩大,从而总供给增加,国民收入也因此增加。如果总需求等于总供给,则生产不会增加也不会减少,从而国民收入处于均衡状态,这时也就决定了在这种总需求和总供给水平上的国民收入的大小。因此,国民收入达到均衡的条件是:

总需求 = 总供给

由 Y = C+I 和 Y = C+S 可得出上述条件的另一种表达式:

$$C + I = C + S \tag{8.3}$$

$$或\ C + I = Y \tag{8.4}$$

于是,当:C+I>Y 时,国民收入扩张;

C+I<Y 时,国民收入收缩;

C+I=Y 时,国民收入达到均衡。

在此基础上,将(8.4)式变成图式,可以更清楚说明国民收入均衡状态的决定(参见图 8-3)。

在图 8-3 中,横轴代表国民收入 Y,纵轴代表总支出。C 线代表私人消费支出,C+I 线代表私人消费加上投资的总支出,即总需求。C+I 线与 45 度线的交点 E 为均衡点(总需求=总供给)。这个均衡点决定了国民收入水平为 OF。

这是一种均衡情况。如果国民收入的充分就业水平是 OF,那么这种均衡情况就是理想的,既没有经济衰退,也没有通货膨胀;如果国民

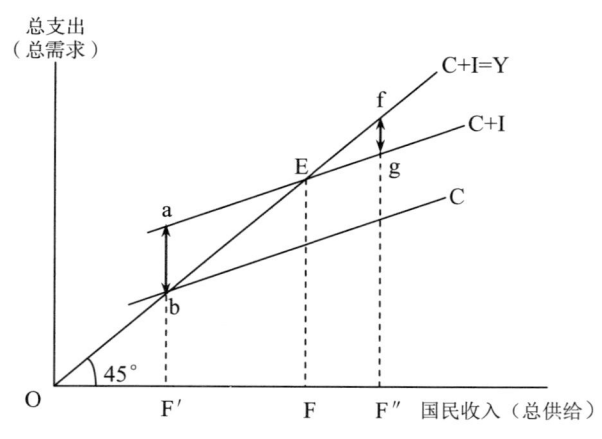

图 8-3 无政府预算条件下国民收入的决定

收入的充分就业水平是 OF″，那么这种均衡情况就低于充分就业水平，即存在着"通货紧缩缺口"fg，表明整个社会对产品和劳务的需求水平低于所能生产的水平，或说是总需求小于总供给。例如，某国国民收入为 30000 亿美元，全社会的消费加投资支出为 25000 亿美元，则有 5000 亿美元的通货紧缩缺口。在西方经济学家看来，这 5000 亿美元的缺口会导致一部分产品卖不出去，生产的规模会被迫缩小，就业减少，失业上升。如果国民收入的充分就业水平是 OF′，那么这种均衡情况就高于充分就业的水平，即存在着"通货膨胀缺口"ab，表明整个社会对产品和劳务的需求水平高于所能生产的水平，或说是总需求大于总供给。仍依上例，假定全社会的消费加投资支出是 35000 亿美元，则有 5000 亿美元的通货膨胀缺口。由于在短期内总供给不能相应增加，这 5000 亿美元的缺口只能通过物价上涨来平衡即发生通货膨胀。

上述三种情况，即 C+I=Y、C+I<Y 和 C+I>Y，在纯市场经济条件下，随时都可能发生。也就是说，在没有政府预算条件下的国民收入的均衡水平，不一定是理想的：可能低于充分就业的水平而存在失业，也可能高于充分就业的水平而存在通货膨胀。

8.3 有政府预算条件下国民收入的决定

8.3.1 三元经济下的国民收入流量循环模型

现在假定在前述封闭型的社会中,引进政府的经济活动,使二元经济体系成为三元经济体系。政府在经济中的作用,主要通过政府支出和税收即政府预算来实现。政府支出包括对物品或劳务的购买和各种转移性支付(不以换取物品或劳务为目的的支出)。政府税收主要包括两类:一类是对财产和所得课征的直接税,其特点是税负由纳税人直接负担,无法转嫁出去;另一类是对商品和劳务所课征的间接税,其特点是税负不由纳税人直接负担,可以向前转嫁给消费者,也可向后转嫁给生产要素的提供者。三元经济下的国民收入流量循环模型如图8-4所示。

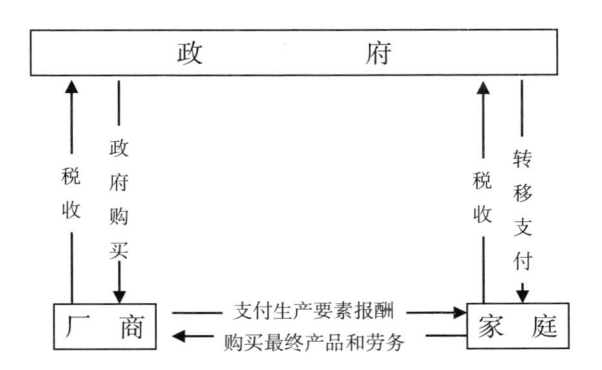

图8-4 三元经济下的国民收入流量循环模型

8.3.2 三元经济下的国民收入的决定

在引进政府预算之后的三元经济体系中,总需求和总供给都要在二元经济体系的基础上有所添加。

第 2 篇　宏观财政理论与政策思想

从总需求的角度看,要在二元经济体系的私人消费需求和私人投资需求的基础上,加上政府的需求。政府的需求可以用政府的支出来代表。这样,国民收入的均衡公式可写成:

　　国民收入 = 消费需求 + 投资需求 + 政府需求

　　　　　　 = 消费支出 + 投资支出 + 政府支出

　　　　　　 = 消费 + 支出 + 政府支出

若以 G 代表政府支出,则上述公式可以写成:

$$Y = C + I + G \tag{8.5}$$

从总供给的角度看,要在二元经济体系的各种生产要素的供给的基础上,加上政府的供给。政府的供给可以用政府的税收来代表。这样,国民收入的均衡公式可写成:

　　国民收入 = 各种生产要素的供给 + 政府的供给

　　　　　　 = 工资 + 利息 + 地租 + 利润 + 政府税收

　　　　　　 = 消费 + 储蓄 + 政府税收

若以 T 代表政府税收,则上述公式可写成:

$$Y = C + S + T \tag{8.6}$$

这时,国民收入的均衡条件仍然是:

　　总需求 = 总供给

由(8.5)和(8.6)式可得出上述条件的另一种表达式:

$$C + I + G = C + S + T \tag{8.7}$$

$$\text{或 } C + I + G = Y \tag{8.8}$$

于是,当:C+I+G>Y 时,国民收入扩张;

　　　　C+I+G<Y 时,国民收入收缩;

　　　　C+I+G=Y 时,国民收入达到均衡。

现在,将(8.8)式变成图形,看一下有政府预算条件下的国民收入是如何决定的(参见图 8-5)。

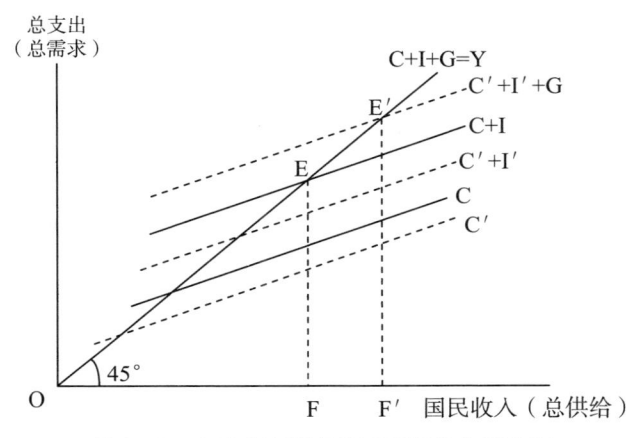

图 8-5 有政府预算条件下国民收入的决定

当我们把政府预算加进分析后,国民收入的均衡水平就受到了来自两个方面的影响:政府支出增加总支出(总需求),使得总支出线向上移动;而政府税收则减少总支出(总需求),使得总支出线向下移动。

如图 8-5 所示,与无政府预算介入的情况相比,政府预算能提高或降低国民收入的均衡水平。C 线和 C+I 线分别代表无政府预算介入条件下的私人消费支出和私人消费加上投资的总支出。引入政府预算后,C 线和 C+I 线在政府税收的作用下要相应下移:政府对财产和所得的课税能直接减少个人(或家庭)的可支配收入;政府对商品和劳务的课税可通过向前转嫁给消费者或向后转嫁给生产要素提供者,减少这些人可支配收入的实际价值。其结果,私人的消费和投资支出都会相应减少。在图 8-5 中,C′线即代表税收削减个人可支配收入后的消费支出加投资支出。无论 C′线还是 C′+I′线,均低于无政府预算条件下的 C 线和 C+I 线。与此同时,政府支出的加入又使得 C′+I′线向上移动至 C′+I′+G 线。C′+I′+G 线代表在税收削减个人可支配收入后的较低的消费支出加投资支出的基础上,加上政府支出 G 所产生的新的总支出(总需求)线。C′+I′+G 线与 45°线相交于 E′点。这个均衡点决定了国民收入的水平为 OF′。

新的国民收入均衡水平 OF′大于原来无政府预算条件下的国民收入均衡水平 OF,这表明政府预算积极影响着社会总需求。这有两种可能:一是它扩大社会总需求水平,弥补通货紧缩的缺口,从而提高国民收入水平;二是它压缩社会总需求水平,消除通货膨胀的缺口,从而降低国民收入水平。最终结果如何,则取决于政府支出和税收的相对规模,并取决于它们各自的特点。

8.4　财政乘数与国民收入的均衡水平

根据前面的分析,我们已经知道,政府支出和税收是决定国民收入的重要力量。政府支出和税收的变动会引起国民收入均衡水平的相应变动。但是,我们还没有说明,政府支出和税收的变动对国民收入增加或减少的影响到底有多大?这就需要引入"财政乘数"概念了。

在西方经济学中,乘数(multiplier)被定义为国民收入的变动量与引起这种变动的最初注入量之间的比率。这里的"注入",包含的意义很广。它可以指投资、政府支出、政府税收、净出口,等等。相应地,也就有所谓投资乘数、政府支出乘数、政府税收乘数、对外贸易乘数,等等。财政乘数则是三个方面的乘数的统称,这就是政府支出乘数、政府税收乘数和平衡预算乘数。

8.4.1　政府支出乘数

政府支出的增加会引起国民收入的增加,但国民收入的增加必定大于最初的政府支出增加额。这是因为,各个经济部门是相互关联的。政府支出增加的每1美元可购买1美元的物品或劳务,并转变为这些物品和劳务的生产者的家庭收入(工资、利息、地租、利润等);这些增加的每 1 美元收入中拿出 80 美分用于购买消费品(即其边际消费倾向为 4/5),那么,这些消费品的生产者便会有 80 美分的增加收入;如果这些消费品的生产者的边际消费倾向也是 4/5,他们又会从所增加的 80 美分中拿出 64 美分用于购买消费品,这又会为这些消费品的生产者带来 64 美分的增加收入;这些家庭也会在下一轮中增加消费品购买 51.2 美分;如此下去,国民收入的增加额 △Y 总计为:

$$\triangle Y = 1 \text{ 美元} + 80 \text{ 美分} + 64 \text{ 美分} + 51.2 \text{ 美分} + \cdots\cdots$$

$$= 1 \text{ 美元} + 1 \text{ 美元} \times 4/5 + 1 \text{ 美元} \times (4/5)^2 + 1 \text{ 美元} \times (4/5)^3 + \cdots\cdots$$

$$= 1 \text{ 美元} [1 + 4/5 + (4/5)^2 + (4/5)^3 + \cdots\cdots]$$

$$= 1 \text{ 美元} \times \frac{1}{1 - 4/5}$$

$$= 1 \text{ 美元} \times \frac{1}{1/5}$$

$$= 5 \text{ 美元}$$

因此,对于所增加的每 1 美元的政府支出来说,整个国民收入将增加 5 美元。反过来也是如此,对于所减少的每 1 美元的政府支出来说,整个国民收入将减少 5 美元。

这种国民收入的变动量与引起这种变动的政府支出的变动量之间的比率,就是政府支出乘数。而乘数的大小,是由边际消费倾向所决定的,或者说是边际储蓄倾向的倒数。乘数与边际消费倾向成正向联系,边际消费倾向越大,乘数就越大;边际消费倾向越小,乘数就越小。如在上例中,边际消费倾向为 4/5,乘数为 5。政府支出每增加 1 美元,会带来 5 倍于政府支出增加额的国民收入的增加。政府支出每减少 1 美元,会带来 5 倍于政府支出减少额的国民收入的减少。若以 △G 代表政府支出的变动额,△Y 代表国民收入的变动额,GK 代表政府支出乘数,MPC 代表边际消费倾向,MPS 代表边际储蓄倾

向,则有:

$$GK = \triangle Y / \triangle G = \frac{1}{1-MPC} = \frac{1}{MPS} \quad (8.9)$$

图8-6反映了这种乘数的形成过程,并以数字表明,随着国民收入接近新的均衡水平而相继发生的增量系列。在图8-6中,C+I+G线仍代表社会总支出,△G代表政府支出的增加额,C+I+G+△G代表政府支出增加后的社会总支出。可以清楚地看出,由于政府支出增加△G,使国民收入的均衡水平由OA增加至OF。AF与△G相比,呈数倍的增加。

由此可以得出的结论是:政府支出对国民收入是一种扩张性的力量。增加政府支出可以扩大总需求,增加国民收入。相反,减少政府支出可以缩减总需求,减少国民收入。国民收入增加或减少的规模取决于乘数的大小。

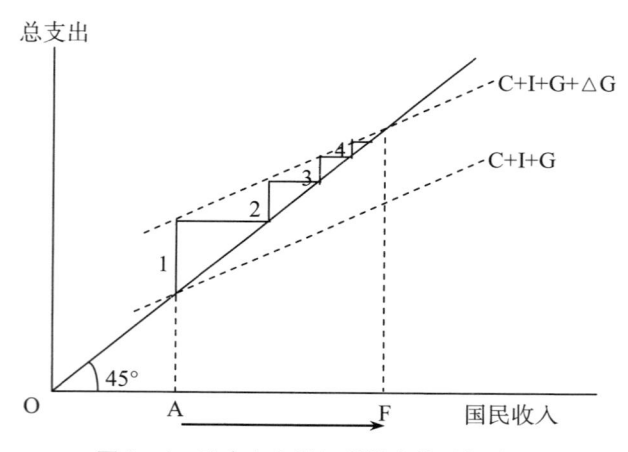

图8-6 政府支出增加所带来的乘数过程

8.4.2 政府税收乘数

政府税收的增加会引起国民收入的减少,但国民收入的减少必定大于最初的政府税收的增加额。这同政府支出增加的原理是一样的。

政府税收增加的每 1 美元可压低 1 美元的纳税人可支配收入。由于纳税人可支配收入下降,其购买消费品的支出亦会随之下降。假定这些纳税人的边际消费倾向亦为 4/5,那么,纳税人的可支配收入每下降 1 美元,会导致其购买消费品的支出减少 80 美分。这又会使消费品的生产者减少 80 美分的可支配收入,如果其边际消费倾向也是 4/5,他们也会因此而减少购买消费品支出 64 美分,从而使这些消费品的生产者减少 64 美分的可支配收入;这些家庭也会在下一轮中减少消费品的支出 51.2 美分;如此下去国民收入的减少额 △Y 总计为:

$$\triangle Y = 80 \text{ 美分} + 64 \text{ 美分} + 51.2 \text{ 美分} + \cdots\cdots$$

$$= 1 \text{ 美元} \times 4/5 + 1 \text{ 美元} \times (4/5)^2 + 1 \text{ 美元} \times (4/5)^3 + \cdots\cdots$$

$$= 1 \text{ 美元} [1 + 4/5 + (4/5)^2 + (4/5)^3 + \cdots\cdots]$$

$$= 1 \text{ 美元} \times 4/5 / (1 - 4/5)$$

$$= 1 \text{ 美元} \times 4$$

$$= 4 \text{ 美元}$$

这就是说,对于所增加的每 1 美元的政府税收而言,整个国民收入将减少 4 美元。反过来也是如此,对于所减少的每 1 美元的政府税收而言,整个国民收入将增加 4 美元。

这种国民收入的变动量与引起这种变化的政府税收的变动量之间的比率,就是政府税收乘数。需注意的是,这种乘数恰恰比支出乘数小 1(当然是方向相反)。其原因在于,政府支出是社会总需求和国民收入的一个直接的组成部分,增加政府支出一开始就可以直接扩大社会总需求,增加国民收入。而政府税收支付的初次循环仅是一种购买力的转移,它不能算作国民收入。税收的增加要通过压低纳税人可支配收入,并在扣除边际储蓄倾向因素后才能发挥减少社会总需求,进而减少国民收入的乘数作用。所以,政府税收的变动虽也可以乘数方式造成国民收入随之变化,但其带来的变动率比同样数额的政府支出的变动所带来的变动率小。如在上例中,政府税收增加 1 美元,国民收入减少 4 美元,政府税收减少 1 美元,国民收入增加 4 美元,乘数均为 4,正好比政府支出增加减少 1 美元所带来的国民收入的变动倍数小 1。若以 △T 代表政府税收的变动额,则政府税收乘数 TK 有下述计算公式:

$$TK = \triangle Y / \triangle T = MPC/MPS \qquad (8.10)$$

由此可以得出的结论是:

政府税收对国民收入是一种收缩性的力量。增加政府税收可以压缩总需求,减少国民收入。相反,减少政府税收可以扩大总需求,增大国民收入。国民收入减少或增大的规模取决于该乘数的大小。

8.4.3 平衡预算乘数

依据前述原理,政府支出的增加会引起国民收入的增加,政府税收的增加会引起国民收入的减少。很显然,如果政府支出和税收同时等量增加,将对总需求产生两种不同的影响,前者会使总需求水平上升,后者则使总需求水平下降。但二者的作用不会完全抵消。即是说,其净影响并不会趋于零。原因在于,政府支出的乘数大于税收的乘数,其差额正好是 1。所以,由政府支出和税收同时等量增加所引起的总需求上升和下降的幅度是不一致的。在两者同时等量增加的条件下,总需求水平仍有上升,上升的幅度就是政府支出的增加量或税收的增加量。如前所述,在社会边际消费倾向为 4/5 的假设条件下,政府支出每增加 1 美元,可增加国民收入 5 美元;政府税收每增加 1 美元,可减少国民收入 4 美元。两者相抵,其差额或净影响就是国民收入增加 1 美元。

反过来看,如果政府支出和税收同时等量减少,其净影响也不会趋于零。仍依前例,在社会边际消费倾向为 4/5 的条件下,政府支出每减少 1 美元,将减少国民收入 5 美元;政府税收每减少 1 美元,可增加国民收入 4 美元。两者相抵,其差额或净影响就是国民收减少 1 美元。

这种国民收入的变动量与引起这种变动的政府支出和税收的同时等额变动量之间的比率,就是平衡预算的"乘数"。乘数的数值永远是 1。若以 BK 代表平衡预算乘数,其计算公式可写成:

$$BK = GK + TK = \frac{1}{MPS} + \left(-\frac{MPC}{MPS}\right) = \frac{MPS}{MPS} = 1 \qquad (8.11)$$

由此可以得出的结论是:

政府支出和税收的同时等量增加,对国民收入仍有扩张作用,其扩张的规模就是政府支出或税收的增加量;政府支出和税收的同时等量减少,对国民收入仍有收缩作用,其收缩的规模就是政府支出或税收的减少量。

在西方财政经济理论中,这一结论也被称作"平衡预算乘数定理"。

小　　结

1. 西方经济学家对政府预算行为准则的解释,大体经历了三个发展阶段:年度预算平衡论、周期预算平衡论和功能财政论。当今占统治地位的预算准则是功能财政论。其特点是把着眼点放在通过预算收支的安排来维持经济的稳定发展上。这就为政府运用财政政策手段调节经济运行铺平了道路。

2. 无政府预算条件下,国民收入的大小取决于总需求和总供给的均衡水平。在总供给短期内不能相应变动的情况下,决定国民收入的主要力量是消费加投资。由于消费加投资的需求大于、小于或等于总供给的情况随时都可能发生,无政府预算条件下的国民收入均衡水平不一定是理想的,可能低于充分就业的水平而存在失业,也可能高于充分就业的水平而存在通货膨胀。

3. 有政府预算条件下,国民收入的大小仍取决于总需求和总供给的均衡水平。但政府支出和税收的加入使得国民收入的均衡水平发生相应变动。政府支出增加总支出(总需求);政府税收则减少总支出(总需求)。所以政府预算可以主动地影响社会总需求,它既可以扩大总需求,弥补通货紧缩缺口,提高国民收入水平;也可以压缩总需求,消除通货膨胀的缺口,降低国民收入水平。但其最终结果要取决于政府支出和税收的相对规模及其各自的特点。

4. 财政乘数是政府支出乘数、政府税收乘数和平衡预算乘数的统称。它告诉我们:政府支出和税收对于国民收入具有乘数影响。在数值上,最简单的乘数等于社会边际储蓄倾向的倒数。举例说,如果社会边际储蓄倾向为1/5,那么,政府支出每增加1美元,将引起国民收入增加5美元;政府税收每增加1美元,将引起国民收入减少4美元;政府支出和税收同时等量增加1美元,将引起国民收入增加1美元。不过,乘数作用是双向的。它既能引起国民收入的成倍增加,也能带来国民收入的成倍减少。

第9章 财政政策:目标与工具

本章在上一章的基础上,讨论财政政策的目标与实施手段。讨论的顺序是:给出财政政策的主要目标;顺次说明自决的财政政策、非自决的财政政策;简要介绍70年代后期以来异军突起的供给学派的财政政策主张。

关于财政政策,西方经济学家做了如下定义:政府运用各种财政手段和措施,以实现一定时期的预定宏观经济目标的政策。

9.1 财政政策的目标

这里所说的财政政策的目标,是指通过财政政策的执行或实施所要达到的目的或产生的效果。

财政政策是作为宏观经济政策的一个重要组成部分而发挥作用的。几十年来,西方国家从其所面临的最迫切的经济问题出发,一直把促进经济稳定增长,也就是使经济既维持充分就业,又避免通货膨胀,作为宏观经济政策的中心目标。在西方财政经济理论的著作中,有关财政政策的论述,也始终是围绕着这个中心目标进行的。当代著名经济学家保罗·萨缪尔森在其代表作《经济学》一书中写道:"积极的财政政策就是决定政府税收和开支的办法,以便有助于(1)削弱经济周期的波动和(2)维持一个没有过度通货膨胀和通货紧缩的不断增长和高度就业的经济制度。"①W.西奇尔等在《基本经济学概念》中也讲道："财政政策就是利用政府预算（包括税率和政府支出水平）来调节国家需求水平进而促进充分就业和控制通货膨胀。"②

据此，可将政府财政政策的目标概括为三个方面，即充分就业、物价稳定和经济增长。

9.1.1 充分就业的目标

充分就业问题之所以在西方国家受到特别重视，是因为失业对经济社会制度的运行构成了巨大威胁：在失业的情况下，生产能力不能充分发挥，人们应该且能够生产出来的商品（劳务）却没有生产出来，是其经济方面的重大损失；失业造成收入分配不平等，社会道德败坏，人们生活懒散，无所事事，进而导致社会动乱，是其政治方面的重大损失。所以，要保证经济社会制度的正常运转，就必须解决失业问题，维持充分就业的生产水平。

西方国家的所谓充分就业，并非指所有有工作能力而又要求工作的人都能得到一个有一定工资报酬的工作机会。而是指扣除了季节性和摩擦性失业的充分就业。也就是说，充分就业并不是100%的就业率，而要在此基础上打一定折扣。如许多西方国家把4%—6%的失业率（失业人口占总劳动力人口的比重）或94%—96%的就业率（就业人口占总劳动人口的比重），视作充分就业的水平。

在西方经济学家看来，失业可分为几种情况，须分别采用不同的方法和政策去解决。

季节性失业。它是指某些行业生产中由于气候和季节的变化等季

---

① 保罗·萨缪尔森：《经济学》上册，高鸿业译，商务印书馆1979年版，第505页。
② W.西奇尔等：《基本经济学概念》，中东、方红译，中国对外贸易出版社1984年版，第239页。

节性原因而造成的周期性失业。例如,在冬季,农业和建筑业往往要解雇一些工人。圣诞节和复活节,也会引起某些行业增雇工人和减雇工人。这种失业被认为是临时性的,一旦淡季过去,旺季到来,工人便可恢复工作。

摩擦性失业。它是指由于劳动力市场的正常活动而造成的失业。例如,工人在由一种工作转换为另一种工作的过程中需要时间;家庭在由一个地方迁移到另一个地方需要重新寻找工作;工人也往往要放弃待遇较低的工作谋求待遇较高的工作。这种摩擦性失业被认为是不可避免的,工人是心甘情愿的。只要改善就业机会信息传播的方式,就能缩短寻找工作的时间,减少摩擦性失业。

结构性失业。它是指由于劳动力需求结构的变化,工人不能很快或完全适应新结构的要求而造成的失业。例如,由于消费者偏好的改变,一些新厂商应运而生,一些老厂商被淘汰,而老厂商工人不能适应新厂商的技术要求而造成失业;由于劳动生产率的提高,原有的技术和经验变得过时,新技术一时掌握不了也会造成一部分工人失业。结构性失业同摩擦性失业的重要区别在于:后者拥有可以重新找到工作的技术,很容易恢复工作;而前者若没有重新培训或接受再教育的机会以掌握新技术,就很难找到工作。因此,对工人进行培训和再教育,并鼓励工人流动,从而降低跨行业的结构性失业和跨地区的结构性失业,是解决这种失业的办法。

周期性失业。它是指由于周期性爆发的经济衰退而造成的失业,也就是由于社会总需求下降造成对劳动力需求的不足而引起的。这种失业和经济活动水平密切相关,经济活动总水平下降则失业增加,经济活动总水平上升则失业减少。由于周期性地爆发经济衰退是资本主义经济发展的规律,周期性失业也就成为西方国家无法避免的现象。只有通过财政政策,提高社会总需求规模,才能避免或缓和经济衰退,从而降低周期性失业。

由此看来,按照西方经济学家的说法,财政政策在实现充分就业方面的主要任务,在于降低或减少周期性失业。至于结构性失业和摩擦性失业,西方经济学界虽也承认其存在,但认为政府不宜直接干预,也不能通过财政政策来解决。

9.1.2 物价稳定的目标

物价稳定就是要控制通货膨胀。所谓通货膨胀,是指由于货币供给量(流通中的货币量)超过了商品流通过程的实际需要量,而引起的一般物价水平的持续上涨。也就是说,通货膨胀与物价上涨紧密相连,物价全面的持续上涨是通货膨胀的标志。按照一些西方经济学家的说法,通货膨胀是货币体系发生故障的征兆。它不仅会减少人民的实际收入,危害货币币值的稳定,而且会造成生产下降,失业增加,以致引起社会动乱。正因为如此,西方经济学界把货币供给增长率与实际经济增长率保持协调、实现物价的稳定视作财政政策的一个重要目标。

在西方经济学家看来,所谓物价稳定,并不是指物价稳定不变,而是要求将价格的上涨幅度控制在一定水平上。在许多西方国家,财政政策的物价稳定目标,就是要把物价水平控制在不超过5%的年上涨率以内。有些国家把目标定得较高些或较低些。在目标幅度之内的价格上涨被认为是合理的波动。

西方国家通常以消费品物价指数来衡量通货膨胀和物价上涨的幅度。如在美国,消费品物价指数由美国劳工统计局按月编制,作为一种衡量城市家庭和个人消费的商品和劳务价格变化的指标。该指数的统计范围,包括通常由城市工薪收入者所购买的从食品到汽车,以至从租金到理发等大约300种商品和劳务。它以1967年的消费品物价指数为基准,用1967年平均价格的百分数来表示。例如,若1992年10月的指数为142.1%,即是表示该月的价格比1967年高出42.1%。

9.1.3 经济增长的目标

经济增长就是要求经济的发展保持较高的速度,不要下降或停滞。它通常有两种含义:一是指国家的产品和劳务数量要有实际增加。它以一国的国民生产总值或国民收入经过价格指数调整后的实际年增长率来衡量,着眼的是实际产值,而不是货币形式的产值。国民生产总值就是一国在一年之内所生产的所有最终产品和劳务的市场价格的总和。国民生产总值减去资本消耗即为国民生产净值。再从国民生产净值中减去厂商所缴纳的各种间接税为国民收入。国民生产总值和国民收入,经过价格指数调整后,都可得出经济实际增长速度。二是按人口平均的产品和劳务数量要有实际增加。它以一国的实际人均国民生产总值或实际人均国民收入来计算,表示该国人民生活水平的高低。也就是它要考虑人口增长因素。一国国民生产总值或国民收入的高低表示该国国力的强弱,而一国人均国民生产总值或人均国民收入的大小则代表着该国人民生活水平的高低。

无论是一国的国民生产总值或国民收入,还是一国的人均国民生产总值或人均国民收入,都须保持一定的增长率。否则,经济的发展就没有保障,社会也就无法安定。所以,西方经济学家也将促进经济增长视作财政政策的一个重要目标。

促进经济增长并不是指经济增长速度越快越好,而是要求经济增长速度不低于某一水平,即谋求最佳的经济增长。在西方国家,经济增长过快或经济停滞甚至下降,都被认为是经济波动的表现而要竭力加以避免。至于经济增长速度究竟多大为合适,各国在各个时期的目标也不同。但近十年来多倾向于把4%的年经济增长率作为理想的目标。

应当指出,上述三个目标虽然是宏观财政政策所要追求的目标,但不同的政策目标可能相互冲突,目标与目标之间往往发生矛盾。例如,要保持充分就业,物价就可能上涨;要降低物价上涨率,就可能提高失业率。西方经济学家就曾经以所谓"菲利普斯曲线"的理论(Phillips Curve)①解释充分就业和物价稳定目标之间的矛盾性。认为政府只能在二者之间做出一定的抉择(参见图9-1)。

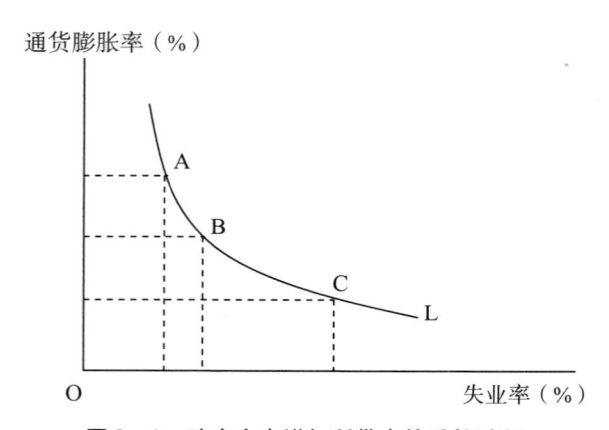

图9-1 政府支出增加所带来的乘数过程

在图9-1中,纵轴表示通货膨胀率或物价上涨率,横轴表示失业率,曲线L就是菲利普斯曲线。菲利普斯曲线表示通货膨胀率与失业率之间存在一种此长彼消的关系:失业率较低时,通货膨胀率就较高(如图中的A点);反之,失业率较高时,通货膨胀率就较低(如图中的C点)。

如此看来,在西方国家,财政政策目标的实现,困难较大。要同时达到充分就业、物价稳定和经济增长的目标,是十分艰难的。

---

① 这条曲线是由澳大利亚经济学家A.W.菲利普斯(A.W.Philips)根据英国1861—1957年的失业率和货币工资变动率的经验统计资料,所提出的用以表示失业率和货币工资率之间交替关系的曲线。后被西方经济学家用来说明失业率和通货膨胀率之间的交替置换关系。

9.2 自决的财政政策

"财政乘数与经济均衡"一章的分析表明,如果让市场经济进行自发调节,仅仅依靠市场机制发挥作用,那就很可能出现小于充分就业的国民收入均衡而存在失业,或者,出现大于充分就业的国民收入均衡而存在通货膨胀。经济因此而出现周期性的波动,也是必然的。所以,必须由政府介入经济的调节。财政政策即是政府调节经济的一个重要政策手段。

按照西方经济学家的说法,财政政策的要旨,是把预算盈余和赤字作为调节器来调节社会总需求,从而求得经济的稳定发展。因此,根据财政措施在调节社会总需求过程中发挥作用方式的不同,可将财政政策分为两大类,即自决的财政政策和非自决的财政政策。[①] 本节和下一节将分别对此进行说明。

所谓自决的财政政策,就是政府根据不同时期的经济形势,相应采取变动政府支出和税收的措施,以消除经济波动,谋求实现既无失业又无通货膨胀的稳定增长之目标。

之所以称它为自决的财政政策,是因为它不是自动地发挥作用,而是一种人为的政策调节。它要依靠政府对客观经济形势的分析判断,经过深思熟虑再决定采取什么样的财政措施。如果认为总需求已经过大,造成了生产能力紧张和通货膨胀,就采取财政行动抑制总需求;如果认为总需求不足,已造成经济水平下降或经济衰退,就采取财政行动扩大总需求。因此,自决的财政政策的任务是:要么扩大总需求以反经济衰退,执行扩张性的财政政策;要么抑制总需求以反通货膨胀,执行紧缩性的财政政策。

---

① 亦被称作"相机抉择的财政政策"(discretionary fiscal policy)和经济的"内在稳定器"(the built-in stabilizers)。

9.2.1 扩张性的财政政策

财政政策用于减轻或消除经济衰退时,通常称为扩张性的财政政策(expansionary fiscal policy)。

在经济衰退时期,国民收入小于充分就业的均衡水平,总需求不足。所以政府应当执行扩张性的财政政策。其内容是:增加政府支出,减少政府税收。

增加政府支出,包括增加公共工程的开支,增加政府对物品或劳务的购买,增加政府对个人的转移性支出。这样,一方面可使社会总需求中的政府开支部分提高,从而直接增加总需求。另一方面,也可刺激私人消费和投资,间接增加总需求。不仅如此,在政府支出乘数的作用下,增加政府支出还可以引起国民收入就业量一轮又一轮的增长。国民收入增加额可以达到政府支出增加额的数倍。如图 9-2 所示,若社会边际消费倾向为 2/3,则政府支出增加 100 亿美元,可导致国民收入增加 300 亿美元。

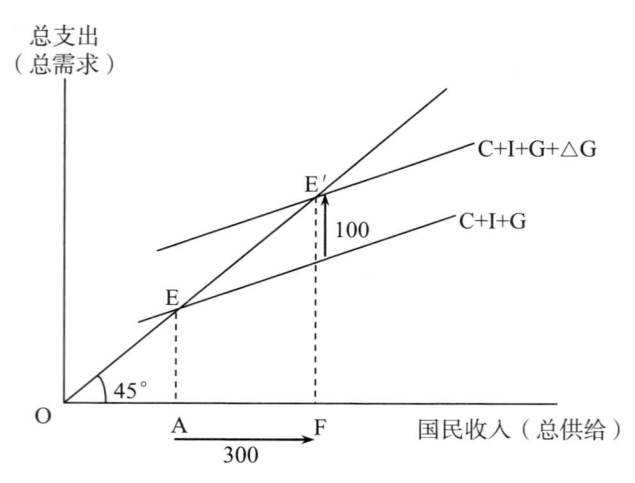

图 9-2 扩张性的政府支出

在图9-2中,横轴和纵轴仍分别代表国民收入和总支出。最初,C+I+G线与45°线的交点E所决定的国民收入水平OA,低于充分就业的水平OF,经济正处于衰退之中,在这种情况下,假定政府为此执行扩张性的财政政策,增加政府支出100亿美元(以△G表示),使均衡点由E移至E′,从而引起国民收入增加300亿美元,达到了充分就业的水平OF。

减少政府税收,包括降低税率、废除旧税以及实行免税和退税,其结果可以扩大总需求。这是因为,减少个人所得税,可以使个人拥有更多可支配收入,从而增加消费;减少公司所得税,可以使厂商拥有更多税后利润,从而刺激投资;减少各种对商品和劳务课征的间接税,也可通过导致商品和劳务价格下降,增加可支配收入的实际价值,从而刺激消费和投资。不仅如此,在税收乘数的作用下,减少税收,还可引起国民收入一轮又一轮的增长,国民收入的增加额可以达到政府税收减少额的数倍。如图9-3所示,假定社会边际消费倾向为2/3,则减少政府税收100亿美元,可导致国民收入增加200亿美元。

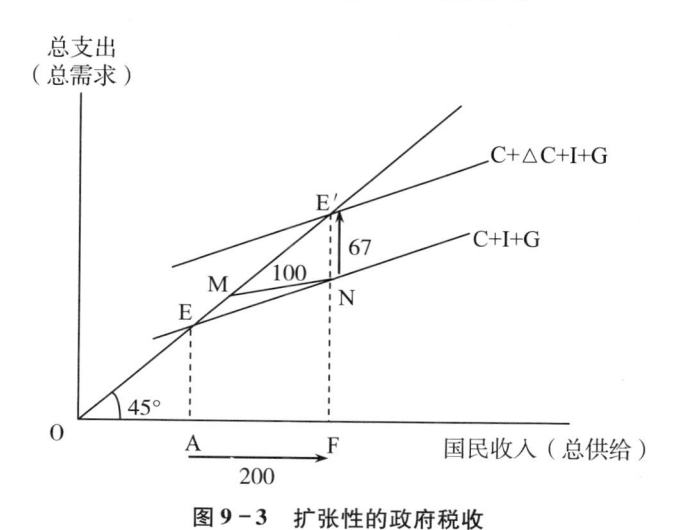

图9-3 扩张性的政府税收

在图 9-3 中，C+I+G 线与 45°线原来的交点为 E，这一点所决定的国民收入水平 OA 低于充分就业的水平 OF，经济正处于衰退时期。为此，政府执行扩张性的财政政策，减少政府税收 100 亿美元（以 MN 表示），导致私人消费支出增加 67 亿美元（以 △C 表示），从而使均衡点由 E 移至 E′，引起国民收入增加 200 亿美元，达到了充分就业水平 OF。

9.2.2 紧缩性的财政政策

财政政策用于减轻或消除通货膨胀时，通常称为紧缩性的财政政策（restrictive fiscal policy）。

在经济繁荣时期，国民收入高于充分就业的均衡水平，存在过度需求。所以政府应当执行紧缩性的财政政策，其内容是：减少政府支出，增加政府税收。

减少政府支出，包括减少公共工程的开支，减少政府对物品和劳务的购买，减少政府对个人的转移支出。这样，一方面可使社会总需求中的政府开支部分降低，从而直接减少总需求。另一方面，也可抑制私人消费和投资，间接减少总需求。而且，在政府支出乘数的作用下，减少政府支出还可以引起国民收入一轮又一轮的减少。国民收入的减少额可以达到政府支出减少额的数倍。如图 9-4 所示，若社会边际消费倾向为 2/3，则政府支出减少 100 亿美元，可导致国民收入减少 300 亿美元。

在图 9-4 中，C+I+G 线与 45°线原来的交点为 E，这一点所决定的国民收入水平 OA 高于充分就业的水平 OF，经济正处于通货膨胀之中。为此，政府执行紧缩性的财政政策，减少政府支出 100 亿美元（以 -△G 表示），使均衡点由 E 移至 E′，造成国民收入减少 300 亿美元，恢复到充分就业水平 OF，压缩了社会总需求，达到了抑制通货膨胀的目的。

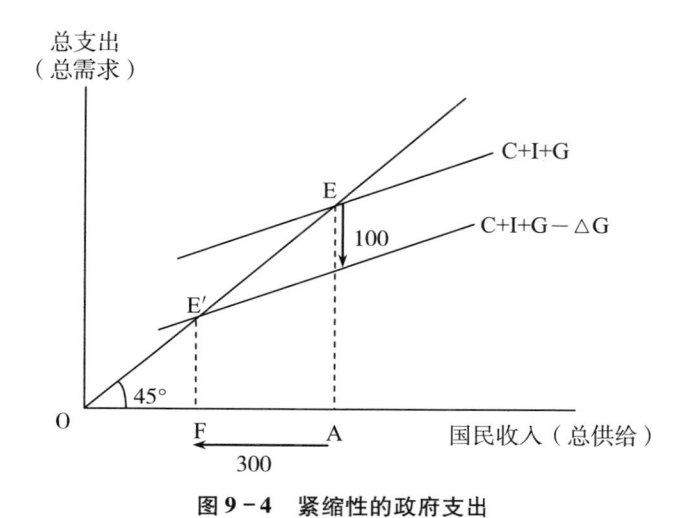

图9-4 紧缩性的政府支出

增加政府税收,包括提高税率,设置新税,其结果可以缩小总需求。这是因为,增加个人所得税,可以减少个人的可支配收入,从而减少消费;增加公司所得税,可以减少厂商税后利润,从而减少投资;增加各种对商品和劳务课征的间接税,也通过商品和劳务价格提高减少可支配收入的实际价值,从而抑制消费和投资。而且,在税收乘数的作用下,增加税收还可以引起国民收入一轮又一轮的减少。国民收入的减少额可以达到政府税收增加额的数倍。如图9-5所示,如果边际消费倾向为2/3,则增加政府税收100亿美元,可导致国民收入减少200亿美元。

在图9-5中,C+I+G线与45°线原来的交点为E,这一点所决定的国民收入水平OA高于充分就业的水平OF,经济正处于通货膨胀时期。为此,政府执行紧缩性的财政政策,增加政府税收100亿美元(以MN表示),造成私人消费减少67亿美元(以-△C表示),使均衡点由E移至E′,从而促使国民收入减少200亿美元,恢复到充分就业水平OF,压缩了社会总需求,抑制通货膨胀的势头。

图 9-5　紧缩性的政府税收

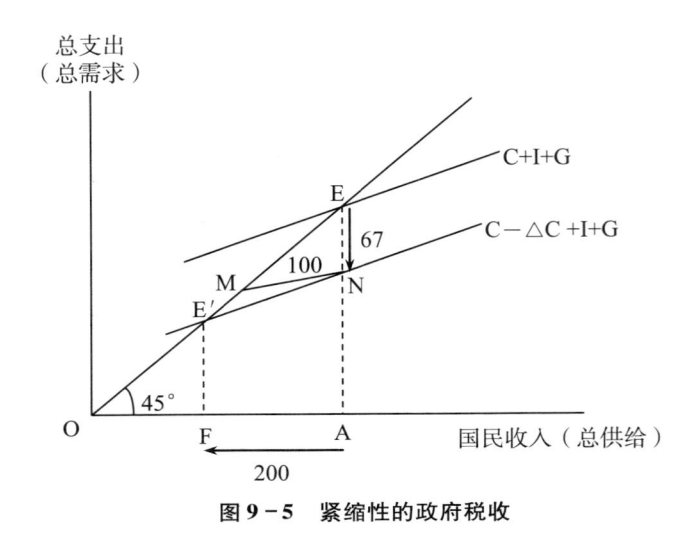

西方税收学界把这种自决的财政政策,称为"逆经济风向行事",即在经济高涨时期对之进行抑制,使经济不会过度高涨而引起通货膨胀,在经济衰退时期对之进行刺激,使经济不会严重萧条而引起失业,并认为这样就可以使经济实现既无失业又无通货膨胀的稳定增长。

9.3　非自决的财政政策

所谓非自决的财政政策,就是随着经济形势的周期性变化,一些政府支出和税收自动发生增减变化,从而对经济的波动发挥自动抵消作用。

之所以将它称为非自决的财政政策,是因为它不是政府斟酌经济形势变化后所决定的,而是一种非人为的自动调节。它不需要政府预先做出判断和采取措施,而是依靠财政税收制度本身所具有的内在机制,自行发挥作用,收到稳定经济的效果。正因为如此,这种非自决的财政政策也被称作"内在稳定器"。

9.3.1 自动变化的政府税收

从经济稳定的角度看,一般来说,当经济处于通货膨胀时,增加税收,缩小社会总需求是合乎需要的;而当经济倾向于衰退时,减少税收,扩大社会总需求则是比较有利的。在西方经济学家看来,税收制度可以具有这种自动调节社会总需求的内在稳定机制。这主要表现在累进的所得课税制度上。

个人所得税。个人所得税的课征有一定的起征点,并采用一定的累进税率,所以具有内在稳定作用。具体说来,在萧条时期,由于经济衰退,个人收入会减少,符合纳税规定的人数也相应减少,因而适用较高税率的税基缩小。这样,税收就会自动减少。由于税收的减少幅度会超过个人收入的减少幅度,税收便产生了一种推力,防止消费与投资需求过度紧缩,减缓经济的萎缩程度,从而收刺激经济复苏之效。在膨胀时期,由于经济高涨,个人收入会增加,符合纳税规定的人数也相应增多,因而适用较高税率的税基扩大,这样,税收就会自动增加。由于税收的增加幅度会超过个人收入的增加幅度,税收便产生了一种拉力,防止消费与投资需求过度膨胀,经济过度繁荣,从而收抑制通货膨胀之效。

公司所得税。公司所得税的课征同样有一定的起征点,并采用一定的累进税率,所以也具有内在稳定作用。具体说来,在萧条时期,由于经济衰退,厂商利润会减少,符合纳税规定的厂商也相应减少,因而适用较高税率的税基缩小。这样,税收就会自动减少。由于税收的减少幅度会大于厂商利润的减少幅度,税收便产生了一种推力,防止厂商投资需求过度减少,减缓经济萎缩程度,从而发挥反经济衰退的作用。在膨胀时期,由于经济高涨,厂商利润会增加,符合纳税规定的厂商也相应增多,因而适用较高税率的税基扩大,这样,税收就会自动增加。由于税收的增加幅度会大于厂商利润的增加幅度,税收便产生了一种拉力,防止厂商投资需求过度膨胀,经济过度繁荣,从而发挥反通货膨胀的作用。

如图9-6所示,假定政府支出G独立于国民收入,固定在一定的水平上,而税收T直接随国民收入Y的变化而变化。当经济出现衰退,也就是国民收入处于Y_2的低水平时,税收自动减少,从而导致政府预算赤字上升,倾向于扩大社会总需求;当经济过度繁荣,国民收入处于Y_3的高水平时,税收自动增加,从而预算由赤字趋向盈余,对社会总需求施加抑制作用。

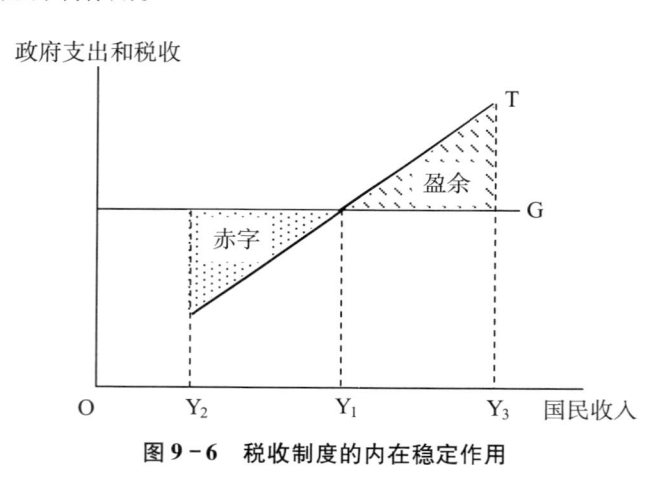

图9-6 税收制度的内在稳定作用

9.3.2 自动变化的政府支出

西方经济学家认为,不仅税收制度具有内在的稳定作用,政府支出的某些项目也可发挥同样的功效。这主要表现在公共支出中的各种转移性支出项目上。例如:

失业救济金。失业救济金的发放有一定的标准,它发放的多少主要取决于失业人数的多少。在经济萧条时期,随着国民收入下降,失业人数增多,失业救济金的发放就倾向于自动增加。失业救济金的增加就是转移性支出的增加,从而有利于抑制消费支出的下降,防止经济衰退的进一步严重化。在经济繁荣时期,随着国民收入上升,失业人数减少,失业救济金的发放就倾向于自动减少。失业救济金的减少同样是转移性支出的减少,从而有利于抑制消费支出的增加,消除可能发生的通货膨胀。

各种福利支出。各种福利支出都有一定的发放标准,发放的多少取决于就业与收入状况。在经济萧条时期,个人收入下降。随着符合接受福利支出条件的人数增加,作为转移性支出之一的福利支出倾向于自动增加。这样就有利于抑制私人消费支出的下降,防止经济衰退的进一步加剧。在经济繁荣时期,就业增加,个人收入上升。随着符合接受福利支出条件的人数减少,作为转移性支出之一的福利支出倾向于自动减少。这样就有利于抑制私人消费支出的增加,防止可能发生的通货膨胀。

农产品价格维持。按照西方国家通行的农产品维持法案,政府要把农产品价格维持在一定水平上。高于这一价格水平时,政府抛出农产品,压低农产品价格;低于这一价格水平时,政府收购农产品,提高农产品价格。这种农产品价格维持制度对经济活动的波动也是较为敏感的。在经济萧条时期,随着农产品价格下降,政府收购剩余农产品的支出自动上升,这样就会增加农场主的收入,维持他们既定的收入和消费水平。在经济繁荣时期,伴随着通货膨胀,农产品价格上升,政府抛出农产品。这样既可以抑制农场主收入和消费的增加,又可以稳定农产品价格,防止通货膨胀。

从上述分析可以看出,非自决财政政策的内在稳定程度或对经济的控制力量取决于如下三个因素:(1)个人所得税和公司所得税的起征点。起征点越低,稳定的作用就越大。(2)税率的累进程度。边际税率越高,累进程度越大,税收对收入的抑制就越强,稳定的作用也就越大。(3)转移性支出的规定条件。取得转移性支出的规定条件越低,转移性支出水平越高,稳定的作用就越大。

在西方经济学家看来,财政税收制度所具有的这种内在稳定作用是十分重要的。特别是在自决的财政政策因受各种主客观因素的限制而显得脆弱的时候,非自决的财政政策将会在消除经济周期的波动方面起很大的作用。据美国一个研究单位的统计,"内在稳定器"可以使国民生产总值减少 1/3 或更多的波动性。[①] 但西方经济学家也特别强调非自决财政政策作用的局限性。指出它只能配合自决的财政政策来稳定经济。单靠其本身作用并不足以稳定经济。在萧条时期,它只能减缓经济衰退的程度,而不能改变经济衰退的总趋势;在膨胀时期,它只能抑制过分的高涨,减缓通货膨胀的程度,而不能改变通货膨胀的总趋势。因此,要消除经济周期波动,除了依靠非自决财政政策的内在稳定作用之外,还必须采用更加有力的自决的财政政策措施。

9.4 供给学派的财政政策主张

供给学派是 70 年代后期在西方国家先后陷入战后最严重的经济衰退,高失业率和高通货膨胀率同时并存,而风行达半个世纪之久的凯恩斯主义对此既无法解释,又提不出解决办法的情况下兴起的一个经济学派。主要代表人物有:经济学家、哥伦比亚大学教授 R. A. 孟德尔,里根政府的经济顾问委员会成员、南加利福尼亚大学教授 A. B. 拉弗,哈佛大学经济学教授、马萨诸塞州国家经济研究局局长、里根政府的经济顾问委员会主席 M. 费尔德斯坦,美国国会议员 J. F. 肯普等。目前这一学派还没有形成一个比较完整的理论体系。本节仅就其基本理论观点和政策主张说明如下。

[①] 李建昌、高培勇:《当代美国财税教程》,世界知识出版社 1988 年版,第 195 页。

9.4.1 供给是经济发展的决定性因素——供给学派的理论基础

供给学派的理论观点,是围绕着如何使西方经济摆脱高失业率和通货膨胀率同时并存的所谓"滞胀"局面而展开的。他们把"滞胀"局面形成的原因,归咎于凯恩斯主义的需求管理政策。同时,又将走出"滞胀"困境的希望寄托于注重供给管理的政策。

供给学派认为,凯恩斯主义把需求作为经济活动的决定性因素,以为只要刺激总需求,就可以避免经济波动,使经济稳定发展,从而忽视了对经济发展真正起决定作用的劳动、储蓄-投资、生产等供给方面的因素。这种本末倒置的政策,引起了一系列的供给负效应。例如,对个人课税过重,降低了劳动者的工作热情,削弱了储蓄对人们的吸引力,是造成劳动生产率和投资下降的根源;对失业者给予失业救济金,不仅解决不了失业,反而助长了失业;用刺激总需求的方法来抑制经济衰退的结果却是降低了经济增长率;等等。在他们看来,对经济发展起决定作用的是厂商产品的供给,而不是对产品的需求。而且,在市场经济中,供给可自行创造出对它自己的需求。财政政策只需要刺激生产的增长,排除对生产的障碍,对产品的需求就会自行解决。由此他们得出结论,只有推行注重供给管理的政策,采用提高生产、增加供给的办法,才能解决"滞胀"问题,从而使经济走上既无失业又无通货膨胀的稳定发展的道路。

9.4.2 减税——供给学派的重要政策主张

既然供给是经济发展的决定性因素,那么如何才能刺激供给,推行什么样的政策才能促使产品供给增加呢?供给学派认为,减税是刺激供给、促使产品供给增加的一个重要政策手段。税率降低了,人们就会倾向于更多地工作和储蓄,厂商就会倾向于更多地投资和生产,从而产品供给势必增加。并且认为,税率降低,税款不会相应减少,因为减税而造成的产品供给即生产的扩大,会使税基扩大而形成新的税收来源。

按照供给学派的理论,产品供给的多少是由生产要素(包括自然资源、劳动力和资本)的投入水平以及生产要素的生产率所决定的。由于自然资源的供给受自然条件的限制,因而产品供给(也就是国民生产总值)增长的决定因素,主要是劳动投入水平、资本积蓄的增长率以及技术改进的速度。而税收对这三种因素都有着重要的影响。

从税收对劳动投入的影响看,课征个人所得税会对劳动投入产生两种效应:一是收入效应,人们由于纳税而导致可支配收入减少,为了维持以往的收入或消费水平,将倾向于增加劳动投入量。二是替代效应,人们由于纳税而降低劳动相对于闲暇的比价,使劳动、闲暇或两者的边际效益发生变化,将倾向于以闲暇代替劳动。收入效应和替代效应二者对劳动投入有相互抵消的作用,但在实行高累进税率的情况下,替代效应往往会大于收入效应。所以,一般来说,降低累进所得税率将会刺激人们的工作积极性,增加劳动投入量。

税收对资本积蓄的影响主要是通过对储蓄和投资的影响来体现的。这是因为,储蓄是投资的来源,增加固定资本投资可以提高生产率,扩大生产规模。税收对储蓄和投资的影响,也表现为收入效应和替代效应。从前者来看,储蓄是收入的函数,增加个人所得税,会减少个人可支配收入,从而减少私人储蓄和资本的形成。进一步看,从高收入者课征的税比从低收入者课征的税对储蓄投资会有更大的影响。累进程度较高的所得税率较累进程度较低的所得税率对储蓄投资会有更大的影响。反之,减少个人所得税,则会增加个人可支配收入,从而增加私人储蓄和资本的形成。从后者来看,增加对个人利息所得的课税,会减少利息收入,降低储蓄对人们的吸引力,导致人们以现期消费替代将来消费,而不愿增加私人储蓄,从而减少资本的形成。反之,减少对个人利息所得的课税,会增加利息收入,提高储蓄对人们的吸引力,导致人们愿以将来消费替代现期消费,从而增加私人储蓄和资本的形成。

供给学派还认为,不同的税收对储蓄和投资的影响是有区别的。相对于所得课税来说,商品课税较有利于储蓄和投资。这是因为,在税收负担的分配上,商品课税是累退的,高收入者负担的商品税在其收入中的比重远较低收入者为小,而高收入者的储蓄倾向又较低收入者为大。因此,商品课税对储蓄投资的影响较小,而且,商品课税并不会减少储蓄的利息收入,也可避免个人所得税对储蓄不利的替代效应。

储蓄只是厂商投资的一个必要条件。厂商投资的规模还要取决于预期利润率的高低、市场容量的大小以及厂商内部资金的多少等因素。税收对这些因素也会发生影响。税收特别是税率的变动可以引起净利润率、销售额以及税后利润和折旧基金的变动,从而引起厂商投资的变动。所以,增加厂商的纳税,可以导致厂商投资的减少;减少厂商的纳税,则可导致厂商投资的增加。

税收对技术改进速度的影响,主要是通过税收的优惠待遇来体现的。这就是通过纳税的优惠待遇(减少税负),对厂商增加新设备投资和进行研究与开发进行刺激与激励。

根据上述分析,供给学派得出结论,减税是促使产品供给增加的一个重要的政策手段。

在供给学派看来,降低税率在刺激产品供给的增长的同时,并不会造成税收收入的减少,而且还可能导致税收收入的增加。因为税收收入的多少是税基和税率共同作用的结果。若税率降低的同时,税基相应扩大,且税基扩大的幅度大于税率降低的幅度,税收收入就不会减少,反而会增加。要说明这个问题,需要分析税基对税率的弹性。

税基即课税对象(如所得额、财产额和商品流转额等)受人们经济行为的影响。改变税率可能引起人们调整经济行为,从而引起税基随之变动。税基对税率的反应程度就是税基对税率的弹性。这种弹性的大小是以税基的税率弹性系数(通常简称"税基弹性"),即税率的变动幅度与其所引起的税基的变动幅度之比来表示的。用公式表示就是:

$$税基的税率弹性系数 = \frac{税基变动的百分比}{税率变动的百分比}$$

若比 E_r^b 代表税基的税率弹性系数,以 b 代表税基,r 代表税率,$\triangle b$ 代表税基的变动额,$\triangle r$ 代表税率变动额,则上述公式可写成:

$$E_r^b = \frac{\triangle b}{b} / \frac{\triangle r}{r}$$

由于税率的变动同税基的变动一般是反方向的,即降低税率引起税基的扩大,提高税率引起税基的缩小,所以税基的税率弹性系数是负值。① 若该弹性系数小于-1($E_r^b < -1$),即表明税基弹性较小;若弹性系数大于-1($E_r^b > -1$),即表明税基弹性较大。

降低税率后,税收收入是增加还是减少,决定于税基弹性的大小,因为税收收入是税率变动和税基变动的综合结果。税率变动与税基变动对税收收入起着相反的作用。例如,降低税率的影响是减少税收收入,但税率降低引起税基扩大,税基扩大又可增加税收收入,如果税基弹性较大,即税基扩大的幅度大于税率降低的幅度,结果就会使税收收入增加。反之,如果税基弹性较小,即税基扩大的幅度小于税率降低的幅度,结果就会使税收收入减少。

供给学派的主要代表人物拉弗,把税率和税收之间的关系用一条曲线来说明,称为"拉弗曲线"(Laffer curve)。这条拉弗曲线就是根据税基弹性的原理绘出的。

---

① 在实际运用时,为了方便起见,一般都取绝对值。

70年代初期,拉弗转到美国联邦行政管理和预算局工作。1974年在华盛顿一家饭店进餐时,拉弗抓住福特总统的高级助手理查德·切尼也来赴宴的机会,竭力向他宣传自己的经济观点,特别是关于税率与税收之间的关系以及美国税率过高影响供给的理论。切尼请他用最简明的语言表述自己的观点。拉弗遂在餐巾上画出一条潦草的曲线(参见图9-7),这就是后来以他的名字命名的原始的"拉弗曲线"。

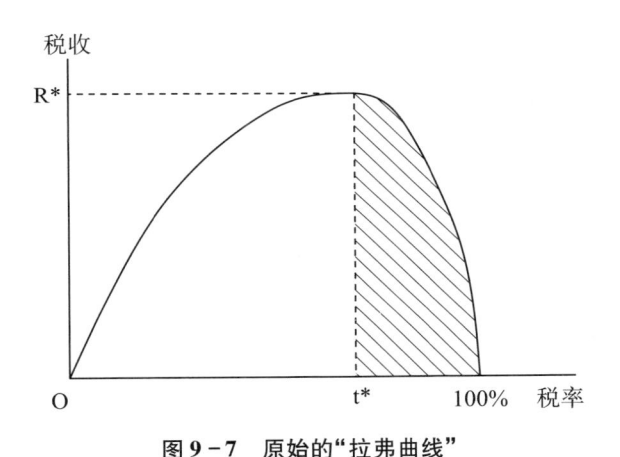

图9-7 原始的"拉弗曲线"

拉弗用这条曲线所表述的基本观点是,税率与税收之间存在一种函数关系。当税率较低时,税基弹性较小。当税率被提高到一个临界点之上时,如图9-7中的t^*点,税基弹性就变得较大了。所以,当税率在O—t^*之间时,由于税基弹性较小,提高税率可以增加税收。当税率在t^*—100%之间时,由于税基弹性较大,提高税率反将减少税收。当税率恰好在t^*的水平上时,税收最大,为OR^*,因此,可以说t^*点是最佳税率,而t^*—100%则是税率的"禁区"范围,即图9-7中的阴影部分。

拉弗认为,西方国家的税率特别是所得税税率已经过高,早已进入禁区。若能在此基础上降低税率,则不仅会刺激人们的劳动投入以及储蓄和投资的积极性,而且通过由此而导致的税基的相应扩大,还会造成税收收入的增加。

9.4.3　供给学派和凯恩斯主义"减税"主张的比较

供给学派是以反凯恩斯主义的面目出现的。既然它以减税作为其主要的税收政策主张,那么它和凯恩斯主义用于对付经济衰退的减税主张有什么区别呢?

对此,供给学派争辩说,从表面上看,两者所提的都是减税,似乎没有什么区别。但实际上,两个减税方案从目的到内容都存在着很大的差异:凯恩斯主义的减税方案目的在于刺激总需求,也就是刺激私人消费和投资需求的扩大,因此减税的重点是个人所得税;而供给学派减税方案的目的在于刺激总供给,也就是刺激厂商产品供给的扩大,因此减税的重点是公司所得税。凯恩斯主义提出的减税措施包括降低税率,以及免税和退税;供给学派提出的减税措施只包括降低税率,而不赞成采用免税和退税的方式。在供给学派看来,只有降低税率才能影响各种经济活动的相对价格,刺激劳动力和资本等生产要素的投入,以及作为投资必要条件的储蓄的增加,从而导致产品供给的扩大。免税和退税不能通过相对价格效应去刺激供给,而只通过收入效应刺激需求,它同供给学派注重供给管理的主张是相违背的。

尽管如此,供给学派和凯恩斯主义在宏观税收政策的目标问题上并无差异,即都将既无失业又无通货膨胀的经济稳定增长作为其财政政策主张所追求的目标。

供给学派的经济理论和财政政策主张对20世纪80年代美国里根政府的减税法案产生了很大的影响,成为其实施大规模减税的重要理论依据。

小　结

1. 财政政策，就是政府运用各种财政手段和措施，以实现一定时期的预定的宏观经济目标的政策。几十年来，西方国家从其所面临的最迫切的经济问题出发，一直把促进经济稳定增长，也就是使经济既维持充分就业，又避免通货膨胀，实现既无失业又无通货膨胀的经济稳定增长，作为财政政策的中心目标。

2. 根据财政政策在调节社会总需求过程中发挥作用方式的不同，可将财政政策区分为自决的和非自决的两大类。自决的财政政策，就是政府根据不同时期经济形势，相应采取变动政府支出和税收的措施，以消除经济波动。它又包括旨在反经济衰退的扩张性的财政政策和旨在反通货膨胀的紧缩性的财政政策两种。非自决的财政政策，就是随着经济形势的周期性变化，一些政府支出和税收自动发生增减变化，从而对经济的波动发挥自动抵消作用。这主要是通过累进的所得税制度和公共支出中的各种转移性支出项目来实现的。

3. 供给学派是20世纪70年代后期兴起的一个经济学派。这个学派将供给是经济发展的决定性因素视为其理论基础，并将减税作为其主要政策主张。以供给学派的主要代表人物拉弗的名字命名的"拉弗曲线"，揭示了税率和税收之间的函数关系，是这个学派关于减税政策主张的直观和形象化的表述。从表面上看，供给学派和凯恩斯主义都主张减税，但两者存在着很大的差异：前者减税的目的在于刺激供给，后者减税的目的在于刺激总需求；前者的减税措施只包括降低税率，后者除此之外，还包括免税和退税。

第3篇 税收:理论与结构

第 10 章 税收原则理论

一国政府在设计税制并通过税收取得公共收入时,必须考虑所采用的税制结构对于经济社会会产生怎样的影响。从根本上说,对经济社会不起影响作用的税收是不存在的。所不同的只是有多少起积极的作用,有多少起消极的作用。而要使税收充分发挥对经济社会的积极作用,税收制度的设计和实施是关键所在。税收原则就是政府在税收制度的设计和实施方面所应遵循的基本指导思想,也是评价税收制度优劣以及考核税务行政管理状况的基本标准。

古往今来,西方经济学家在历史发展的不同时期,总结、提出了不少的税收原则。这些税收原则,既是西方财政经济理论的重要组成部分,也是我们研究、分析西方国家税收制度的出发点。

本章先简要考察西方税收原则理论的演变情况,然后分别阐述当代西方经济学界所推崇的两大税收原则——税收公平原则和税收效率原则,最后对西方税收原则理论做一简要归纳。

10.1 税收原则理论的演变

10.1.1 威廉·配第的税收原则

按照西方经济学家的说法,税收原则的最早提出者是英国古典政治经济学创始人威廉·配第(William Petty,1623—1687)。威廉·配第一生写过不少经济学著作,其中最著名的代表作是《赋税论》和《政治算术》。在这两本著作中,他比较深入地研究了税收问题,第一次提出了税收原则(他当时称之为"税收标准")理论。

配第的税收原则是围绕公平负担税收这一基本观点来论述的。他认为当时的英国税制存在严重的弊端:税制紊乱、复杂,税收负担过重且极不公平。当时的英国处在早期资本主义阶段,封建的经济结构体制仍根深蒂固。表现在税收上,就是它"并不是依据一种公平而无所偏袒的标准来课征的,而是听凭某些政党或是派系的掌权者来决定的。不仅如此,赋税的征税手续既不简便,费用也不节省"。由此,配第提出税收应当贯彻"公平""简便""节省"三条标准。在他看来,所谓"公平",就是税收要对任何人、任何东西"无所偏袒",税负也不能过重;所谓"简便",就是征税手续不能过于烦琐,方法要简明,应尽量给纳税人以便利;所谓"节省",就是征税费用不能过多,应尽量注意节约。①

配第特别强调税收的经济效果,反对重税负。"如果国王确能按时得到他所需要的款项,则预先将税款全部从臣民手中征收过来,并把它储藏在自己的金库中,这对于他自己也是一种很大的损失。因为货币在臣民手中是能够通过贸易而增值的,而储藏在金库之中不单对自己没有用处,而且容易为人求索而去或被浪费掉。"②配第认为,过分征收赋税,会使国家资本的生产力相应地减少,因而是国家的损失。他主张,在国民经济的循环过程中把握住税收的经济效果,根据税收经济效果的优劣相应决定税制结构的取舍。

---

① 威廉·配第:《政治算术》,《配第经济著作选集》,陈冬野等译,商务印书馆1981年版,第72页。
② 威廉·配第:《赋税论献给明人士　货币略论》,陈冬野等译,商务印书馆1978年版,第30页。

10.1.2 攸士第的税收原则

继威廉·配第之后,德国新官房学派的代表人物攸士第(Johan Heinrich Gottlobs von Justi,1750—1711)亦对税收原则做出过相应阐述。

攸士第的代表作《国家经济论》共分两卷,在第二卷第一部分"国家收入论"中,他以征收赋税必须注意不得妨碍纳税的经济活动为出发点,就征收赋税的方法提出了如下六大原则:

1. 促进主动纳税的征税方法。即赋税应当自愿缴纳。

2. 侵犯臣民的合理的自由和增加对产业的压迫。即赋税要不危害人民的生活和工商业的发展,也不要不正当地限制人民的自由。

3. 平等课税。即赋税的征收要做到公平合理。

4. 具有明确的法律依据,征收迅速,其间没有不正当之处。即赋税要确实,须对一定的目标征收,征收的方法也要做到不易避免。

5. 挑选征收费用最低的商品货物征税。即赋税的征收费用不能过度,须和国家的政治原则相适应。

6. 纳税手续简便,税款分期缴纳,时间安排得当。即赋税应在比较方便的时候,以为人民所接受的方式缴纳。[1]

攸士第有关税收原则的许多思想为后来英国的亚当·斯密所吸收,成为亚当·斯密著名的"税收四原则"的重要组成部分。如斯密的第一税收原则(平等原则)就是攸士第的第三税收原则;斯密的第二税收原则(确实原则)也就是攸士第的第四税收原则;斯密的第三税收原则(便利原则)就是攸士第的第六税收原则;斯密的第四税收原则(最少征收费用原则)又正与攸士第的第二、第五税收原则相对应。由此

---

[1] 参阅坂入长太郎:《欧美财政思想史》,张淳译,中国财政经济出版社1987年版,第79—80页。

可见攸士第在税收原则理论方面的贡献和地位。

10.1.3 亚当·斯密的税收原则

第一次将税收原则提到理论的高度,明确而系统地加以阐述者是英国古典政治经济学家亚当·斯密(Adam Smith,1723—1790)。斯密所处的时代正是自由资本主义时期,当时的欧洲,政治上社会契约说思潮甚为流行,个人主义自由放任的经济学说也正风行当时。作为新兴资产阶级的代表人物,斯密极力主张"自由放任和自由竞争",政府要少干预经济,特别不能去干涉生产自由,要让价值规律这只"看不见的手"自动调节经济的运行。政府的职能应仅限于维护社会秩序和国家安全。以这种思想为主导,斯密在其经济学名著《国民财富的性质和原因的研究》中提出了税收的四项原则:

1. 平等原则

斯密对"平等"含义的解释是,公民应根据自己的纳税能力来承担政府的经费开支,按照其在国家保护之下所获得收入的多少来确定缴纳税收的额度。"一切公民,都须在可能范围内,按照各自能力的比例,即按照各自在国家保护下享得收入的比例,缴纳国赋,以维持政府。""一个国家的各个人须缴纳政府费用,正如一个大地产的公共租地者须按照各自在该地产上所受益的比例,提供它的管理费用一样"[①],具有按利害关系比例缴纳贡献的义务。基于此,斯密主张:取消一切免税特权,即取消贵族僧侣的特权,让他们与普通国民一样依法纳税;税收"中立",即征税尽量不使财富分配的原有比例发生变化,尽量不使经济发展受影响;税收依负担能力而课征,即依每个国民在国家保

---

① 亚当·斯密:《国民财富的性质和原因的研究》下卷,郭大力、王亚南译,商务印书馆1974年版,第384页。

护之下所获得的收入课征。

2. 确定原则

斯密指出,课税必须以法律为依据。"各公民应当完纳的赋税,必须是确定的,不得随意变更。完纳的日期、完纳的方法、完纳的数额,都应当让一切纳税人及其他人了解得十分清楚明白。如果不然,每个纳税人,就多少不免为税吏的权力所左右。"[1]这一原则是为了杜绝税务官员的任意专断征税,以及恐吓、勒索等行为。在他看来,税收不确定比税收不平等对公民的危害更大。

3. 便利原则

斯密指出,税收的征纳手续应尽量从简。"各种赋税完纳的日期以及完纳的方法,须予纳税人以最大的便利。"[2]在时间上,应在纳税人收入丰裕的时候征税,不使纳税人感到纳税困难;在方法上,应力求简便易行,不让纳税人感到手续繁杂;在地点上,应将税务机关设在交通方便的场所,使纳税人纳税方便;在形式上,应尽量采用货币形式,以免纳税人因运输实物而增加额外负担。

4. 最少征收费原则

斯密强调,在征税过程中,应尽量减少不必要的费用开支,所征税收尽量归入国库,使国库收入同人民缴纳的差额最小,即征收费用最少。"一切赋税的征收,须设法使人民所付出的,尽可能等于国家所得的收入。如人民所付出的,多于国家所收入的",那很可能是由于以下四种弊端之故:(1)税务官吏过多,这些官吏,不但要耗费大部分税款贪污中饱,而且为得额外收入而另征附加赋税;(2)税收妨碍了生产活

---

[1] 亚当·斯密:第385页。
[2] 同上。

动,使可供纳税的资源缩减乃至消失;(3)对逃税的处罚,没收逃税者的资本,导致他们破产,从而使他们丧失通过运用资本所获的收益,造成社会的损失;(4)税吏频繁地登门及可厌的稽查,常使纳税人遭受极不必要的麻烦、困扰和压迫,成为纳税人负荷的一些黑费用。因此,斯密认为,从税制的设计上排除这些东西,是贯彻最少征收费原则的关键所在。

亚当·斯密的税收四原则是针对当时苛重复杂的税收制度、税负不公以及征收机构的腐败苛扰情况,在总结前人的税收原则理论基础上提出的。他的税收原则理论不仅成为当时西方各国制定税收制度与规范的理论指导,也对后世税收原则理论的发展有重要的影响。

10.1.4 萨伊的税收原则

让·巴蒂斯特·萨伊(J. B. Say,1761—1832)是法国经济学家。他所处的时代是法国资产阶级革命后社会矛盾开始激化的时期。萨伊认为,政府征税就是向私人征收一部分财产,充作公共需要之用,课征后不再返还给纳税人。由于政府支出不具生产性,所以最好的财政预算是尽量少花费,最好的税收是税负最轻的税收。据此,他提出了税收的五项原则:

1. 税率最适度原则

他认为,政府征税事实上是剥夺纳税人用于满足个人需要或用于再生产的产品,所以税率越低,税负越轻,对纳税人的剥夺越少,对再生产的破坏作用也越小。

2. 节约征收费用原则

萨伊以税收征收费用对人民是一种负担,对国家也没有益处为由,主张节省征收费用。一方面尽量减少纳税人的负担烦扰,另一方面也不给国库增加困难。

3. 各阶层人民负担公平原则

他认为当每个纳税人承受同样的（相对的）税收负担时，每个人的负担必然是最轻的，如果税负不公平，不但损害个人的利益，同时有损于国家的收入。

4. 最小程度妨碍生产原则

他认为所有的税都是有害于再生产的。因为它妨碍生产性资本的积累，最终危害生产的发展。所以，对资本的课税应当是最轻的。

5. 有利于国民道德提高原则

萨伊认为，税收除具有取得公共收入的作用外，还可作为改善或败坏人民道德、促进勤劳或懒惰以及鼓励节约或奢侈的有力工具。因此，政府征税必须着眼于普及有益的社会习惯和增进国民道德。这项原则可说是他对税收原则理论的补充和发展。

10.1.5 瓦格纳的税收原则

19世纪下半叶，德国新历史学派的代表人物阿道夫·瓦格纳（Adolf Wagner，1835—1971）集前人税收原则理论的大成，进一步发展了税收原则理论。瓦格纳所处的时代是自由资本主义向垄断资本主义转化和形成的阶段。当时资本日益集中，社会财富分配日益悬殊，社会矛盾甚为激烈。为了解决这些矛盾，以瓦格纳为代表的德国新历史学派倡导社会改良，主张国家运用包括税收在内的一切政府权力，调节社会生产。

瓦格纳在其《财政学》一书中写道："从财政上的意义来看，赋税是作为对公共团体事务设施的一种报偿，根据一般的原则与标准，按公共团体单方所规定的方法，……以其主权为基础，强制地向个人征收赋课物。从社会政策的意义上来看，赋税是在满足财政需要的同时，或者无论财政有无必要，以纠正国民所得的分配和国民财产的分配，调整个人所得和以财产的消费为目的而征收赋课物。"①瓦格纳认为,税收不能理解为单纯的从国民经济年产物中的扣除部分。除此之外,它还包括有纠正分配不公平的积极目的。也就是说,税收一方面有获得公共收入的纯财政的目的,另一方面又有运用权力对所得和财产分配进行干预和调整的社会政策的目的。以这种思想为基础,瓦格纳将税收原则归纳为四大项九小点(亦称"四项九端原则"):

1. 财政政策原则

又称为公共收入原则。即税收要以供给公共支出、满足政府实现其职能的经费需要为主要目的。为此他提出了收入充分和收入弹性两个具体原则:

(1)收入充分原则,是指在从非税收入来源不能取得充分的公共收入时,可依靠税收充分满足政府财政的需要以避免产生赤字。同时他还认为,由于社会经济的发展,政府职能将不断地扩大,从而论证了公共支出持续、不断增长的规律,即通常所说的"瓦格纳法则"。因此要求税收制度能够充分满足公共支出不断增长的资金需要。

(2)收入弹性原则,是指税收要能随着财政需要的变动而相应增减。特别是在财政需要增加或税收以外的其他收入减少时,可以通过增税或税收的自然增收相应地增加公共收入。

实现收入充分和收入弹性的原则,关键在于税制结构的合理设计。他认为可以把间接税作为主要税种,它能够随着人口增加、国力增强以及课税商品的增多而使税收自动增加;但它也可能因社会经济情况的变化,而使税收暂时下降,故还应注意以所得税或财产税作为辅助税种。

---

① 转引自坂入长太郎:《欧美财政思想史》,第304—305页。

2. 国民经济原则

即政府征税不应阻碍国民经济的发展，更不能危及税源。在可能的范围内，还应尽可能有助于资本的形成，从而促进国民经济的发展。为此，他提出了慎选税源和慎选税种两个具体原则：

(1) 慎选税源原则，是指要选择有利于保护税本的税源，以发展国民经济。从发展经济的角度考虑，以国民所得为税源最好。若以资本或财产为税源，则可能伤害税本。但他同时强调，并不能以所得作为唯一的税源。如果出于国家的经济、财政或社会的政策需要，也可以适当地选择某些资本或财产作为税源。

(2) 慎选税种原则，是指税种的选择要考虑税收负担的转嫁问题。因为它关系到国民收入的分配和税收负担的公平，所以，他要求研究税收的转嫁规律，尽量选择难以转嫁或转嫁方向明确的税种。

3. 社会正义原则

税收可以影响社会财富的分配以至影响个人相互间的社会地位和阶级间的相互地位。因而税收的负担应当在各个人和各个阶级之间进行公平的分配，即要通过政府征税矫正社会财富分配不均、贫富两极分化的流弊，从而缓和阶级矛盾，达到用税收政策实行社会改革的目的。这一原则又分为普遍和平等两个具体原则：

(1) 普遍原则，是指税收负担应普及到社会上的每个成员，每个公民都应有纳税义务。不可因身份或社会地位特殊而例行免税。要做到不偏不倚。

(2) 平等原则，是指应根据纳税能力大小征税，使纳税人的税收负担与其纳税能力相称，为此，他主张采用累进税制，对高收入者税率从高，对低收入者税率从低，对贫困者免税。同时对财产和不劳而获所得加重课税，以符合社会政策的要求。

4. 税务行政原则

这一原则体现着对税务行政管理方面的要求,是对亚当·斯密的税收三原则(第二至第四项原则)的继承和发展。具体包括三方面内容:

(1)确实原则,即税收法令必须简明确实,税务机关和税务官员不得任意行事。纳税的时间、地点、方式、数量等须预先规定清楚,使纳税人有所遵循。

(2)便利原则,即纳税手续要简便,纳税时间、地点、方式等,要尽量给纳税人以便利。

(3)节省原则,即税收征收管理的费用应力求节省,尽量增加国库的实际收入。除此之外,也应减少纳税人因纳税而直接负担或间接负担的费用开支。

瓦格纳所提出的税收原则,是资本主义从自由市场竞争阶段进入垄断阶段,在社会矛盾激化过程中产生的多中心的税收原则。在他的税收原则中,各家的学说都得到了相应的归纳和反映。正因为如此,西方经济学界视瓦格纳为前人税收原则理论的集大成者。

10.2 税收与公平

从 10.1 的描述中可以得到这样一个印象,税收原则不是抽象的、主观臆想的东西,而是在一定的客观经济基础上总结、提出的,并为当时的经济社会发展服务的。也就是说,税收原则总是同特定的经济社会发展状况密切相关的。

那么,在现代经济条件下,西方经济学家所推崇的税收原则是什么呢?

当代西方经济学界关于税收原则的理论,主要渊源于凯恩斯主义及福利经济学的思想,且基本上是围绕着税收在现代经济生活中的职能作用来立论,并据此从各个不同的角度提出了这样或那样的税收原则。但综合看来,比较一致、带有倾向性的提法是两大原则,即税收公平原则和税收效率原则。本节先讨论税收公平原则,税收效率原则留待下一节讨论。

10.2.1 税收公平的意义

在当代西方经济学家看来,税收公平原则(principle of tax equity)是设计和实施税收制度的最重要或首要的原则。

税收公平的重要性在很大程度上取决于政府和纳税人对公平的自然愿望。一方面,税收的公平性对于维持税收制度的正常运转必不可少。例如,要使纳税人如实申报并依法纳税,必须使其相信税收是公平征收的,对每一个纳税人都是公平的。如果人们看到与他们富裕程度相同甚至远较他们富裕的邻人少缴很多税甚至享受免税待遇,如果人们认为现实税制存在着偷漏税或避税的现象,纳税人的信心就要下降,纳税人很可能会因此而千方百计地逃税以至抗税。另一方面,税收矫正收入分配不均或悬殊的作用,对于维护社会稳定,避免爆发革命或社会动乱也是不可或缺的。这也正是自威廉·配第、亚当·斯密以来的许多经济学家都将"公平""平等"原则置于税收诸原则之首的原因所在。

那么,税收公平的含义是什么?又怎样才能使税收对所有纳税人都做到公正对待呢?

按照西方经济学界的解释,税收公平原则就是指政府征税要使各个纳税人承受的负担与其经济状况相适应,并使各个纳税人之间的负担水平保持均衡。它可以从两个方面来把握:一是经济能力或纳税能力相同的人应当缴纳数额相同的税收,即以同等的方式对待条件相同的人。税收不应是专断的或有差别的。这称作"横向公平"(亦称作"横的公平"或"水平公平")。二是经济能力或纳税能力不同的人应当缴纳数额不同的税收,即以不同的方式对待条件不同的人。这称作"纵向公平"(亦称作"纵的公平"或"垂直公平")。

不难看出,公平是相对于纳税人的纳税条件来说的,而不单是税收本身的绝对负担问题。或者说,税收公平问题不能孤立地看税负本身,而要联系纳税人的经济能力或纳税能力。税收负担要和纳税人的经济能力或纳税能力相适应。

10.2.2 衡量税收公平的标准

要使税收既做到横向公平,又保证纵向公平,一个关键的问题,是要弄清公平是就什么来说的,即要确定以什么标准来衡量税收公平与否。迄今为止,西方经济学界对此问题的解释大体上有两种,即受益原则和负担能力原则。

1. 受益原则

亦称"利益说"。即根据纳税人从政府所提供公共服务中获得效益的多少,判定其应纳多少税或其税负应为多大。获得效益多者应多纳税,获得效益少者可少纳税,不获得效益者则不纳税。

从表面上看,这一原则有一定的合理性。既然人们在日常生活中要偿付从私人经济中所得到的商品和劳务,那么人们也应对具有公益性的政府支出,按照其获得效益的多少做出相应分摊。如果税收不是按照纳税人享受政府支出效益的多少来课征的,政府提供的公共服务就成为对使用者的一种补助金。因为有些人享受这种服务是在其他人蒙受损失的情况下进行的。

实际上,这种说法有着很大的局限性。它只能用来解释某些特定的征税范围,而不能推广到所有场合。如它可用来说明汽车驾驶执照税、汽油消费税、汽车轮胎税等税种,是根据纳税人从政府提供的公路建设支出获得效益的多少来征收的,但却不能说明政府的国防、教育、社会福利支出的受益和纳税情况。每个人从国防和教育支出获得的效益很难说清,也就不可能根据每个人的受益情况确定其应纳税额的多少。至于社会福利支出,主要是由穷人和残疾人享受的,在他们的纳税能力很小甚至完全没有纳税能力的条件下,又如何根据受益原则向他们多征税呢?所以,就个别税种来说,按受益原则征税是可能的,也是必要的,但就税收总体来说,按受益原则来分摊则是做不到的。显然,这条原则只能解决税收公平的一部分问题,而不能解决有关税收公平的所有问题。

2. 支付能力原则

亦称"能力说"。即根据纳税人的纳税能力,判定其应纳多少税或其税负应为多大。纳税能力大者应多纳税,纳税能力小者可少纳税,无纳税能力者则不纳税。

在西方经济学界,这是迄今公认的比较合理也易于实行的标准。但如前所述,同意按照纳税能力征税是一回事,怎样测度纳税人的纳税能力是另一回事。西方经济学界对纳税能力如何测度的问题说法不同,其中主要存在着主观说和客观说的争议。

客观说主张以纳税人拥有财富的多少作为测度其纳税能力的标准。由于财富多用收入、财产和支出来表示,纳税人的纳税能力的测度,也就可具体分为收入、财产和支出三种尺度。

收入通常被认为是测度纳税人纳税能力的最好尺度。因为收入最能决定一个人在特定时期内的消费或增添其财富的能力。收入多者表示其纳税能力大,反之则小。美国芝加哥大学著名经济学家亨利·西蒙斯曾指出,所有税收,不论其名义基础如何,都应当是落在个人收入上面。① 但问题在于,收入一般是以货币收入来计算的,而许多纳税人可取得除货币以外的实物收入,对实物收入不征税显然不够公平。纳税人的收入也有多种来源,既包括有勤劳收入,亦包括有不劳而获的意外收入或其他收入。对不同来源的收入不加区分,统统视作一般收入来征税,亦有失公平。收入并不是衡量纳税人相对经济地位的足够精确的指示器。极端的例子是,一个窖藏黄金的人和一个乞丐,都可能是"零收入"者(即收入方面为零的意思),但不会有人认为他们具有同等的纳税能力,因为财产的所有权也是对经济资源的控制。如果仅按收入征税,即使从横向的意义上看,也不可能认为是公平的。

财产也可以被认为是衡量纳税人的纳税能力的合适尺度。财产代表着纳税人的一种独立的支付能力。一方面纳税人可以利用财产赚取收入,仅仅拥有财产本身也可使其产生某种满足;另一方面纳税人通过遗产继承或受赠等增加的财产拥有量,的确会给其带来好处,增加其纳税能力。但按纳税人拥有的财产来衡量其纳税能力,亦有一些缺陷:一是数额相等的财产并不一定会给纳税人带来相等的收益;二是有财产的纳税人中,负债者与无债者情况不同,财产中的不动产与动产情况也不同;三是财产情形多样,实践上难以查核,估值颇难。

消费支出可作为测度纳税人的纳税能力的又一尺度。消费充分反映着一个人的支付能力。日常生活中消费多者,其纳税能力必大,消费少者,其纳税能力必小。而且,个人消费支出也可通过纳税人的总收入情况来估算,进而可根据消费支出数字设计税率。英国剑桥大学的尼古拉·卡尔多曾指出,作为课税基础的应当是消费,而不是收入。衡量一个人实际上从经济中抽出多少资源作为个人使用的最好尺度就是消费。如果一个人对其消费能力予以节俭,即将一部分收入用作储蓄,则

---

① 转引自阿图·埃克斯坦:《公共财政学》,第 82 页。

应在税收上予以鼓励,可不将用作储蓄的部分计入课税基础。因为储蓄可以转化为投资,从而提高总的生产能力。如果一个人的消费额度超过其收入额度(如赊购或动用其过去的储蓄),他就应该按其消费额度多缴税。因为消费会减少资本储备,不利于总的生产能力的扩大。这实际上是主张用加重课税的办法限制消费,而用税收减免的办法鼓励储蓄。但它也有不足之处:不仅按消费支出纳税会延误国家税收及时入库,而且由于不同个人、家庭的消费倾向大小不同,如甲、乙两人,每个家庭消费费用都为 1000 美元,但甲每年收入是 2000 美元,乙仅为 1000 美元,若都以其支出数字确定纳税能力,也会产生不公平。

从客观说所主张的三种衡量纳税人能力的尺度来看,无论哪一种都难免片面性。绝对准确且公允的测度纳税能力的尺度,实际上难以找到。现实并可行的办法只能是,以一种尺度为主,同时兼顾其他两种尺度。

主观说主张以纳税人因纳税而感受的牺牲程度大小作为测定其纳税能力的尺度。而牺牲程度的测定,又以纳税人纳税前后从其财富得到的满足(或效用)的差量为准。这种说法认为,对纳税人而言,纳税无论如何都是经济上的牺牲,其享受与满足程度会因纳税而减小。从这个意义讲,纳税能力也就是忍耐和承担的能力。如果税收的课征,能使每一纳税人所感受的牺牲程度相同,那么,课税的数额也就同各自的纳税能力相符,税收就公平。否则就不公平。具体又有均等牺牲、比例牺牲和最小牺牲三种尺度。

均等牺牲(亦称"等量绝对牺牲"),要求每个纳税人因纳税而牺牲的总效用相等。按照边际效用递减原理,人们的收入与其边际效用呈反方向变化,收入越多,边际效用越小;收入越少,边际效用越大。也就是低收入者的货币边际效用大,高收入者的货币边际效用小(参见图 10-1)。

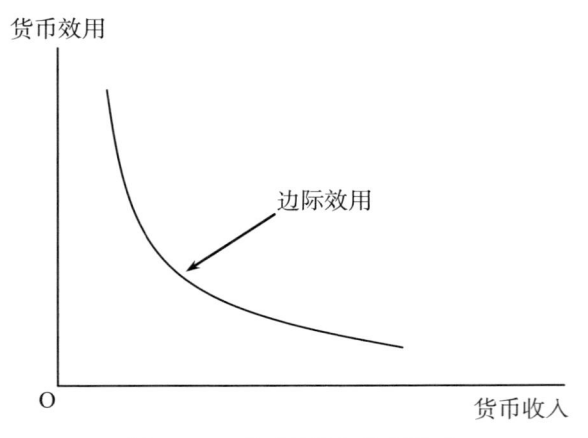

图 10-1　货币的边际效用递减

据此,西方经济学家认为,如果对边际效用大的收入和边际效用小的收入征收同样比例的税,则前者的牺牲程度就要大于后者,这样的税收就是不公平的。所以,为使每个纳税人牺牲的总效用相等,就须对边际效用小的收入部分征高税,对边际效用大的收入部分征低税。或者说,对高收入者征高税,对低收入者征低税。

比例牺牲(亦称"等量比例牺牲"),要求每个纳税人因纳税而牺牲的效用与其收入成相同比例。西方经济学家认为,虽然与纳税人收入增加相伴随的是边际效用的减少,但高收入者的总效用总是要比低收入者的总效用大。为此,须对所获总效用大者(即收入多者)多征税,对所获总效用小者(即收入少者)少征税,从而有可能使征税后各纳税人所牺牲的效用与其收入成相同比例,以实现税收公平的目的。

最小牺牲(亦称"等量边际牺牲"),要求社会全体因纳税而蒙受的总效用牺牲最小。要做到这一点,就纳税人个人的牺牲来讲,如果某甲纳税的最后一个单位货币的效用,比某乙纳税的最后一个单位货币的效用为小,那么,就应该将某乙所纳的税收加到某甲身上,使得二者因纳税而牺牲的最后一个单位货币的边际效用相等。就社会全体来说,要让每个纳税人完税后因最后一单位税收而损失的收入边际效用彼此相等,故须从最高收入者始递减征税,对最低收入者实行免税。

从主观说所提出的三种尺度来看,一个共同特点,是它们都是以主观唯心论作为理论推断的基础,而缺乏客观的科学依据,故都难以赢得西方经济学界的普遍承认。但就其实际影响而言,最小牺牲设想较为周到,亦言之成理,所获评价较其他两种尺度更高一些,流行较广。

10.3 税收与效率

10.3.1 税收效率的意义

西方经济学家所倡导的税收效率原则,其含义是多方面的。从资源配置的角度讲,税收要有利于资源的有效率的配置,使社会从可用资源的利用中获得最大效益;从经济机制的角度看,税收要有利于经济机制的有效运行,不仅可使微观经济效益提高,宏观经济也要稳定增长;从税务行政的角度说,税务行政要讲求效率,税收制度须简便,征纳双方的费用要节省;等等。也就是说,税收效率原则就是要求政府征税有利于资源的有效配置和经济机制的有效运行,提高税务行政和管理效率。它可分为税收的经济效率原则和税收本身的效率原则两个方面。

10.3.2 税收的经济效率原则

税收的经济效率原则,旨在考察税收对社会资源配置和经济机制运行的影响状况。而检验税收经济效率的标准,在于税收的额外负担最小化和额外收益最大化。

前已说过,西方经济学家用所谓帕累托效率来解释经济效率。按照帕累托效率,经济效率的实际含义可以解释为:经济活动上的任何措施都应当使"得者的所得多于失者的所失"。或者从全社会看,宏观上的所得要大于宏观上的所失。如果做到了这一点,经济活动就可说是具有效率的。

把帕累托效率概念应用于税收,西方经济学家认为,税收的征收活动同样存在"得者的所得和失者的所失"的比较问题。在他们看来,税收在将社会资源从纳税人手中转移到政府部门的过程中,势必会对经济发生影响。若这种影响限于征税数额本身,乃为税收的正常影响(负担);若除这种正常影响(负担)之外,经济活动因此受到干扰和阻碍,社会利益因此而受到削弱,便产生了税收的额外负担;若除正常影响(负担)之外,经济活动还因此而得到了促进,社会利益因此而得到增加,便产生了税收的额外收益。

西方经济学家将税收的额外负担区分为两类:一是资源配置方面的额外负担。政府征税一方面减少私人部门支出,另一方面又增加政府部门支出。若因征税而导致的私人经济利益损失大于因征税而增加的社会经济利益,即发生税收在资源配置方面的额外负担。二是经济运行机制方面的额外负担。税收作为一种强制和无偿的国家占有,总会对纳税人的经济行为发生影响。若因征税对市场经济的运行发生了不良影响,干扰了私人消费和生产的正常或最佳决策,同时相对价格和个人行为方式随之变更,即发生税收在经济机制运行方面的额外负担。而不论发生在哪一方面的额外负担,都说明经济处于无效率或低效率的状态。税收的额外负担越大,意味着给社会带来的消极影响越大。

一个典型的例子,是18世纪英国政府开征的所谓"窗户税"。当时许多纳税人为逃避此税,采取了用砖将窗户砌死的办法。结果很明显,一方面,纳税人为避税而砌死窗户,减少了光线、通风等舒适感;另一方面,因纳税人将窗户砌死,窗户税形同虚设,政府并未从中获得任何利益。可以看出,因政府征税而使社会付出的代价(牺牲)超过了政府实际得到的好处。这就是说,英国政府的"窗户税"给社会带来了额外负担(该税开征不久即予废止)。

还可以用图示(参见图 10-2)进一步说明这个问题。在图 10-2 中,为了简化起见,假设政府征税之前某种产品的供给曲线 S_0 是一条与横轴平行的线,它与需求曲线 D 相交于 E 点,由此决定的均衡价格为 P_0,均衡产量为 Q_0,厂商的收入为 OP_0EQ_0。政府征税之后,厂商将税款 T 加入价格,产品的价格提高到 P_1。随着价格提高,需求量下降,均衡产量减少为 Q_1。这时,厂商的收入变为 $OP_1E'Q_1$,政府获得的税收为 $P_0P_1E'C$,而 $CE'E$(图中阴影部分)既没有为厂商所得,也没有被政府拿走,而是随着政府征税而无形中损耗了。所损耗的这部分收益就是税收的额外负担。它说明,由政府征税,使消费者行为发生扭曲(因价格人为地提高而减少需求量),从而导致消费者剩余的减少大于政府实际征课的税收。政府征税,也会使生产者行为发生扭曲,本书第 12 章将对此做更详细的分析。因此,政府征税应当遵循这样一个原则:征税必须使社会承受的额外负担为最小,以最小的额外负担换取最大的经济效率。

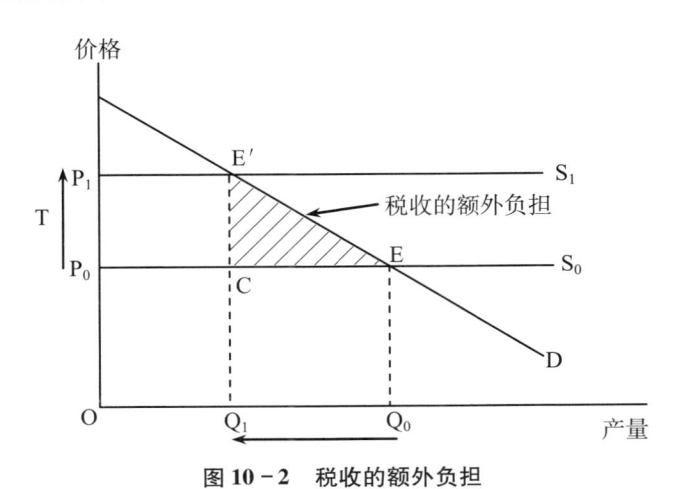

图 10-2 税收的额外负担

在西方经济学家看来,降低税收额外负担的根本途径,在于尽可能保持税收对市场机制运行的"中性"。所谓税收中性,包括两方面的含义:其一,政府征税使社会所付出的代价应以征税数额为限,除此之外,不能让纳税人或社会承受其他的经济牺牲或额外负担;其二,政府征税应当避免对市场机制运行发生不良影响,特别是不能超越市场而成为影响资源配置和经济决策的力量。应当依靠市场机制那只"看不见的手"。后一种含义在西方经济学界占有较重要的地位。

税收中性实际上只是一种说法。在现实经济生活中,税收对经济的影响不可能限于征税数额本身而保持"中性"。也就是说,税收额外负担的发生通常不可避免。因此,倡导税收中性的实际意义在于:尽可能减少(并非完全避免)税收对经济的干扰作用"度",尽量压低(并非完全取消)因征税而使纳税人或社会承受的额外负担"量"。

西方经济学界用税收的经济调节作用来解释税收的额外收益。他们认为,政府征税一方面可以取得公共收入,满足公共支出的需要,另一方面也可将政府的意图体现在税收制度和政策中,达到稳定经济的目的。他们同时强调,税收的经济调节作用只有在市场机制发生失灵,即单纯依靠市场机制那只"看不见的手"不能保证经济稳定增长的时候,才会产生额外收益。否则,由此而产生的很可能是额外负担。

在他们看来,增加税收额外收益的主要途径,在于重视税收的经济杠杆作用,区别各种不同情况,适时采用灵活、有效的调整措施,使经济保持在充分就业和物价稳定的水平。

10.3.3 税收本身的效率原则

税收本身的效率原则,旨在考察税务行政管理方面的效率状况。而检验税收本身效率的标准,在于税收成本占税收收入的比重数字。

也就是,是否以最小的税收成本取得了最大的税收收入。或者,税收的"名义收入"(含税收成本)与"实际收入"(扣除税收成本)的差距是否最小。

所谓税收成本,是指在税收征纳过程中所发生的各类费用支出。它有狭义和广义之分。狭义的税收成本亦称"税收征收费用",专指税务机关为征税而花费的行政管理费用。具体包括:税务机关工作人员的工资、薪金和奖金支出;税务机关办公用具和办公设备支出;税务机关在征税过程中因实施或采用各种方法、措施而支出的费用;税务机关为进行及适应税制改革而付出的费用;等等。广义的税收成本除税务机关征税的行政管理费用外,还包括纳税人在按照税法规定纳税过程中所支付的费用,即"税收奉行费用"。具体包括:纳税人因填写纳税申报表而雇用会计师、税务顾问或职业报税者所花费的费用;企业厂商为个人代缴税款所花费的费用;纳税人花在申报税收方面的时间(机会成本)和交通费用;纳税人为逃税、避税所花费的时间、精力、金钱以及因逃税、避税未成功而受的惩罚;等等。

税收征收费用相对来说容易计算,即使有些数字不明显,也可估价解决,故可用税收征收费用占全部税收收入的比重为衡量指标。税收奉行费用则相对不易计算,特别是纳税人所花费的时间、心理方面的代价,更无法用金钱来计算,故没有精确的指标加以衡量。亦有人将其称为"税收隐蔽费用"。所以,各国政府对其税收本身效率的考察,基本上是以税收征收费用占全部税收收入的比重数字为主要依据的。比重越低,说明税收成本越小,以较小的税收成本换取了较多的税收收入;比重越高,说明税收成本越大,取得税收收入是以相当多的税收成本为代价的。

税收征收费用占税收收入的比重这一指标的作用也是多方面的。除了用于考察衡量政府税收本身是否具有效率之外,还可用于考察分析许多有关的理论和实际问题。例如,通过计算每一个税种所需花费的征收费用占该税种全部收入的百分比,可便于比较分析哪个税种的效果最佳;通过计算不同时期税收的征收费用占税收收入的百分比,可有助于反映税收效率的发展变化状况;通过计算不同国家税收征收费用占税收收入的百分比,还可比较不同国家的税收征收费用及其税收本身的效率情况;等等。

在西方经济学家看来,降低税收成本占税收收入的比重,提高税收本身效率的途径大体有三:一是要运用先进科学的方法管理税务,防止税务人员贪污舞弊,以节约征收费用;二是要简化税制,使纳税人易于理解掌握,并尽量给纳税人以方便,以压低奉行费用;三是尽可能将纳税人所花费的奉行费用转化为税务机关所支出的征收费用,以减少纳税人负担或费用分布的不公,进而达到压缩税收成本的目的。

10.4 对西方税收原则理论做一个归纳

综观历代西方经济学家所倡导的税收原则,从其实质内容看,基本上可归纳为三个方面:

10.4.1 税收的财政效益

税收本身就是作为政府取得公共收入,满足政府实现其职能需要的手段而产生的。没有公共收入,不仅政府的公共支出没有保障,也谈不到税收在其他方面的职能作用。因此,无论哪一历史时期的西方经济学家,都将财政效益作为税收的首要原则加以提出。财政效益的具体要求又可分为如下几点:

1. 充裕的税源

政府在选择税种和设计税制时,首先要考虑如何保证国家有充裕的公共收入,使政府在预算年度内,能以主要的经常收入满足经常支出的需要。因此,税收必须力求收入充裕,税法的制定必须注意选择税源充沛而收入可靠的税种为主体税种。

2. 弹性机能

这是指税收应能随着政府财政的需要而相应伸缩。特别是能随着政府职能的扩大和公共支出的增加,而使税收相应增长。

3. 高效率的税务管理

财政效益在税务管理方面的体现,就是尽量节约人力、物力和财力的消耗。为此要做到确实、便利和节约。所谓确实,是指民意机关要参与税收立法。税法一经确立,财政税务机关必须依法征税,不得任意行事。征纳双方对一切征税事宜必须明确和清楚,避免不必要的纷争。所谓便利,是指税收的缴纳时间和缴纳方法,都要尽可能地使纳税人感到便利,不使纳税人因纳税而增加额外负担。所谓节约,是指税务机关的征收管理费用要力求节省,使国库收入与人民缴纳的税收之差趋向最小。

10.4.2 税收的经济影响

税收来源于经济,经济不发展便不能使税收充裕。只有经济获得发展,才能保证税收有可靠的和取之不竭的来源。从税收对经济的影响来看,它既可妨碍经济的发展,也可无害于经济的发展,还可有助于经济的发展。因此如何使税收避免妨碍经济发展的消极作用,进而发挥促进国民经济发展的积极作用,也就成为西方经济学界所关注的重要问题。这方面的具体要求是:

1. 保护税本

即要处理好税源和税本的关系。税收的课征只限于税源,不可伤及税本。为此,在税制的设计上,一方面要保护原有产业和生产力的发展,另一方面要支持新兴产业部门的成长,以免国民经济因税收课征而受损,最终导致税源枯竭,税收难保。

2. 慎选税源

即税源的选择必须慎重。在可作为税源的所得、资本和财产三项中,以所得作为税源,一般不致伤及税本。而以资本或财产作为税源,如果超出一定限度,则难免伤及税本。所以,以所得为税源,对所得课征所得税最为适宜,可避免税收对经济的阻碍作用。

3. 税率适度

即税率的设计必须适度,不能过高。税率的高低直接关系到税负的轻重,也往往是税收利弊得失的关键所在。就直接税而言,税率的高低不当,会直接造成纳税人的税负轻重失平,进而影响其消费、储蓄和投资能力,最终导致国民经济发展失调。就间接税而言,税率同物价水平直接相关。税率的高低失当,会直接影响市场的供求状况,使社会资源无效率地转移,最终将影响生产发展。为此,间接税的税率设计,应注意课税商品的需求弹性,避免因征税而使生产和消费失去平衡。直接税的税率设计,应注意同纳税人的纳税能力相适应。纳税能力强者应多纳税,纳税能力弱者应少纳税,无纳税能力者不纳税。

10.4.3 税收的社会影响

税收可影响国民收入的分配状况,进而影响人们相互间的社会地位。政府应防止因税收问题引起社会矛盾的激化,必要时通过税收矫正社会财富的分配不均,缓和社会矛盾。关注税收的社会影响,西方经济学家提出了下述两个方面的要求:

1. 普遍原则

即在一个国家的税收管辖权范围之内,要使税收普遍课征于一切应纳税的自然人和法人。非经立法,不让任何人、任何企业有任何形式的免税特权。

2. 平等原则

即要求纳税人的纳税负担与其纳税能力相适应,做到公平合理。也就是要通过税收政策改变社会的财富分配状况,缩小国民收入分配上的悬殊。

附录:西方税收原则的调整及其发展趋势

附录1 20世纪80年代的税收与税收原则的调整

80年代中后期,西方主要发达国家相继进行了大规模的税制改革。这次税制改革,不仅是西方国家历史上的一次重大的税收制度的改革,同时也是其半个世纪以来税收制度赖以建立的原则即税收原则的一次重大调整,本附录以美国1986年的税制改革为例,分析说明西方税收原则所呈现出的许多引人注目的变化。

1. 在税收的经济效率原则上,由主张全面干预转向主张适度干预

30年代大危机以后,以医治经济衰退为己任的凯恩斯主义应运而生。凯恩斯主义力主税收全面介入经济生活,充当政府全面干预经济的主要工具。在这种税收原则的影响下,美国税制在半个多世纪中逐步改变了原有的格局,而形成了一套能够对经济实施全面干预的体系。

然而,1986年的税改却出现了不同以往的寻求减少税收对经济干预"度"的倾向。例如:

——美国税制素以所得税收入占全部税收比重甚高而闻名于世。其目的是利用所得税对经济的"自动稳定器"作用及其可以及时、直接和灵活调节社会总需求水平的特点,来发挥税收的反周期调节功能。1986年的税改却大幅度降低了两个所得税的税率(个人所得税的最高

边际税率由50%降至28%，公司所得税的最高边际税率由46%降至34%），并同时提出了实行增值税的设想。这对所得税在税收收入中的地位无疑是一种削弱。

——美国所得税一向附有大量的不予计列应税所得、所得额扣除、延期纳税、税务抵免以及优惠税率等优惠性规定。其实质是使税收全面介入再生产过程，对不同的经济活动发挥鼓励或限制的作用。1986年的税改却最大限度地减少了各种税收优惠规定。比如，新税法取消了对个人长期资本收益60%不予征税的优惠待遇，取消了长期适用于重工业的10%的投资税额抵免，取消了对公司资本利得采用28%优惠税率课税的规定，甚至连里根在1981年上台时所成功倡导的给予公司新投资的鼓励——"加速成本回收制度"也予以修改。用美国经济理论界的话讲，"各种税收优惠规定的取消意味着政府已开始放弃利用税收对经济和社会的管理以及对居民和厂商经济选择的干预"。

——美国税收收入一向在整个国民收入中占有较大份额，企图以此加强政府对广大居民和厂商的实际收入及其运用的影响。1986年的税改却强调"把税收负担限制在只为必不可少的政府服务提供经费所需的最低水平上"，对作为联邦税收主要收入支柱的两个所得税税率大幅度削减，这势必会导致税收占国民收入比重的降低，从而减少税收对整个国民经济活动的影响力。而且，税率降低本身实质就是对储蓄、投资以及消费等一系列经济活动干预的减少。

2. 在税收公平与效率原则的权衡上，由标榜公平转向突出效率

在西方国家，税收的公平与效率历来是一对难解的矛盾。通常的情况是：要么强调公平，牺牲效率，要么强调效率，牺牲公平，二者必居其一。过去半个多世纪的时间里，由于美国政府寄希望于通过税收来缓解体现在收入分配上的社会矛盾，在公平与效率的权衡上，往往带有重前者而轻后者的倾向。

1986年的税改却一反过去的传统,而反映出美国政府以牺牲公平为代价来换取效率提高的意向。例如:

——就公平而言,累进税制当排在相当高的地位。但就效率而言,累进税制则应排在较低位。美国政府素对累进税制颇为重视,个人和公司所得税都实行的是超额累进税率,其目的就是为了通过收入分级和拉开税率档次对不同收入水平的纳税人实行区别对待。1986年的税改却是合并档次,降低高收入者档次的税率,其中个人所得税的14级税率(11%—50%)改为两级税率(15%和28%),公司所得税的5级税率(17%—46%)改为3级税率(15%、25%和34%),从而将原来的高度累进税制变为近乎单一比例税制。而单一比例税制对不同来源的收入,不同的纳税人都一视同仁,不存在任何歧视,就效率而言是当排在较高位的。

——美国政府一直重视个人所得税在矫正国民收入分配悬殊方面的作用,几十年来个人所得税在整个税收体系中的地位不断提高。而1986年税改不仅大幅度降低了个人所得税的税率,而且合并了纳税档次。这对个人所得税的收入再分配作用无疑是一种降温。

——联邦个人所得税还一向通过各种减免、扣除规定,对低收入者给予特别照顾。如前所述,1986年的税改也最大限度地减少了各种纳税优惠规定。

3. 在税收公平原则的贯彻上,由偏重纵向公平转向追求横向公平

在10.2.1中已经述及,西方经济学家所论及的税收公平原则包含两个方面的含义:其一为横向公平,即指凡有相同纳税能力的人应缴纳数量相同的税收;其二为纵向公平,即指纳税能力不相同的人应缴纳数量不同的税收。而由于前所述及的原则,美国政府一向把税收作为矫正国民收入分配不公平的重要工具来使用,因而在税收公平原则的贯彻上,可说是以纵向公平为重点的。

1986年的税改虽然仍把公平作为目标之一,但却将体现公平的重点由纵向转向了横向。例如:

——虽然同样是减税,但中等收入阶层与高收入阶层相比,其税率下降的幅度相对小得多。如在旧税法条件下,夫妇分别申报纳税者,应税所得为47000美元,按45%税率纳税;应税所得为130000美元,按50%税率纳税。新税法实施后,第一类纳税人除了要缴纳5%的附加税之外,还要按28%的最高税率缴纳个人所得税,实际税率为33%,比原税率只降了12个百分点;而第二类纳税人由于其所得超过了附加税的最高限额,则不必缴纳附加税,只需按28%的税率缴纳个人所得税,比原税率降低了22个百分点,较之第一类纳税人多下降10个百分点。

——新税法削减了主要用于照顾低收入者的各种优惠规定。如削减了对养老金和其他退休金的税收优惠,使其基本金额计入应税所得。规定失业补助全额纳税。奖学金和研究补助金中除给学位报考者作为学习费用的金额以外全部纳税。

——新税法改变了倾向于改变收入分配格局,缩小收入差距以体现按负担能力纳税的所得税税率设计,由多级累进制向平均比例制靠拢。

4. 在税收效率原则的贯彻上,由注重经济效率转向经济与本身效率并重

如10.3.1中所述,税收效率原则也包含有两个方面的意义:一是经济效率,即指税收政策要有利于经济的有效运行;二是税收本身的效率,即指税收的征收要尽可能减少费用开支。长期以来,美国政府一贯注重发挥税收的经济调节作用,相对来说,对税收本身的效率重视不够。

1986年税改却一反常规,而体现出力求使经济效率同税收本身效率并重的意向。例如:

——美国税法和税制,历来是世界上最复杂、条款最多的税法和税制之一,其内容达9000多页,数以百万字以上,各种税收条款更是不计其数。1986年税改明确将排除过分烦琐浩瀚的税法以求简洁作为主要目标之一。其意图无非是要使新税法突出"经济性"。既要减少纳税人因纳税而须付出的奉行费用,又要削减税务当局因征税而须付出的征收费用。

——新税法对名目繁多的扣除、不予计列、资源折耗、负所得税等各种减免优惠规定了大量削减,将使纳税人应税所得的计算由复杂烦琐趋向简单明了,从而减少纳税人在计算应税所得过程中所耗费的时间、精力和钱财。

——新税法对有可能给偷漏税、避税带来可乘之机的各种优惠条款的取消和修改及税法漏洞的堵塞,也将有利于税务机关贯彻税法,减少因防止偷漏税而大量耗费的人力、财力、物力。

附录2 调整税收原则的原因分析

造成美国税收原则发生变化的原因是多方面的,其中较为主要的是:

1. 税收对经济运行的过度和过细干预,严重扭曲了正常的经济生活

在市场经济条件下,市场应当是调节经济正常运转的中枢。只有在市场出现失灵的情况下,税收才应当是"非中性"的,才需要对经济实施适当的干预。就这个意义来说,税收对经济的干预固然重要,但不可无度,更不可取代市场成为调节整个经济活动的决定性力量。否则,就要带来巨大的副作用。然而,在奉行全面干预经济的税收原则下形成的美国旧税制,对经济实行的干预"过多""过细",已经大大超出了经济本身所要求的限度。在很多方面,税收的干预力量甚至超越了市场的调节作用,严重扭曲了市场机制。例如:

——由于旧税法对不同行业采取不同的优惠政策,造成了各行业之间实际税率的巨大差异(尽管名义税率在全国是统一的),而在税收存在的条件下,私人决策者首先考虑的往往是税后利润,而不是税前利润,因而导致了私人资本流向不是根据市场规律的客观要求确定,而是按照其所可能获得税收优惠的大小确定,干扰了正常的投资决策。

——由于旧税法对不同形式和不同来源的所得采取不同的税收待遇,不同的税收待遇又直接关系到纳税人税后净所得的多少,因而造成了人们的经济活动不是根据经济需要进行,而是受税收待遇的驱使,干扰了正常的经济选择。

——由于旧税法采用高度累进的税率以图反经济周期,高度累进的税率又突出表现为税负过重,因而挫伤了劳动者工作的积极性,降低了对私人储蓄和投资的刺激力,造成经济生活缺乏活力,经济效率低下。

正是在这样的背景下,美国经济学界转而强调"税收中性"的意义,出现了主张减少税收对经济的干预,而将这种干预控制在"适度"水平上的倾向。

2. 过分强调税负公平特别是纵向公平,造成了经济效率的低下

既然公平和效率是矛盾的,一般难于同时兼得,税制的设计势必总是要在是多要公平少要效率,还是多要效率少要公平之间进行抉择或衡量。也就是说,强调任何一方,都意味着要以牺牲另一方为代价。而在公平与效率这架天平上,美国政府过去往往总是偏向公平一方,加之又在公平原则的贯彻上更为注重纵向公平,力求将税收作为矫正国民收入分配悬殊的工具来使用。长此以往,就会给经济带来严重后果,尤其是严重危害经济效率。例如:

——由于旧税法通过高度累进税率来改变国民收入分配的原有格局,因而这种再分配不仅对收入有反向抑制作用,而且在美国这样的收

入水平较高的国度里,极可能造成人们以闲暇代替劳动,最终使资源配置不能按市场规律的要求进行。

——由于旧税法倾向于对高收入者征收较多的税收,而高收入者又是储蓄和投资的主要来源,所以它虽然表面上倾向于降低消费,实际上更多地降低储蓄和投资。因而造成了美国长期以来储蓄和投资率的相对低下。

在这样的条件下,美国政府将注意力从公平更多地转向效率,从纵向公平更多地转向横向公平,就成为一种必然的趋势。

3.过分重视税收的经济效率而相对忽视税收本身的效率,造成了税制的日趋复杂烦琐以及税收本身效率的低下

税收的经济效率和本身效率虽然并不存在一种相互替代的关系,但在实际贯彻上也往往会出现因过多重视一方而相对忽视另一方的倾向。在税收经济效率和其本身效率关系的处理上,美国政府长期以来实际是偏重前者而忽视后者的,企图通过税制的相应设计来求得经济稳定和有效地运转。而为了达到这一目的,税法内容必然倾向于越来越复杂,税法条款也必然趋向越来越多。长此以往,便形成了美国税制过分烦琐复杂,以致税收本身效率严重低下的局面。例如:

——由于旧税法采用种种名目繁多的减免优惠规定以图调节经济生活,不仅给偷漏税、避税带来可乘之机,也缩小了税基,减少了财政收入。

——由于旧税法在应税所得的计算上,通过各种不予计列和个人扣除项目等力图对不同收入等级的纳税人给予区别对待,从而使所得税的计算缴纳成了一个极其烦琐和复杂的过程。这种烦琐和复杂不仅给纳税人带来极大麻烦和不便,使纳税人为应付纳税和避免丧失税收优惠而花费大量的时间和金钱,而且也给美国税务机关贯彻执行税法增加了困难,使得税务机关为应付稽征管理和防止偷漏税而不得不耗

费日益增长的稽征费用(据不完全统计,美国国内收入局的税务稽征管理费用在税改前通常占到整个财政收入的 0.5% 左右)。

——加之在税制日趋复杂的情况下,税务机关的工作量已成超负荷运转状态,对纳税申报表的审计比重逐年下降,造成税务管理工作软化,偷漏税现象严重。

所有这些都要求美国政府革除税法复杂的弊端,将重视税收本身的效率提上议事日程。

小　　结

1. 税收原则是政府在税收制度的设计和实施方面所应遵循的基本指导思想,也是评价税收制度优劣以及考核税务行政管理状况的基本标准。西方经济学家在历史发展的不同时期所提出的各项税收原则,既是西方财政经济理论的重要组成部分,也是我们研究分析西方国家税收制度的出发点。

2. 税收原则的最早提出者是英国古典政治经济学创始人威廉·配第,其后德国新官房学派代表人物攸士第、英国古典政治经济学家亚当·斯密、法国经济学家萨伊、德国新历史学派代表人物瓦格纳等,从其当时所处的特定社会经济发展状况出发,亦提出了许多有价值的税收原则。其中亚当·斯密的四项税收原则和瓦格纳的四项九端税收原则最为著名。这些税收原则为西方税收原则理论的发展奠定了基础。

3. 当代西方的税收原则理论,主要渊源于凯恩斯主义以及福利经济学的思想,且基本上围绕税收在现代经济条件下的职能作用来立论。据此而提出的税收原则虽不尽相同,但综合起来,带有倾向性的说法是两大原则,即税收公平原则和税收效率原则。

4. 税收公平原则包含横向公平和纵向公平两方面意义,其特点都不是孤立地看税负本身,而是和纳税人的纳税能力相联系。衡量税收公平与否的标准是受益原则和支付能力原则。前者以纳税人从政府所提供服务中获得效益的多少作为判定其税负大小的标准,后者则以纳税人的纳税能力作为判定其税负大小的标准。具体又有客观和主观两种说法。客观说主张以纳税人拥有财富的多少测度其纳税能力,主观说主张以纳税人因纳税而感受的牺牲程度大小测度其纳税能力。

5. 税收效率原则可分为税收的经济效率原则和税收本身的效率原则两个方面。前者旨在考察税收对社会资源配置和经济机制运行的影响状况,其检验标准在于税收的额外负担最小化和额外效益最大化;后者旨在考察税务行政管理方面的效率状况,其检验标准在于税收成本占税收收入的比重数字。

6. 综观历代西方经济学家所倡导的税收原则,其实质内容基本可归纳三个方面:税收的财政效益,大体有充裕的税源、弹性的机能和高效率的税务管理三项要求;税收的经济影响,具体有保护税本、慎选税源和税率适度三项要求;税收的社会影响,具体有普遍和平等两项原则。

7. 从80年代中后期西方国家税制改革的情况看,西方税收原则有这样几个发展趋向:在税收的经济效率原则上,由主张全面干预转向适度干预;在税收公平与效率原则的权衡上,由标榜公平转向突出效率;在税收公平原则的贯彻上,由偏重纵向公平转向追求横向公平;在税收效率原则的贯彻上,由注重经济效率转向经济与本身效率并重。

第11章 税种分类与税制结构(Ⅰ)

税收既然是一种强制、无偿、数额确定的征收,显然必须以政府的政治权力为凭借。为了使这种政治权力的行使有章可循,也为了保证纳税人的合法权益不受侵犯,国家总要通过立法程序确定税法,将征纳双方的权力义务法律化、制度化。由税法所制约的,由一系列具体规定所构成的整套课税办法,就是税收制度。

本章及下一章将考察税收制度的构成情况。它主要包括这样一些内容:如何对构成税收制度的各个具体税种进行科学的分类?为了建立合理的税收制度,税源应怎样选择?税种应如何配置?税率又怎样安排?各类课税体系各具有什么样的特点?等等。

11.1 税种的分类

税收是一个总的范畴,一个国家的税收制度总是由许多不同的具体税种构成的。在西方国家的历史上,虽曾有不少学者提出过实行单一税制(即税收制度只以一种税组成)的主张,如17世纪英国学者霍布士的单一消费税论,18世纪法国重农学派的单一土地税论,以及后来的单一资本税论和单一所得税论。但它始终只是在理论上存在,只不过是早期思想家的一种幻想。各国的税收制度历来就是复税制(即税收制度由相互配合的多种税所组成)。在复税制中,税种不是单一的,而是多样的。如何按一定的标准把具有相同或类似性质和特点的税收加以归类,始终是西方经济学家关注的一个问题。

11.1.1　税种分类理论的沿革

关于税种分类的理论主张(亦称作"税系理论"),可以上溯到古典经济学派。处在自由资本主义时期的古典经济学派多主张以课税主体的收入来源给税种分类。威廉·配第认为,土地和劳动是财富的最终源泉,"土地是财富之母,而劳动则为财富之父"①。劳动作用于土地才有生产物,地租则是这种生产物的剩余部分。因而他主张以纳税人的地租及其派生收入来归纳税种。亚当·斯密进一步认为,资本主义社会的三个阶级(土地所有者、资本家和工人)分别有三种收入:地租、利润和工资。所有的赋税不论课征方式如何,最终只能来源于这三种收入。故他主张以地租、利润和工资三种收入归纳税种。即将税收归纳为三大税系:地租税系、利润税系和工资税系。

到了19世纪60年代和70年代,德国新历史学派代表人物瓦格纳,从税收应作为调节社会分配手段的思想出发,主张按课税客体给税种分类。他认为,资本和土地的收益负担能力强,应多课税;劳务收入负担能力低,应少课税。由此可相应地把税收归纳为收益税、财产税和消费税三大税系。这种按课税对象划分税种的主张较按纳税人的收入来源划分税种的主张,应当说是一个很大的进步。它可以更清楚地表明各个不同税种的社会影响,从而更便于设计符合社会需要的税制结构。

30年代的大危机和第二次世界大战之后,随着以凯恩斯主义为代表的现代西方财政经济理论的兴起,税收开始全面介入经济生活,其调节经济的作用大大加强。这就要求对各个税种在经济运行中的地位进

---

① 威廉·配第:《赋税论》,第66页。

行剖析,并在此基础上,按其经济影响的不同给税种分类。为此,美国哈佛大学教授理查德·A.马斯格雷夫和加利福尼亚大学教授皮吉·B.马斯格雷夫(Richard A. Musgrave and Peggy B. Musgrave)按货币收支在家庭和厂商两大部门之间的循环流动方向,把税收归纳为货币资金运动过程中的课税和财产的持有及转让的课税两大体系,并分别归属于所得课税、商品(劳务)课程和财产课税三大类(11.1.3将做详细介绍)。马斯格雷夫把课税对象的性质及其在货币资金运动中所处的不同地位联系起来归纳税种,是税收分类理论的一个重大发展。它可以更清楚地说明不同税种对经济的不同影响,也有利于政府将调节经济的意图体现在税制结构的设计上,使税制结构模式同经济稳定发展的需要相适应。

11.1.2 税种的分类可采用不同的标准

当代西方经济学家所采用的税种分类方法是多种多样的。在他们看来,税种的分类可以有不同的依据,可以依据这个标准来分类,也可以依据那个标准来分类。这主要看需要说明什么问题而定。

1. 以课税权的归属为标准,可将税收划分为中央税和地方税

凡属由中央政府征收,其收入归中央政府支配的税种,为中央税;凡属由地方政府征收,其收入归地方政府支配的税种,为地方税。

2. 以课税权行使的方式为标准,可将税收划分为经常税和临时税

经常税是用以保证国家经常性费用的支出。每年按法律规定连续地课征,除非税率或其他税制规定需要变动,一般不需要再经立法机关审议。临时税是出于某一特定目的,或者国家处于非常时期而特别征收的税。它只是在规定年度内才能课征,必须由立法机关审议通过。但两者之间并无绝对的界限。从历史情况来看,各国的许多经常税往往就是由临时税延续而成的。

3. 以税收收入的形态为标准,可将税收划分为实物税和货币税

实物税即是以实物缴纳的税,大多盛行于商品货币经济不够发达的社会或时代;货币税即是以货币缴纳的税,在商品货币经济较为发达的社会或时代普遍采用。在西方国家,后者是主要的。只有在财政发生困难的特殊情况下,政府才有可能课征一定数量的实物税。

4. 以课税的主客体为标准,可将税收划分为对人税和对物税

对人税和对物税的划分,曾有不同的说法。一般认为,对人税是着眼于人,即以人为课税的客体。其最古老的形式是人丁税,按人征收,同等纳税。其现代形式是当前世界各国普遍征收的所得税。对物税是着眼于物,即以物为课税的客体,如对各种不同种类的财产或消费的课税。

实际上,对人税都有作为课税客体的物,对物税也都有作为课税主体的人。故对人税和对物税的主要区别,还在于:以主体的"人"为基础的对人税,考虑纳税人的个人情况和纳税能力,或易于衡量纳税人的纳税能力;而以客体的"物"为基础的对物税,不考虑纳税人的个人情况和纳税能力,或不易于衡量纳税人的纳税能力。

5. 以计税依据为标准,可将税收划分为从量税和从价税

从量税以计税对象的重量、件数、容积、面积等为计税依据,按预先确定的单位税额计征,亦称"从量计征";它不受价格变动影响,却与课税对象的数量直接相关。从价税以课税对象的价格为计税依据,按一定比例计征,亦称"从价计征";它受价格变动影响,且与课税对象的价格有紧密关系。

6. 以税负能否转嫁为标准,可将税收划分为直接税和间接税

凡纳税人不能将税负转嫁于他人,亦即纳税人与负税人同为一人,不发生转嫁关系的税种,如所得税和财产税,为直接税;凡纳税人可将税负转嫁于他人,亦即纳税人与负税人非同为一人,其间发生转嫁关系的税种,如商品流转税,为间接税。

直接税和间接税是西方经济学界对税种的一种流传很广的分类方法。它最早见之于18世纪法国重农学派代表人物弗朗索瓦·魁奈(Francois Quennay,1694—1774)的"纯产品"理论。基于其只有农业能够生产"纯产品"的学说,魁奈提出课征于土地的税是直接税,其他税均属间接税。到19世纪,英国经济学家约翰·斯图亚特·穆勒(John Stuart Mill,1806—1873)在其《政治经济学原理》一书中,又提出以租税立法时预期税负是否转嫁为标准,来区分直接税和间接税。即凡立法时预期纳税人自己直接负担的税为直接税;凡立法时预期纳税人能够将税负转嫁于他人负担的税为间接税。此后,西方经济学界又提出过多种直接税和间接税的划分标准。例如,以财政机关的规定为标准,凡课税对象具有永久性质和预定事实并载于税册之上的,如对财产、所得等课税,称为直接税;凡临时偶然发生,无预定事实的税,如对消费、商品流转等课税,称为间接税。以税源为标准,凡从收入方面直接测定其负担能力,而对财产的所有和所得的获取所课征的税,称为直接税;凡从支出方面间接测定其负担能力,而对所得的支出即消费所课征的税,称为间接税。此外,也还有其他区分直接税和间接税的观点。

当代西方经济学界关于直接税和间接税的分类标准尽管并非完全一致,一般还是同意以税负能否转嫁为主要标准来区分直接税和间接税。但在税负如何转嫁以及所得课税能否转嫁的问题上,看法不一。

11.1.3 最基本的是按课税对象的性质分类

西方经济学家强调,尽管税种的分类可采用不同的标准,但最基本的分类还是按课税对象性质的不同来划分。以课税对象的性质为标准,可将税收划分为所得课税、财产课税和商品(劳务)课税。

凡对纳税人的所得额或利润额课征的税收,为所得课税;凡对纳税人的财产按数量或价值额课征的税收,为财产课税;凡对商品或劳务买卖的流转额课征的税收,为商品(劳务)课税。

西方经济学家之所以重视按课税对象的性质分类,其原因不外三点:其一,税收制度的核心要素是课税对象,不同的税种以课税对象作为相互区别的主要标志,并以此规定税名。按课税对象分类,不仅易于区分税种,也易于被人掌握。其二,不同的税种因课税对象不同,作用就不同,具体的征收管理办法也不同。只有按课税对象分类,才能充分把握税收的具体作用,并据此制定体现政府政策意图的税收制度规定。其三,现实各国的税制基本上就是以课税对象作为分类标准的。

11.1.1 已述及,理查德·A.马斯格雷夫和皮吉·B.马斯格雷夫的税种分类理论,把税收放在整个国民经济的循环运动中考察,在此基础上,得出了税收由两大体系组成,并分别归属于所得课税、财产课税和商品(劳务)课税的结论。现对此做进一步的介绍(参见图11-1)。

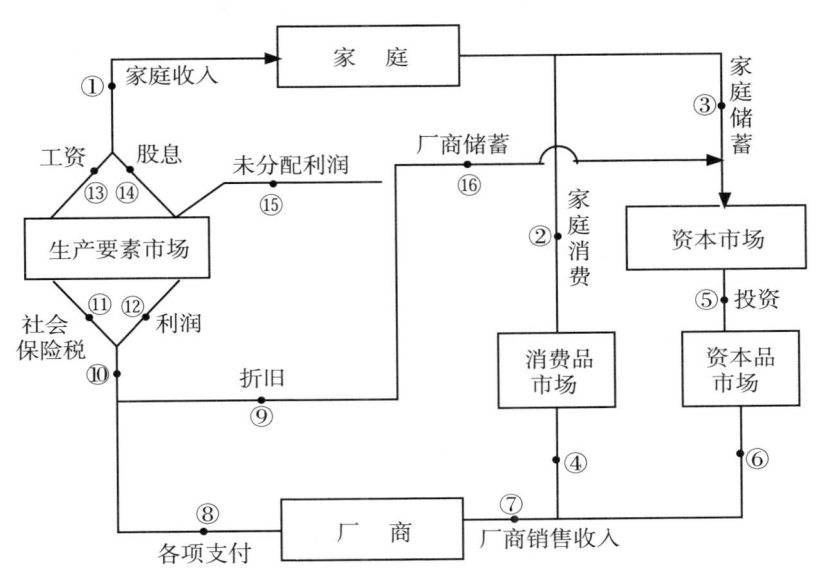

图11-1 税收与国民经济的循环运动

首先考察前一大体系,即在货币资金运动中的课税。

如图11-1所示,假定整个国民经济只有家庭和厂商(或称企业)两个部门,即所谓"二元经济"。在这种经济中,会形成两种循环运动:生产要素投入和产品产出的生产流动与收入和支出的货币流动。两者流动的方向相反。

家庭向厂商提供各种生产要素,并从厂商取得收入,而形成家庭部门的收入①。家庭收入一般用于两个方面:一部分用于家庭消费②,通过在消费品市场上购买厂商提供的产品或劳务,形成厂商产品和劳务的销售收入④。另一部分则成为家庭储蓄③,通过资本市场以投资支出形式进入资本品市场⑤购买厂商提供的资本品,形成厂商资本品的销售收入⑥。厂商销售收入⑦形成后,首先要扣除购买原材料、零部件等的价款⑧,然后计提折旧⑨。其余部分⑩用于缴纳社会保险税⑪(由雇主缴纳部分)和支付使用资本的利润和利息⑫,以及用于生产要素市场的其他投入,形成各种生产要素所获得的报酬,包括雇佣劳动者所获得的工资⑬,股票持有者所获得的股息⑭、利息和土地所有者所获得的地租等等,最终又形成家庭的收入①。除此之外,厂商还保留一部分利润不予分配⑮,这部分未分配利润加上折旧,构成厂商储蓄⑯,它和家庭储蓄③一起进入资本市场或购买资本品。整个国民经济就是这样周而复始地循环运动下去。

政府税收就是在这种货币资金流动中选择确定一些课税点或课税环节征收的。由于课税点的位置不同而形成不同的税种。例如①是对家庭收入的课税点,如个人所得税的课征;②是对消费支出的课税点,如消费支出税的课征;④是对零售营业收入的课税点,如零售销售税的课征;⑦是对厂商销售收入的课税点,如货物税的课征;⑩是对厂商扣除折旧后的净营业收入的课税点,如所得型增值税的课征;⑪是对厂商工资薪金支付额的课税点,如雇主承担的社会保险税的课征;⑫是对利润的课税点,如公司所得税的课征;⑬⑭是对个人工资收入和股息收入的课税点,如个人所得税和受雇人承担的社会保险税的课征;⑮是对厂商保留利润的课税点,如厂商保留利润税的课征。

由前述可见,处在图 11-1 的上半部分的税种,基本上是以个人家庭或厂商的所得额或其所得额中的使用额(消费支出)为课税对象的。处在图 11-1 下半部分的税种,则基本上是以厂商的销售收入额或进行某种扣除之后的销售收入额为课税对象的。由此可将这些税种分别划分为所得课税和商品(劳务)课税。

按下来考察后一大体系,即对财产的持有和转让的课税。

由于财产是以往年度的存量,不属于当年的国民生产总值和国民收入中的货币资金流动,所以没有包括在前述收入和支出的货币资金流动中(在图 11-1 中反映不出来)。不过财产总是有归属的,或是属于个人家庭部门,或是属于厂商部门,由此可以确定对这些财产的归属者课税,或者对这些财产的转让行为课税。如对个人家庭或厂商拥有的各种财产所课征的财产税,以及对财产的遗赠所课征的遗产税、继承税及赠与税等。这些税种显然是以纳税人的财产按数量或价值额为课征对象的,属于财产课税。

据此,可将税收按课税对象的不同归并为如下三类:

1. 所得课税,包括个人所得税、公司所得税、社会保险税、资本利得税、超额利润税、战时利得税、房地产收益税等。

2. 财产课税,包括一般财产税、个别财产税、遗产税、继承税、赠与税、净值税、资本税、土地税、房地产税等。

3. 商品(劳务)课税,包括销售税(营业税)、国内产品税、关税、增值税、消费税等。

11.1.4　OECD 和 IMF 的税种分类

从具体的国别来说,税种的分类可视其目的不同而采用不同的标准,没有必要强求一致。但从国际比较的角度来看,采用一个大体一致的标准对各国的税种加以适当的归类,在此基础上进行国际比较,显然是完全必要的。目前在国际上,影响最大的税种分类方法主要有二:①

1. OECD 的税种分类

OECD 是经济合作与发展组织(Organization for Economic Cooperation and Development)的英文缩写。它是由主要发达国家于 1961 年 9 月 30 日成立的经济联合组织。现拥有 24 个成员国。它们是英国、法国、意大利、比利时、卢森堡、荷兰、丹麦、挪威、西班牙、葡萄牙、希腊、德国、瑞典、冰岛、爱尔兰、芬兰、美国、加拿大、澳大利亚、奥地利、新西兰、土耳其和日本。这个国际性经济组织的年度财政统计手册把成员国征收的税收划分为以下 6 类:

第 1 类:所得税,包括对所得、利润和资本利得的课税;

第 2 类:社会保险税,包括对雇员、雇主以及自营人员的课税;

第 3 类:薪金及人员税;

第 4 类:财产税,包括对不动产、财产值、遗产和赠与的课税;

第 5 类:商品与劳务税,包括产品税、销售税、增值税、消费税等,也包括对进出口课征的关税;

第 6 类:其他税。

2. IMF 的税种分类

IMF 是国际货币基金组织(International Monetary Fund)的英文缩

---

① 参见唐腾翔:《比较税制》,中国财政经济出版社 1990 年版,第 24—27 页。

写。它是1945年12月27日根据《国际货币基金协定》建立的国际金融组织,现拥有148个成员国。

国际货币基金组织采取的税种分类标准和经济合作与发展组织基本一致。不同之处仅是它把商品与劳务税一分为二,国内部分划分为第5类,进出口贸易部分划分为第6类。另加第7类为其他税收。此外,经济合作与发展组织把社会保险税视为税收收入,国际货币基金组织则将其认定为非税收入。即

第1类:所得税,包括对所得、利润和资本利得的课税;

第2类:社会保险税,包括对雇员、雇主以及自营人员的课税(按非税收入统计);

第3类:薪金及人员税;

第4类:财产税,包括对不动产、财产值、遗产和赠与的课税。

第5类:商品与劳务税,包括产品税、销售税、增值税、消费税等;

第6类:进出口关税;

第7类:其他税收。

OECD和IMF的税种分类方法,为在国际上进行国与国之间的税制比较提供了可能。以税负的国际比较为例,经济合作与发展组织是将社会保险税作为一类税种来对待的。该组织曾经对其成员国(冰岛除外)1982年的税负总水平做过比较。结果显示,含与不含社会保险税的税负水平是很不一样的。例如,按税收总额占国民生产总值的比值顺序,若不含社会保险税,荷兰排在第13位,法国排在第14位,意大利排在第20位。但包含社会保险税,则荷兰排在第4位,法国排在第6位,意大利排在第8位。由此可见,税负的国际比较需要一个统一的口径。若没有一个大体一致的税种分类标准,做这样的比较,将是很困难的事情,也不易得出较为精确的结论。

11.2　税制结构的设计

西方经济学家用税收原则理论来解释税制结构的设计。在他们看来,要发挥各个税种相辅相成的作用,避免各个税种间可能的冲突,建立合理的税制结构,首先需要考虑的就是税收原则的要求。既然当代西方经济学界所推崇的税收原则可以概括为税收公平和税收效率两个方面,那么,如何按照税收公平和税收效率两大原则的要求解决好下述几个问题,便成为他们关注的焦点。

11.2.1　税种的配置问题

西方经济学家认为,按照税收原则的要求来解决税种的配置问题,并不意味着所选择的税种都能够完全符合各项税收原则的要求。实际上,社会经济的复杂性决定了这样的税种在现实中是不可能存在的。比如累进所得税,从税收公平的角度看,它当排在较高的地位。它既可体现横向公平的要求,对处于同等经济地位的纳税人按相同的税率征税;又可体现纵向公平的要求,对处于不同经济地位的纳税人按累进的税率征税。但就税收效率而言,累进所得税则是应排在较低位的。因为累进课征的所得税的一个突出特点,是其边际税率随着收入的增加而逐步提高,对劳动投入、储蓄、投资等都有较大的替代效应,这对经济效率又是有损的。再如消费税,采用的是单一比例税制。对所有的纳税人,不论经济地位如何,都一视同仁,不存在任何歧视。就税收效率而言,显然是较好的选择。但从税收公平的角度看,高收入者所纳税款占其收入的百分比反比低收入者为少,具有强烈的累退性,则又似乎是较差的选择。

所以,税种的配置实际上研究的是各个税种之间的相互配合问题。

在此基础上,才能合理设置各个税种,使其相互协调,相互补充,形成一个能在总体布局上体现税收原则要求的税收体系。

由各个税种构成的相互协调、相互补充的税收体系,总是要有某一种或几种税居于主导地位。这种居主导地位的税种就构成税制结构中的主体税种,其他税种就是辅助税。其中,主体税种的选择对于税种的合理配置具有关键意义。

在主体税种的选择上,西方经济学界一般是推崇所得课税的。著名经济学家希克斯(J. R. Hicks)和约瑟夫(M. F. N. Joseph)曾分别在《价值与资本》和《间接税的额外负担》两本书中,对所得课税和商品课税进行了比较研究,并得出了所得课税优于商品课税的结论。

希克斯和约瑟夫分析的理论前提是:课税前的经济处于完全竞争状态,无外部因素的影响,且存在具有帕累托效率的资源配置;生产要素的供给固定,并在课税前后都能做到充分利用;所有纳税人的状况相同,如相同的偏好、相同的收入水平等等;税收的征收既无征收费用,也无奉行费用;不论是所得课税,还是商品课税,课征数额均为 R^*,政府支出模式亦不变;纳税人只消费两种商品,x_1 和 x_2;政府只有两种选择,即或是对其中一种商品课税,或是对所有收入课征所得税。

图 11-2 表示消费者购买商品 x_1 和 x_2 的不同选择的组合情况。政府课税之前,消费者有一定的货币收入 m,x_1 和 x_2 的价格分别为 P_1、P_2,其面临的预算限制(budget constraint)可用公式表示为:

$$P_1x_1 + P_2x_2 = m$$

图中 $P_1x_1+P_2x_2=m$ 线的斜率为 $-P_1/P_2$,表示 x_1 和 x_2 的相对价格。消费者的偏好可以用一组无差异曲线(indifference curve)表示,每条曲线表示消费者同等满足程度下 x_1 和 x_2 之间进行消费选择组合的轨迹。税前的消费者均衡点为 $P_1x_1+P_2x_2=m$ 线与其所能达到的最高的无差异曲线 I_1I_1 的切点 A。

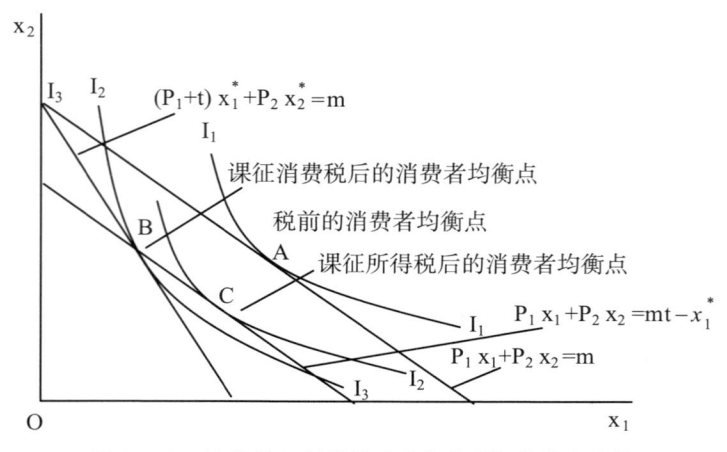

图 11-2 消费税和所得税对消费者选择的效应比较

当政府对 x_1 征收消费税（从量征收，税率为 t）时，消费者面临的新的预算限制为：

$$(P_1+t)x_1^* + P_2 x_2^* = m$$

这是因为对 x_1 征税后，x_1 的相对价格提高了，由 P_1 升至 P_1+t，预算限制线的倾斜度因之加大。在 $(P_1+t)x_1^* + P_2 x_2^* = m$ 线与其所能达到的最高的无差异曲线 $I_3 I_3$ 的切点 B，形成课征消费税后的消费者均衡点。可以看出，新的消费者均衡点较之税前为低。无差异曲线 $I_1 I_1$ 上 A 点所获得的满足程度同无差异曲线 $I_3 I_3$ 上 B 点所获得的满足程度之间的差额，代表由于征收消费税而使消费者境况变坏的数量，政府由此取得的收入为 $R^* = tx_1^*$。

现再假定政府课征的不是消费税，而是所得税，则消费者面临的新的预算限制为：

$$P_1 x_1 + P_2 x_2 = m - R^*$$

为了表示政府征税数额没有变化，可将 $R^* = tx_1^*$ 代入上式，即

$$P_1 x_1 + P_2 x_2 = m - tx_1^*$$

它同样会使预算限制线 $P_1x_1+P_2x_2=m$ 向内移动,只不过所得税不会影响消费者对 x_1 和 x_2 的选择,两种商品的相对价格不会因此而变化。所以,新的预算限制线 $P_1x_1+P_2x_2=m-tx_1^*$ 必然与原来的 $P_1x_1+P_2x_2=m$ 线具有相同的斜率 $-P_1/P_2$。所得税减少个人收入,因此会同时减少两种商品的消费。

根据政府征税数额没有变化的假设,$P_1x_1+P_2x_2=m-tx_1^*$ 线肯定经过 B 点,说明消费者无论是缴纳消费税,还是缴纳所得税,税后都有能力购买 B 点组合下的商品。但问题在于,相对于 $P_1x_1+P_2x_2=m-tx_1^*$ 线而言,B 点并不是其最高的满足程度点,它还可以达到更高的无差异曲线 I_2I_2。在 $P_1x_1+P_2x_2=m-tx_1^*$ 线与 I_2I_2 线的切点 C,形成课征所得税后的消费均衡点。很明显,I_2I_2 的境况要好于 I_3I_3。①

由此得出的结论是,所得税给纳税人带来的额外负担(或说是对经济效率的损害程度)比同量的消费税轻。其原因在于,所得税不会影响商品的相对价格,对消费者的选择和资源配置的干扰相对要小。②

在西方经济学家看来,除了希克斯和约瑟夫所揭示的分析结果之外,所得课税还有其他方面的优点。比如,所得税是一种直接税,一般不能像商品课税那样采取提高商品价格的途径转嫁税负;所得税作为经济生活中的一种内在稳定器,可削弱国民收入对经济波动反应的灵敏程度;所得税作为一种政策变量,可通过相机抉择的政策措施,在促进经济的稳定方面发挥作用;在战后商品输出转变为大量资本输出的新情况下,推行所得税制可以克服间接税在维护国家经济权益和取得财政收入方面的局限性,与国际经济关系的发展状况相适

---

① 对此更详尽的分析可参见本书 12.1。
② 实际上,所得税对经济选择也有一定的干扰作用,故亦存在格外负担的问题。只不过同消费税相比,其额外负担相对较小罢了。

应;等等。

这些理论观点对大多以所得税为主体的西方发达国家税制结构的形成,产生了重要影响。

11.2.2 税源的选择问题

在税源的选择问题上,西方经济学家强调区分税本和税源的意义。税本、税源、税收之间的关系依次是,税本是税收来源的根本,税源是由税本产生的收益,税收则来自收益。若将税本比喻为果树,那么果树所生产的果实就是税源,从果实中取出若干交给国家,即为税收。显而易见,有税本才有税源,有税源才有税收。所以,税源的选择问题实际上研究的是如何保护税本,尽可能不使税收侵及税本。

在西方经济学家看来,可以作为税源的一般无非是地租、利润和工资。"个人的私人收入,最终总是出于三个不同的源泉,即地租、利润与工资。每种赋税,归根结底,必定是由这三种收入源泉的这一种或那一种或者区别地由这三种源泉共同支付的。"①在此范围内课税,虽"多少会成为新资本进一步蓄积的阻碍,但不一定会破坏现存的资本"②。也就是说,以地租、利润和工资作为税源,并将课税的额度限制在这个范围内,虽有可能课税过重,导致税源枯竭,但一般不致损害税本。至于财产,尤其是在财产中占重要地位的生产性资本,则属于税本的范畴,一般是不能作为课税对象的,否则就会损害资本的形成和积累,最终导致国民经济萎缩,政府公共收入来源枯竭。然而,对生产性资本不宜作为课税对象,并不意味着对所有的财产都不能课税。西方经济学

---

① 亚当·斯密:《国民财富的性质和原因的研究》下卷,第384页。
② 同上书,第489页。

家认为,基于某些特定的目的,对非生产性的私人财产的课税也是必要的。例如,课征遗产税、赠与税,可以达到促使社会财富合理分配的目的;对以股票、债券为代表的有价证券的课税,一方面并未伤及税本,另一方面也是调节国民收入分配的重要手段。在上述情况下,财产是可以且应当作为税源的。

11.2.3 税率的安排问题

税率的安排,实际上解决的是两个方面的问题:一个是税率水平的确定,另一个是税率形式的确定。

对前一个问题,西方经济学界曾有过两大学说,即所谓无限课税说和有限课税说。无限课税说认为,政府征税一方面减少人民的收入,另一方面增加国家的财富。即使课征重税,也不会影响国民经济,因而主张无限课税。有限课税说认为,政府征税不可超过再生产的限度,不可课征所得的全部,也就是不能课征到人民生活的最低限度。比较来看,无限课税说显然是错误的。如果税负水平无限提高,必然影响经济的发展,最终导致税源枯竭,税收减少,这是不言自明的道理。对确定税率水平有指导意义的是有限课税说。也就是要把税收的额度控制在税源的一定范围内,不能竭泽而渔。但税率水平究竟多高为合适,西方经济学界并无十分确切的说法,在这方面值得一提的倒是前已述及的美国供给学派主要代表人物拉弗描述的"拉弗曲线"原理。

前面说过,拉弗为了给其宣扬的减税政策提供理论依据,把税率和税收的关系用一条曲线来说明,被称为"拉弗曲线"。其基本点是:税率水平有一定限度,在一定限度内,税率提高,税收收入增加,因为税率提高不会等比例地导致税源的减少。图11-3是我们在图9-7的基础上,用更为规范化的表述方式重新绘制而成的"拉弗曲线"。如图11-3所示,税率由r_1提高到r_2,税收收入即由OP增加到ON。但税率提高超过一定限度,就会影响人们工作、储蓄和投资的积极性,从而导致税基减少的幅度大于税率提高的幅度,税收收入反而减少。如图11-3,税率由r_3提高至r_4,税收收入即由ON减少至OP。从图上看,rm线就是税率的临界点。在这个税率水平上,税收收入最大,为OR。超过了这个界限,就是税收的禁区。由此得出的结论是,税率的水平应当以r为限,并以r为最佳税率点。这种理论对80年代以美国为代表的西方发达国家的税制改革有很大的影响,成为其推行大规模减税政策、确定恰当的税率水平的理论依据。

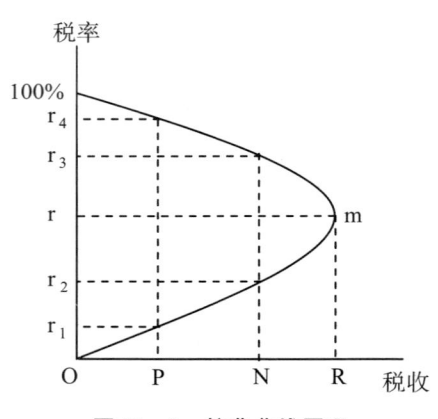

图11-3 拉弗曲线原理

对税率形式的确定问题,面临的选择主要是两种,即比例税率和累进税率。前已述及,就税收公平而言,累进税率是较优的选择。在累进税率下,纳税人适用的税率水平随其收入的增加而提高,因此所缴税款的增加多于按比例的缴纳。但会对纳税人的工作、储蓄和投资的积极性产生阻碍。就税收效率而言,比例税率又是较优的选择。在比例税率下,纳税人适用的税率水平是同一的,不论收入水平多高,都按其收入的一个相同的比率缴纳税款,一般不会对纳税人的工作、储蓄和投资的积极性产生阻碍。既然公平和效率不可同时兼得,税率的选择总要在是多要公平少要效率,或是多要效率少要公平之间进行权衡。西方经济学界认为,在税率形式确定问题上的最佳选择是:两种税率兼而有之。

就特定的税种而言,所得课税和财产课税应当是累进的,而商品课税应当是比例的。即是说,对属于人们基本生活需要范围内的收入部分采用比例税率,如商品课税中的消费税(对奢侈品的课税可视作一个例外,它不属于基本生产需要的范围,但多适用较高的比例税率),而当收入超过这个限度时则采用累进税率,如所得课税类的个人所得税。

就税率的总体布局而言,应视客观经济形势的需要而确定是多要累进税率,还是多要比例税率。如果某一时期国家面临的主要问题是国民收入分配不公,社会矛盾激化,那么,增加累进税率的比重是必要的。如果某一时期国家面临的主要问题是经济发展停滞,失业率较高,那么,相对降低累进税率的比重,增加比例税率的成分又是必要的。当前的倾向是,越来越多的西方经济学家认为,为了提高社会的经济效率,必须降低税制的累进性。

小　　结

1. 西方国家的税收制度历来是复税制。如何按一定的标准把具有相同或类似性质和特点的税种加以归类,始终为西方经济学界所关注,也有许多不同的主张被提出。古典经济学派多主张以课税主体的收入来源给税种分类;德国新历史学派主张按课税对象给税种分类;现代西方经济学界则倾向于按经济影响的不同给税种分类,并把课税对象的性质与其在货币资金运动中所处的不同地位联系起来归类税种,这是税种分类理论的重大发展。

2. 现实西方国家的税种分类方法是多种多样的:以课税权的归属为标准,可分为中央税和地方税;以课税权行使的方式为标准,可分为经常税和临时税;以税收收入的形态为标准,可分为实物税和货币税;以课税的主客体为标准,可分为对人税和对物税;以计税依据为标准,可分为从量税和从价税;以税负能否转嫁为标准,可分为直接税和间接税。但最基本的是依课税对象的性质分类。除此之外,OECD 和 IMF 的税种分类可用于国际间的税制比较。

3. 西方经济学家用税收原则理论解释税制结构的设计。他们主张:在税种的配置上,应研究各个税种之间的相互配合问题,选择好主体税种和辅助税种,形成一个由各个税种构成的相互协调、相互补充的税收体系;在税源的选择上,应区分税本和税源,研究如何保护税本,尽可能不使税收侵及税本;在税率的安排上,应使税率控制在适度的水平上,并根据客观经济形势的需要选择好税率的形式。

第12章　税种分类与税制结构（Ⅱ）

本章将在上一章的基础上，分别对所得课税、财产课税和商品课税等三大课税体系，进行简要的考察。这一章的内容将是第13—15章税收理论分析的基础。

12.1　对所得的课税

12.1.1　所得课税的一般概念

所谓所得课税，就是以所得为课税对象，向取得所得的纳税人课征的税。这一课税体系，主要包括个人所得税、公司所得税和社会保险税（工薪税）。

对所得课税的考察，可以从其特点和类型入手。

先看所得课税的特点。一般地说，所得课税具有以下三个显著的特点：

第一，所得课税对象是一定的所得额，而且是扣除了各项成本、费用开支之后的净所得额。

在现代市场经济条件下，一定时期内的国民收入经过初次分配和再分配过程，大体形成下列份额：(1)工资收入；(2)股息收入；(3)利息收入；(4)未分配利润；(5)农民和其他小生产者的收入；以及(6)土地所有者和房产主的租金收入；等等。所得课税就是以这些收入份额为课征的对象。

明确了所得课税是以国民收入分配的各个份额为课税对象之后，所得额的计算或测度，就成为一个十分重要的问题。所得课税的课征对象在理论上被定义为净所得，而不是总所得（毛收入）。这是因为，总所得相同的纳税人，如厂商，其纳税能力往往具有很大的差异。各个厂商的能源消耗不同，成本开支水平不同，即使产品出售后所获得的毛收入相同，在扣除了产品成本之后，厂商真正能够支配的收入即利润可能会相当悬殊。若根据总所得的数额去对厂商课税，显然会与各个厂商的负担能力不相适应。或是一部分厂商缴不起税或所缴税款占其可支配收入的很大比重，或是一部分厂商所缴税款只占其可支配收入的很小比例，这无疑是不符合按纳税能力征税原则的。所以，所得课税的课征对象不仅是所得额，而且是扣除了各项成本、费用开支之后的净所得额。

第二，应税所得额的计算，通常要经过一系列复杂的程序。

所得课税以净所得为课征对象，但净所得并非应税所得。从纳税人的总所得到净所得，从净所得到应税所得，通常要经过一系列复杂的计算程序。

例如，美国联邦个人所得税应税所得额的计算，要经过四个步骤。这就是：从纳税人个人的"总所得"中剔除不予计列项目（税法允许的某些可以从个人所得中剔除的所得项目），得到"毛所得"；从"毛所得"中减去必要的"费用开支"，得出"调整毛所得"；从"调整毛所得"中减去税法允许的"扣除项目"，得出"净所得"；再从"净所得"中减去"个人宽免额"，然后才得出"应税所得"。

应税所得额的计算之所以如此复杂，是因为美国政府将所得课税作为调节国民收入分配、执行经济政策和社会政策的重要工具来使用。因此，为了对纳税人的不同所得项目实行区别对待，便须通过"不予计列项目"将某些所得项目排除在应税所得之外；为了根据纳税人的净所得而不是总所得课税,便须通过"费用开支"项目的具体规定,将纳税人为获取所得而必需的业务费用开支从应税所得中扣除;为了照顾到纳税人的某些特殊生活开支,如医药费开支、利息开支等的需要,便须通过"扣除项目"将这些开支排除出应税所得;为了考虑纳税人赡养或抚养亲属的情况,以适应具有相同收入的不同类型家庭的负担能力,便须通过"个人宽免"项目,从应税所得中按家庭人口数字固定扣除一定数额;等等。

美国的情况是这样的,其他国家的情况也大体如此。虽然各国所得税法规定的具体内容不尽相同,但在应税所得额的计算中规定有名目繁多的扣除项目、减免项目这一点上,则存在着高度的一致性。

第三,所得课税通常按累进税率课征。

累进税率的适用范围虽然并不只限于所得课税,而且所得课税也并非都是采用累进税率,但实行累进税率却不能说是所得课税的一大特点。

在应税所得额已经确定之后,目前西方国家一般都以累进税率来计算税额并进行课征,并且又都以超额累进税率为主。前已述及,累进税率有全额累进和超额累进两种形式。两种形式虽都是由低到高规定一系列税率,每一税率都同一定的应税所得额相联系,但税率同应税所得额的联系却是不同的:在全额累进制下,达到一定数额的全部应税所得额都要以其相对应的同一个税率来课税;但在超额累进制下,全部应税所得额被分成几部分,各个部分分别以不同税率来计算税额,把各个部分的税额相加起来,才得出全部应纳税额。

由于是实行超额累进税率,在分析所得税的负担水平时,必须区分名义税率和实际税率,边际税率和平均税率。假定下列税率表为超额累进税率(参见表 12-1),那么,对于 15000 美元的应税所得额,从税率表上看其名义税率是 50%;但是,实际税率却不止一个。它包括了

50%以前的全部税率,即50%、40%、30%、20%和10%。50%只是其中的一个税率,而且未必是最主要的。这样,表面上看,高收入者看起来负担很重,但实际负担却并非那么重。边际税率就是随着应税所得额的增大而最后适用的税率。如上例,若是15000美元的应税所得额,则边际税率是50%。若为10000美元的应税所得额,边际税率则是40%。在实际计算税额时,按应税所得额的大小,只对超过某一应税所得额级距的部分,按较高一级税率计算,直到最后的应税所得额的增量,才按边际税率计算。而平均税率是全部税额同全部应纳税额的比率。它同边际税率有很大的差异。如前例,15000美元应税所得额的边际税率是50%,但平均税率是33.3%,10000美元应税所得额的边际税率是40%,但平均税率是25%。

表12-1 超额累进税率举例

应税所得额级距(美元)	税率(%)
0—2000	10
2000—5000	20
5000—8000	30
8000—10000	40
10000—15000	50
……	

再来看所得课税的类型。

在理论上,所得课税通常被划分为以下三种类型:

其一,分类所得税。

亦称"分类税制"。即将所得按来源划分为若干类别,对各种不同来源的所得,分别计算征收所得税。

例如,可将所得按工资薪金所得、股息利息所得、营业利润所得、租金所得等分成若干类,对工资薪金或其他劳务报酬课以薪给报酬所得税,对股息利息所得课以股息利息所得税,对营业利润所得课以营利所得税,对土地和房屋的租金所得课以不动产所得税,等等。

分类所得税的立论依据在于,对不同性质的所得项目应适用不同的税率,分别承担轻重不同的税负。勤劳所得(earned income)如工资薪金,要付出辛勤的劳动才能获得,应课以较轻的所得税。投资所得(capital income)如营业利润、股息、利息、租金等,是凭借其拥有的资财而获得的,所含的辛苦较少,应课以较重的所得税。因此,分类所得税的优点之一,就是它可按不同性质的所得,分别采用不同的税率,实行差别待遇。

分类所得税的另一个优点,是可以广泛采用源泉课征法,从而既可控制税源,又可减少汇算清缴的麻烦,节省稽征费用。

分类所得税最早创始于英国,但今天纯粹采用分类所得税的国家已很少。即使采用,也是将其与综合所得税配合使用。如现今英国的"所得分类表制度",即将所得分为六大类(简称"六类表"),每个分类表分别规定有必要费用的扣除标准,各类所得扣除必要费用后,即可得出各分类表的法定所得。然后在此基础上,将各类法定所得加以汇总计算,得到总所得。从总所得中再减除各种减免、扣除项目后,即为英国个人所得税的应税所得额。从这里可以看出,英国现今的所得税虽具有分类所得税的特征,但也同时带有某些综合所得税的成分。

其二,综合所得税。

亦称"综合税制"。即对纳税人全年各种不同来源的所得,综合计算征收所得税。

以美国联邦个人所得税为例,总收入在税法上被定义为"产生于各种渠道的全部收入,法律排除的在外"。它包括以现金、财产或劳务等各种形式所得的收入。由此可以看出,综合所得税的突出特征,就是不问收入来源于什么渠道,也不问收入采取何种形式,而将各种来源和各种形式的收入,加总求和,统一计税。

综合所得税的指导思想在于,既然所得税是一种对人税,课税依据就应是人的总体负担能力,其应税所得当然应该综合纳税人全年各种所得的总额,减除各项法定的宽免额和扣除额后,按统一的累进税率课征。所以,综合所得税的突出优点,就是其最能体现纳税人的实际负担水平,最符合支付能力原则或量能课税的原则。

综合所得税最早形成于19世纪中叶德国的普鲁士邦。以后便迅速发展,逐渐为越来越多的国家所接受,成为当代所得税课征制度的一个重要发展趋向。

其三,分类综合所得税。

亦称"混合税制"。即将分类和综合两种所得税的优点兼收并蓄,实行分项课征和综合计税相结合。

以日本实行的个人所得税为例,日本在税法上将个人收入项目共分10类:(1)利息;(2)股息;(3)不动产所得;(4)经营利润;(5)工薪收入;(6)退休金;(7)林业收入;(8)资本利得;(9)临时所得;(10)其他收入。对以上10类收入项目,日本按三种方法计征个人所得税:其一是综合计征法,适用于第(3)、(4)、(5)、(9)、(10)类收入;其二是分类计征法,适用于第(6)、(7)类收入;其三是综合或分类选择计征法,适用于第(1)、(2)、(8)类收入。不难看出,日本个人所得税即是实行了兼具综合所得税和分类所得税两种特征的所谓混合税制。

分类综合所得税是当今世界上广泛实行的一种所得课税类型,它反映了综合所得税与分类所得税的趋同态势。其主要的优点在于,它既坚持了按支付能力课税的原则,对纳税人不同来源的收入实行综合计算征收(综合所得税的优点所在),又坚持了对不同性质的收入实行区别对待的原则,对所列举的特定收入项目按特定办法和税率课征(分类所得税的优点所在)。除此之外,它还具有稽征方便,有利于减少偷漏税等方面的优点。也正因为如此,它被西方经济学家视为一种比较好的所得课税类型。

12.1.2 个人所得税

在所得课税中,个人所得税的地位举足轻重。个人所得税是以纳税人个人的所得为课税对象的一种税收。

西方国家的个人所得税制度相当烦琐,具体到每一个国家又各具特色。这里仅讨论其共同点或相似之处。

1. 个人所得税的课征范围

就一般意义来说,税收的课征范围指的是一个主权国家的税收管辖权及于课税主体(纳税人)和课税客体(课税对象)的范围。要说明个人所得税的课征范围,需先从税收管辖权说起。税收管辖权是国家主权的有机组成部分。在现代国际社会中,所有主权国家对其管辖领域内的一切人和物,均有行使国家主权之权力,税收管辖权就是国家在处理税收事务方面的管理权。

在各国长期实践的基础上,已经为国际公认的税收管辖权原则大体有两种:一是属地主义原则,它根据地域概念确定,以一国主权所及的领土疆域为其行使税收管辖权的范围,而不论纳税人是否为本国公民或居民。按照属地主义原则所确立的税收管辖权,叫作"收入来源地税收管辖权"。这种税收管辖权确认,收入来源国有权对任何国家的居民或公民取得的来源于其境内的所得课税。二是属人主义原则,它依据人员概念确定,以一国所管辖的公民或居民为其行使税收管辖权的范围,而不论这些公民或居民所从事之经济活动是否发生在本国领土疆域之内。按照属人主义原则所确立的税收管辖权,叫作"居民(公民)税收管辖权"。这种税收管辖权确认,居住国或国籍国有权对居住在其境内的所有居民和具有本国国籍的公民取得的来源于全世界范围的所得课税。

由此也就决定了各国在个人所得税上的可能的课征范围：本国居民或公民取得的来源于全世界范围的所得以及外国居民或公民取得的来源于该国疆域范围的所得。换句话说，居民或公民要承担全部所得的纳税义务，非居民或非公民则承担有限纳税义务。

既然各国有权对本国居民或公民取得的来源于全世界范围的所得课征个人所得税，纳税人居民或公民身份的认定也就成了一个关键的问题。即是说，只有在自然人是本国居民或公民的条件下，才可对其来源于全世界范围的所得课税。

公民身份的认定比较容易。由于公民身份的取得必须以拥有国籍为前提条件，各国便多以国籍作为区分公民和非公民的标准。

居民身份的认定相对复杂，各国通行的自然人居民认定标准可分为三种：(1)住所标准，即纳税人若在本国境内拥有永久性住所或习惯性住所，就是本国居民；(2)时间标准，即纳税人若在本国境内居住或停留超过一定时间(一般为90天)，就是本国居民；(3)意愿标准，即纳税人若有在本国境内居住的主观意愿，就是本国居民。

类似的问题也存在于收入来源地税收管辖权的行使上。既然各国有权对外国居民或公民取得的来源于本国境内的所得课征个人所得税，那么，也只有在认定外国纳税人与本国具有收入来源地的联结因素的前提下，才可对其来源于本国境内的所得课税。

各国通行的收入来源地认定标准一般多视所得项目的不同而有所区别：(1)劳务报酬所得，依据劳务活动的受雇地点或就业地点而定。若受雇地点或就业地点在本国境内，本国即为收入来源地。(2)利息所得，依据是否由本国境内债务人支付而定。若是由本国境内债务人所支付，本国即为收入来源地。(3)股息所得，依据支付股息公司的设立地点而定。若是由设在本国境内的公司所支付，本国即为收入来源地。(4)财产租赁所得，依据财产的坐落地点而定。若财产坐落在本国境内,本国即为收入来源地。(5)特许权使用费所得,依据版权、商誉、专有技术、专利等特许权的使用和费用支付地点而定。若在本国境内使用并支付费用,本国即为收入来源地。(6)不动产所得,和财产租赁所得一样,依据不动产的坐落地点而定。若不动产坐落在本国境内,本国即为收入来源地。

需要指出的是,上述的居民、公民以及收入来源地的认定标准,只是国际所通行的一般规则。具体到各国,则还有许多细微的差别,而且最终要决定于各国的国内税法。

2.个人所得税的课税对象

个人所得税的课税对象,一般地说是个人的所得额。但对所得的概念,西方经济学界却有着许多不同的解释:一种是狭义的解释,它将所得定义为在一定期间内运用资本或劳力所获得的货币收益或报酬。另一种是广义的解释,它将所得定义为在一定期间内所获得的一切经济利益,而不管其来源怎样,方式如何,是货币收益还是实物收益。

较为流行的解释是,所得是指财富的增加额,它应等于一年内的消费支出额加上财富净值的变动额。按照这种解释,凡是能够增加一个人享用物品和劳务的能力的东西,都应该视为所得。所以,无论经常所得或偶然所得,可预期所得或不可预期所得,已实现所得或未实现所得,都应包括在所得的范畴之内。

但是,对所得概念的理论上的解释并不等于实践中的应用。实践中,个人所得的范围要狭窄得多,且不说实际课征所得税时,总要依据其性质将所得进行相应的分类,如将所得区分为毛所得和净所得,财产所得和劳动所得,实质所得和名义所得,经常所得和偶然所得,交易所得和转移所得,应收所得和现金所得等,而且就其形式来说,它一般也主要由工资、薪金、股息、利息、租金、特许权使用费以及资本利得等构成。

各国个人所得税法对课税所得范围的处理,大体有两种情况。一种可以美国联邦个人所得税法规定的"总所得"概念为典型,即课税所得应包括"全部收入"。但在实际计算上,从"全部收入"到"应税收入",要经过一系列复杂的调整。另一种可以英国的"所得分类表制度"为典型,即在税法中对各项收入分类列举,把全部收入分作六类。但对各类收入也要做一系列调整,计算出各类收入的法定所得,然后再综合全部法定所得,得到"总所得",并对总所得进行进一步调整,最后得出"应税所得"。

如前所述,个人所得税的课税对象,虽然定义为个人的所得额,但所得额并不就是个人所得税的计税基数或应税所得,还必须从中扣除必要的费用之后才是应税所得。就个人所得税而言,所谓必要的费用主要由两个部分构成:一部分是为取得收入而必须支付的有关费用,即所谓"事业经费",如差旅费、午餐费、工作服费、维修费、搬迁费等等。因为只有允许扣除这部分费用开支,才能体现对净所得课税的原则。另一部分是为养家糊口而必需的"生计费"。因为如果只顾征税,不管生计,社会成员的生活就没有保障。

对前一部分费用,通常是按项目规定扣除标准。但各国在具体把握上,宽严程度有较大差别。对后一部分费用,则通常是按照家庭成员的构成规定扣除标准,而这又依各国经济发展水平和人民生活水平的高低而有所不同。

3. 个人所得税的适用税率

求得应税所得之后,就可依税率表上规定的适用税率,计算纳税人的应纳税额。其计算公式为:

$$应税所得 \times 适用税率 = 应纳税额 \qquad (12.1)$$

西方国家的个人所得税税率目前大都以累进税率为基本形式。也就是税收负担随着纳税人收入等级的上升相应递增。

如前所述,累进税率有全额累进和超额累进之分。在其他条件相同时,后者的累进程度比前者和缓;前者在临界收入上可能发生纳税人税后利益倒挂的现象,而后者一般不会如此。① 现今各国一般都在个人所得税上实行超额累进税率。

除了规定基本税率之外,对于某些特殊性质的收入项目,往往还要规定特殊税率。尤为普遍的是,许多国家如英、美等国,都把资本利得从综合收入中划出来,规定较低的税率。这些较低的税率通常只相当于正常个人所得税税率的50%左右。其原因有很多,但主要是照顾到资产持有期间可能发生的通货膨胀对资产价值的侵蚀影响,并对私人投资发挥刺激作用。

4. 个人所得税的课征方法

个人所得税的课征方法有从源征收和申报清缴两种方法。各国往往根据不同收入项目同时采用这两种课征方法。

所谓从源征收法,是指在支付收入时代扣代缴个人所得税。通常的情况是,在支付工资、薪金、利息或股息时,支付单位依据税法负责对所支付之收入项目扣缴税款,然后汇总缴纳。从这点来看,纳税人实际上从没有真正占有过他们的全部收入,而只知道税前收入,并从其支付单位那里领得纳税后的剩余收入。

这种方法的优点:一是可以节约税务机关的人力、物力消耗,简化

---

① 一般说来,可以用来衡量税收的累进程度的方法有三种:其一,以实际税率的变化程度对所得的变化程度的比率来衡量。设 t_1 为对高收入者征收的税额,t_0 为对低收入者征收的税额,Y_1 为高收入者的个人应税所得,Y_0 为低收者的个人应税所得,即 $\dfrac{t_1/Y_1 - t_0/Y_0}{Y_1 - Y_0}$ 其二,以税额变动的百分比对个人应税所得变动的百分比的比率来衡量,即 $\dfrac{t_1 - t_0}{t_0} : \dfrac{Y_1 - Y_0}{Y_0}$ 其三,以税后所得变化的百分比对税前所得变化的百分比的比率来衡量,即 $\dfrac{(Y_1 - t_1) - (Y_0 - t_0)}{(Y_0 - t_0)} : \dfrac{Y_1 - Y_0}{Y_0}$。

征收管理手续;二是可以避免或减少偷漏税,及时组织税款入库;三是由于纳税人从未真正全部占有其收入,便可以大大减轻纳税人的心理税收负担。而且,其私人预算开支的安排是以税后收入为基础,也不易产生减少开支或储蓄的压力。

英国是在个人所得税上广泛运用从源课征法的典型。包括公债利息、各种借款利息、股息、工资和特许权使用费在内的许多收入项目,均采用从源课征法。美国联邦个人所得税的课征方法也带有从源课征的因素,对于工资薪金收入,都是由雇主在支付时预扣代缴,但在年终要由纳税人本人进行申报清算,多退少补,所以实际上是从源课征和申报清缴两种方法结合使用。

所谓申报清缴法,就是分期预缴和年终汇算相结合,由纳税人在纳税年度申报全年估算的总收入额,并按估算额分期预缴税款。到年度终了时,再按实际收入额提交申报表,依据全年实际应纳所得税额,对税款多退少补。

这种方法的优点主要是在税务管理上,对税务机关和纳税人都方便易行。

目前各国除对某些收入项目采用从源征收法外,一般都是采用申报清缴法。在美国,除了对工资、薪金收入实行从源课征和申报清缴相结合的课征方法之外,对纳税人工资、薪金以外的其他收入,即是采用按季自报缴纳、年终汇算清缴的办法,来课征个人所得税。日本个人所得税的课征方法也大体相似,以纳税人自行申报所得额与税款的课征方法为主,但对薪金、利息、股息、退职金、自由职业者及演员的报酬等所得项目,则采用从源征收法。

12.1.3 公司所得税

公司所得税是以公司(厂商)组织为纳税义务人,对其一定期间内的所得额(利润额)课征的一种税收。我们仍依课征范围、课税对象、适用税率、课征方法的次序,说明其大概。

1. 公司所得税的课征范围

同个人所得税的原理一样,公司所得税的课征范围也是由各国所行使的税收管辖权决定的。这就是,将公司区分为居民公司和非居民公司,居民公司负有无限纳税义务,即就其来源于全世界范围的所得在本国缴纳公司所得税。非居民公司负有限纳税义务,就其来源于收入来源国境内的所得缴纳公司所得税。

换句话说,各国在公司所得税上的课征范围是,居民公司取得的来源于全世界范围的所得以及非居民公司取得的来源于该国疆域范围内的所得。

至于居民公司的认定标准,也是从"住所""居所"的基本概念延伸出来的。通行的看法是,每一个人,不论是自然人还是法人,由于法律的规范,一出生或一出现,就取得了一个固定的住所。法人的固定住所即是它诞生成立的地方,即法人登记成立的国家。如果要辨别法人的住所和居所,则住所即是指公司的登记成立地,居所则是指公司的控制和管理机构所在地。因此,各国通行的居民公司的认定标准大体有登记注册、总机构和管理中心三种标准:登记注册标准,即依据公司的注册登记地点而定,若公司根据本国的法律,在本国登记注册,就是本国的居民公司;总机构标准,即依据公司的总机构设立地点而定,若公司的总机构设在本国境内,就是本国的居民公司;管理中心标准,即依据公司实际控制或实际管理中心的所在地而定。若公司的实际控制或实际管理中心所在地在本国境内,就是本国的居民公司。凡不在上述标准之内的公司,均属非居民公司。

2. 公司所得税的课税对象

公司所得税同个人所得税的情况一样,课税基础都是净所得,而不是毛所得。因此,公司所得税课税对象的计算也有一个从"总所得"到"应税所得"的过程。在这方面,各国税法都有一系列具体的规定。这些规定主要涉及两个方面的内容:

一是应当计税的所得项目。通常包括的主要项目有:经营收入,即销售价款减除销售成本之后的销售利润;资本所得,即指出售交换投资的财产,如房地产、股票、特许的权利等所实现的收入;股息收入,即公司作为其他公司的股东而取得的红利收入;利息收入;财产租赁收入;前期已支付费用的补偿收入,如保险收入等;其他收入,如营业外收入;等等。

二是可以作为费用扣除的项目。同个人所得税计算过程中的扣除项目相比,公司所得税的扣除比较简单,它不存在个人宽免与生计费扣除的概念,唯一可以从总所得中扣除的是费用开支,且只能扣除与取得的收入有关的那一部分必要的费用开支。通常包括的项目是:经营管理费用,如工资、租金、原材料费用、维修费用、差旅费、利息费用、保险费、广告费;折旧和折耗,如固定资产折旧、资源折耗等;各项税金,即所缴纳的各项税款;其他费用,如坏账、意外损失、法律和会计事务费、研究和发展费用。

将上述各类应计税的所得项目加总求和,得出公司的总所得,再从中减去可作为费用扣除的项目,即可求得公司所得税的应税所得。计算公式为:

$$总所得 - 可扣除费用 = 应税所得 \qquad (12.2)$$

3. 公司所得税的适用税率

求得应税所得之后,就可依照税率表上所规定的适用税率,计算公司所得税的应纳税额。计算公式为:

$$应税所得 \times 适用税率 = 应纳税额 \qquad (12.3)$$

西方国家在公司所得税上大多采用单一的比例税率,即使实行累进税率的国家,其累进程度也较为缓和。更有相当一部分国家,表面上公司所得税税率不止一个,但那是按照公司纳税人的不同性质分类而定的。单就一个特定公司来说,并没有因为所得额的大小而区别适用不同的税率,因而实际上也属于单一税率结构。这一点同以"多级累进税率"为特征的个人所得税有明显的区别。

这是因为,公司所得税实质不是"对人税",课税的依据也非个人的综合负担能力,所以按照所得额的大小规定高低不同的税率,在理论上没有多大意义。

但是,出于以下两个方面的考虑,有些国家在公司所得税上仍然保留着多级累进制的税率结构:

一是财政方面的考虑。因为公司所得税的大头是由大公司厂商缴纳的,如果不分厂商大小统统实行统一税率,税率定高了,中小厂商可能承受不了,税率定低了,国家财政又要少收一部分收入。

二是政策方面的考虑。在公司所得税上实行累进税率,多多少少总会对个人收入起到一定调节作用。道理非常简单,高利大户公司厂商的大股东一般都是富商巨贾。若对高利大户实行高税率,其结果是税后留利减少,自然要因此而少分股息或红利。

4. 公司所得税的课征方法

各国对公司所得税的课征方法,一般都采用申报纳税方法。

通常的情况是,纳税年度由厂商根据其营业年度确定,但一经确定便不能随意改变,一般在年初填送预计申报表,年终填送实际申报表;税款实行分季预缴,年终清算,多退少补。

12.1.4 社会保险税

社会保险税是作为实施社会保障制度的财政来源,以纳税人的工资和薪金所得作为课税对象的一种税收。它最早由美国在 1935 年开征,是当代税制中最年轻的税种之一。

1. 社会保险税的课征范围

西方国家社会保险税的课征范围大都很广。只要是在本国有工资、薪金收入的人,都是社会保险税的纳税人;除此之外,对于不存在雇佣关系的自营人员,虽没有确定的工资、薪金所得,也必须依照规定缴纳社会保险税。换句话说,社会保险税的课征范围是全体工薪者和自营人员。

不过,社会保险税同其他税种相比有一显著的不同点,这就是其税负一般要由雇主和雇员共同承担(失业保险税除外,只由雇主负担)。如美国的社会保险捐助税,按雇员全年领取或雇主全年对每个雇员支付的工资、薪金总额计征,目前税率为15.02%,但由雇主和雇员各负担一半,即各负担7.51%。

2. 社会保险税的课税对象

社会保险税的课税对象是在职职工的工资、薪金收入额以及自营人员的事业纯收益额。这里所得的工薪收入额:(1)通常附有最高应税限额规定,即它不是全部的工薪收入额,而只是对一定限额以下的工薪收入额课征;(2)不允许有宽免或费用扣除,即它不像个人所得税的课征对象那样,可从总所得中扣除为取得收入而发生的费用开支,或可扣除一些个人宽免项目,而是把毛工薪收入额直接作为课税对象,因而不需经过一系列的计算过程;(3)不包括纳税人除工薪收入外的其他收入,如资本利得、股息所得,利息收入等均不计入社会保险税的课税基数。所以,社会保险税的税基小于对综合收入课征的个人所得税的税基。

3. 社会保险税的适用税率

社会保险税税率的高低是由各国社会保障制度的覆盖面和受益大小决定的。过去几十年来,由于各国社会保险制度的覆盖面和受益都在逐步扩大和增加,社会保险税的税率也有逐步上升的趋势。以美国社会保险税系列中的联邦保险捐助税的税率(雇主和雇员分别计算)为例,初征时仅为1%,此后便稳步上升,1950年为1.5%,1960年为3%,1970年为4.8%,1980年为6.13%,1986年上升到7.15%,1989年又增加到7.51%。

至于社会保险税是采用比例税率,还是采用累进税率,则视各国的国情而有所不同。但大多是采用比例税率。

3. 社会保险税的课征与管理

社会保险税多采用从源课征法。具体来说,它是通过雇主这个渠道课征的。雇员所应负担的税款,由雇主在支付工资、薪金时扣缴,最后连同雇主所应负担税款一起向税务机关申报纳税。雇员无须填具纳税申报表,方法较为简便。至于自营人员所应纳税款,则必须由其自行填报,一般是同个人所得税一起缴纳的。

社会保险税也是一种"专税专用"的税,所以它虽由税务机关统一征收,但税款入库后则是集中到负责社会保障的专门机构统一管理,专门用于各项社会保险的支付。

12.2 对财产的课税

12.2.1 财产课税的一般概念

所谓财产课税,就是以一定的财产额为课税对象,向拥有财产或转让财产的纳税人课征的税。这一课税体系主要包括对财产所有者所拥有的全部财产课征的一般财产税,对特别选定的某类或某几类财产分别课征的特种财产税和对发生转让的财产课征的财产转让税(如遗产税和赠与税)。

对财产课税的考察,可以从其性质和类型入手,然后,再转入具体税种的讨论。

先看财产课税的性质。财产课税的课税对象是财产。而财产是指一定时点的财富存量。它可分为不动产和动产。不动产指的是土地以及附属于土地上的长期固定的设施。动产则指的是人们占有的除不动产之外的全部财产,包括有形动产和无形动产两大类。前者如家具、用品、首饰、货物等,后者如股票、债券、货币等。

在西方经济学家看来,财产课税与所得课税的对象虽然不同,但它们都具有明显的"对人课税"的性质。所得总是一定人的所得,所得课税总是以人为法定纳税人的。财产总是有其主人,对财产课税虽不一定就是以他为纳税人,但总同这个所有者有着密切联系。正因为如此,这两种课税的负担归宿和影响,有相似之处。两者的区别在于,作为所得课税对象的所得额是一个时期劳动或经营的净成果。而作为财产课税对象的财产额则是在某一时点上对财富的占有量。前者不容易计算,而后者却容易确定。这也正是财产课税的实行早于所得课税的原因所在。

再看财产课税的类型。对于财产课税,西方经济学家通常从两个方面进行分类:

一是以课征范围为标准,将财产课税分为一般财产税和特种财产税。前者是就某一时点纳税人所有的一切财产综合课征,课征时须考虑对一定价值以下的财产和生活必需品实行免税,并允许负债的扣除。后者则是就纳税人所有的某一类或几类财产,如土地、房屋、资本等单独或分别课征。

二是以课税对象为标准,而将财产课税分为静态财产税和动态财产税。前者是就一定时点的财产占有额,依其数量或价值进行课征,如一般财产税和特种财产税。后者是就财产所有权的转移或变动进行课征,如遗产税和赠与税。

12.2.2 一般财产税

一般财产税是财产课税体系中的一种重要形式。它以纳税人的全部财产价值为课征对象,实行综合课征。我们以美国的一般财产税制为例,说明其大概。

1. 课征范围

美国的一般财产税是由地方政府对财产所有者课征的。由于美国同时实行公司、居民和收入来源地三种税收管辖权,这也就决定了美国一般财产税的课征范围:美国公司和美国居民拥有的存在于世界范围内的一般财产价值,以及外国公民和外国居民拥有的存在于美国境内的一般财产价值。

2. 课税对象

美国一般财产税的课税对象并非纳税人所拥有的全部财产,而主要是房地产、企业设备、存货、牲畜、机动车等有选择的几类财产。其中征自房地产的税款占绝大部分。根据1976年的调查材料,在美国的一般财产税收入中,约有50%来自单纯的家庭住宅,10%来自其他住宅财产,16%来自空地和农田,24%来自工商业财产。

既然主要财产税收入来自住宅、房地产等,其财产项目的估价也就成为确定财产税课税基数的一个关键性问题。在美国,财产估价的方法基本有三种:

一是市场价格法,即以应税财产的市场交易价格为准做出估价。一项财产的现值是多少,取决于该项财产在市场上的交换价值。从这一角度出发,在市场机制健全、财产类别大致相同的条件下,运用市场价格法对应税财产进行估价,不仅较为合理,而且简便易行。

二是资本还原法,即根据财产租金和市场利率,通过折算取得资本化的财产现值。这种方法可作为市场价格法的补充。按资本还原法得到的结果还要同近期同类财产的市场交易价格进行对比,若相差不多,即可以其作为计税依据。但若差别很大,则需做进一步调查研究,以期做出更准确的估价。

三是原值法,亦叫作簿册法,即以应税财产的原始价值或购入价格为准做出估价。由于财产的购入价格总是可以在企业或个人的账册中找到,故这种方法对估价人员来说十分方便。在整个经济较为稳定的条件下,"原值"和"现值"不会发生较大差异,这一方法也就不会产生大的失误。但若处于通货膨胀或经济萧条时期,这一方法则完全行不通,而必须采用其他方法对财产进行重新估价。

3. 税率

美国一般财产税在各个地方之间并无一个统一的税率,而是因地而异。名义税率高的可达应税财产价值的10%,低的不足3%。具体到某一特定地方,也无一固定的税率,而要因年而异。这是因为美国一般财产税税率的高低,通常要根据各地方的财政需要逐年确定。其步骤是:首先,各地方政府依据地方公共支出和其他收入(指除财产税以外的收入)之间的差额,确定应收财产税收入总额。然后,再依据应收财产税收入总额和财产的估定价值之比确定当年的财产税税率。

必须区分美国一般财产税的名义税率和实际税率。名义税率就是上述依据应收财产税税额和财产的估定价值之比确定的税率;实际税率则是指应收财产税税额同财产的实际价值(或市场价格)之间的比率。由于估定的财产价值往往远低于财产的实际价值,财产税的实际税率也就远低于名义税率。据统计,在70年代中期,美国全国房地产估定值与实际值之间的平均比率仅为31%。这样一来,对纳税人来说,采用1%的税率对其财产的实际价值征收和采用3%的税率对其财产的估定值征收完全是一回事。所以,美国一般财产税的名义税率并不能说明其实际税负水平,还必须联系财产的估价情况加以综合考虑。

4. 课征方法

同个人所得税的情况完全不同,在个人所得税的申报中,个人纳税人有责任精确地申报自己的应税所得,隐瞒或申报有误都会造成严重后果,轻则罚款,重则坐牢。在一般财产税上,纳税人则无权决定自己所拥有的财产价值,而必须由地方税务部门的专职估价人员对财产进行估价,估价员做出估价后,纳税人才能据此缴纳税款。

所以,美国一般财产税的课征过程甚为烦琐,通常要分估价、检查、征收三个阶段。估价,大都由各地方税务部门的专职估价人员执行,目的是发现财产予以登记,并对应税财产做出相应估价以确定应税财产数值;检查,由政府的司法部门人员执行,目的是检查前一阶段的财产估价是否符合公司原则,税务人员有无舞弊现象;征收,由税务部门负责执行,规定纳税人在什么季节缴纳,既可规定一次性缴纳,也可规定分期缴纳,并对不按期缴纳者处以罚款以至拍卖其财产作为抵偿。

12.2.3 特种财产税

特种财产税是财产课税最早的一种形式。它以政府选择的某类或某几类财产为课税对象,实行分别课征。在历史上,特种财产税经历了不断发展、分化和组合的过程。现今西方国家的特种财产税税种已大大减少,有的只对土地课征土地税,有的只对房屋课征房屋税,也有的对土地和房屋合并课征房地产税,还有的将土地、房屋和有关的建筑物、机械、机动车辆以及其他固定资产综合在一起,而统一课征不动产税。

1. 土地税

土地税是以土地为课税对象征收的一种税收。它既是最古老的税种,也是现今实施最广泛的特种财产税。据西方经济学界的初步统计,目前把土地单独拿出课征土地税的国家有 29 个。但所用的税名各种各样,有的称土地税、农地税、未开发土地税、已开发土地税、荒地税,也有的称城市土地税、土地登记税、土地转让税、土地增值税、土地租金税、地价税,等等。尽管名称各异,但按其税基性质的不同概括起来无非两大类:一是财产税性质的土地税,另一是所得税性质的土地税。

财产税性质的土地税,以土地的数量或价值为课税基数。它又可分为从量课征的土地税,如地亩税;从价课征的土地税,如地价税。

地亩税(亦称"面积税"),以土地的单位面积为课税标准,即规定每单位面积土地的税额,按土地面积大小确定总税额。这种从量征收的方法盛行于古代。当时的条件是地广人稀,农业粗放经营,人民可择肥沃土地耕种。所以,尽管是按地亩面积实行比例课征,税负也基本合理。但随着经济的发展,土地逐渐分出"三六九等",由于土地等级不同和收益不等,按土地面积课征统一标准的土地税越来越失之公平和不尽合理。因此,这种课征方法尽管较为简便,现今各国也很少采用,取而代之的是地价税。

地价税以土地的单位价值为课税标准,它是作为地亩税的替代方法而产生的。从量计征的地亩税虽然可用划分土地等级并按不同等级规定不同单位面积土地税额的方法来克服税负不公平的弊端,但总比不上按土地的价值课税合理。于是地价税应运而生。地价税课征的关键是土地的计价。计价的方法很多,既可按原价,也可按市价,还可实行估价。由于市场价格涨落不定,原价或市价都难以确切反映土地的价值,现代西方国家大都采用估价计税方法。

所得税性质的土地税,以土地的收益额或所得额为课税基数。它又可分为土地收益税、土地所得税和土地增值税。

土地收益税是以土地收益额为课税依据而征收的税。可作为课税依据的收益一般有四种,即土地总收益、土地纯收益、土地租赁收益和土地平均收益。土地的总收益可依据土地每年产生的全部收入计算,将一年中多次取得的收入加以汇总;土地的纯收益可依据土地的总收益减去种子费、耕作费、收获费、土地维持费等生产和管理费用后求得;土地的租赁收益可根据土地使用权转让可获得的租金收益计算;土地的平均收益则可以一定期间,如5年或3年的土地纯收益的平均数计算确定。这几种收益标准各有利弊,如按土地纯收益课税虽较为公平,但计算麻烦,管理困难;按土地总收益课税虽较为简便,但又不甚公平;按土地租赁收益课税可达到便利目的,但又只限于对地主课征,且易产生隐瞒漏税之弊;等等。尽管如此,现实的情况是,这四种收益标准均在西方国家得到不同程度的采用。例如,新加坡土地税的课税标准是一年的租金收入;印度土地税的课税标准则是从总收益中扣除各项费用后的纯收入;另外,法国土地税(不动产中的未建筑土地税)是以根据土地台账推算的租赁价格进行估计后扣除20%的余额为课税标准。

土地所得税是以土地所得额为课税标准而征收的税。主要是对地主、佃户或自耕农土地产生的收入课征。课征时可扣除经营费用,还可斟酌个人情况给予宽免,并采用差别或累进税率。以所得税为主体税种的国家,除规定土地的农业收益可予以免税之外,一般都采用将土地所得纳入所得税范围而统一课征所得税的做法。

土地增值税是以土地增值额为课税标准而征收的税。它又可进一步分为土地转移增值税和土地定期增值税。其中前者在土地所有权发生转移时,就土地出售价格高于原土地购入价格的差额部分课征。后者在一定时期内土地价格发生上涨时,就其价格增加的部分课征。它同其他土地税有不同之处:其他土地税是定期的经常税制,土地转移增值税则是非定期的,只是于土地所有权发生转移或土地价格发生上涨时,才就其增加部分课征;其他土地税是对土地或其通过劳动而产生的收益课税,土地增值税则是对不劳而获的土地增值课税。西方国家之所以要对土地增值课税,其理论依据,一是土地的自然增值应通过课税而归社会全体所有,不能为土地所有者独占;二是就土地增值部分课税,可达到限制地价居奇抬高和投机之目的;三是随着现代社会地价的日益增长,课征土地增值税可为财政提供一个稳定可靠的收入来源。但理论上的盛行是一回事,土地增值税的实际实施却并非易事。各国在与土地增值税的课征有关的土地估价登记资料、人员配备以及制定切实可行的原则、方法方面,遇到很多困难。英德两国曾分别在1910年和1911年开征土地增值税,但征收面不广,实行期也不长。德国稍有成绩,英国则以失败告终。美国至今也未能开征土地增值税。故现今课征土地增值税的国家在世界上并不多见。

比较两种性质的土地税,西方经济学界的看法是,就税收负担的公平性而言,所得税性质的土地税显然优于财产税性质的土地税。但就税务行政管理的难易程度而言,财产税性质的土地税又优于所得税性质的土地税。

值得我们特别注意的是,土地税在任何一国都不是主要税源,但各国的土地税制设计却又相当复杂。以相当复杂的税制设计去取得数额不大的土地税收入的根本原因,在于各国政府都企图借助土地税的特殊调节作用,达到合理而有效地利用土地这一最为宝贵的有限资源的目的。

2. 房屋税

房屋税是以附着于土地上的房屋及有关建筑物为课税对象课征的一种税收。由于房屋与土地密切相关,难以单独估价,故各国多将房屋连同土地一起并征房地产税,单独对房屋课税的国家为数不多。

房屋税按课税标准的不同,可分为财产税性质的房屋税、所得税性质的房屋税和消费税性质的房税三个类别。

财产税性质的房屋税,以房屋的数量或价值为课税标准,包括从量课征和从价课征两种方法。

最早的房屋税多是从量课征,如灶税按炉灶数课征,窗户税按窗户数课征,房间税按房间数或面积数课征,屋基税按屋基及其附属面积课征等。这些税种都以房屋的外部标志为课税标准,其优点是不易漏征,且方法便利,但缺点是不能确切反映纳税人的纳税能力。

按房屋价值计税的从价税采用较晚,但很快便成为现今各国房屋税普遍采用的课税方法。如前述的美国一般财产税中的房地产税即是从价计征。墨西哥的房地产税也是按房地产价值计税。从价计征的优点是税负较为公平合理,但征收管理的困难较大,特别是房屋的估价须考虑房屋间数、层数、面积、装饰、建筑材料、价格、租金、房屋所处地理位置以及用途等多种因素。

所得税性质的房屋税,以房屋的租金收益或出租所得为课税标准。

同所得税的原理一样,就房屋的租金收益或出租所得课税,并不是以其总收益或总所得为计税标准,而须从租金或出租所得中扣除房屋的折旧和修理等费用,只就房屋的纯收益课税。如墨西哥的城市房地产税即规定按租赁价格的87%计税(等于扣除13%的费用)。由于租金收益和出租所得代表着房产的生息能力,而房产的生息能力又是反映纳税人纳税能力的较好尺度,加之租金收入不易隐瞒,所以西方经济学界认为这种课税方法较为公平合理,且计征便利。此外,所得税性质的房屋税还有一个更为突出的优点,这就是它可同所得税的缴纳结合在一起,将房屋出租所得列入个人综合所得,随所得税一同课征缴纳。

消费税性质的房屋税,以房屋的消费使用行为作为课税对象,对房屋居住人课征。如荷兰的房屋税,纳税义务人是租房人即房屋使用者,课税对象则为房屋租金和家具价值。租金在扣除一定数额的免税项目(130—570荷兰盾)以后,按3.4%的税率计税;家具价值也是在扣除一定数额的免税项目(300荷兰盾)以后,按1.5%的税率计税。

从目前的情况看,各国现行的房屋税大多属于财产税性质的房屋税,且多实行从价计征的方法,并同时采用两种课税标准。既按房屋价值课征,又按租赁收益课征的国家比较少见。

课征房屋税的关键在于房地产的估价,它牵扯到许多技术性问题。各国估算房地产价值,往往使用三种方法进行。

(1)按房地产市场上彼此无关联的买方和卖方经过讨价还价所确定的市场价格估算房地产价值。

(2)对新建房屋,可用其地价加上成本费用,得出房地产的市价。对非新建房屋,则以重建同样房屋的成本费用作为房地产价值。

(3)按房地产的租金进行折算,即按照房屋租金和年利率进行折算,得出资本还原的房地产价值。

3. 不动产税

不动产税是以土地和房屋为主要内容的不动产为课税对象课征的一种税收。这就是说,它的课征范围比仅以土地或房屋为课税对象的土地税或房屋税宽广,包括了土地和房屋在内的所有不动产项目。但又比对纳税人所拥有的全部财产课征的一般财产税狭窄,而只对属于不动产项目的财产课征。它实质上是一种范围较宽广的特种财产税。

不动产税按其适用税率和课征方法的不同,可分为两种形式:

一种是以不动产为单一的课税对象,不区分不动产项目而适用统一的税率课征。如香港地区的不动产税对土地和建筑物课征,纳税义务人为不动产的持有者或使用者,税率原则上均为17%。采取这种不动产形式的国家和地区为数不多。

另一种是区分不动产项目,分别规定税率和课征方法。如德国的不动产税以不动产所有人为纳税义务人,课税对象分为农林业财产、土地财产等几种,分别对农林业财产课征不动产税 A,对土地财产课征不动产税 B。其课征方法是:首先计算税收预计额,对不动产税 A,按不动产估价额的 0.6% 计算;对不动产税 B,原则上按不动产估价额的 0.35% 计算。但对下列两种特殊情况的计算率可调低:其一,一户用住宅,若其估价额在 75000 马克以内,可按 0.26% 计算,若其估价超过 75000 马克,可按 0.35% 计算;其二,两户用住宅,可按估价额的 0.3% 计算。然后在税收预计额基础上,按照各县、市、镇规定的征收率征税。征收率各地也有所不同,具体到某一地方,不动产税 A 和不动产税 B 更有差别。再以巴西的不动产税为例,它对土地和房产的持有者课征,但对不动产中的土地,规定按投资价额课征,税率一般不高,如萨婆罗市仅为 2%—3.5%。对不动产中的房产,则大多实行较高的税率,如萨婆罗市对住宅课征的税率为 10%,其他房产为 11%。采用这一不动产税形式的国家较多,除上述德国、巴西外,新加坡、荷兰等许多国家都实行类似的不动产税。

12.2.4 财产转让税

财产的课税,除了包括前述的一般财产税和特种财产税之外,还有一个重要的类别,就是对发生转让的财产课征财产转让税。

财产转让税是一种总称,它包括遗产税、继承税和赠与税三个税种。

遗产税是以财产所有人死亡时所遗留的财产为课税对象课征的税。继承税是以财产继承人在财产所有人死亡后所继承的财产为课税对象课征的税。

就性质来说,遗产税和继承税是一回事。财产所有人死亡时所遗留的财产,也就是财产继承人在财产所有人死亡后所继承的财产。所以,对继承财产的课税也就等于对遗留财产的课税。在西方,许多国家的遗产税和继承税是互称的,甚至将两者通称为"死亡税"。当然,遗产税和继承税并不是没有差别。前者是对财产所有人死亡时所遗留的遗产总额课征,纳税主体就是一个;继承税则是对各个财产继承人所分得的遗产课征,纳税主体可能不止一个,甚至多个。正因为如此,也有人将前者称为"总遗产税",后者称为"分遗产税"。

至于赠与税,是以赠送的财产价值为课税对象而向赠与人或受赠人征收的一种税。它实质上是遗产税或继承税的辅助税种。因为如果只对财产所有人死亡后的遗产课税,而不对其生前对外馈赠的财产课税,则极易使纳税人通过在生前将财产事先赠与他人之途径来逃避缴纳遗产税或继承税。因此,凡课征遗产税或继承税的国家,大多同时课征赠与税,实行遗产税或继承税和赠与税并用的税制。

所以,西方各国实行的财产转让税,尽管名称各异,制度繁杂,还是可归并为遗产税和赠与税两大类。其中前者为主税,后者为辅税。

1. 遗产税

遗产税的课征制度可按纳税义务人不同分为三种:

其一,总遗产税制。它就被继承人死亡时所遗留的遗产总额课征。以遗嘱执行人或遗产管理人为纳税义务人。一般设有起征点,并采用累进税率,其税负水平不考虑继承人与被继承人之间的亲疏关系。其课征方法是:

(1)按遗产转让次序的先后,课以不同水平的累进税,一般是转让次序越靠前,税率越高。反之,转让次序越靠后,税率越低。

(2)按遗产总额减去负债后的净额课征,即它的课税基数不是遗产总额,而是从遗产总额中扣除负债后的净额。

(3)规定免税额,对小额的遗产可予免征。

(4)准予分期纳税或以实物缴纳。

总遗产税制往往要和赠与税相结合,控制生前赠与。如美国、英国等实行总遗产税制的国家,都是既征遗产税,又征赠与税,或将两税合并,统一课征。

其二,分遗产税制,亦称继承税制。它就继承人在被继承人死亡后所继承或分得的遗产额课征。以财产继承人为纳税义务人,一般采用累进税率,税负水平的高低与继承人同被继承人之间的亲疏关系有关。其课征的方法是:(1)凡继承人为直系亲属的,税率较轻。凡继承人为非直系亲属的,税率较高。(2)根据继承人所继承或分得财产数额的大小,采用不同的税率课征。继承财产数额越多,税率越高。反之,则较低。也就是采用累进税率课征。(3)按被继承人子女的多少课以不同的税率,子女越少,税率越高。子女越多,税率越低。

继承税往往也是同赠与税结合实行。日本、德国、法国等国即是实行这种继承税同赠与税相结合的财产转让税制。

其三,总分遗产税制,亦可称混合遗产税制。它把对遗产的课税分作两次课征,先对被继承人所遗留的遗产总额课征一次遗产税,税后遗产分配给各继承人时,再就各继承人所继承或分得的遗产额课征一次继承税。其纳税义务人既有遗嘱执行人或遗产管理人,也有遗产继承人。

这种遗产税制是把总遗产税制和分遗产税制结合在一起演变而来的,兼蓄了两者的优点,互补长短。这就是,先用简单的方法,课征一次遗产税,使国家的遗产税收入有一个基本保证,堵塞了课征继承税的漏洞。再根据不同的亲疏关系,对继承人有区别地课征一次继承税,使税收的公平原则得到落实。当然这种遗产税制也有其缺点,同样一种性质的税收分作两次课征,既有重复课税之嫌,又使税制趋于复杂化。加拿大、意大利、菲律宾、爱尔兰等国即是实行这种遗产税制。

2. 赠与税

赠与税是就财产所有人或被继承人所赠与他人的财产额课征。亦有总赠与税制与分赠与税制之别。前者就赠与人在课税年度内所赠与他人的财产总额课征,以赠与人为纳税义务人;后者则就受赠人在课税年度内的受赠财产额课征,以受赠人为纳税义务人。

赠与税实质上不是一个独立的税种,而是遗产税的辅助税种。如前所述,若只课征遗产税,而不同时课征赠与税,极易使财产所有人或被继承人采用生前将财产赠与他人的方式来逃避缴纳遗产税,因而遗产税的课征必须同时配合以赠与税,以防止纳税人逃避税收,确保财产转让税税源不致流失。

赠与税的课征往往和遗产税的课征相结合进行。亦有总赠与税制与分赠与税制之别。凡实行总遗产税制的国家,多同时实行总赠与税制,以赠与人在课税年度内所赠与他人的财产总额为课税对象,向赠与人课征;凡实行分遗产税制或总分遗产税制的国家,也多适当实行分赠与税制,以受赠人在课税年度内的受赠财产总额为课税对象,向受赠人课征。

12.3　对商品的课税

12.3.1　商品课税的一般概念

所谓商品课税,是指以商品和劳务的流转额为课税对象的课税体系。在国际上统称为商品和劳务税。它主要包括消费税、销售税、增值税和关税。

对商品课税的考察,亦可从其特点和类型入手。

商品课税与其他课税体系比较,具有几个显著的特点:

第一,商品课税的课征对象是商品(劳务)的流转额,而且是复杂多样的流转额。

商品课税的课征对象是商品和劳务的流转额,即商品(或劳务)的销售收入。它与交易行为是密切联系在一起的。一种商品从投入流通到最后消费之前,往往要经过无数次的转手交易行为。每经过一次交易行为,买者变成卖者,商品随之流转一次,于是也就发生了一次对卖者的商品流转额课征商品税的问题。如果根本没有交易行为发生,那就表明商品是处于静止不流转的状态。没有卖者,也没有商品流转额,当然也就没有纳税人和课税对象,从而也就谈不到课征商品税的问题。

进一步来看,流通中的商品种类和商品流通渠道又是复杂多样的。即使同一种商品,也可能要经过不同的阶段,有的流通环节多些,有的少些。在流通过程中,不同商品之间也可能发生分合的变化。本来在同一厂商中产制的商品,进入流通后可能就分开了——有的作为资本品,有的作为消费品;相反,不同厂商中产制的商品也可能在某一流通环节上结合起来了。面对着如此复杂的商品(劳务)流转状况,选择一定的商品(劳务)流转额作为课税对象,进而制定对商品课税的制度,也就成了商品课税的一个十分重要的问题。

一般说来,在这方面有几种选择的可能。例如,可以将课税商品(劳务)的范围选得窄些,只包括几种消费品或几种劳务;也可以选得广些,包括全部消费品或劳务,甚至包括资本品,即对全部商品(劳务)都课税。可以将课税环节选得少些,只选择在某一流通环节上课税,是零售,是批发,还是产制;也可以选得多些,对各个流通环节都课税。可以将课税基数确定为商品(劳务)的全部销售收入即营业总额或周转额,也可以以扣除了某些项目的营业额或周转额为课税基数,等等。由此形成了商品课税制度的不同类型。

第二,商品课税在负担上具有累退性。

这可以从两个方面来分析:

首先,商品课税一般采用比例税率,其税负是按消费商品的数量比例负担。从表面上看,对一般消费品课税,消费数量大者多负税,消费数量小者少负税;对进口商品和奢侈品课征的高额消费税,常多由富者负担。因此,似乎有理由认为,商品课税部分地符合税收公平的原则。

但是，进一步来分析，个人消费商品数量的多寡与个人收入并不是成比例的。很难想象，一个收入数倍、数十倍、数百倍于他人的个人，其消费的课税商品的数量也比他人多数倍、数十倍、数百倍。因为个人消费无论如何总是有一定限度的。总的看来，越是有钱的人，消费性开支占其收入的比例越小；越是贫困的人，消费性开支占其收入的比例越大。在这种情况下，商品课税肯定要呈现一定的累退性。收入愈少，税负相对愈重；收入愈多，税负相对愈轻。

其次，商品课税的课征范围一般较多地偏重于生活资料。例如，国内消费税课征的品目一般都是大宗消费品，如烟、酒、石油等。这类商品虽不是广大居民的生活必需品，也属于日常消费品。在销售税和增值税上，许多国家又都对生产资料即资本品实行免税。深一层看，即使在对全部消费品都课税的情况下，由于需求弹性大小不同的作用，课税所引起的涨价速度，往往生活必需品最快，日用品次之，奢侈品最慢。所有这些都表明，商品课税的税负更多的是落在低收入者的身上。

第三，商品课税的负担普遍，课税隐蔽。

商品课税是间接税，相对于直接税来讲，在税收负担上是较为普遍的。直接税中的所得课税和财产课税，只是对有所得或财产者才课税，无所得或财产则不课税，而且课税还往往附有免税数额规定，对在规定标准之下的所得或财产免于课税，因而税收负担面相对较为狭窄。而商品课税在形式上虽由商品的生产者或销售者缴纳，实际上所纳税额常常附加于商品卖价之中，转嫁给消费者负担。由于人们要生存，就得消费，所以商品课税的最终结果是人人负担了税收。

同时，较之所得课税和财产课税来说，商品课税也是较为隐蔽的一种课征。商品课税之后，税款要加在价格之中。在消费者看来，税款隐蔽于价格之中，不像所得课税和财产课税那样要从其收入或财产额中直接进行扣除。商品的购买者即消费者虽然负担了税款，但在课征已经正常化之后,并不直接感受到税收负担的压力。因此,政府对商品课税的阻力较小。

正是由于上述原因,商品课税在保证政府公共收入的均衡、及时、充实及可靠方面,具有其他税种不可替代的作用。这也正是近几年各国趋向于将商品课税作为改革和调整税制方向的原因所在。

第四,商品课税具有征收管理的简便性和执行社会经济政策的针对性。

一方面,商品课税采用从价定率或从量定额计征,比所得课税和财产课税在计算手续上简单,并容易征收;另一方面,商品课税是对为数较少的企业厂商课征,而不是像所得课税和财产课税那样,向为数众多的个人课征,也就是说它的纳税人较少,便于管理,征收费用节约。

商品课税可以选择特定商品(劳务)课征。即使对全部或大部分商品(劳务)课征,也往往要采取差别税率。如对某些有害于人体健康和社会利益的消费品,如烟、酒、夜总会及易造成污染的产品或设施,政府通常要课以较重的税;对于某些奢侈品,更可课以重税。重税的目的往往不是着眼于取得公共收入,而是为了执行政府的社会经济政策。如限制某些产品的生产或进口,抑制社会的奢侈浪费之风,等等。

明确了商品课税的特点之后,可在此基础上,进一步分析商品课税的类型。由于商品的种类千千万万,商品的流通渠道错综复杂,决定了商品课税的形式是多种多样的。

第一,从课税范围的角度看,可以有三种选择:(1)就全部商品及某些劳务课税,即除全部消费品外,也将资本性商品以及交通运输等一些劳务纳入商品课税的范围。如某些欧洲经济共同体成员国曾实行过的周转税,就属于这种类型。(2)就全部消费品课税,即课税范围只包括消费品,资本性商品或其他劳务则要排除在课税范围之外。如美国各个州实行的一般零售消费税即基本上属于这种类型。(3)选择部分消费品课税,如只对烟、酒、矿物油以及一些特定的消费品课税,如美国联邦政府实行的消费税以及欧洲经济共同体国家实行的国内消费税就属于这种类型。

第二,从课税环节的角度看,可以有单环节课税和多环节课税两种类型:(1)单环节课税是指在商品产制(进口)、批发、零售三个环节任意选择一个环节课税:可以选择在产制环节征,如加拿大的酒税、烟税;可以选择在批发环节征,如英国过去的购买税;也可以选择在零售环节征,如美国的汽油税、燃料税、柴油税。(2)多环节课税是指在商品流通的两个或两个以上环节课税,如在产制(进口)、批发、零售三个环节都征税,如欧洲经济共同体成员国实行的增值税。

第三,从课税基础的角度看,可以有三种类型:(1)按照商品(劳务)的销售收入总额课征。这种类型着眼于营业行为,而不是具体商品。各国实行的营业税,基本上都属于这种类型。(2)按照商品流转所增加的价值额课征,即按商品的销价与进价之间的差额课征,这就是人们所熟知的增值税。(3)按照部分商品(劳务)的销售额课征,如国内消费税、货物税和关税就属于这种类型。

第四,从计税方式的角度看,可以实行从价税或从量税两种类型:(1)从价税,即以商品(劳务)的价格为课征标准,基本上是按照商品的不同类别,采取差别比例税率,如奢侈品高税率,日用品低税率,生活必需品可以免税或零税率。(2)从量税,即以商品(劳务)的数量、重量、容量或面积等为课征标准,按一定单位计征,也可称为单位税。与从价税相比,从量税比较简单易行,如对于酒类按每瓶、对于汽油按每加仑、对于火柴按每件计税等等。但由于税款与商品价格脱钩,物价上涨而税收不能相应增加,财政税收缺乏保证,故不能广泛推行。现今各国所实行的一般都是从价税。

第五,从课征方法的角度看,由于商品在进入消费前要经过生产和流通两个环节,与此相适应,商品课税的方法大致有两种:(1)生产课税法,即根据商品生产过程中的生产量从价或从量课税。商品生产量的确定,则可以采用外部标准课税法(以供生产课税商品使用的资本设备为标准,核定商品生产量,据以课税)、原料课税法(以生产课税商品耗用的原料为标准,核定商品生产量,据以课税)、产成品课税法(以课税商品的实际产量为标准,核定产品生产量,据以课税)等几种方法。(2)流通课税法,即根据课税商品流通的实际数量从量或从价课税。确定课税商品流通数量的方法,则主要有通过课税法(按课税商品起运时通过的实际数量课税)和销售课税法(按课税商品的实际销售量课税)两种。

12.3.2 消费税

所谓消费税,是以消费品(或消费行为)的流转额作为课税对象的各种税收的统称。它是商品课税的一种主要类型。

1. 消费税的意义

在西方国家,课征消费税的目的,一般并不在于取得多少公共收入,而旨在借助于消费税所具有的独特的调节功能,通过课征范围的选择、差别税率的安排以及课税环节等方面的规定,来达到政府调节消费,进而调节收入的政策目的。这里可以借用美国著名经济学家萨缪尔森的一段话,来说明课征消费税的特殊意义:"除了联邦的消费税之外,各州通常也对酒类和烟草加上自己的消费税(某些城市也是如此)。很多人——包括许多抽烟、喝酒的人——模糊地感觉到抽烟和喝酒是有点不正当的事。他们或多或少地认为,对这些东西征税是一箭双雕:国家得到收入,做坏事得多花钱。"①

---

① 保罗·萨缪尔森:《经济学》上册,高鸿业译,商务印书馆1979年版,第245页。

2. 消费税的课征范围

消费税在名义上虽然是对消费品或消费行为课征的,但现今各国消费税的课征范围,一般并不涉及所有消费品或所有消费行为。多数国家只选择一部分消费品(消费行为)课以重税。部分国家虽形式上对全部消费品(消费行为)课税,但同时又对若干消费品(消费行为)规定免税,实质上与选择一部分消费品(消费行为)课税并无两样。

具体来说,各国所实行的消费税的课征范围,大体上可以分为有限型、中间型和延伸型三种类型。

有限型的课征范围,主要限于一些传统的应税品目,且一般不会超过 15 个应税品目。如烟草制品(未加工烟叶、雪茄烟、香烟、烟丝、鼻烟等);酒精饮料(啤酒、果酒、烈酒、甜酒等);石油制品(原油、煤油、润滑油、燃料油、酒精制剂等);机动车辆(机动车牌照、登记、转让,以及车辆、轮船、通行费等);各种形式的娱乐活动(娱乐场所入场费、夜总会、酒吧间、剧场、体育比赛、俱乐部收费、养狗许可证以及赌博、跑马赛、彩票等)。此外,还可能包括一些食物制品,如糖类(甜菜糖、蔗糖、糖浆、糖精等);饮料(矿泉水、柠檬水、橘子水、其他果汁);其他食品饮料(咖啡、茶叶、可可、盐、调味品、食用油、水果、肉类、鱼类等)。

中间型课征范围的应税品目较为广泛一些。一般在 15—30 个应税品目之间。它除了有限型课征范围涉及的品目之外,还包括更多项目的食物制品(如粮食制品、乳制品等);广泛消费的品目(如纺织品、鞋类、火柴、肥皂、清洁剂、刀叉餐具、玻璃制品、家具、药品等);奢侈品(如化妆品、香水、珠宝、皮毛等);以及某些劳务(如保险、金融、运输、公共设施等)。

延伸型课征范围的应税品目最广,除了中间型课征范围包括的应税品目以外,还包括更多的奢侈品(如收音机、空调器、电视机、冰箱、音响、摄影器材、电器设备等)以及一些生产性消费资料(如钢材、铝制品、塑料、树脂、橡胶制品、木料、电缆、电池等）。

3. 消费税的税率和计税方法

消费税一般采用比例税率和定额税率,且是区别不同应税品目分别规定差别税率。与此相适应,其计税方法也有从价和从量两种。

从价课税以每单位应税商品的价格为计税依据,并按应税商品的单位价格规定一定百分比的税率。

如果应税商品的价格是含税价格,则消费税税款的计税公式为：

$$应纳税额 = 应税商品售价 \times 税率 \quad (12.4)$$

如果应税商品的价格是不含税价格,其计税公式则要视税率是按不含税价格设计的还是按含税价格设计的而有所不同：

若税率是按不含税价格设计的,那么消费税税款的计税公式与上式基本相同,即为：

$$应纳税额 = 应税商品不含税售价 \times 税率 \quad (12.5)$$

若税率是按含税价格设计的,那么,将不含税售价首先换算成含税售价,然后再予计税,其公式为：

$$应纳税额 = \frac{不含税售价}{1 - 税率} \times 税率 \quad (12.6)$$

从量课税通常以每单位应税商品的重量、数量、长度或容积等为计税依据,并按每单位应税商品规定固定数额的税金,这种固定税额即为定额税率。

这是消费税计税方法的一个独特之处。某些应税品目,如烟、酒等,商品的等级规格有一定的标准,因而有可能针对商品的数量、重量等课征固定的税额。例如,可按每公升啤酒、每盒卷烟、每吨食盐、每加仑汽油,规定课征多少消费税额。

从价课税和从量课税在物价基本稳定的情况下,两者仅有征管手续繁简之别,但在物价波动的情况下,对政府公共收入和消费者的负担有很大的不同。按前者计征,税收随物价涨落而增减;在政府会表现为公共收入的或增或减,在消费者亦会表现为税收负担的或轻或重。按后者计征,税收固定,不随物价涨落而变化;在政府表现为公共收入的相对稳定,在消费者亦表现为税收负担的相对稳定。除此之外,两者在适用范围上也有明显区别,从量课税的适用范围狭窄,从价课税的适用范围较广。

无论是实行从价课税,还是实行从量课税,其税率往往都体现着明显的政策意图。例如,社会公德要求节制消费的商品,税率高;反之,则税率低。需求大于供给的应税商品,税率高;供给大于需求的应税商品,税率低。政府财政依赖性大的重点应税商品,税率高;而政府财政依赖性小的非重点应税商品,税率低,等等。这是因为,消费税从理论上来讲,不仅课税品目应当是有限的,税率也应当是有差别的,只有这样,才能体现消费税的调节消费、调节收入的功能。否则,如果消费税的应税品目包罗万象,税率差别也不大,那就和一般销售税无异了。

12.3.3 销售税

销售税,亦称营业税。顾名思义,是以厂商的商品(劳务)的销售收入额(营业收入额)为课税对象的税收。它是商品课税的传统形式。

销售税和消费税同属于对商品(劳务)流转额的课税,其主要区别在于:前者的课税对象是广泛的,除了少数免税品目外,一般的商品(劳务)流转额都要课税;后者的课税对象则是有选择的,它只对消费品(消费行为)课税,且一般不涉及全部消费品(消费行为),而只选择一部分消费品(消费行为)课税。前者的课税环节通常放在交易流通阶段,有的是单环节课税,有的是多环节课税;后者的课税环节通常放在消费品的销售阶段,也就是多在制造商向批发商销货时课征,一般无多环节课税的情况。前者的平均税率较低,通过高低不同的差别税率调节消费的作用不明显;后者的平均税率较高,不同应税品目的税率差别大,调节消费,进而调节收入的作用相当突出。

1. 销售税的课征范围

从理论上讲,销售税的课税对象即是厂商的商品(劳务)的销售收入额(营业收入额),那么,除了法定免税的某些商品之外,厂商所发生的一切销售收入额(营业收入额),都是销售税的课征范围。在商品流通的整个环节中,从产制完成到零售,只要有商品的买卖,就有一定的销售行为(营业行为),按理国家就可以课征销售税。

但是,由于下述几方面的原因,西方国家所实行的销售税的现实课征范围一般并非如此广泛。

第一,现代经济条件下工商业的特点,是有无数的投机商和中间人插足于生产者和消费者之间,这些成千上万的中间人都要从营业行为中获取利润。如果按上述广泛的课征范围来课征销售税,一种商品从产制到零售的整个流通过程中,只要有买卖,就要课税,一次次买卖,一次次课税。每次课税都要提高课税后的商品价格,都要增加以后购进这个商品的中间商的进货成本和他的资本垫支额。多次课税的影响累积到商品的最后价格(卖给消费者时的零售价格)上,必然要有很大程度的提高,才会使这无数的中间商都获取一定利润。其结果,一方面增加了消费者的负担,另一方面,由于供求规律的作用,价格提高,市场也会相应萎缩,厂商的经营活动以至整个经济都要因此受到影响。

第二,商品的流通情况是复杂的,同一种商品,有的经过较多的流转环节,有的就少一些。如果按上述广泛的课征范围来课征销售税,商品的税负便会与其流转次数呈同向变化。由于同种商品基本上只有一个市场价格,流转次数多的商品,因其税负多,获利就少,而流转次数少的商品,因其税负少,获利就多。这显然会给那些规模较大,有很多分厂和车间各自生产不同的产品并在内部彼此使用这些产品,不发生交易行为的厂商带来优势。而给那些小规模的,经常要从外购入中间性产品,其间必然多次发生交易行为的专业化厂商带来劣势。于是,后者为了避免承受较重税负,往往不愿意按社会化大生产分工协作的要求开展经济联合,而愿与供应厂商实行垂直联合。这对市场经济的自然发展无疑是不利的。

第三,商品课税的一个突出优点,是其纳税人数很有限,而负担却可以及于广大消费者。也就是我们在前面所说的,它是一种比较隐蔽的、阻力较小的课税。如果按前述的广泛课征范围来课征销售税,那么,无论大小厂商,只要有销售收入,都有缴纳这种税的义务,它就将失去为各国政府所重视的商品课税的这一优点。

正因为如此,许多西方国家改变了销售税的一般课征的性质,即在商品流通过程中,不是商品每转手一次,就课征一次销售税,而是选定一个或几个特殊的环节来进行课征。比如,可以选定在产制后出售这个环节上课征,称为产制销售税;可以选定在批发环节上课征,称为批发销售税;还可选定在零售环节上课征,称为零售销售税。也就是说,现在普遍课征的已不是一般课征性质的一般销售税,而是特种销售税。无论是实行哪一种形式的特种销售税,其课征范围都较一般课征性质的销售税大打折扣,而相对狭窄得多。它只包括发生在选定的某一或某几个流转环节上的销售收入,而不是在所有流转环节上发生的全部的销售收入。

2. 销售税的课征环节

实行特种销售税,还有一个确定课征环节的问题。通常,工业品从工厂产制完成后,要经过工厂出售、批发、零售等环节。农产品也要经过农场主或农民在市场上出售、批发、零售等环节,才能到达消费者手中,进入消费领域。与这种流转过程相适应,销售税的课征也就可以有产制、批发、零售三个环节。可以在这三个环节分别同时课征产制销售税、批发销售税和零售销售税,也可以只选定一个环节课税,如只课征零售销售税。

现在看来,同时在三个环节分别课征三种销售税的情况并不多见。较为常见的是只选定一个环节课征一种销售税。那么,究竟是实行产制或批发环节的销售税,还是实行零售环节的销售税,各国的情况多有不同。就当今国际商品课税的趋势来看,在生产环节课征商品销售税的国家较多,而在批发和零售环节课征商品销售税的国家为数较少。

实际上,无论是产制销售税,批发销售税,还是零售销售税,都是各有利弊的。关键在于着眼点不同。一般说来,政府多倾向于选择产制销售税(在很大程度上也包括批发销售税)。这是因为,产制环节较之其他环节纳税人数量最少,容易健全会计记录,便于税收的稽查管理。若选择在产制环节课征产制销售税,则一方面政府的课征手续较为简便,征收费用较低,另一方面也能保证政府及时组织税收入库。

私人厂商则多愿意选择零售销售税。其原因在于,同一种商品课税,税率相同,课税环节越在前,对价格的刺激作用愈大,所需的资本垫支额就愈大,从而对厂商经营管理的影响也就愈大。若选择在零售环节课税,纳税环节在后,在价格和资本垫支额两方面,都对私人厂商的影响最小。

3. 销售税的税率和计税方法

销售税实行比例税率,并从价计税,也就是实行从价定率的计税方法。

销售税除了按税法特别规定对某些商品免税或对某些商品实行较高税率外,一般不实行差别税率,而是对所有商品按相同的税率课税。列入免税商品范围的通常是基本生活必需品、一般食品、书籍、报纸等。实行较高税率的商品多为奢侈品。

销售税税款的计算较为简单,其计税依据是销售商品或提供劳务

的毛收入。只要用厂商销售收入额乘以相应税率,即可得出应纳税款。计算公式为:

$$应纳税款 = 商品销售收入额 \times 税率 \qquad (12.7)$$

12.3.4　增值税

所谓增值税,是以厂商生产经营中的增值额为课税对象所课征的税收。它是商品课税的一种新形式。

作为增值税课税对象的增值额,一般地讲,是指厂商利用购进的商品和取得的劳务进行加工生产或商品经营,而增加的价值额。

具体地讲,增值额的含义,还可以从以下两个方面去理解:

就某一厂商而言,增值额就是这个厂商的商品销售额或经营收入额扣除规定的非增值项目(这部分相当于物化劳务的价值)后的余额。所以,增值额大体相当于这个厂商在本期中劳动投入所创造的价值,包括该厂商在期内所支付的工资、利息、租金及厂商利润等。

就商品生产流转的全过程而言,一种商品从生产到流通的各个流通环节的增值之和,相当于该种商品进入消费时的最后销售总值即零售价格。

增值税是从一般销售税演化而来的。它同一般销售税在多环节课税这一点上是相同的。两者的区别在于:一般销售税的计税依据是在各个流转环节上销售商品或提供劳务的毛收入,即流转额;增值税的计税依据却不是流转额,而是每个流转环节上新增(或称之为附加上去的)价值额,即增值额。一般销售税因实行在多环节对流转额课税,"道道课税,税上加税",故会造成严重的税负累积效应;增值税因只对各个环节上的增值额课税,同一售价的商品,不受流转环节多少的影响,始终保持同等的税收含量。所以,虽仍是"道道课税",但"税不重征",可从根本上消除"税上加税"的税负累积效应。正因为如此,增值税已逐步成为商品课税制度的改革方向。

1. 增值税的课征范围

增值税的课征范围,可从横向和纵向两方面加以考察。

从横向来看,也就是从国民经济的各个生产部门看,西方国家增值税的课征范围大多包括采矿业、制造业、建筑业、能源交通业、商业、劳务服务业等各个行业,有的还包括农林牧业。也有少数国家如巴西、哥斯达黎加、巴拿马等,对劳动服务业不征增值税。

从纵向来看,也就是从商品的原材料采购、产制、批发、零售的流转连续环节看,增值税和一般销售税一样,均实行多环节课税。即在商品和劳务的流转过程中,每经过一个流转环节。就课征一次税。所以增值税的课征范围一般包括了从原材料采购、产制、批发,到零售以至进出口的几乎所有环节。甚至有的国家还将课征范围从产制环节向后延伸到农产品销售环节。相应地,制造商、批发商、零售商、进出口商以及农场主等,就是增值税的法定纳税人。如欧洲经济共同体12国实行的增值税,其课征范围就包括农产品销售、工业制造、批发、零售和服务等多个环节。仅选择单一环节课征增值税的国家,极为少见。

2. 增值税的计税基数

各国的增值税,具体的税制规定有着较大的差别。表现在计税基数上,即存在着生产型增值税、收入型增值税和消费型增值税之分。

生产型增值税的计税基数按照国民生产总值的口径计算,即每一流转环节,每一厂商,都以其商品与劳务的销售收入额减去其用于生产的购入中间性产品及劳务支出的数额(厂房、机器、设备等资本品的折旧额不予减除)作为增值额,并据以课税,也就是说,生产型增值税的计税基数等于工资薪金、租金、利息、利润和折旧数之和。

从国民经济的总体来看,这种计税基数就是国民生产总值,故称之为生产型增值税。

收入型增值税的计税基数按照国民生产净值（相当于国民收入）的口径计算。即每一流转环节、每一厂商，都以其商品与劳务的销售收入额减去其用于生产的购入中间性产品和劳务支出以及资本品的折旧的数额，作为增值额，并据以课税。也就是说，收入型增值税的计税基数等于工资薪金、租金、利息和利润之和。

从国民经济的整体来看，这种计税基数就是国民生产净值，故称之为收入型增值税。

消费型增值税的计税基数要在生产型增值税课税基数的基础上，再扣除同期购入的资本品价值。即每一流转环节、每一厂商，都以其商品与劳务的销售收入额减去其用于生产的购入中间性产品和劳务支出以及同期购入的资本品价格的数额，作为增值额并据以课税。也就是说，消费型增值税的计税基数，除了要从厂商销售收入中扣除外购中间性产品和劳务支出之外，还要扣减同期固定资产购进总额。

从国民经济的整体来看，这种计税基数只包括全部消费品的价值，不包括资本品的价值，故称之为消费型增值税。

综上所述，这三种类型的增值税的区别有两点：

第一，三者的税基大小不同，其计税基数大小的顺序是：生产型增值税最大，收入型增值税次之，消费型增值税最小。故从公共收入着眼，在税率相同的条件下，生产型增值税收入最多，收入型增值税次之，消费型增值税最少。而从鼓励投资着眼，则消费型增值税效果最优，收入型增值税次之，生产型增值税最差。

第二，三者对于购入资本性固定资产在计算增值额时是否扣除以及如何扣除的处理原则不同。生产型增值税不予扣除，收入型增值税按使用年限分期扣减，消费型增值税则实行当期一次扣除。

在西方国家，对于生产型增值税采用很少，而普遍采用的是收入型增值税和消费型增值税，其中又以后者为多。

3. 增值税的税率

各国在增值税上所实行的税率多少不一,最多的如比利时有5种税率,最少的如英国只有一种税率,但大致可分为如下三类(参见表12-2)。

表12-2　欧洲经济共同体国家实行的增值税税率情况(%)

国别	基本税率	轻税率	重税率
比利时	19	6;7	25;33
丹麦	22	—	—
德国	14	7	—
西班牙	12	6	33
法国	18.6	5.5;7	33.3
爱尔兰	23	10	—
意大利	18	2;9	38
荷兰	19	5	—
葡萄牙	16	8	30
卢森堡	12	3;6	—
英国	15	—	—
希腊	18	6	36

资料来源:税务总局研究处:《国外增值税概要》,中国财政经济出版社1988年版。

一是基本税率。亦称"标准税率",它体现增值税的基本课征水平,适用于一般商品和劳务。国与国之间的基本税率也参差不齐。从欧洲共同体12国的情况看,最高的为23%(爱尔兰),最低的只有12%(西班牙和卢森堡),相差近一倍。基本税率的高低,是与各国的经济状况、税收政策、收入水平以及历史形成的税负水平相关联的。

二是轻税率。它体现着增值税的优惠照顾政策,一般适用于税法中单独列举的属于生活必需品范围的商品和劳务。如法国的增值税,除了规定基本税率为18.6%之外,还区别不同商品和劳务分别规定了7%和5.5%的轻税率。实行7%轻税率的商品和劳务是:符合规定的职工食堂提供的饮食服务;与水资源供应及排污有关的劳务;戏院、跑马场、音乐厅等文艺单位的表演(不包括演出期间提供的饮料)、经批准的沙龙、展览会的服务(黄色活动除外);客运服务;药品;书籍等。实行 5.5% 的轻税率的商品和劳务是:公用公司供水;某些不适于 18.6% 的基本税率或 33.3% 的重税率的粮食制品(不包括饮料);牛奶和某些奶制品;蔬菜、食用油油籽;葡萄酒、苹果汁及有关饮料;食用和烤用的巧克力;咖啡和茶;新鲜点心;儿童食品、方便早餐和甜食;糖;果酱、果冻;未加工的海味、鱼、农畜产品。

三是重税率。它体现了增值税的限制消费政策,主要适用于列举的奢侈品和有害于社会公益的商品和劳务。仍以法国的增值税为例,它对下述商品和劳务实行高达 33.3% 的重税率:完全或部分由天然珍珠或人造珍珠制作的珠宝、贵重石头、天然宝石、黄金、白银等;透明箔板、立体镜头、电影胶卷、摄像设备、投影及放映设备以及有关配件;录音机、口授机、广播接收机、单放机、录音仪器及声像复制设备(一般的电视机、磁带、唱片、有声电影、声像放大器除外);客车或客货两用车(改装后供残疾人用的汽车及配件除外),以及有关零配件;名贵兽皮和兽毛及价值中有 40% 由上述皮毛组成的料子等;烟草制品;某些摩托车和雪橇;鱼子酱等奢侈性食品。①

除了上述三类税率外,增值税还有所谓零税率的规定。零税率是增值税的一大特色,它一般是对出口的商品或劳务实行的。其目的是鼓励出口,扩大对外贸易。零税率不等于免税。免税只是规定该纳税环节的应纳税额等于零。实行零税率不但不必缴税,而且还可以退还以前纳税环节所纳的税。按照增值税的计税公式:销项税额 − 进项税额 = 应纳(溢缴)税额,销项如采用零税率(如在出口环

---

① 税务总局研究处:《国外增值税概要》,中国财政经济出版社 1988 年版,第 96—97 页。

节),那么,销项税额减去进项税额,其差额必是负数,即溢缴税额。这时就要有退税。

4. 增值税的计税方法

增值税有三种不同的计税方法:

其一,税基列举法,亦称"加法"。即把厂商构成增值额的各个项目,如工资薪金、租金、利息、利润等直接相加,作为增值额。然后将增值额乘以税率,计算出应纳税额。其计算公式为:

$$增值额 = 本期发生的工资薪金 + 利息 + 租金 + 其他增值项目 + 利润 \qquad (12.8)$$

$$增值税实际应纳税额 = 增值额 \times 适用税率 \qquad (12.9)$$

其二,税基相减法,亦称"减法"。即从厂商一定期间内的商品和劳务销售收入中减去同期应扣除的项目作为增值额。然后将增值额乘以税率,计算出应纳税额。其计算公式是:

$$增值额 = 本期应税销售收入额 - 规定扣除的非增值额 \qquad (12.10)$$

$$增值税实际应纳税额 = 增值额 \times 适用税率 \qquad (12.11)$$

其三,税额相减法,亦称"扣税法"。即先以厂商一定期间内的商品和劳务销售收入额乘以税率,计算出至本环节为止的累计税额。然后再从中减去同期各项外购项目的已纳税额,从而得出应纳税额。其计算公式为:

$$增值税实际应纳税额 = 申报期内的应税销售收入额 \times 适用税率 - 申报期内的外购项目已纳增值税税额 \qquad (12.12)$$

以上三种方法在税率相同的条件下,计算结果完全一致。在西方国家中较多采用的是第三种方法,即税额扣减法。这是因为,它一方面可以理论上充分体现增值税的最根本特点,即"道道课税,税不重征"。另一方面,它在实践中也具有最大的可行性,即其计算方法简便易行

(不必直接计算增值额,只要扣除过去已缴纳的累计税额,就可计算出应纳税额),计算结果准确可靠(主要依据购、销发票,每笔交易的销售额和税款分别列出,一清二楚,有案可查)。

5. 增值税的课征方法

增值税的课征方法,一般是根据厂商规模大小和财务管理水平加以确定的。

对于规模较大、账目健全的厂商,采取厂商自行填送纳税申报表并由税务机关加以审核的课征方法。厂商必须按照每个月的销售收入额分别列出各月及全年的应纳税额,然后将纳税申报表送交税务机关,经税务机关审核后,即由厂商按时缴纳。若出现拖欠税款的情况,则视拖欠时间的长短而规定不同比例的罚款或予以经济和法律方面的制裁。

对于规模较小、账目不健全的厂商,则实行定额课征的方法。由税务机关和厂商双方协商计算纳税定额。这种定额通常是以前一年的销售收入额作为当年的计税基数来计算的。若厂商的经营状况发生变化,可经税务机关核实后,对定额进行相应调整。

12.3.5 关税

关税是对进出国境的商品货物流转额课征的一种税收。它是商品课税的一种形式。

关税在性质上属于消费税。只不过它是国境消费税,而不是前面所讨论的国内消费税。也就是说,关税与国内消费税有相似之处:它的课征范围限于有选择的特定商品;它的计税方法既可从量,也可从价;它的计税依据亦是课税商品的销售额。关税同国内消费税的区别仅在于课税环节:国内消费税可选择在产制、批发、零售等环节课征,关税则只能在商品货物进出口环节课征。

1. 关税的类别

关税可依据不同的标准,进行多种分类。例如:

按课税商品在国境上的不同流向,可分为进口税、出口税。

进口税是进口国家的海关在外国商品输入时,对本国进口商所课征的关税,它通常在外国商品进入国境时课征,或在外国商品从海关保税仓库提出运往国内市场时课征。进口税是现今西方国家最主要的一种关税。

出口税是出口国家的海关在本国商品输出国外时,对本国出口商所课征的关税。但随着商品输出和海外市场上的竞争日益激烈,现今西方国家已不征或少征出口税。

按课征目的,还可将关税分为财政关税和保护关税。

财政关税是保护关税的对称,亦称"收入关税"。它是以增加政府公共收入为主要目的而课征的关税,其特点是税率较之保护关税为低。因为税高则进口必然减少,税收也必相应减少,从而达不到增加公共收入之目的。

保护关税是财政关税的对称。它是以保护本国的民族经济发展为主要目的而课征的关税。其特点主要是进口税采用较高的税率,有的甚至高达百分之几百。通过课征高额的进口税,使进口商品成本增高,从而削弱其在本国市场上的竞争能力,以保护国内生产,促进本国经济的发展。

2. 关税制度与政策

现今西方国家的关税,主要是作为对外贸易的一个重要政策手段而课征的。这就是说,现今西方国家的关税,以保护关税为主。进口税制、出口税制以及税则的规定,大都体现着较为明显的贸易保护主义意图。

保护关税的重要特征,在于关税对不同课税对象的区别对待。

在进口税制方面,西方国家不仅对不同的进口商品实行区别对待,而且对不同的输出国也实行区别对待。

对不同进口商品的区别对待,主要是在税率、计税价格和计征手续等方面给予不同待遇。就税率而言,工业制成品的税率高于农产品和工业原料的税率;本国能生产的商品税率高于本国不能生产的商品税率;奢侈品的税率高于一般消费品和生活必需品的税率。就计税价格而言,一般是以进口商品的到岸价格作为计税价格。但实际上,海关可以区别不同商品而用各种借口提高或降低计税价格。在进口商报关手续方面,海关也常常要区别情况给予方便或给予刁难。所有这一切都根据本国的经济利益而决定。

对不同输出国的区别对待,主要是根据对等原则对不同输出国规定差别税率和差别优惠待遇。凡商品输出国对本国输入该国的商品课以高税的,本国也课其商品以高税;凡商品输出国对本国输入该国的商品课以低税或给予免税的,本国也课其商品以低税或给予免税。这同样要从本国的经济利益出发而做出决定。

在出口税制方面,则主要是对不同的出口商品在税率、计税价格和课征手续等方面实行区别对待。通常工业原材料的税率高于工业制成品的税率;国内稀缺产品的税率高于国内富裕产品的税率;生活必需品的税率高于一般消费品和奢侈品的税率;为了达到鼓励工业制成品出口的目的,甚至对工业制成品给予免税以至补贴(如美国的税法明文规定,不征出口关税)。对计税价格和出口报关手续,海关也都采取区别对待的措施。

保护关税的政策也反映在西方国家的关税税则上。关税的税则是有关关税课征范围及其税率的统称。各国实行的关税税则大致有三种:

其一,单一税则与复式税则。所谓单一税则,就是一个税目只设一个税率,适用于来自任何国家的商品,不实行区别对待。所谓复式税则,就是一个税目设有两个或两个以上的税率,对不同国家适用不同的税率。其目的是为了争夺国外市场,保护国内市场。通常设有三种税率:一是最低税率,即特惠税率,适用于相互提供这种关税优惠待遇的国家;二是最高税率,即普通税率,适用于没有签订贸易协定或没有给予优惠待遇的国家;三是中间税率,介于最低税率与最高税率之间,适用于相互提供关税最惠国待遇的国家以及享受"普惠制"待遇的发展中国家。现今西方国家,除了瑞士之外,实行的都是复式税则。

其二,固定税则与协定税则。固定税则又称"自主税则",是一国基于其主权,完全独立自主地依法制定的关税税则,一般适用于没有签订贸易协定的国家。协定税则是指两个或两个以上国家通过缔结关税贸易协定而制定的关税税则。具体而言,它是指一国根据与他国缔结的条约或贸易协定,对进出口商品(主要是进口商品)所规定的有所减让的关税税率。所以,协定税则税率低于固定税则税率。在现今西方国家中,往往是固定税则与协定税则同时并用,即对没有签订协定的国家适用固定税则,而对签订有协定的国家适用协定税则。

其三,最高税则与最低税则。有些国家的固定税则又有最高税则和最低税则之分。也就是规定一个关税税率的变动或调整幅度:适用于无协定国进口商品的税率不得高于最高税则规定的税率;同其他国家所缔结的协定税则所规定的税率不得低于最低税则规定的税率。

小　　结

1. 所得课税是以一定的所得额为课税对象的课税体系,主要包括个人所得税、公司所得税和社会保险税。其特点可归纳为:课征对象是一定的所得额,而且是扣除了各项成本、费用开支之后的净所得额;应税所得额的计算要经过一系列复杂的程序;通常按累进税制课征。其类型可区分为:将所得按来源划分为若干类别,对各种不同来源的所得分别计征所得税的分类所得税;将各种不同来源的所得加总求和,统一计征所得税的综合所得税;实行分别课征和综合计税相结合的分类综合所得税。但须注意社会保险税具有不同于一般所得课税的特点。

2.财产课税是以一定的财产额为课税对象的课税体系,主要包括对财产所有者所拥有的全部财产课征的一般财产税,特别选定某类或某几类财产分别课征的特种财产税和对发生转让的财产课征的财产转让税。它同所得课税一样,都具有明显的"对人课税"的性质,只不过作为所得课税对象的所得额是一个时期劳务和经营的净成果,而作为财产课税对象的财产额是在某一时点上的财富占有量。前者不容易计算,后者则容易确定。

3.商品课税是指以商品和劳务的流转额为课税对象的课税体系。它主要包括消费税、销售税、增值税和关税。其中,消费税体现了商品课税独特的调节功能,销售税是商品课税的传统形式,增值税反映了商品课税的改革方向,关税则属于国际贸易中商品课税的特殊类型。其特点可归纳为:课征对象是商品(劳务)的流转额;在负担上具有累退性;负担普遍,课税隐蔽;具有征收管理的简便性和执行社会经济政策的针对性。

第13章 税收效应分析

长期以来,在西方经济学界一直有这样一种说法,即税收应保持中性,不对纳税人的经济选择或经济行为产生任何影响,不改变纳税人在消费、生产、储蓄和投资等方面的抉择。在种说法在理论上被称作税收中性原则。但是,如前所述,税收中性实际上只是一种理想的说法,在现实经济生活中是根本不可能存在的。税收作为一种强制和无偿的国家占有,总会对纳税人的经济选择或经济行为发生这样或那样的影响。换句话说,税收实际上是"非中性"的。

税收在现实经济生活中的"非中性"问题,很早就引起了西方经济学家的关注。对这种"非中性"的情况和原因的分析正是税收效应理论的内容。

13.1 税收与生产者行为

西方经济学家用实现利润最大化来解释生产者行为。在他们看来,所谓生产者①行为,指的是生产者在如何运用自己可支配的各种生产要素以实现利润最大化目的方面所做的各种抉择或决策。

---

① 这里所说的生产者,与前面所说的厂商同义。在西方微观经济学中,生产者是一个十分重要的单个经济决策单位。这个单位通常叫作厂商(实际上也包含了"企业"在内)。无论厂商采取什么组织形式,都被看作是追求最大利润的生产者。

税收对纳税人作为一个生产者的行为的影响，主要是通过税收市场价格机制的干扰来完成的。

13.1.1 关于税收对市场价格影响的描述

西方经济学家的分析表明，税收对市场价格的影响，表现在政府课税之后会使课税商品出现两种价格——消费者支付的价格和生产者实际得到的价格。两者之间的差额，即为税收的数额。

从计税依据上看，对商品的课税，如消费税，可采取从量计征和从价计征两种形式。在从量计征情况下，消费税按事先确定的单位数额计征。如美国的联邦汽油税，单位税额为每加仑12美分。如果消费者支付的每加仑汽车价格（以 P_d 代表）为 $P_d = 1.50$ 美元，生产者实际得到的每加仑汽车价格（以 P_s 代表）则为 $P_s = 1.50$ 美元–12 美分 = 1.38 美元。若以 t 代表单位税额，则从量计征下税收对消费品价格的影响可用公式表示为：

$$P_d = P_s + t \tag{13.1}$$

在从价计征情况下，消费税按单位商品价格的一定比例计征。如美国州一级的销售税，税率为5%。那么，如果消费者支付的单位商品价格为 $P_d = 1.05$ 美元，生产者实际得到的单位商品价格就为 $P_s = 1.05$ 美元–5 美分 = 1 美元。若以 T 代表税率，则从价计征下税收对消费品价格的影响也可用公式表示为：

$$P_d = (1+T)P_s \tag{13.2}$$

既然因政府课税而使课税商品出现了两种价格，很显然，对课税商品的需求量和供给量也要由消费者和生产者分别根据各自面临的价格来决定。若以 $D(P_d)$ 代表需求量，$S(P_s)$ 代表供给量，并假定生产者负有纳税义务（表明生产者实际得到的价格等于消费者支付的价格减去税款），可以列出两个关系等式：

$$D(P_d) = S(P_s) \tag{13.3}$$

$$P_s = P_d - t \text{ 或 } P_s = P_d/(1+T) \tag{13.4}$$

将第二个等式代入第一个，可以得到课税商品的市场均衡条件：

$$D(P_d) = S(P_d - t) \text{ 或 } D(P_d) = S[P_d/(1+T)] \tag{13.5}$$

也可将第二个等式稍加变形，得到 $P_d = P_s + t$ 或 $P_d = (1+T)P_s$，然后代入第一个，则有另一个等式：

$$D(P_s + t) = S(P_s) \text{ 或 } D[(1+T)P_s] = S(P_s) \tag{13.6}$$

如果税款不是由生产者，而是由消费负责缴纳，课税商品的价格关系式仅需稍加变形（表明消费者支付的价格减去税款等于生产者实际得到的价格）：

$$P_d - t = P_s \text{ 或 } P_d/(1+T) = P \tag{13.7}$$

将上式代入前面的市场均衡条件，可以得到：

$$D(P_d) = S(P_d - t) \text{ 或 } D(P_d) = S[P_d/(1+T)] \tag{13.8}$$

可以清楚地看出，这个关系式和由生产者缴纳税款的情形完全一样。

图13-1更直观地揭示了这种市场均衡的情况。在图中，D和S分别代表消费者的需求曲线和生产者的供给曲线。政府课税之前，D和S在E点相交，由此决定的均衡价格水平为P^*，消费者和生产者都按同一的价格P^*进行交易。政府课税之后，消费者面临的价格水平由P^*上升至P_d，生产者面临的价格水平由P^*下降到P_s。P_d和P_s之间的差额即为税款t。由于课税商品的需求量和供给量分别由消费者和生产者根据各自面临的价格来决定，P^*上升至P_d意味着需求量的减少，P^*下降至P_s亦导致供给量减少，原来的均衡条件被打破了。

为了找到新的均衡点，可以按照税款的额度用一垂直线代表税款t，并将它插入D和S的夹角，直到它同D和S分别相交，由此决定了课税商品的均衡产品为q^*。这就是政府税之后的市场均衡条件，即

$$D(P_d) = S(P_d - t) \text{ 或 } D(P_d) = S[P_d/(1+T)] \qquad (13.9)$$

13.1.2 税收对生产者选择的替代效应

根据上面的分析,可以得到这样一个结论:不论税款由生产者缴纳还是由消费者缴纳,也不论是从量计税还是从价计税,税收都会在课税商品价格中打进一个楔子,其结果是同一课税商品出现两种价格——消费者支付的含税价格和生产者实际得到的不含税价格。

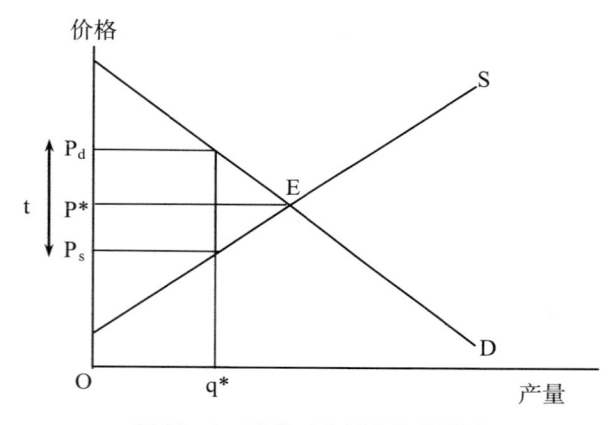

图 13-1 税收对市场价格的影响

在西方经济学家看来,消费者支付的价格上升和生产者实际得到的价格下降固然代表了消费者和生产者因政府课税而承受的损失,但真正的经济损失还不在于此。从整个社会的角度看,因政府课税而造成的课税商品产量的减少,才是真正意义上的经济损失。

可以借用消费者剩余和生产者剩余的概念来说明这个问题。如图 13-2 所示,D 和 S 仍分别代表需求曲线和供给曲线。政府的课税造成消费者面临价格上升,生产者面临价格下降,这又进一步导致需求量和供给量的减少,从而使均衡产量由原来的 q 缩减至 q^*。若由此而造成的消费者剩余的损失以 A+B 的面积代表,生产者剩余的损失以 C+D 的面积代表,则因政府课税而造成的总的损失就是(A+B)+(C+D)。

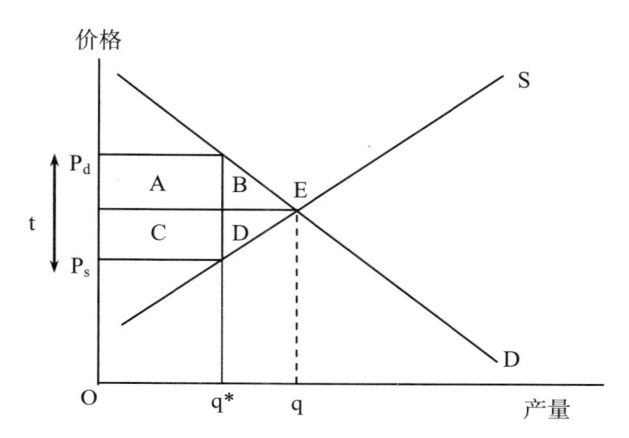

图 13-2 税收的额外负担:均衡产量的减少

假定政府征得的税款全部用于提供公共物品或劳务,生产者和消费者都可由此受益,那么政府课税而获得的总收益就是 A+C 的面积——政府征得的税款数额。鉴于生产者剩余和消费者剩余的损失就是税收的总成本,政府征得的税款是税收的总收益,那么税收的净效应就是-(B+D)。其计算过程为:-(A+B)-(C+D)+(A+C)= -(B+D)。这也就是 10.3.2 中所说的税收的额外负担。

进一步的问题是,什么是这种额外负担即-(B+D)的来源? 很显然,它来源于均衡产量的减少。西方经济学界对此做的解释是:生产者的生产决策不是根据消费者支付的含税价格做出的,而是以其实际得到的不含税价格为准的。伴随着政府课税所导致的同一课税商品的两种不同价格的出现,生产者势必要按下降了的价格 P_s 决定课税商品的生产量,其结果是课税商品的生产量由 q 减少至 q^*。

还可用税收的所谓替代效应来解释:生产者所面临的课税商品的价格相对下降的局面,造成生产者减少课税或重税商品的生产量,而增加无税或轻税商品的生产量,即以无税或轻税商品替代课税或重税商品。

图 13-3 揭示了税收对生产者选择的替代效应。假定某生产者拥有的生产要素是固定的,并全部用来生产两种商品 X_1 和 X_2。其生产可能性曲线 TT 代表着可能生产出来的商品 X_1 和 X_2 的组合情况。TT 线上的任何一点切线的斜率都代表生产一种商品相对于另一种商品的边际替代率或社会机会成本。

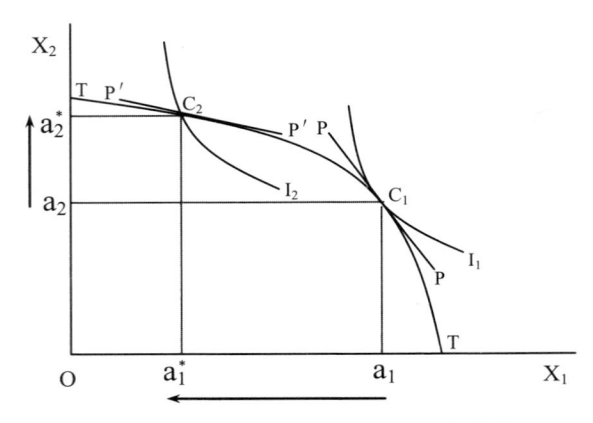

图 13-3　税收对生产者选择的替代效应

政府课税之前,TT 线与无差异曲线 I_1 在 C_1 点相切,形成税前的厂商均衡点。意味着在 C_1 点上,X_1 和 X_2 的组合最优,生产者按 a_1 坐标生产商品 X_1,按 a_2 坐标生产商品 X_2,获得的利润最大。TT 线也同 PP 线在 C_1 点相切,其斜率代表 X_1 和 X_2 税前的边际成本的比率。

现假定政府决定对商品 X_1 征收消费税,但对商品 X_2 不征税。消费者为 X_1 支付的价格随之上升,生产者实际得到的价格下降,边际成本比率(如 P′P′线所示)也急剧提高。TT 线与 P′P′线在 C_2 点相切,在新的边际成本比率下,生产者所能达到的最高无差异曲线为 I_2,在 C_2 点形成税后的厂商均衡点。生产者面临着 X_1 和 X_2 的新的最优组合。这意味着在新的相对价格比率条件下,生产者将减少 X_1 的生产量,而将由此腾出的一部分生产要素用于增加 X_2 的生产量(如图中箭头所示)。

也就是生产者现在按照 a_1^* 坐标生产商品 X_1,按 a_2^* 坐标生产商品 X_2,其可能获得的利润将最大。

可以看出,由于政府对商品 X_1 征税而对商品 X_2 不征税,改变了生产者的生产抉择。其厂商均衡点由 C_1 移至 C_2 意味着,生产者在政府对 X_1 征税之后,减少了 X_1 的生产量,而相对增加了 X_2 生产量,即以 X_2 的生产相应替代了一部分 X_1 的生产。

13.1.3 税收对生产者选择的收入效应

税收对生产者选择的收入效应,表现为政府课税之后,会使生产者可支配的生产要素减少,从而降低了商品的生产能力,而居于较低的生产水平。

如图 13-4 所示,假定某生产者在政府课税前的厂商均衡点仍为 C_1。在 C_1 点,其生产可能性曲线与所能达到的最高无差异曲线 I_1 相切,生产者按照 a_1 和 a_2 的坐标所决定的最佳组合生产商品 X_1 和商品 X_2。

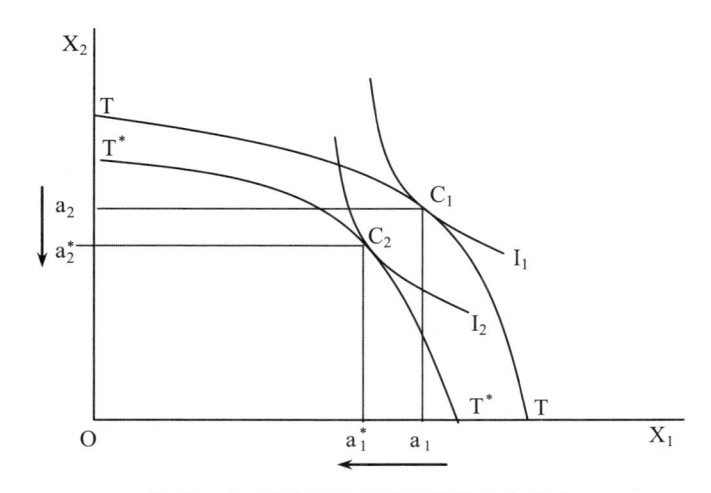

图 13-4 税收对生产者选择的收入效应

现假定政府决定向生产者征收某种税,将生产者购买力的一部分腾出转归政府使用。这种税不对商品的相对价格发生直接影响,除减少纳税人购买外基本没有其他影响(公司所得税和一般销售税,大致上就是这样)。政府征税的结果,是生产者的生产可能性曲线向内移动,在图中由原来的 TT 线移至 T*T* 线。新的生产可能性曲线 T*T* 与其所能达到的最高无差异曲线 I_2 在 C_2 点相切,形成税后的厂商均衡点。这表明生产者所能支配的生产要素较政府征税前减少了,生产能力因此而相应下降,现在生产者只能按照 a_1^* 和 a_2^* 坐标所决定的最佳组合生产商品 X_1 和 X_2,而这一税后组合的产量较税前减少(如图中箭头所示),其可能获得的最大利润量也较税前降低了。

不难看出,由于政府征税,改变了生产者的生产抉择。其厂商均衡点由 C_1 移至 C_2 意味着,生产者在政府征税之后,因可支配生产要素减少,不得不相应减少商品的生产量。

13.2 税收与消费者行为

消费者行为也是有特定含义的。它指的是消费者在如何使用自己既定的收入来达到最大的满足程度方面所做的各种抉择或决策。

税收对纳税人作为一个消费者的行为的影响,亦表现为替代效应和收入效应两个方面。

13.2.1 税收对消费者选择的替代效应

西方经济学家将税收对商品相对价格的影响分析应用于消费者购买商品的选择,认为税收在对生产者的选择发生替代效应的同时,对消费者的选择也有替代效应。

税收对消费者选择的替代效应,表现为政府对商品课税之后,会使课税商品价格相对上涨,造成消费者减少对课税或重税商品的购买量,而增加对无税或轻税商品的购买量,即以无税或轻税商品替代课税或重税商品。

如图 13-5 所示,假定某消费者的收入是既定的,其收入全部用来购买衣物和食品。衣物和食品的价格也是既定的。则以消费者购买两种商品的数量组合连成一条直线,即图中 AB 线。消费者从衣物和食品的消费上都可以获得满足,即衣物和食品对他都有效用。一定数量的食品与一定数量的衣物在效用上无差异,则二者数量上的组合可以形成一系列的曲线即无差异曲线。由于边际效用随消费数量的增加而递减,无差异曲线呈下凹状。AB 线与无数的无差异曲线相遇,但只与其中一条相切,即图 13-5 的 I_1。AB 与 I_1 在 W 点相切。在这一点上,纳税人以自己的收入购买消费品所获得的满足程度最大。即其用于衣物的支出为 W 与横轴的垂直距离乘衣物的价格,用于食品的支出为 W 与纵轴的水平距离乘食品的价格。

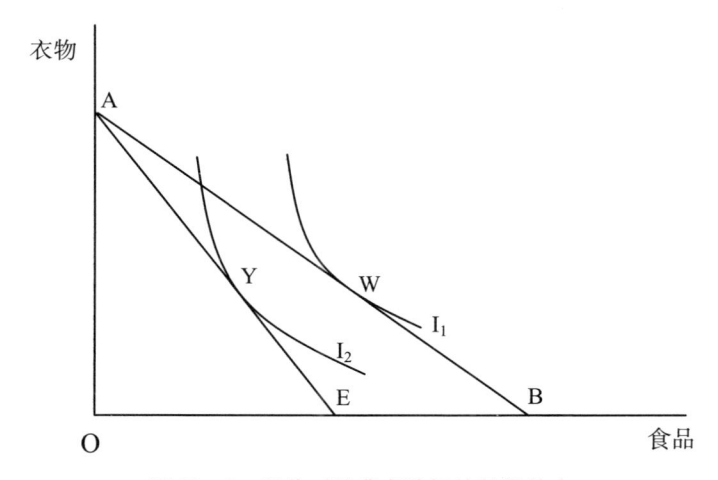

图 13-5 税收对消费者选择的替代效应

现假定政府决定对食品征税,但对衣物不征税。那么,该消费者购买两种商品的组合线便因此而由 AB 移至 AE,与其相切的无差异曲线也不再是 I_1,而是左侧的另一条 I_2。AE 与 I_2 在 Y 点相切,在此切点上,该消费者以自己收入购买消费品获得的效用最大。即其用于衣物的支出为 Y 与横轴的垂直距离乘衣物的价格,用于食品的支出为 Y 与纵轴的水平距离乘食品的价格。

可以看出,由于政府对食品征税而对衣物不征税,改变了消费者购买消费的抉择。其最佳抉择点由 W 移至 Y 意味着,消费者在政府对食品征税之后,减少了对食品的购买量(EB 乘食品价格即为减少的金额),而相对增加了衣物的购买量,即以衣物方面的消费相应替代了一部分食品的消费。

13.2.2 税收对消费者选择的收入效应

税收对消费者选择的收入效应,表现为政府课税之后,会使消费者可支配收入下降,从而降低商品的购买量,而居于较低的消费水平。

以图形表示,在图 13-6 中,假定某消费者在政府不对消费品征税条件下的最佳抉择点仍为 W。

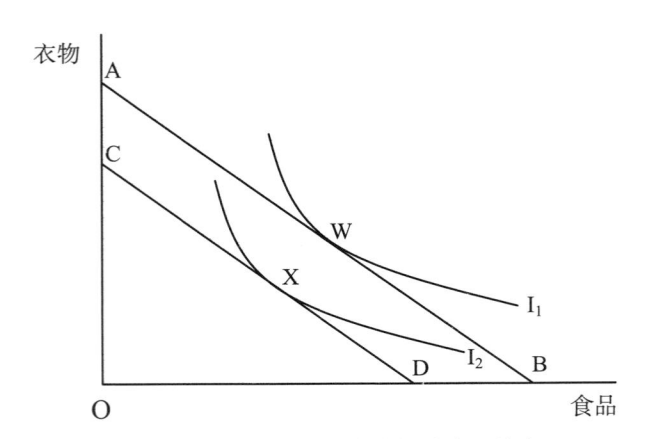

图 13-6 税收对消费者选择的收入效应

现假定政府决定对该消费者征税。其金额相当于 AC 乘衣物的价格或 BD 乘食品的价格。其结果,该消费者购买两种商品的组合线由 AB 移至 CD。CD 与另一条无差异曲线 I_2(不再是 I_1) 在 X 点相切。在此切点上,该消费者以自己的税后收入购买消费品所获得的效用最大。即其用于衣物的支出为 X 与横轴的垂直距离乘衣物的价格,用于食品的支出为 X 与纵轴的水平距离乘食品的价格。

不难看出,由于政府征税,消费者在消费品购买上的最佳抉择点已由 W 移至 X。这就意味着,消费者在政府征税后,因可支配收入水平的下降,不得不相应地减少消费品的购买量。

13.3 税收与劳动投入

西方经济学家很重视税收对劳动投入影响的研究。但在他们看来,现代社会的经济福利已不再仅以人们通过劳动而获得的物质收入来衡量,它也包括人们由闲暇所获得的精神享受。换句话说,国民生产总值并不是人们生活的唯一内容。因此,研究税收对劳动投入的影响的目的,并不在于简单地使人们的劳动投入最大化,而是要就税收对纳税人在劳动投入和保持闲暇二者间抉择方面的影响进行预测,为政府部门的税收决策提供依据。

西方经济学家对税收与纳税人劳动投入关系的分析,是从分析劳动力的供给曲线入手的。其分析的假定条件是:个人有劳动投入量的选择权;劳动所得都以货币表示,全部所得都要课税;小时生产率不变,工资率是单一的,劳动力的供给有完全的弹性;所得税实行比例税率;政府支出模式对劳动投入没有影响。在这些假定条件下,先分析劳动力供给曲线向右上方倾斜的情况,然后分析劳动力供给曲线向后弯曲的情况。得出的结论是:税收对纳税人的劳动投入亦有替代和收入两个方面的效应。

13.3.1 税收对劳动投入的替代效应

税收对纳税人在劳动投入方面的替代效应,表现为政府课税会降低劳动相对于闲暇的价格,使劳动和闲暇两者间的得失抉择发生变化,从而引起纳税人以闲暇代替劳动。也就是说,政府课税会造成劳动投入下降。替代效应的大小,在课征所得税情况下,由其边际税率决定。

如图 13-7 所示,劳动力的供给曲线 S 是一条向左上方倾斜的线。它和一般商品的供给呈相同趋势,即劳动力的供给与工资率成正比,随着工资水平的提高,劳动力的供给倾向于增加,随着工资水平的下降,劳动力的供给倾向于减少。

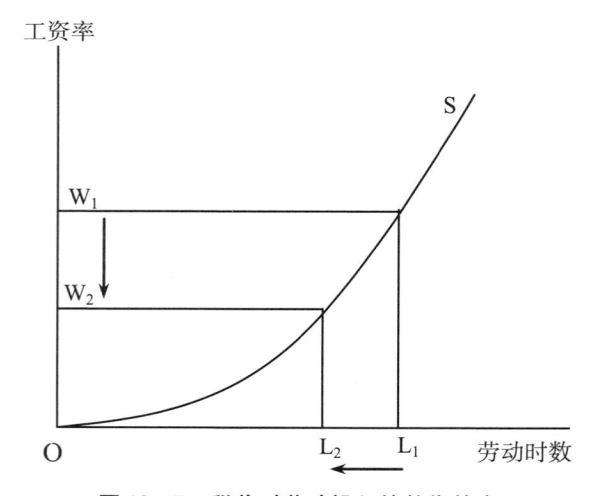

图 13-7 税收对劳动投入的替代效应

现假定政府决定对劳动者的工资收入征收(或增收)所得税 W_1W_2。纳税人在征税之前的可支配收入为 W_1,劳动时数为 L_1。征税之后,纳税人的可支配收入降至 W_2。随着劳动边际收益的减少,劳动和闲暇的相对价格发生变动,劳动时数由原来的 L_1 减少至 L_2。

这表明,如果劳动力的供给曲线是向右上方倾斜的,政府征税极可能促使纳税人减少劳动投入量。在这种情况下,税收对劳动投入的影响,表现为替代效应。

还可从劳动力市场均衡的角度说明税收对劳动投入的替代效应(参见图13-8)。假定生产者对劳动力的需求曲线 D 在既定的工资水平 $\overline{W}$ 上是一条与横轴平行的线。这意味着,如果工资超过 $\overline{W}$ 的水平,生产者对劳动力的需求就为0,如果工资恰好维持在 $\overline{W}$ 的水平,生产者对劳动力的需求可趋向无穷。政府征税之前,劳动力的供给曲线 S 向右上方倾斜,它与需求曲线 D 在 E 点相交,由此决定的劳动时数为 L_1。

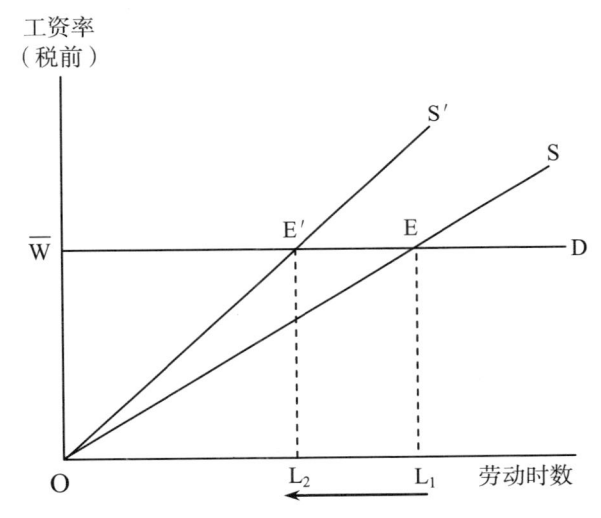

图13-8 劳动力市场均衡与税收对劳动投入的替代效应

现假定政府对劳动者的工资收入征收所得税,税率为 t。那么,如果生产者支付的工资仍维持在 $\overline{W}$ 的水平,劳动者实际得到的税后工资为 $W=(1-t)\overline{W}$。由于劳动者对劳动力的供给是根据其实际得到的工资水平决定的,随着实际工资水平降低,劳动力的供给倾向于减少,图中的劳动力供给曲线向左旋转至 S′, S′ 与 D 在 E′点相交,由此决定的劳动时数为 L_2。劳动时数由原来的 L_1 减少至 L_2 表明,政府征税对纳税人的劳动收入发生了替代效应。

13.3.2 税收对劳动投入的收入效应

税收对纳税人在劳动投入方面的收入效应,表现为政府征税会直接压低纳税人的可支配收入,从而促使其减少闲暇等方面的享受,为维持以往的收入或消费水平而倾向于更勤奋地工作。也就是说,政府征税反而会促使劳动投入量增加。收入效应的大小,则由纳税人的总收入与其缴纳税款的比例即平均课税率决定。

在图13-9中,S表示劳动力的供给曲线。在开始阶段,工资水平提高之后,劳动力倾向于增加。但工资水平上升到一定限度之后,劳动者对工资收入的需要被认为不那么迫切了。工资水平再上升,劳动力的供给便不再倾向于增加,而趋向于减少。因此,劳动力的供给曲线先是递增,然后向后弯曲。

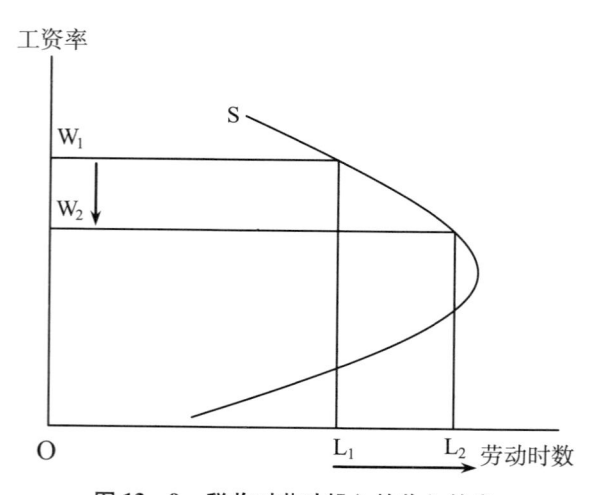

图13-9 税收对劳动投入的收入效应

现假定政府决定对劳动者的工资收入征收(或增收)所得税 $W_1 W_2$。那么,纳税人的可支配收入便由原来的 W_1 下降为 W_2。随着纳税人税后可支配收入的下降,劳动力的供给倾向于增加,劳动时数会从原来的 L_1 增加至 L_2。

这表表明,如果劳动力的供给曲线是向后弯曲的,政府征税极可能会促使纳税人增加劳动投入量。在这种情况下,税收对劳动投入的影响,表现为收入效应。

13.3.3　税收对劳动投入效应的无差异曲线分析

由上面的分析看出,税收对纳税人在劳动投入方面的两种效应是反向的。在收入效应下,税收对纳税人的劳动投入是一种激励。而在替代效应下,税收对纳税人的劳动投入便是一种反激励。因此,西方经济学家认为,要分析税收对劳动投入的总效应或净效应究竟是什么,还应将收入效应和替代效应综合在一起,进行所谓无差异曲线分析。

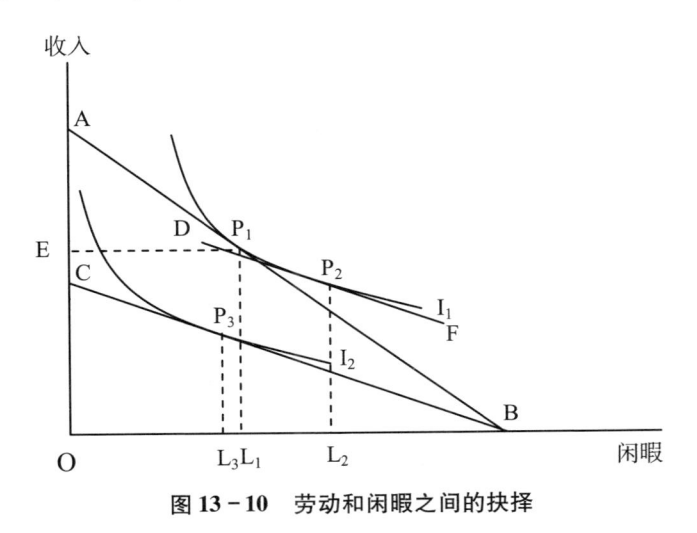

图 13-10　劳动和闲暇之间的抉择

如图 13-10 所示,纵轴代表纳税人对劳动投入的选择(以收入表示),横轴代表闲暇。再假定纳税人对消费和闲暇两方面的需求都将随着收入的增加而趋向于增加。那么,在个人有劳动投入量的选择权的条件下,其对劳动和闲暇的选择组合可连成一条直线,即图中的 AB。纳税人从劳动和闲暇中都可以获得满足。一定数量的劳动和一定数量的闲暇在效用上无差异,两者的数量组合可形成一系列的曲线即无差异曲线。AB 线与其中一条相切,即图中的 I_1。AB 与 I_1 在 P_1 点相切,在一定的个人偏好下,这一切点所决定的组合使纳税人获得的满足程度最大。即他选择 L_1 闲暇时间,其余时间去劳动以赚取 E 收入。

如果政府对劳动者的工资收入征收(或增收)所得税,该纳税人对劳动和闲暇的选择组合线就会从 AB 向内旋转至 CB。CB 线较之 AB 线的斜率小,说明收入和闲暇之间的相对价格发生了变化,即在政府征税条件下,纳税人要维持以往的收入水平,必须以放弃更多的闲暇为代价。

先看税收对劳动投入的替代效应。

为了分析替代效应,可以先假定政府在征税的同时,又给纳税人以相应补助,使其维持税前的境况(I_1),即税收的收入效应被补助抵消为 0。这时纳税人对劳动和闲暇的选择组合线 CB 向上移至与 I_1 相切处。其切线以 DF 表示。DF 与 CB 平行,表示税后收入和闲暇之间的相对价格维持原状,因而也保持原有的替代效应。从图中可以看出,现在的替代效应反映为纳税人的最佳抉择点从 P_1 沿着 I_1 移至 P_2。在 P_2 点,DF 与 I_1 相切,由此决定的劳动和闲暇的最佳组合较前发生了变动:他现在选择的闲暇时间是 L_2(而不是 L_1),即纳税人现在选择以更多的闲暇来替代劳动。

再看税收对劳动投入的收入效应。收入效应可以看作是税收的剩余效应。

现在将政府补助的因素剔除,假定政府在征税的同时,不给纳税人以任何形式的补助,纳税人不能维持税前的境况。其税后对劳动和闲暇的选择组合线只能是 CB。从图 13-10 中看出,CB 与较低的无差异

曲线在 I_2 在 P_3 点相切。由此决定的劳动和闲暇的最佳组合为：闲暇时间为 L_3，其余时间选择劳动。即纳税人现在倾向于更勤奋地工作，增加劳动收入以维持以往的消费水平。

由于收入效应与替代效应反方向运动，两者效应相抵，现在纳税人显然处在 P_3 的最佳抉择点上。即他选择的闲暇时间是 L_3，而不是 L_2。可称此为税收对劳动投入的综合效应。

西方经济学家同时强调，上述的分析是在一系列假定条件下进行的。其结果虽然表明收入效应大于替代效应，故总效应是促使人们更勤奋地工作。但这并不是唯一的结论。替代效应大于收入效应的情况也是经常存在的。所以，分析税收对劳动投入的总效应，还必须结合不同税种的特点和客观的经济形势，将上述假定条件加以修正。在此基础上，进行更贴近于现实的分析。

13.3.4 不同税种对劳动投入的效应比较

将税收对劳动投入效应的无差异曲线分析应用于具体税种，可就不同税种对劳动投入的效应进行比较分析。

例如，图 13-11 揭示了人头税和比例所得税对纳税人在劳动投入方面的效应区别。

在图 13-11 中，AB 为税前纳税人对劳动和闲暇的选择组合线，CB 为课征比例所得税条件下纳税人对劳动和闲暇的选择组合线，DE 则代表人头税条件下纳税人对劳动和闲暇的选择组合。P_1、P_2 和 P_3 点分别为纳税人在税前、课征比例所得税和课征人头税三种不同情况下的最佳抉择点。

由图中看出，课征人头税条件下纳税人对劳动和闲暇的选择组合线 DE 与 AB 相平行。这是因为，人头税按固定数额征收，不随收入额的增减而变化，故不会改变收入和闲暇之间的相对价格（即不会改变选择组合线的斜率）。这一点是与课征比例所得税的重要区别。

348　第 3 篇　税收:理论与结构

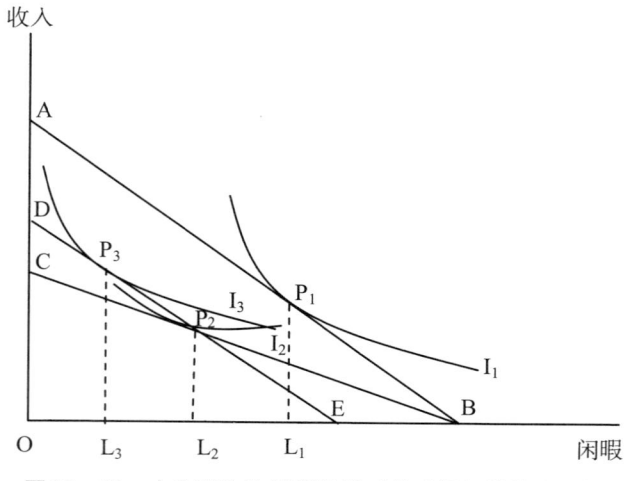

图 13-11　人头税和比例所得税对劳动投入的效应比较

再假定政府课征两种税的税额相同。那么,DE 线必然要经过 P_2。由此可见,在课征人头税条件下,纳税人可以达到的最高无差异曲线为 I_3,此时纳税人选择 L_3 闲暇时间(较税前减少 L_1L_3);在课征比例所得税条件下,纳税人可达到的最高无差异曲线为 I_2,此时纳税人选择 L_2 闲暇时间(较税前减少 L_1L_2)。L_3 小于 L_2,说明人头税较之比例所得税有更多的激励纳税人增加劳动投入的效应。其原因在于,两种税虽因课征数额相等而具有相同的收入效应,但所得税的征收会改变收入和闲暇之间的相对价格,故具有妨碍劳动投入的替代效应。而人头税的征收则不会改变收入和闲暇之间的相对价格,故不具有妨碍劳动投入的替代效应。两种税的收入和替代效应分别相抵,其总效应便出现了上述结果。

将这种分析扩展到比例所得税和累进所得税的比较,可以说明比例所得税较之同额(收入效应相同)的累进所得税能更多地激励(或更少地妨碍)人们增加劳动投入。因为比例所得税的边际税率和平均税率相等,而累进所得税的边际税率大于平均税率,故累进所得税的替代效应大于比例所得税,或说比例所得税的替代效应小于累进所得税。

同样的分析,还可以说明具有累退性质(随着收入的增加,纳税人所缴税款占收入的比重反而降低)的商品税较之同额(收入效应相同)的累进或比例所得税对劳动投入有更大的激励作用。因为累退税的边际税率低于平均税率,比例税的边际税率等于平均税率,故累退税的替代效应小于累进税或比例税。

13.3.5 用收入需求弹性解释税收对劳动投入的效应

税收对劳动投入的总效应也可用收入的需求弹性原理来分析。收入的需求弹性在很大程度上决定了劳动力的供给曲线的形状。这就是,若纳税人对收入的需求缺乏弹性,则政府征税会增加其劳动投入的愿望,对其劳动投入即是一种激励作用,在这种情况下,其劳动力的供给曲线将呈向后弯曲状;若纳税人对收入的需求富有弹性,则政府征税会削弱其劳动投入的愿望,对其劳动投入即是一种反激励或阻碍作用。在这种情况下,其劳动力的供给曲线将呈向右上方倾斜状。

因此,问题的关键在于现实社会中人们对收入的需求弹性究竟是大还是小。西方经济学家在这个问题上的意见并不一致:有人认为大多数人对所得的需求弹性很大,税收可能产生反激励作用;也有人认为大多数人由于富裕生活的吸引或由于发财致富的心理,对所得的需求弹性很小,税收可以产生激励作用。所以,对于收入的需求弹性以及税收在现实社会中究竟是激励作用还是反激励作用的问题,没有明确的答案。

不过,迄今为止,西方经济学家对此常用的研究方法有两种。[①] 一种是通过问卷调查的方法,询问劳动者对于增加个人所得税后的反应。

[①] 参见平新乔:《财政原理与比较财政制度》,上海三联书店1992年版,第220—224页。

英国有两个典型的例子:1953年,英国皇家利润税与所得税委员会搞过一次调查,对1203名男公民和226名女公民进行询问。所涉及的核心问题是:当个人所得税税率提高时,你认为多工作多挣钱还合算吗?但这次问卷调查未得到确切的结果。1974年,由斯特林大学教授C. V. 布朗与另一位教师E. 莱林主持,对2000名英国工人进行了另一次问卷调查,核心问题是:个人所得税对你的劳动投入抉择有没有影响?使你加班加点多干活,还是少干活?或者没有什么变化?对回答结果进行的统计分析表明,大约74%的工人认为征税后自己的工作没有什么变化,15%左右的工人认为征税后自己的工作量增加了,11%的工人认为征税后自己的工作量减少了。这个调查结果表明,税收对劳动投入的影响是微小的,征税会使总的劳动时间大约提高1%,因为认为征税后自己工作量增加的人比认为征税后自己工作量减少的人要多一些。

另一种研究方法是经济计量研究,即从公布的统计资料中研究个人所得税的征收对劳动收入的影响。这类研究主要是分析劳动投入对劳动价格(工资率)的弹性。若劳动投入的价格弹性为负值,且弹性的绝对值较大,则说明工资率越高,劳动投入越小。这时,征收个人所得税会增加劳动投入量;反之,征收个人所得税会减少劳动投入量。1975年,美国经济学家迪克森(Dickinson)对劳动投入弹性做了经济计量分析,结果如表13-1所示。

表13-1 关于个人所得税对劳动投入影响的经济计量研究

工资率(小时工资)	价格弹性	收入弹性	替代弹性
3.25美元以下 平均工资率为2.60美元	-0.12	负值	+0.14
3.25—4.99美元 平均工资率为4.30美元	-0.10	负值	+0.33
5.00—9.99美元 平均工资率为6.10美元	-0.11	负值	+0.38

这就表明,一般情况下,劳动投入的价格弹性是负值,但弹性的绝对值很小。因此,征收个人所得税对劳动投入的影响可能是一种激励,但效应不大。

13.4　税收与私人储蓄

13.4.1　私人储蓄及其决定因素

西方经济学家很重视私人储蓄在经济生活中的作用。把它视作制约私人投资以及经济发展的一个重要因素。

在他们看来,整个社会的国民生产总值,从收入的角度看是由私人消费+私人储蓄+政府税收+进口所形成的,从支出的角度看则是由私人消费+私人投资+政府支出+出口所构成的。于是,国民生产总值供求总额相等的均衡条件可用公式表示为:

私人消费+私人投资+政府支出+出口=私人消费+私人储蓄+政府税收+进口

若以 C 代表私人消费,I 代表私人投资,G 代表政府支出,X 代表出口,M 代表进口,S 代表私人储蓄,T 代表政府税收,则上述关系式可以写成:

$$C+I+G+X=G+S+T+M \qquad (13.10)$$

可将等式稍加整理:两边同时消去 C,并将 G 和 X 移项至等式右边,则可得出:

$$I=S+(T-G)+(M-X)$$

至此,可以看出,私人投资的数量要受到三个因素的制约,即私人储蓄 S、政府储蓄(T-G)和进出口差额(M-X)。其中又以私人储蓄的影响最大。

那么,私人储蓄又是由哪些因素决定的呢?税收又对其有什么影响呢?

可以通过储蓄函数的分析推导出影响私人储蓄的诸多因素。储蓄函数是指储蓄与决定储蓄的各种因素之间的依存关系,它通常可以写成:

$$S = f(Y、R、W、X)$$

其中,S代表储蓄,Y代表收入,包括现期和预期收入,R代表储蓄利率(或税后收益率),W代表净财富,X代表其他因素。

从这一公式可以看出,决定储蓄的因素是很多的。但最重要的也就是三种:收入、利率和净财富。

应当强调的是,这里所说的收入是指税后的可支配收入,而不是税前的总收入;这里所说的利率也是指税后的利率或实际收益率,而不是税前的名义利率。

税收对私人储蓄的效应是通过税收对个人可支配收入和税后利率的影响来实现的,并分别表现为收入效应和替代效应。

13.4.2　税收对私人储蓄的收入效应

税收对纳税人在私人储蓄方面的收入效应,表现为政府课税会压低纳税人的可支配收入,从而促使纳税人减少现期消费,为维持既定的储蓄水平而增加储蓄。也就是说,政府课税反而会使纳税人相对增加储蓄。收入效应的大小,取决于平均税率的水平。

如图13-12所示,纵轴代表纳税人对储蓄的选择,横轴代表消费。在一定的个人可支配收入条件下,其对储蓄和消费的选择组合可连成一条直线,即图中AB。纳税人从储蓄和消费中都可获得满足,一定数量的储蓄和一定数量的消费给他带来的效用无差异,两者的数量组合形成一系列的无差异曲线。AB线所能达到的最高无差异曲线为I_1。AB与I_1在P_1点相切。这一切点所决定的最佳组合使纳税人获得的效用最大。即他选择 C_1 为消费数额,其余作为储蓄,以达到既定的储蓄水平 S^*。

如果政府对利息所得征收(或增收)所得税(或对利息所得单独征收利息所得税,或将利息所得与其他所得合并征收综合所得税),该纳税人的税后可支配收入会因此而减少。由于可支配收入减少,纳税人对储蓄和消费的选择组合线无疑会发生变动。假定纳税人的储蓄目标是既定的:或者为将来购置一定的商品而储蓄,或者为老年的生产开支做准备而储蓄,由此其储蓄必须维持在 S^* 的水平上。为了表示其既定的储蓄水平维持不变,该纳税人对储蓄和消费的选择组合线 AB 应以 A 点为轴向内旋转至 AE。AE 线与新的无差异曲线 I_2 在 P_2 点相切。P_2 即为纳税人税后对储蓄和消费选择的最佳组合点。即他选择 C_2 为消费数额,S^* 为储蓄数额。C_2 小于税前的 C_1,而 S^* 与税前相等。

这表明,在政府征税导致纳税人可支配收入减少的条件下,纳税人以压低现期消费为代价,而相对提高了储蓄水平。在这种情况下,税收对私人储蓄的影响,表现为收入效应。

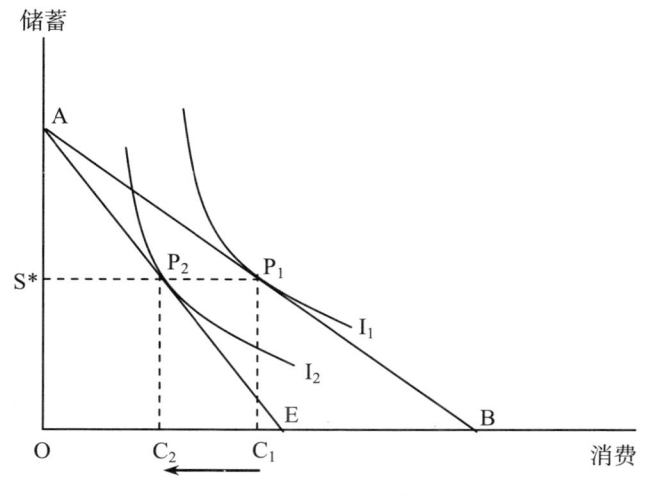

图 13-12 税收对私人储蓄的收入效应

13.4.3 税收对私人储蓄的替代效应

税收对纳税人在私人储蓄方面的替代效应,表现为政府课税会减少纳税人的实际利息收入,降低储蓄对纳税人的吸引力,从而引起纳税人以消费替代储蓄。也就是说,政府课税会造成私人储蓄的下降。替代效应的大小,在课征所得税情况下,由其边际税率决定。

图 13-13 揭示了税收对私人储蓄的替代效应。在图中,纵轴和横轴仍分别代表纳税人对储蓄和消费的选择。在一定的个人可支配收入限制下,纳税人对储蓄和消费选择组合的最佳抉择点仍为 P_1。即他选择的消费数额为 C_1,储蓄数额为 S_1。

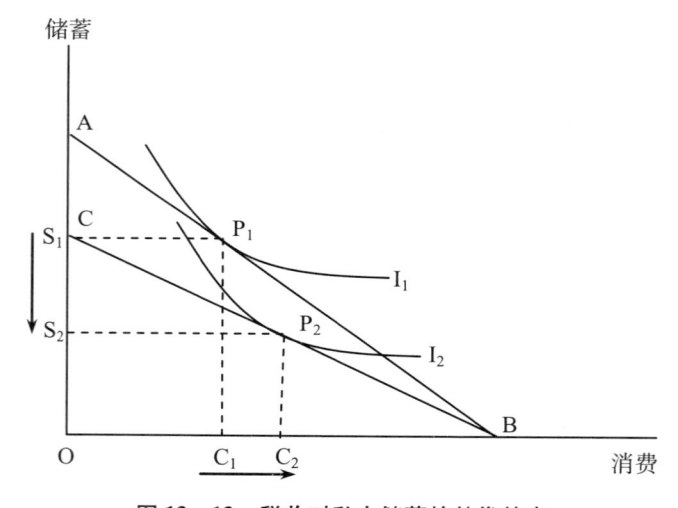

图 13-13 税收对私人储蓄的替代效应

现假定政府对利息所得征收(或增收)所得税。由于政府征税,纳税人储蓄的收益下降(即实际得到的税后利息所得较之税前减少),储蓄和消费之间的相对价格发生变化。纳税人对储蓄和消费的选择组合线因之从 AB 向内旋转至 CB。CB 线与新的无差异曲线 I_2 在 P_2 点相切,此切点决定了纳税人可获得最大程度满足的储蓄和消费组合为:储蓄数额 S_2,消费数额 C_2。S_2 小于税前的 S_1,C_2 大于税前的 C_1。

这表明,在政府对纳税人的储蓄收益征税的条件下,纳税人减少了储蓄数额,而相应增加了消费数额,或说是纳税人以现期消费替代了将来消费。在这种情况下,税收对私人储蓄的影响,表现为替代效应。

由此可以看出,政府征税对私人储蓄会带来两种效应:一种是收入效应,另一种是替代效应。两种效应对私人储蓄的作用方向相反。这同税收与纳税人的劳动投入之间的关系是类似的。因此,西方经济学家提出,要搞清税收对私人储蓄的总效应究竟是怎样的,还应当比照税收对劳动投入的总效应分析,将税收对私人储蓄的收入效应和替代效应综合起来,进行无差异曲线分析。至于分析的方法和过程,可参见 13.3.3。

根据无差异曲线分析以及对若干西方国家税收制度与私人储蓄水平之间关系所做的实证研究,西方经济学家就税收对私人储蓄的效应问题做了如下结论:

由于高收入者的边际储蓄倾向相对较高,征自高收入者的税比征自低收入者的税,对私人储蓄有更大的妨碍作用;由于替代效应与边际税率的变动方向相同,累进程度较高的所得税较之累进程度较低的所得税,对私人储蓄有更大的妨碍作用;累进所得税较之比例所得税,对私人储蓄有更大的妨碍作用。

13.5 税收与私人投资

13.5.1 私人投资及其决定因素

西方经济学家强调储蓄和投资的非一致性,认为在现代经济条件下,进行储蓄的人和进行投资的人总体上看是不一样的。储蓄主要取决于家庭,而投资(净资本形成)的大部分都是由厂商完成的。而他们之所以进行储蓄和投资又是出于不同的动机。所以两者之间并不能必然相等。储蓄虽然为投资提供了可以利用的资金来源,但并不能保证储蓄一定会转化为投资。正因为如此,不能以税收对私人储蓄的效应分析代替税收对私人投资的效应分析。换言之,在分析了税收对纳税人在私人储蓄方面的效应之后,还必须对税收与纳税人的私人投资之间的关系进行专门分析。

西方经济学家根据所有作为厂商的纳税人都要追求最大利润的假设来分析纳税人的投资行为。这就是说,为了实现利润最大化,纳税人会一直投资到其资本成本等于其产出价格时为止。只要投资收益大于投资成本,纳税人会一直投资下去。

所以,在他们看来,纳税人的投资行为实际上主要是由两个方面的因素决定的,一个是投资收益,另一个是投资成本。

进一步分析,在政府征税的条件下,最终决定纳税人投资行为的投资收益,是税后的投资收益,而不是税前的投资收益,最终决定纳税人投资行为的投资成本包括折旧因素,而折旧的多少是受税收制度影响的。

可以据此认为,税收对私人投资的效应是通过税收对纳税人的投资收益率和折旧因素的影响来实现的。

13.5.2 税收对私人投资收益率的影响

税收对私人投资收益率的影响主要表现在公司所得税的课征上。这就是,政府课征公司所得税,会压低纳税人的投资收益率,并使投资收益和投资成本的对比发生变动,从而对纳税人的投资行为产生方向相反的两种效应:一种是替代效应,即投资收益率的下降,降低了投资对纳税人的吸引力,造成纳税人以其他行为如消费替代投资。另一种

第 13 章 税收效应分析 357

是收入效应,即投资收益率的下降,减少了纳税人的可支配收益,促使纳税人为维持以往的收益水平而增加投资。

税收对私人投资的两种效应如图 13-14 所示。

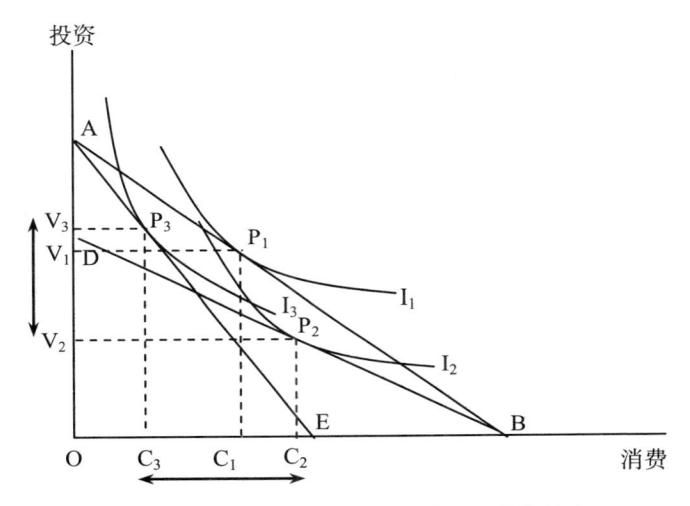

图 13-14 税收对私人投资的收入和替代效应

在图 13-14 中,纵轴代表纳税人对投资的选择,横轴代表其对消费的选择。政府征税之前,纳税人对投资和消费的选择组合用 AB 线表示,AB 线与无差异曲线 I_1 在 P_1 相切,表明 P_1 点所决定的投资和消费组合可给纳税人带来最大的效用。在这一切点上,他选择 V_1 为投资额度,C_1 为消费额度。

现假定政府对厂商征收(或增收)公司所得税。随着政府征税,纳税人的投资收益率趋于下降,投资收益和投资成本的对比发生不利于投资收益一方的变动。

若纳税人因此而倾向于减少投资,其对投资和消费的选择组合线会从 AB 向内旋转至 DB,DB 与新的无差异曲线在 P_2 点相切,此切点决定了纳税人税后可获得最大效用的最佳组合,即投资额度为 V_2,消费

额度为 C_2。V_2 小于税前的 V_1，C_2 大于税前的 C_1，说明税收对私人投资的替代效应，即纳税人因政府征税而减少了私人投资。

若纳税人因必须取得较大的投资收益而倾向于增加投资，在图 13-14 中，表现为其对投资和消费的选择组合线会从 AB 向内旋转至 AE。AE 与新的无差异曲线 I_3 在 P_3 点相切，这一切点决定了纳税人税后对投资和消费选择的最佳组合点，即他选择 V_3 为投资额度，C_3 为消费额度。V_3 大于税前的 V_1，C_3 小于税前的 C_1，说明税收对私人投资的收入效应，即纳税人因政府征税而增加了私人投资。

税收对私人投资的两种效应作用方向相反，故也应比照税收对劳动投入的总效应分析，将税收对私人投资的收入和替代两种效应综合起来，进行无差异曲线分析，以搞清税收对私人投资的总效应（净效应）究竟是怎样的（参见 13.3.3）。

13.5.3 税收对私人资本折旧率的影响

西方经济学家把私人资本的折旧区分为实际折旧和税收折旧两个概念。所谓实际折旧是根据固定资本的实际损耗情况而计提的折旧。所谓税收折旧则是由税收制度根据经济政策的需要而规定的可以计提的折旧。实际折旧额和税收折旧额并不一致，通常的情况是，税收折旧大于实际折旧。

折旧之所以重要，是因为它既可以作为一项投资成本，直接从应税所得中扣除，从而减少纳税人的纳税义务（这被称作"税收挡避"，其计算公式为：税收挡避额＝折旧额×税率），又可以作为一项基金，由纳税人积蓄起来，用于再投资或将来的固定资产重置。所以折旧提取的数额、时间和方法，也就是折旧率的固定资产重置。所以折旧提取的数额、时间和方法，也就是折旧率的高低对纳税人的投资行为有很大的影响。通过税收制度，规定纳税人可以从应税所得中扣除的折旧额度，实际上是政府对私人投资施加影响的一个途径。如果税收制度规定的税收折旧率等于实际折旧率，对私人投资的影响就是中性的；如果税收制度规定的税收折旧率高于实际折旧率，对私人投资的影响就是刺激性的，其结果会促使纳税人增加私人投资；如果税收制度规定的税收折旧率低于实际折旧率，对私人投资的影响就是抑制性的，其结果会促使纳税人减少私人投资。

可举例说明税收通过折旧率的规定对私人投资的影响。假设某纳税人投放在固定资产上的资本为1000美元。固定资产的使用年限为10年，那么，这笔固定资产的实际折旧额应为每年100美元，即实际折旧率为10%。再假定该纳税人在固定资产服役的第一年取得的利润也为1000美元，其所处的税率等级为50%。对这个纳税人来说，如果公司所得税制规定的税收折旧率为10%（即采用直线折旧法），则其当年的应纳税额为（1000美元-100美元）×50% = 450美元，税收挡避额为100美元×50% = 50美元；如果公司所得税制上规定的税收折旧率为20%（即采取加速折旧法），则其当年的应纳税额为：（1000美元-200美元）×50% = 400美元，税收挡避额为：200美元×50% = 100美元；如果公司所得税制规定的税收折旧率为5%，则其当年的应纳税额为：（1000美元-50美元）×50% = 475美元，税收挡避额为：50美元×50% = 25美元。

很明显，在第一情况下，税收对该纳税人的投资决策不会发生多少影响，他仍会依原定模式安排投资；在第二种情况下，税收对该纳税人的投资决策会发生刺激作用，他会倾向于增加投资；在第三种情况下，税收对该纳税人的投资决策会发生抑制作用，他会倾向于减少投资。

西方经济学家认为，由于西方国家多实行加速折旧政策，税收制度规定的税收折旧率通常大于实际折旧率，所以现实西方国家税收对私人投资的效应，总起来说是刺激性的。美国1986年税制改革法案中的所谓"加速成本回收制度",便是一个突出的例子。根据这个制度所规定的固定资产税收折旧率如表13-2所示。

表13-2 加速成本回收制度所规定的税收折旧率(%,1986年)

年限	3年	5年	7年	10年	15年	20年
1	33.33	20.00	14.29	10.00	5.00	3.75
2	44.45	32.00	24.49	18.00	9.50	7.22
3	14.81	19.20	17.49	14.40	8.55	6.68
4	7.41	11.52	12.49	11.52	7.70	6.18
5		11.52	8.93	9.22	6.93	5.71
6		5.76	8.93	7.37	6.23	5.28
7			8.93	6.55	5.90	4.89
8			4.45	6.55	5.90	4.52
9				6.55	5.90	4.46
10				3.29	5.90	4.46
11					5.90	4.46
12					5.90	4.46
13					5.90	4.46
14					5.90	4.46
15					5.90	4.46
16					2.99	4.46
17—20						4.46
21						2.25

注:① 税收折旧率在第一年较低是因为假定固定资产投入仅6个月。
② 按不动产实际损耗情况,住宅的实际服役期限为27.5年以上,非住宅的实际服役期限为31.5年以上。

资料来源:Richard A, Brealey and Stewart G. Mgers: *Principle of Corporate Finance*, MeGraw Hill. Inc. 1991, p. 105。

该表按固定资产的补偿年期(计提折旧的年限)将固定资产划分为6类,即3年、5年、7年、10年、15年和20年,并据此分别规定了相应的折旧率。如补偿期限为3年的固定资产,其允许计提的折旧率为:第1年33.33%,第2年44.45%,第3年14.81%,第4年7.41%。

可以看出,这个税收折旧率表所体现的就是加速折旧政策。它允许厂商缩短折旧期限,提前计提折旧,得到更多的税收挡避,从而提前收回投资。为了说明这个问题,可将厂商根据直线折旧率计算的折旧额、税收挡避额同根据上表规定的加速折旧率计算的折旧额、税收挡避额加以对比(如表13-3所示)。

表13-3　加速折旧率与直线折旧率的比较　　（单位:美元）

年份	加速折旧率 折旧额	加速折旧率 税收挡避额	直线折旧率 折旧额	直线折旧率 税收挡避额
1986	2000000	680000	1000000	340000
1987	3200000	1088000	2000000	680000
1988	1920000	6530000	2000000	680000
1989	1152000	392000	2000000	680000
1990	1152000	392000	2000000	680000
1991	576000	196000	1000000	340000

注:折旧额＝可折旧投资×加速折旧率或直线折旧率。

税收挡避额＝折旧额×税率(此例假定税率为34%)。

假定某厂商1986年投放在固定资产上的资本为1000万美元,固定资产的使用年限为5年。再假定这笔固定资产从1986年7月份正式投入使用,该厂商从1986年下半年开始计提折旧,至1991年收回全部投资。各年可计提的折旧额和由此获得的税收挡避额,分别依表13-2所列的加速折旧率和依固定资产实际损耗情况制定的直线折旧率计算,其结果如表13-3所列。再将表13-3各栏数字分别按20%的折算率统一折算成现值(present value),则有下述结果:

1. 按加速折旧率计算的税收挡避额大于按直线折旧率计算的税收挡避额

按加速折旧率计算的税收挡避额的现值为:

$$\frac{680000}{1.2}+\frac{1088000}{1.2^2}+\frac{653000}{1.2^3}+\frac{392000}{1.2^4}+\frac{392000}{1.2^5}+\frac{196000}{1.2^6}=2112336(美元)$$

按直线折旧率计算的税收挡避额的现值为：

$$\frac{340000}{1.2}+\frac{680000}{1.2^2}+\frac{680000}{1.2^3}+\frac{680000}{1.2^4}+\frac{680000}{1.2^5}+\frac{680000}{1.2^6}=1864148(美元)$$

两者之间的差额为：

$$2112336-1864148=248188(美元)$$

这就是说，在加速成本回收制度所规定的税收折旧率下，企业可多得248188美元的税收挡避额。

2. 按加速折旧率计算的折旧额大于按直线折旧率计算的折旧额

按加速折旧率计算的折旧额现值为：

$$\frac{2000000}{1.2}+\frac{3200000}{1.2^2}+\frac{1920000}{1.2^3}+\frac{1152000}{1.2^4}+\frac{1152000}{1.2^5}+\frac{576000}{1.2^6}=6211421(美元)$$

按直线折旧率计算的折旧额现值为：

$$\frac{1000000}{1.2}+\frac{2000000}{1.2^2}+\frac{2000000}{1.2^3}+\frac{2000000}{1.2^4}+\frac{2000000}{1.2^5}+\frac{1000000}{1.2^6}=5482788(美元)$$

两者之间的差额为：

$$6211421-5482788=728633(美元)$$

这就是说，在加速成本回收制度所规定的税收折旧率下，厂商可多得728633美元的固定资产折旧额。

无论从哪一方面的比较结果看，加速折旧政策对纳税人的私人投资行为都是一个巨大的刺激。

小　　结

1. 税收效应是指纳税人因政府课税而在其经济选择或经济行为方面做出的反应。税收效应分析旨在考察税收对纳税人在经济选择或经济行为方面产生的影响，通常可归纳为收入效应和替代效应两个方面。

2. 税收通过对市场价格机制的干扰影响纳税人的生产者行为。由于政府课税，造成生产者减少课税或重税商品的生产量，而增加无税或轻税商品的生产量，是税收对生产者选择的替代效应；由于政府课税，造成生产者可支配生产要素的减少，从而使生产者降低商品生产量，是税收对生产者选择的收入效应。

3. 税收对纳税人消费行为的影响，亦表现为替代效应和收入效应。若政府的课税造成消费者减少课税或重税商品的购买量，而增加无税或轻税商品的购买量，即发生税收对消费者选择的替代效应；若政府的课税造成消费者可支配收入的减少，从而使消费者降低了商品购买量，即发生税收对消费者选择的收入效应。

4. 税收对纳税人的劳动投入的影响反映在劳动力的供给曲线的形状上。若劳动力的供给曲线呈向右上方倾斜状，意味着政府的课税降低了闲暇相对于劳动的价格，造成纳税人以闲暇替代劳动，这时，税收对劳动投入的影响表现为替代效应；若劳动力的供给曲线呈向后弯曲状，则意味着政府的课税压低了纳税人的可支配收入，促使纳税人为维持以往的收入或消费水平而增加劳动投入，这时，税收对劳动投入的影响表现为收入效应。

5. 税收对纳税人私人储蓄的影响可通过储蓄函数来分析。由于决定储蓄的因素主要是个人可支配收入和税后利率，若政府征税压低了纳税人的可支配收入，进而促使其减少消费，为维持既定的储蓄水平而增加储蓄，税收对私人储蓄就发生了收入效应；若因政府课税降低了纳税人的实际利息收入，造成纳税人以消费替代储蓄，税收对私人储蓄就发生了替代效应。

6. 税收对纳税人的私人投资的效应通过对其投资收益率和折旧因素的影响来实现。政府的课税会压低私人投资收益率，并使投资收益和投资成本的对比发生变动，从而对纳税人的投资行为产生方向相反的两种效应:如果其影响是降低了投资对纳税人的吸引力,造成纳税人以消费替代投资,即发生了替代效应;如果其影响是减少了纳税人的可支配收益,促使纳税人为维持以往的收益水平而增加投资,即发生了收入效应。通过税收制度规定的税收折旧率与实际折旧率通常并不一致。若两者相等,税收对私人投资的影响表现为中性;若前者高于后者,税收对私人投资的影响表现为刺激性;若前者低于后者,税收对私人投资的影响表现为抑制性。

7. 税收对纳税人在劳动投入、私人储蓄和私人投资方面所产生的收入和替代效应作用方向相反,要分析税收对纳税人在经济行为方面的总效应或净效应,可以将两种效应综合起来,进行无差异曲线分析。

第14章 税收的转嫁与归宿

税收的转嫁与归宿(the shifting and incidence of taxation),研究的是税收负担转移的过程和结果问题。对这个问题的讨论最早出现于17世纪的英国。但是,将它提到理论高度,作为一个重要的税收理论问题进行系统研究,则始于18世纪法国的重农学派。而后逐步成为西方财政学的重要组成部分,并形成了许多不同的观点和学派。大致可分为绝对转嫁和相对转嫁论。前者对税收转嫁的问题做出绝对的结论,或认为一切税收都可以转嫁,或认为只有某些税种可以转嫁,其他税种无论什么场合都不能转嫁。后者对税收转嫁的问题不做绝对的结论,而认为税收是否转嫁及转嫁程度怎样,要因税种、课税商品性质、供求关系以及其他经济条件的不同而异。有时可以转嫁,甚至完全转嫁出去,有时则不能转嫁,或只能部分转嫁。也就是认为税收的转嫁是相对的,而不是绝对的。目前在西方经济学界广为流行并占统治地位的,是相对转嫁论。

14.1 税收转嫁与归宿的概念

14.1.1 关于税收转嫁与归宿含义的解释

西方经济学家用纳税人与负税人的非一致性,来解释税收的转嫁与归宿问题。

可以用一个简单的例子来说明。假定政府决定对酒的销售行为征税。酒的销售商每出售一瓶酒,须纳税1美元。而在不征税条件下,每瓶酒的售价为10美元。由于政府征税,在纳税人和负税人的关系上可能出现下述几种情况:

每瓶酒的售价仍是10美元。这时,不论购买者是谁,1美元的税款均由销售商负担。销售商既是纳税人,也是负税人。在这种情况下,不存在税收的转嫁问题,税法上规定的纳税人即是税收的归宿。

每瓶酒的售价提至11美元。这时,1美元的税款由购买者负担。销售商虽是纳税人,但购买者是负税人。在这种情况下,税收负担发生了完全转嫁,税法上规定的纳税人并不是税收的归宿。

每瓶酒的售价提至10.33美元。这时,1美元的税款由购买者和销售商共同负担,购买者负担0.33美元,销售商负担0.67美元。销售商是纳税人,但购买者与销售商均是负税人。在这种情况下,税收负担发生了部分转嫁,税法上规定的纳税人仅是税收的部分归宿。

由此可以得出有关税收转嫁和归宿的下列含义:

所谓税收的转嫁,就是指纳税人在缴纳税款之后,通过种种途径而将税收负担转移给他人的过程。也就是说,最初缴纳税款的法定纳税人,不一定是该项税收的最后负担者。他可以把所纳税款部分或全部地转移给其他人。只要某种税收的纳税人和负税人非同为一人,便发生了税收转嫁。

所谓税收的归宿,就是指税收负担的最终归着点或税收转嫁的最后结果。税收经过转嫁,总要把负担落在负税人身上。只要税收的转嫁过程结束,税收负担归着于最后的负担者,便找到了税收归宿。

税收的转嫁运动,从纳税人到负税人,可以只经一次税负转移完成,也可能要经过数次税负转移。如果一笔税款从纳税人到负税人,其转嫁运动发生一次,可称作一次转嫁。如果同一税额从纳税人到最后负税人,其转嫁运动发生两次或两次以上,可称作辗转转嫁。

税收经过转嫁,可以把税负全部转移出去,也可能只把部分税负转移出去。如果纳税人通过转嫁把全部税负转移给负税人负担,可称作完全转嫁。如果纳税人通过转嫁仅把部分税负转移给负税人负担,可称作部分转嫁。

还可据此将税收负担分为两类,即直接负担和间接负担。纳税人在纳税后不能将税负转嫁给他人,而由自己负担的,是税收的直接负担。在这种情况下,纳税人就是负税人,两者是一致的。纳税人在纳税后可以将税负转嫁给他人,而由别人负担的,是税收的间接负担。在这种情况下,纳税人不是负税人或不是全部的负税人,两者发生了分离。

研究税收负担的转嫁过程,目的在于确定税收的最后归宿点,从而分析各种税收对国民收入分配和社会经济的影响。

14.1.2 税收转嫁的形式

按照经济交易过程中税收转嫁的不同途径,西方经济学家把转嫁归纳为如下四种形式:

1. 前转(forward shifting)

亦称"顺转"或"向前转嫁"。即纳税人将其所纳税款通过提高其所提供的商品或生产要素的价格的方法,向前转移给商品或生产要素的购买者或最终消费者负担的一种形式。

一般认为,前转是税收转嫁的最典型和最普遍的形式,多发生在商品和劳务课税上。例如,在产制环节对消费品课征的税款,产制厂商就可以通过提高商品出厂价格,把税负转嫁给批发商,批发商再把税负转嫁给零售商,最后零售商又把税负转嫁给消费者。也就是说,消费者必须付出包括部分税收或全部税收在内的价格购得商品或劳务。所以名义上的纳税人是商品或劳务的出售者,实际的税收负担是商品或劳务的消费者。

2. 后转(backward shifting)

亦称"逆转"或"向后转嫁"。即纳税人将其所纳税款,以压低生产要素进价或降低工资、延长工时等方法,向后转移给生产要素的提供者负担的一种形式。

税收的转嫁表现为后转,一般是由于市场供求条件不允许纳税人以提高商品销售价格的办法,向前转移税收负担。例如,在零售环节对某种商品课税,但该商品零售价格因市场供求关系难于提高。这时零售商便不能通过提高商品售价把税负转移给消费者负担,而只能设法通过压低进货价格把税负逆转给批发商,批发商再逆转给产制厂商,产制厂商又通过压低原料价格、劳动力价格(工资)或延长工时等办法,把税负转嫁给原料供应者和雇佣工人。所以,名义上的纳税人是零售商或产制厂商,但实际税收的负担者是原料供应者和雇佣工人。

西方经济学家强调指出,在现实经济活动中,税收无论是向前转嫁还是向后转嫁,转嫁的程度要取决于许多经济因素和经济条件。有时可以把税款全部转嫁出去,有时则只能把一部分税款转嫁出去。有时税收的转嫁表现为纯粹的前转或后转,但更多的则是同一笔税款,一部分通过前转转嫁出去,另一部分则通过后转转嫁出去(这种情况被称作"混转"或"散转")。所以,对税收在形式上的前转或后转,必须根据具体的情况做具体的分析,而不能做出武断的解释。

3. 消转(diffused shifting)

亦称"税收的转化"。即纳税人对其所纳税款,既不向前转嫁,也不向后转嫁,而是通过改善经营管理、改进生产技术等方法,补偿其纳税损失,使支付税款之后的利润水平不比纳税前低,从而使税负在生产发展和收入增长中自行消失。

消转与一般意义上的税收转嫁不同。后者是指纳税人把税负转移给负税人。而在前者情况下,纳税人并未把税负转移给他人,也没有特定的负税人。因而严格地说,它是一种特殊的税收转嫁形式。

4. 税收资本化(capitalization of taxation)

亦称"资本还原"。即生产要素购买者将所购生产要素未来应纳税款,通过从购入价格中预先扣除(即压低生产要素购买价格)的方法,向后转嫁给生产要素的出售者。

税收资本化主要发生在某些资本品的交易中。例如,政府征收土地税,土地购买者便会将预期应纳的土地税折入资本,将税负转嫁给土地出售者,从而表现为地价下降。此后,名义上虽由土地购买者按期纳税,但实际上税款是由土地出售者负担的。因此,土地税和土地价格的关系经常表现为:土地税增加,地价必将下降;土地税减少,地价必将上升。

税收资本化同一般意义上的税收转嫁的不同之处,在于后者将每次经济交易所课征的税款,通过各种途径随时予以转移。前者则是将累计应纳的税款做一次性的转移。所以,它实际上是税收后移的一种特殊形式。

14.2　税收的归宿:局部均衡分析

税收转嫁在形式上的可能性,并不一定等于转嫁的实现。在现实经济生活中,它总是要受到客观经济条件制约的。也就是说,对税收的转嫁和归宿问题的分析,必须同经济的运行状况联系起来,把税收放到特定的经济环境中去考察。为此,西方经济学家认为,应当对税收的转嫁和归宿问题分别进行局部和一般均衡分析。即先从局部均衡的角度来考察某种课税商品和生产要素的市场,然后再转向包括其他商品和生产要素市场的更为复杂的一般均衡体系。

14.2.1　什么是局部均衡分析

所谓局部均衡分析(partial equilibrium approach)是相对于一般均衡分析(general equilibrium approach)而言的。它是在其他条件不变的假定下,分析一种商品或一种生产要素的供给和需求达到均衡时的价格决定。换句话说,局部均衡分析是假定某种商品或某种生产要素的价格只取决于它本身的供求状况,即由其本身的供给和需求两种相反力量的作用而取得均衡,而不受其他商品或其他生产要素的价格和供求状况的影响。

之所以要对税收的转嫁和归宿问题做这样的分析,是因为社会经济现象非常复杂,与税收有关的变量非常之多。若要在一次分析中把所有复杂的现象和所有有关的变量全部加以研究,则不仅是很困难的,事实上也是不可能的。这就需要使用"假定其他条件不变"的方法,将其他因素暂时存而不论,而只对其中的某一因素进行专门分析。依此类推,用这样的方法逐一分析与此有关的其他因素。最后,再将所有局部均衡分析的结果综合起来,从而得出有关税收转嫁和归宿问题的整体结论。

14.2.2　供求弹性是决定税收转嫁状况的关键

西方经济学家将供求弹性理论引入税收转嫁和归宿问题的局部均衡分析,并由此得出了一个颇有意义的结论:课税商品或生产要素的供求弹性是决定税收能否转嫁及转嫁多少的关键。

1. 税收转嫁与需求弹性

所谓需求弹性即需求的价格弹性,指的是商品或生产要素的需求量(购买量)对于市场价格升降所做出的反应程度。需求的价格弹性的大小用需求量变动的比率与价格变动的比率之间的比值,即需求价格弹性的弹性系数值来衡量。可用公式表示为：

需求价格弹性的弹性系数＝需求量变动的百分比／价格变动的百分比。

如果用 E_d 代表该弹性系数，P 代表价格，△P 代表价格的变动量，Q 代表需求量，△Q 代表需求的变动量，则需求弹性的公式可写成：

$$E_d = \frac{\triangle Q}{Q} / \frac{\triangle P}{P} = \frac{\triangle Q}{\triangle P} \times \frac{P}{Q} \tag{14.1}$$

那么，税收的转嫁同需求弹性有怎样的关系呢？这可以分作四种情况来考察。

第一种情况，需求完全无弹性，即 $E_d=0$。

需求完全无弹性，说明当某种商品或生产要素因政府征税而提高价格时，购买者对价格的提高没有任何反应，其购买量不会因价格的提高而减少。在这种情况下，新征税收会全部向前转嫁，而落在生产要素的购买者身上。如图 14-1 所示，需求曲线 D 是一条与横轴垂直的线，表示需求完全没有弹性。D 与供给曲线 S 在 E 点相交，由此决定的均衡价格和均衡数量分别为 P 和 Q。政府征税后，商品或生产要素的价

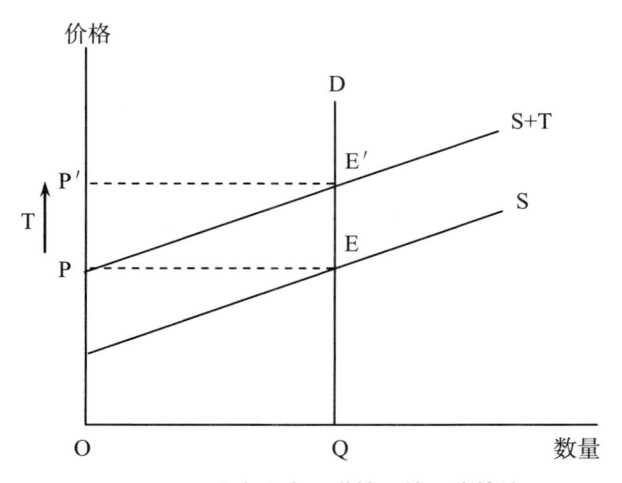

图 14-1　需求完全无弹性下的税收转嫁

格提高,其数额与所征税额 T 相同。于是,供给曲线向上移动而为 S+T。S+T 与 D 在新的均衡点 E′相交,由此决定了税后的均衡价格 P′,但税后的均衡数量仍为 Q。税前税后的价格差额为 T,而购买量没有变化。这说明,在 $E_d=0$ 的条件下,税收完全通过提价而转嫁给购买者。

第二种情况:供给完全有弹性,即 $E_d→∞$。

需求完全有弹性,说明当某种商品或生产要素因政府征税而价格提高时,购买者对价格的提高反应极其强烈,其购买量会因价格的任何提高而减少至0。在这种情况下,所征税收会全部向后转嫁或不能转嫁,而落在生产要素的提供者或生产者自己身上。如图 14-2 所示,需求曲线 D 是一条与横轴平行的线,表示需求完全有弹性。D 与供给曲线 S 相交于 E 点,由此决定了均衡价格 P 和均衡数量为 Q。政府征税后,商品或生产要素的供给曲线向上移动为 S+T,S+T 与 D 在新的均衡点 E′相交,由此决定的税后均衡价格仍为 P,但税后均衡数量却减少至 Q′。这说明,在 $E_d→∞$ 的条件下,纳税人不能通过提高商品或生产要素价格的途径把税负向前转嫁给购买者,而只能向后转嫁或通过减少生产量的办法自行消化。

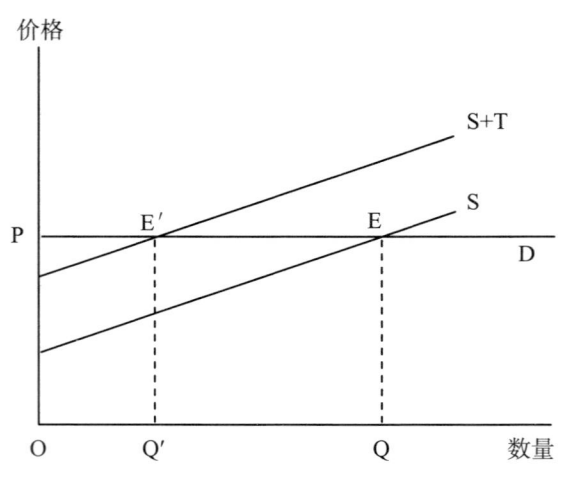

图 14-2　需求完全有弹性下的税收转嫁

第三种情况:需求富有弹性,即$\infty > E_d > 1$。

需求富有弹性,说明当某种商品或生产要素因政府征税而提高价格时,购买者因价格提高而做出的反应较为强烈,其购买量下降的幅度会大于价格提高的幅度,从而迫使价格不得不回降或阻止价格的提高。在这种情况下,所征税收向前转嫁就困难,只能更多地向后转嫁而落在生产要素提供者或生产者的身上。在图 14 – 3 所示,D 为商品或生产要素的需求曲线,其较为平坦表示弹性较大。D 与供给曲线 S 相交于 E 点,决定了均衡价格为 P 和均衡数量为 Q。政府征税后,商品或生产要素的价格上升至 P′,供给曲线亦向上移动而变为 S+T。S+T 与 D 在新的均衡点 E′相交,由此决定了税后的均衡数量为 Q′。税前税后的价格差额为 PP′,税前税后的销售量差额为 QQ′,但 $\frac{QQ'}{Q} > \frac{PP'}{P}$。这表明,在 $\infty > E_d > 1$ 的条件下,销售量减少的幅度大于价格提高的幅度,所以税收难以向前转嫁,而是更多地向后转嫁。生产者的总收入因而趋于下降(P′×Q′<P×Q)。

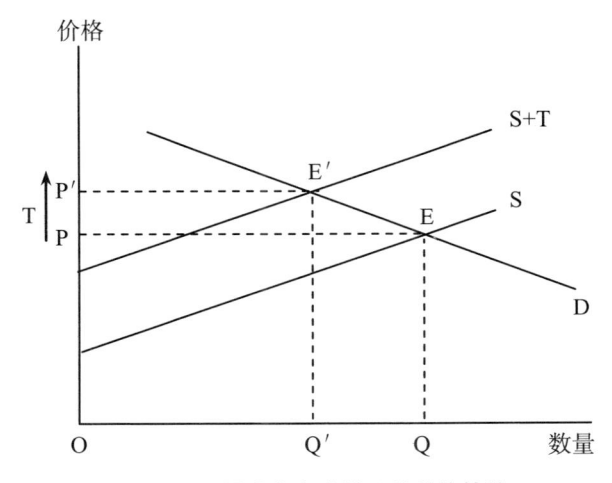

图 14 – 3 需求富有弹性下的税收转嫁

第四种情况:需求缺乏弹性,即$1>E_d>0$。

缺乏弹性,说明当某种商品或生产要素因政府征税而提高价格时,购买者因价格提高而做出的反应较弱,其购买量下降的幅度会小于价格提高的幅度,因而价格提高的阻力小。在这种情况下,纳税人转嫁税负就相对容易,所征税收会更多地向前转嫁而落在购买者身上。在图14-4中,需求曲线D较为陡峭,表示需求弹性较小。D与供给曲线S在E点相交,决定了均衡价格为P,均衡数量为Q。政府征税后,价格上升至P′,供给曲线亦向上移动至S+T,S+T与D相交于新的均衡点E′,决定了新的均衡数量为Q′。税前税后的价格差为PP′,销售量之差为QQ′。但$\frac{QQ'}{Q} < \frac{PP'}{P}$。这表明,在$1>E_d>0$的情况下,销售量减少的幅度小于价格提高的幅度,所以税收向前转嫁容易,生产者的总收入因税收更多地向前转嫁而趋于增加($P'×Q'>P×Q$)。

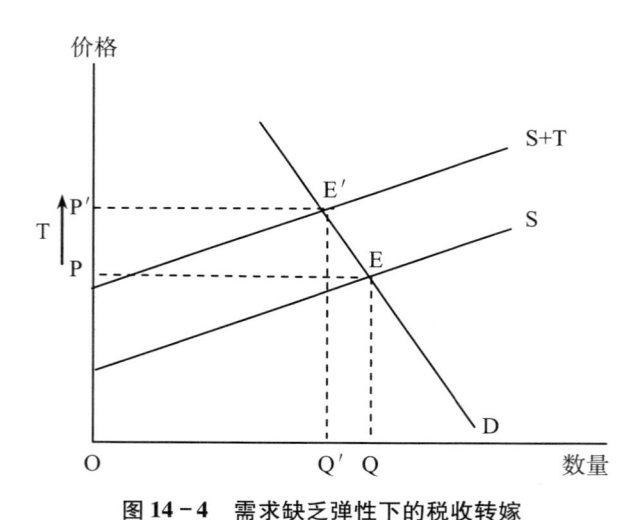

图14-4 需求缺乏弹性下的税收转嫁

2.税收转嫁与供给弹性

所谓供给弹性即供给的价格弹性,指的是商品或生产要素的供给量(生产量)对于市场价格升降所做出的反应程度。供给的价格弹性的大小用供给量变动的比率与价格变动的比率之间的比值,即该弹性系数值来衡量。可用公式表示为:

供给的价格弹性的弹性系数=供给量变动的百分比/价格变动的百分比。

如果用 E_s 代表该弹性系数,P 代表价格,△P 代表价格的变动量,Q 代表供给量,△Q 代表供给的变动量,则供给弹性的公式可写成:

$$E_s = \frac{\triangle Q}{Q} / \frac{\triangle P}{P} = \frac{\triangle Q}{\triangle P} \times \frac{P}{Q} \qquad (14.2)$$

税收的转嫁与供给弹性的关系,也可分为四种情况考察。

第一种情况,供给完全无弹性,即 $E_s=0$。

供给完全无弹性,说明当某种商品或生产要素因政府征税而价格不能相应提高时,生产者对价格的相对下降没有任何反应,其生产量不会因价格的相对下降而减少。在这种情况下,政府所征税收会全部向后转嫁或不能转嫁,而落在生产要素的提供者或生产者身上。如图14-5所示,供给曲线S与横轴垂直,表示供给完全没有弹性。S

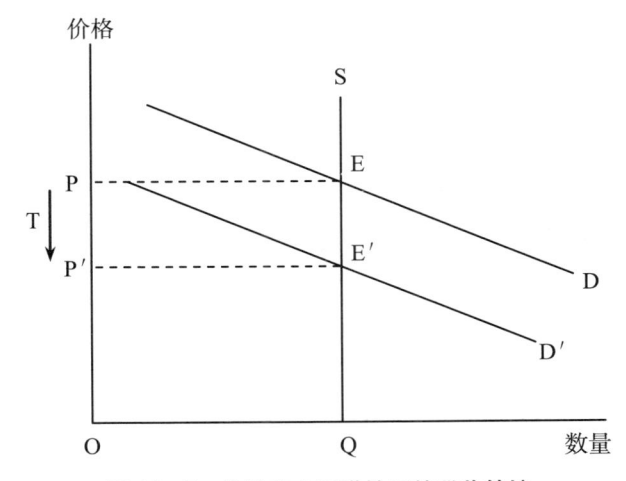

图14-5 供给完全无弹性下的税收转嫁

与需求曲线 D 相交于 E 点,均衡价格和均衡数量分别为 P 和 Q。政府征税后,价格相对下降,其数额与所征税额相同。于是,需求曲线向下移动而为 D′。D′在 E′点与 S 相交,形成税后的均衡价格 P′,但税后的均衡数量仍为 Q。税前税后的价格差额为 T,而生产量没有变化。这说明,在 $E_s=0$ 的情况下,税收会完全向后转嫁或不能转嫁,而由生产要素的提供者或生产者承担。

第二种情况:供给完全有弹性,即 $E_s \to \infty$。

供给完全有弹性,说明当某种商品或生产要素因政府征税而价格不能相应提高时,生产者对价格下降而做出的反应极为强烈,其生产量会因价格的任何下降而减少至 0。由于生产量剧减,反而驱使价格上涨。在这种情况下,所征税收会全部向前转嫁,而落在购买者身上。如图 14-6 所示,供给曲线 S 是一条与横轴平行的线,表示供给完全有弹性。S 与需求曲线的相交点 E 决定了均衡价格为 P,均衡数量为 Q。政府征税后,价格上升至 P′,供给曲线向上移至 S′。S′与 D 在新的均衡点相交,决定了税后的均衡数量从 Q 减少至 Q′。税前税后的价格差额恰

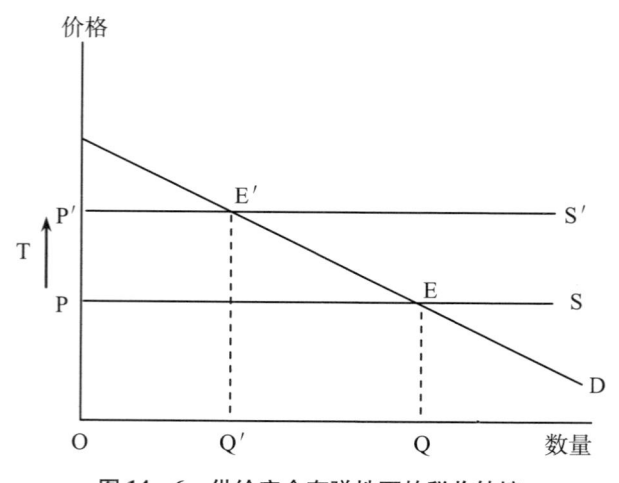

图 14-6 供给完全有弹性下的税收转嫁

等于 E 和 E′的垂直距离,即等于政府征税的数额 T。这说明,在 $E_s \to \infty$ 的情况下,税收会完全通过涨价形式向前转嫁给购买者。

第三种情况:供给富有弹性,即 $\infty > E_s > 1$。

供给富有弹性,说明当某种商品或生产要素因政府征税而价格不能相应提高时,生产者因价格下降而做出的反应强烈,其生产量下降的幅度大于价格下降的幅度。由于生产量减少,就要驱使价格上涨。在这种情况下,所征税收的大部分会通过价格提高向前转嫁出去,而更多地落在购买者身上。在图 14-7 中,S 为某种商品或生产要素的供给曲线,其较为平坦表明供给弹性较大。税前 S 与需求曲线 D 在 E 点相交,由此决定了均衡价格和均衡数量水平分别为 P 和 Q。政府征税后,因价格不能相应提高而造成相对价格下降(生产者因纳税而造成利润相对减少)至 P′,从而和新的需求曲线 D′相交于 E′,由此决定了税后的均衡数量为 Q′。征税前后的价格差额为 PP′,产量差额为 QQ′,但 $\dfrac{PP'}{P} < \dfrac{QQ'}{Q}$。这表明,在 $\infty > E_s > 1$ 的情况下,生产量减少的幅度大于价

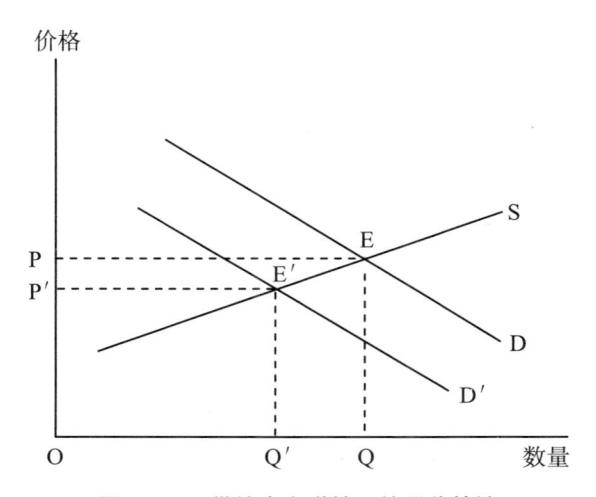

图 14-7 供给富有弹性下的税收转嫁

下降的幅度,所以税收易于更多地向前转嫁。

第四种情况:供给缺乏弹性,即 $1>E_s>0$。

供给弹性小,说明当某种商品或生产要素因政府征税而价格不能相应提高时,生产者因生产条件限制,转产困难而对价格相对下降做出的反应较弱,其生产量下降的幅度会小于价格下降的幅度。由于产量保持在原来水平,价格就难于提高。在这种情况下,生产者转嫁税收困难,所征税收会更多地向后转嫁或不能转嫁,而落在生产要素的提供者或生产者自己身上。在图 14-8 中,供给曲线 S 较为陡峭,表示供给弹性较小。税前价格为 P,税后相对价格为 P′,两者之间的差额为 PP′。税前产量为 Q,税后产量减少至 Q′,两者之间的差额为 QQ′,但 $\dfrac{QQ'}{Q} < \dfrac{PP'}{P}$。

这表明,在 $1>E_s>0$ 的情况下,生产量的减少幅度小于价格下降的幅度。所以税收不易向前转嫁,而会更多地向后转嫁或不能转嫁。

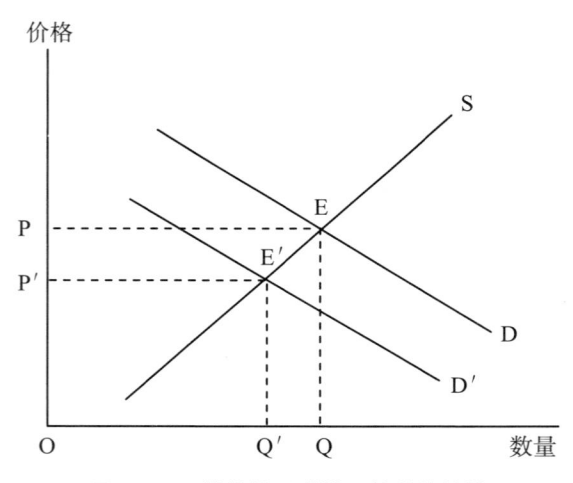

图 14-8 供给缺乏弹性下的税收转嫁

3. 最终取决于供求弹性的力量对比

在西方经济学家看来,需求和供给完全有弹性或完全无弹性的情况都是理论上的假定,在现实生产中是罕见的。在现实中,绝大多数商品或生产要素的需求和供给是属于富有弹性或缺乏弹性的情况,所以,在税收转嫁的问题上,完全可以转嫁或完全不能转嫁的情况基本上是不存在的。转为常见的是,一部分税收通过提高价格形式向前转嫁给商品或生产要素的购买者,另一部分税收则通过成本增加向后转嫁给生产者或生产要素的提供者。至于转嫁的比例怎样,则要视供求弹性的力量对比(即供给弹性和需求弹性之间的对比)而定。如果需求弹性大于供给弹性,则向后转嫁或不能转嫁的部分较大,即税收会更多地落在生产者或生产要素提供者的身上。如果需求弹性小于供给弹性,则向前转嫁的部分较大,即税收会更多地落在购买者的身上。

14.2.3 商品课税归宿的局部均衡分析

将上述税收转嫁同供求弹性的关系原理,应用于商品课税的局部均衡分析,不难得出有关商品课税归宿的基本结论。

既然对商品的课税可采取从量计征和从价计征两种形式,商品课税的局部均衡分析也可从这两个方面着手。

1. 从量计征下的商品课税归宿

先假定政府征收的商品税,如消费税,是从量计征,并以购买者(即消费者)为纳税人。因政府征收从量消费税而对课税消费品市场的均衡的影响如图14-9所示。D和S分别为课税消费品的税前需求曲线和供给曲线。D和S的交点E决定了税前的均衡价格和均衡数量分别为P^*和Q^*。政府对每单位消费品征收额度为T的税款,这时购买者面临的价格水平由P^*上升至P_D。由于价格上升,需求曲线从原来的D向左下移动而为D',D'和D之间的垂直距离为T。D'和S在新的均衡点E'相交,由此决定了生产者税后面临的价格水平从P^*下降至P_s,均衡产量由Q^*减少至Q。而T成为购买者支付的价格P_D和生产者实际得到的价格P_s之间的差额。

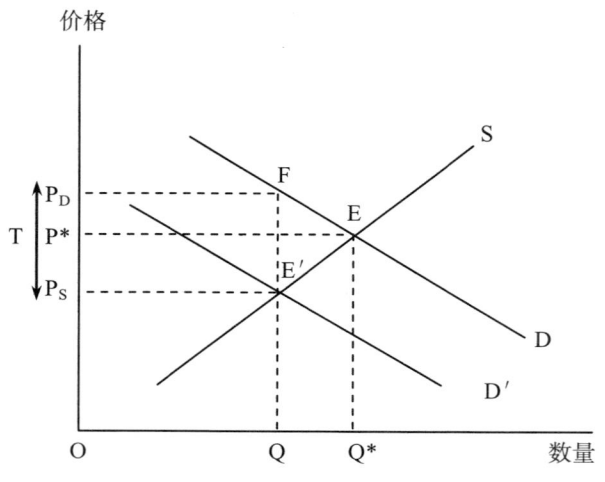

图 14-9　对消费者征收从量消费税的税收归宿

再来看以生产者为消费税的纳税人的情形。如图 14-10 所示，政府对每单位消费品征收的税额仍为 T。这时，T 就成为生产者标出的市场价格与其所保留的净价格之间的一个楔子。生产者为了保住他们的净价格 P_s，必然要提高市场售价以弥补成本，供给曲线因而从 S 上升至 S′，两条曲线之间的垂直距离为 T。购买者的需求量因价格上升至 P_D 而减少至 D 和 S′ 的交点 E′ 所决定的 Q 点。同样出于产出和成本之间关系的原因，生产者所得到的净价格也从原来的 P^* 下跌至 P_s。这样 T 同样成为购买者支付的价格 P_D 和生产者实际得到的价格 P_s 之间的差额。

比较图 14-9 和图 14-10，在政府征税额度均为 T 的条件下，价格上升的幅度和需求减少的幅度是一样的。政府若对购买者征税，需求曲线会从 D 向左下按垂直距离 T 移动至 D′。政府若对生产者征税，供给曲线会从 S 向左上按垂直距离 t 移动至 S′，两者的实际影响完全一样。为了证明这一点，可在图 14-10 上加一条新的需求曲线 D′（即将图 14-9 中的 D′ 移至图 14-10，得到图 14-11）。可以发现，其结果和图 14-9 完全一样。

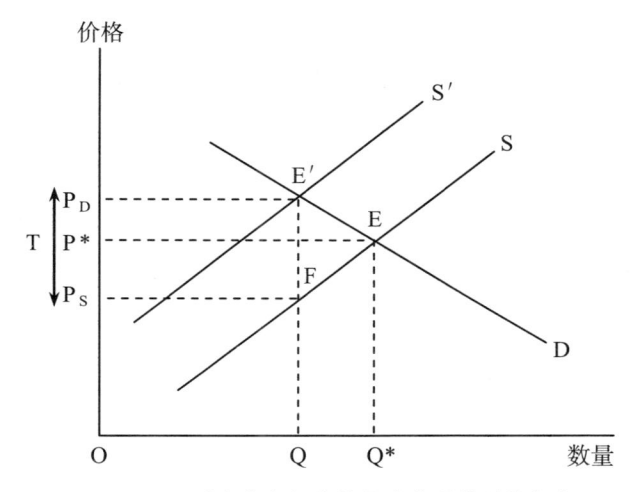

图 14-10　对生产者征收从量消费税的税收归宿

由图 14-11 可以直观地看出,政府征得的税收为 $P_S P_D FE'$（FEE' 为额外税收负担）,这部分税收是由生产者和购买者共同负担的,大约各负担一半。而之所以如此,是因为课税消费品的供给和需求弹性大体一致。

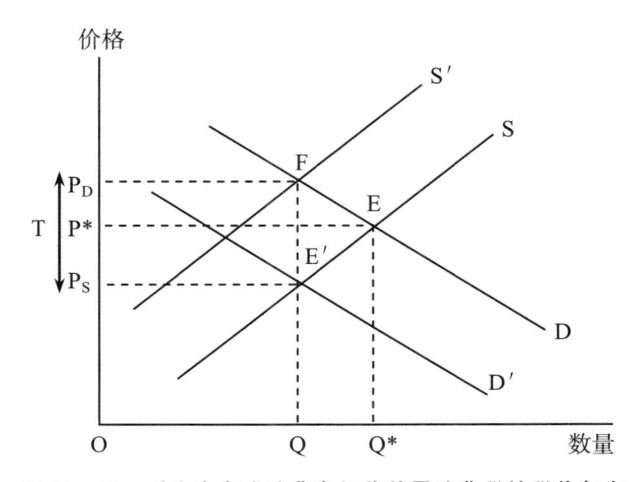

图 14-11　对生产者或消费者征收从量消费税的税收归宿

2. 从价计征下的商品课税归宿

如果政府征收的消费税,不是从量计征,而是采取从价计征的形式,其情形又如何呢(参见图 14-12)?

在从价计征情况下,所征税额 T 同样成为购买者所支付的价格或市场价格与生产者实际得到的净价格之间的楔子。与从量计征有所不同的是,在从价计征下,消费品的价格成为决定征收税额大小的一个因素,价格越高,纳税越多。因而征税后需求曲线的斜率会较税前发生变化,而由 D 转向 D′。D′与供给曲线 S 在新的均衡点 E′相交。由此决定了购买者支付的价格为 P_D,生产者实际得到的价格为 P_S,P_D 和 P_S 之间的差额,亦为政府的税收 T(税率为 FE′/FQ)。

从图 14-12 也可以直观地看出,政府征得的税收为 $P_S P_D FE'$,这部分税收同样是由生产者和购买者共同负担的。只不过因为从价计征会改变需求曲线的斜率,税负在生产者和购买者之间的分配比例会较从量计征有所变化。

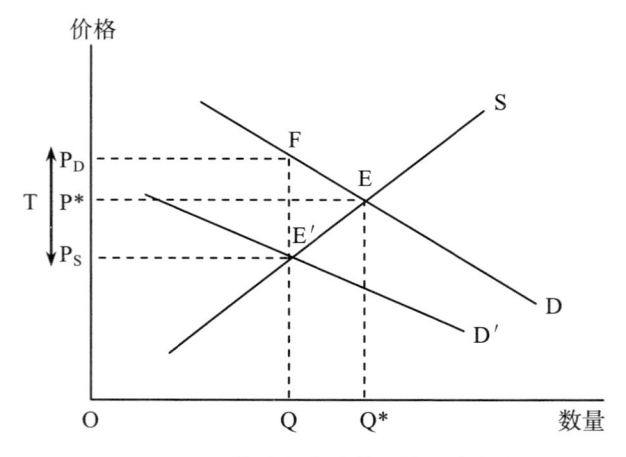

图 14-12 从价征收消费税的税收归宿

3. 关于商品课税归宿的基本结论

通过上述分析可以得到的一个基本结论是，政府对商品的课税，不论是以生产者作为法定纳税人，还是以购买者(消费者)作为法定纳税人，也不论是采取从量计征形式，还是采取从价计征形式，都不会改变依供求弹性决定的税负的分配格局。换句话说，决定商品课税转嫁与归宿的关键因素是课税商品的供求弹性。至于法定纳税人是谁以及采取何种形式计征，则是无关紧要的。

所以，对商品课税的转嫁与归宿的分析，应将注意力放在课税商品的性质及其供求弹性的力量对比上。这就是：

——如果课税商品属于生活必需品、不易替代产品、用途狭窄产品或耐用品，那么，由于人们对这类商品的需求弹性较小，消费者将在税收的转嫁中处于不利地位。政府所征税收会更多地向前转嫁，而落在购买者身上。

——如果课税商品属于奢侈品、易于被替代产品、用途广泛产品或非耐用品，那么，由于人们对这类商品的需求弹性较大，消费者将在税收的转嫁中处于有利地位。政府所征税收会更多地向后转嫁或不能转嫁，而落在生产要素提供者或生产者的身上。

——如果课税商品属于资本密集型产品或生产周期较长的产品，那么，由于这类产品的生产规模变动较难，其供给弹性因之较小，生产者将在税收的转嫁中处于不利地位。政府所征税收会更多地向后转嫁或不能转嫁，而落在生产要素提供者或生产者身上。

——如果课税商品属于劳动密集型产品或生产周期较短的产品，那么，由于这类产品的生产规模变动容易，其供给弹性因之较大，生产者将在税收的转嫁中处于有利地位。政府所征税收会更多地向前转嫁，而落在购买者身上。

——如果课税商品的需求弹性大于供给弹性，那么，消费者将在税收的转嫁中处于有利地位。政府所征税收会更多地向后转嫁或不能转嫁,而落在落在生产要素提供者或生产者的身上。

——如果课税商品的供给弹性大于需求弹性,那么,生产者将在税收的转嫁中处于有利地位。政府所征税收会更多地向前转嫁,而落在购买者的身上。

14.2.4 生产要素收入课税归宿的局部均衡分析

税收转嫁同供求弹性的关系原理,同样可以应用于对生产要素的课税亦即对生产要素收入的课税。

西方经济学家把生产要素收入区分为工资收入、利润(利息)收入和地租收入三种形式,并依此对生产要素收入课税的归宿进行局部均衡分析。

1. 工资收入课税的归宿

以劳动者的工资收入为课税对象的所得税,其税负的转嫁和归宿情形取决于劳动力这一生产要素的供给弹性和需求弹性的力量对比。如果劳动力的供给弹性大于劳动力的需求弹性,那么,劳动者在税收的转嫁中将处于较有利的地位,生产者则处于较不利的地位,政府所征税收将大部分向前转嫁给生产者,而落在生产者的身上;如果劳动力的供给弹性小于劳动力的需求弹性,那么劳动者在税收的转移中将处于较不利地位,生产者则处于较有利地位,政府所征税收将大部分不能转嫁,而落在劳动者的身上。

图 14-13 揭示了工资收入课税在劳动力的供给弹性大于需求弹性时的归宿情况。在图中,劳动力的供给曲线 S 较为平坦,表示其弹性较大。劳动力的需求曲线 D 较为陡峭,表示其弹性较小。政府征税之前,S 和 D 在 E 点相交,由此决定了税前工资率为 W,劳动时数为 L。政府对工资收入征税后,劳动者因净工资率的下降而反应强烈,其劳动

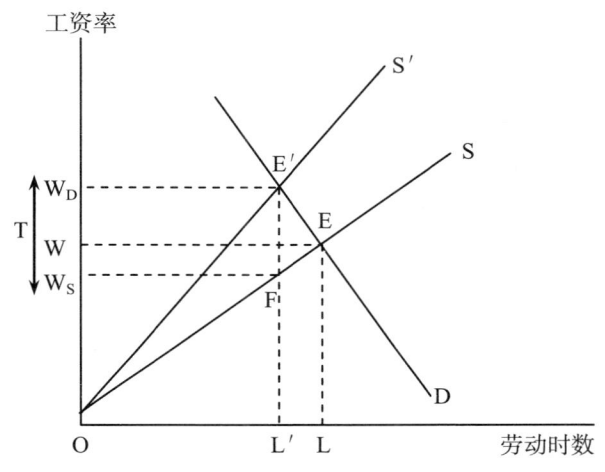

图 14-13 劳动力的供给弹性大于需求弹性时工资收入课税的税收归宿

时数减少的幅度大于净工资率相对下降的幅度。劳动力的供给曲线由 S 向左侧旋转至 S′，S′与劳动力的需求曲线 D 在 E′点相交，由此决定税后生产者支付的工资率由 W 增加至 W_D，劳动者实际得到的净工资率由 W 减少至 W_S，劳动时数因此由 L 减少至 L′。W_D 和 W_S 之间的差额即为政府的税收 T(T=FE′)，但 WW_D>WW_S。这说明，在劳动力供给弹性大于劳动力的需求弹性的情况下，政府对劳动者工资收入的课税将绝大部分向前转嫁给生产者负担。

图 14-14 揭示了当劳动力的供给弹性小于需求弹性时，工资收入课税的归宿情况。在图中，劳动力的供给曲线 S 较为陡峭，表示其弹性较小。劳动力的需求曲线 D 则较为平坦，表示其弹性较大。政府征税之前，E 点为 D 和 S 的相交点，由此决定的税前工资率为 W，劳动时数为 L。政府对工资收入征税后，劳动者对净工资率的下降反应较弱，其劳动时数减少的幅度小于净工资率相对下降的幅度。但生产者对劳动者通过减少劳动时数而施加的增加工资的压力反应强烈，劳动力的需求曲线因之从 D 向内旋转至 D′。D 与劳动力的供给曲线 S 相交于新

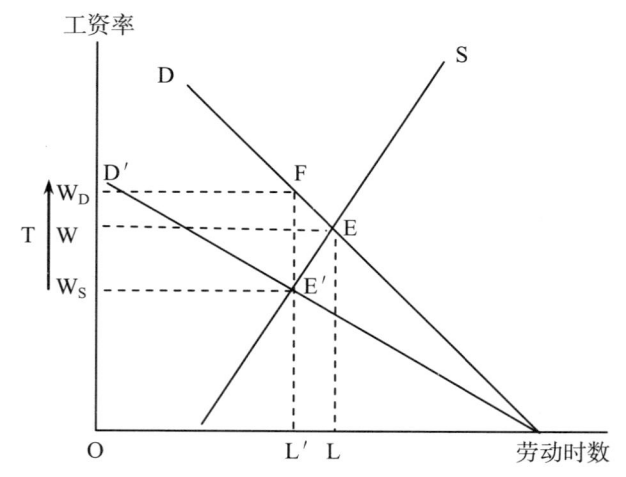

图 14-14 劳动力的供给弹性小于需求弹性时工资收入课税的税收归宿

的均衡点 E′,由此决定税后生产者支付的工资率由 W 增加至 W_D,劳动者实际得到的净工资率由 W 减少至 W_S,劳动时数因之由 L 减少至 L′。W_D 和 W_S 之间的差额即为政府的税收 T(T=FE′),但 $WW_D<WW_S$。这说明,在劳动力的供给弹性小于劳动力的需求弹性的情况下,政府对劳动者工资收入的课税将大部分不能转嫁,而由劳动者自己负担。

2. 利润(利息)收入课税的归宿

以资本所有者的利润(利息)收入为课税对象的所得税,其税负的转嫁与归宿情形取决于资本这一生产要素的供给弹性和需求弹性的力量对比。如果资本的供给弹性大于资本的需求弹性,那么,资本所有者在税收的转嫁中将处于较有利的地位,生产者则处于较不利的地位;政府所征税收将大部分向前转嫁给生产者,而落在生产者的身上。如果资本的供给弹性小于资本的需求弹性,那么,资本所有者在税收的转嫁中将处于较不利地位,生产者则处于较有利地位。政府所征税收将大部分不能转嫁,而落在资本所有者的身上。

可将图 14-13 和图 14-14 略加变换,以揭示利润(利息)收入课税的归宿情况。

在图 14-15 中，资本的供给曲线 S 较为平坦，表示其弹性较大，资本的需求曲线 D 较为陡峭，表示其弹性较小。税前 S 和 D 在 E 点相交，税前的资本收益率和资本投入量分别为 I 和 K。政府对利润（利息）收入课税（税率=FE′/K′E′）后，资本所有者对净资本收益率的下降反应强烈，其资本投入量减少的幅度大于净资本收益率的下降幅度（$\frac{KK'}{K} > \frac{II_S}{I}$），资本的供给曲线因之由 S 向左侧旋转至 S′。S′与资本的需求曲线 D 相交于新的均衡点 E′。由此决定税后生产者支付的资本收益率由 I 提高至 I_D，资本所有者实际得到的净资本收益率由 I 减少至 I_S，资本投入量因此从 K 降至 K′，I_D 和 I_S 之间的差额即为政府的税收 T(T=FE′)，但 $II_D > II_S$。这说明，在资本的供给弹性大于资本的需求弹性的情况下，政府对资本所有者利润（利息）收入的课税，将大部分向前转嫁给生产者负担。

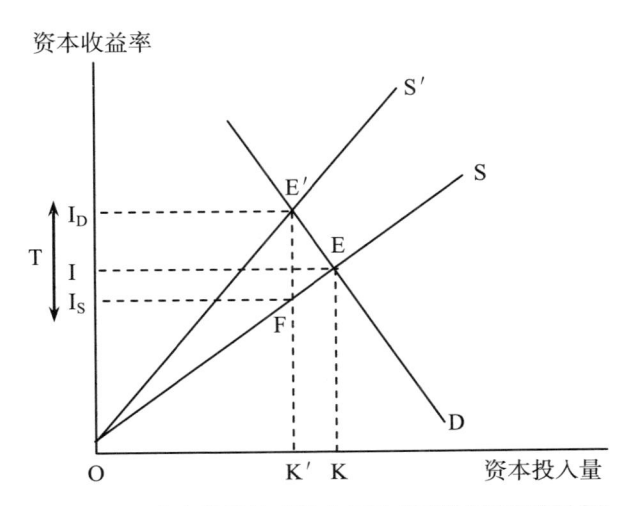

图 14-15　资本的供给弹性大于需求弹性时利润（利息）收入课税的税收归宿

在图 14-16 中,资本的供给曲线 S 较为陡峭,表示其弹性较小。资本的需求曲线 D 则较为平坦,表示其弹性较大。税前 S 和 D 在 E 点相交,税前的资本收益率和资本投入量分别为 I 和 K。政府对利润(利息)收入课税(税率=FE′/K′F)后,资本所有者对净资本收益率的下降反应较弱,其资本投入量减少的幅度小于净资本收益率下降的幅度($\frac{KK'}{K} < \frac{II_S}{I}$)。但生产者对资本所有者通过减少资本投入量而施加的提高资本收益率的压力反应强烈,资本的需求曲线因之从 D 向内旋转至 D′。D′与资本的供给曲线 S 相交于新的均衡。点 E′由此决定税后生产者支付的资本收益率由 I 增加至 I_D,资本所有者实际得到的净资本收益率由 I 减少至 I_S,资本投入量因此由 K 减少至 K′,I_D 和 I_S 之间的差额即为政府的税收 T(T=FE′),但 $II_D < II_S$。这说明,在资本的供给弹性小于资本的需求弹性的情况下,政府对利润(利息)收入的课税将大部分不能转嫁,而由资本所有者自己负担。

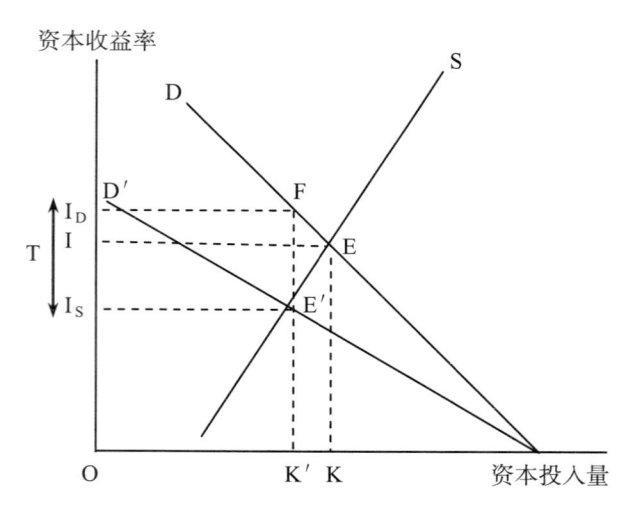

图 14-16 资本的供给弹性小于需求弹性时利润(利息)收入课税的税收

3. 地租收入课税的归宿

以土地所有者的地租收入为课税对象的所得税,其税负的转嫁与归宿情形完全取决于土地的需求弹性。这是因为,土地的供给曲线基本上是无弹性的,无论地租率怎样变化,土地的数量都基本上是固定的,不可能随之发生变化。在土地的供给弹性等于 0 的假定下,土地所有者在税收的转嫁中将处于不利地位,政府所征税收将完全不能转嫁,而落在土地所有者的身上。

图 14-17 揭示了地租收入课税的归宿情况。在图中,土地的供给曲线 S 与横轴垂直,表示土地的供给完全没有弹性。S 与土地的需求曲线 D 相交于 E 点,由此决定了税前的地租率为 R_D,土地供给量为 N。政府对地租收入课税(税率=EF/EN)后,土地所有者获得的净地租率相对下降,其数额与所征税额相同。由此决定了税后土地所有者获得的净地租率为 R_S,土地使用者(生产者)支付的地租率人为 R_D,土地的供给量固定在 N 的水平。R_D 和 R_S 之间的差额即为政府的税收 T(T=EF),但土地使用者获得的净地租则由 R_D 减少至 R_S。这说明在土地供给完全无弹性的条件下,政府对土地所有者地租收入的课税将完全不能转嫁,而由土地所有者自己负担。

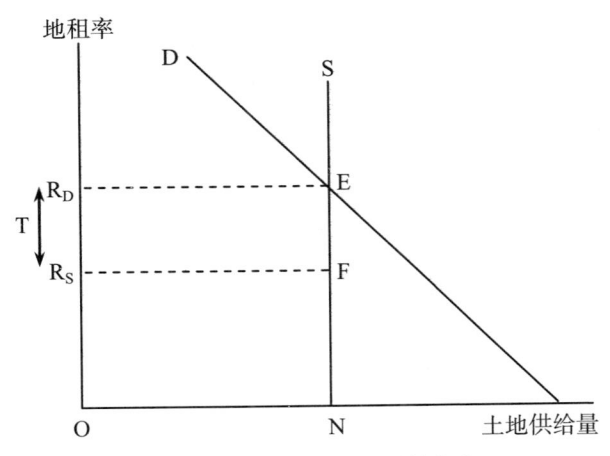

图 14-17 地租收入课税的归宿

4. 关于生产要素收入课税归宿的基本结论

由上述分析也可以得到这样一个基本结论:政府对生产要素收入课税的归宿决定于课税生产要素的供求弹性的力量对比:

——如果课税生产要素的供给弹性大于需求弹性,那么,劳动者、资本所有者和土地所有者将在税收的转嫁中处于有利地位。政府所征税收会更多地向前转嫁,而落在生产要素购买者即生产者的身上。

——如果课税生产要素的供给弹性小于需求弹性,那么,生产要素的购买者将在税收的转嫁中处于有利地位。政府所征税收会更多地向后转嫁,而落在劳动者、资本所有者和土地所有者的身上。

14.3 税收的归宿:一般均衡分析

14.3.1 什么是一般均衡分析

所谓一般均衡分析,是在各种商品和生产要素的供给、需求、价格相互影响的假定下,分析所有商品和生产要素的供给和需求同时达到均衡时的价格决定。换句话说,一般均衡分析是假定各种商品和生产要素的供给、需求、价格都是相互作用、相互影响的。一种商品和生产要素的价格不仅取决于其本身的供求状况,而且也要受其他商品和生产要素的供求状况和价格的影响,即在所有商品和生产要素的供给、需求都达到均衡时才能决定。

之所以要对税收的转嫁归宿问题做这样的分析,是因为现实经济生活中,各种商品和生产要素的价格、供给、需求等因素都是相互作用、相互影响的。若将税收转嫁与归宿的考察仅局限于课税商品或生产要素的特定市场上,由此而得出的结论肯定是不完全的。比如,许多商品和生产要素存在着相互竞争(替代商品或生产要素,如肉和鸡蛋)和相互补充(互补商品或生产要素,如汽油和汽车)的关系,当一种课税商品或生产要素的价格发生变动时,不仅该种商品或生产要素的供求关系要因此而发生变动,它的替代和互补商品或生产要素的供求关系及价格也要随之发生变动。不仅如此,这些替代和互补商品或生产要素的供求关系和价格的变动,还会进一步对它们各自的替代和互补商品或生产要素的供求关系和价格产生影响。这样,只要一种商品或生产要素的价格发生变动,就会在整个经济中引起一系列的一层层的连锁反应。为了使税收转嫁和归宿问题的分析更贴近现实,就需要将考察对象拓宽开来,从因政府征税而引起的一系列的一层层的连锁反应中,探求整个税负的分配情况,即对税收的转嫁和归宿问题进行一般均衡分析。

14.3.2 局部均衡分析的局限性

西方经济学家认为,对税收的转嫁和归宿所做的局部均衡分析的不足之处主要表现在两个方面:

其一,局部均衡分析未能顾及政府征税对非征税商品市场的影响,这主要是指商品课税归宿的局部均衡分析。

如图 14-18 所示,假定整个经济体系中只生产两类商品:食品和服装。在图 14-18A 中,D 为食品的需求曲线,S 为税前食品的供给曲线。D 和 S 在税前的均衡点为 E,其均衡价格和均衡数量分别为 P 和 Q。假定政府只对食品征税,而不对服装征税。征税之后,食品的供给曲线从 S 向左上方移动至 S′,S′ 与 D 在 E′ 相交。这时,生产者实际得到的净价格从 P 下跌至 P_S,消费者所支付的价格从 P 上升至 P_D,食品产量从 Q 减少至 Q′。P_D 和 P_S 之间的差额为政府的税收。这是我们在局部均衡分析中得出的结论。

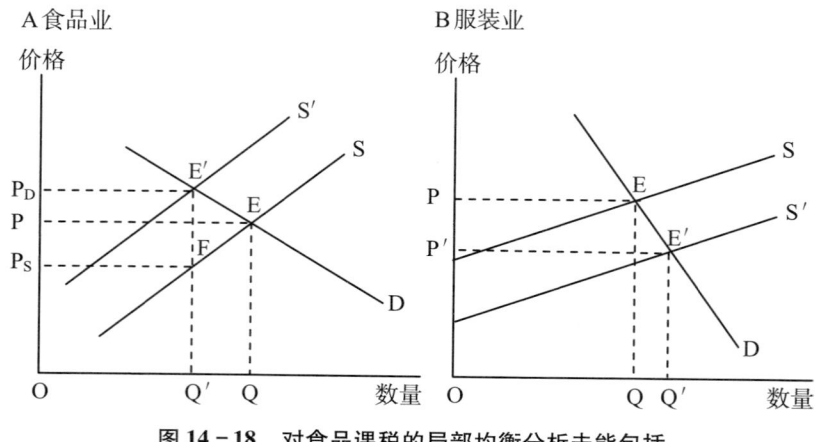

图 14-18　对食品课税的局部均衡分析未能包括
服装业因此而受到的影响

然而，由于生产要素在现代市场经济条件下通常是可以自由流动的，在食品业的利润率因政府征税而相对下降的情况下，食品业的生产要素会向服装业流动。再假定食品业流出的生产要素为服装业全部吸收，图 14-18B 中服装的供给曲线就会从 S 向右下方移动至 S′，S′ 与需求曲线 D 在新的均衡点 E′ 相交。于是，服装的价格从原来的 P 下降至 P′，产量从原来的 Q 增加至 Q′。

由此可见，在分析对食品课税的转嫁和归宿时，既要考虑食品市场，也要考察服装市场。从局部均衡的角度看，食品课税的最终归宿是，食品的消费者从支出方面负担了部分税收，食品的生产者从生产要素的收入方面负担了另一部分税收。但从一般均衡的角度看，食品课税的归宿还要包括服装市场，对食品的课税不仅造成了食品价格的上升，而且随着食品业生产要素流入服装业，也造成了服装价格的下跌以及服装业收益率的下降。

其二，局部均衡分析未能顾及政府征税对生产要素收益率平均化的影响。这主要是指生产要素收入课税归宿的局部均衡分析。

如图14-19所示,假定整个经济体系只有两种组织形式的厂商:公司部门和合伙经营部门。在图14-19A中,CD为公司部门的资本需求曲线(资本的边际收益曲线),它代表了公司部门在不同的投资规模下所能获得的各种水平的资本收益率。在图14-19B中,FG为合伙经营部门的资本需求曲线。政府征税前,两个部门的均衡状况是:公司部门的资本收益率为I,资本投入量为H。合伙经营部门的资本收益率也为I,资本投入量为M。现假定政府只对公司部门的资本收入征税,而对合伙经营部门的资本收入不征税。那么,投资于公司部门的每单位资本所能获得的纯利润将因此减少为:(1-税率)×毛利润=税后纯利润。公司部门的资本需求曲线(资本边际收益曲线)因此而向左下方旋转至ED。这时,两个部门的资本收益率出现了差距,资本将从资本收益率相对较低的应税部门(公司)向资本收益率相对较高的免税部门(合伙经营)流动。资本的这种流动会一直持续到两个部门的资本收益率相等时为止,即公司部门的资本投入量减少至K,资本毛收益率升至N,税后资本纯收益率为P,而合伙经营部门的资本投入量增加至L,资本收益率降至P。

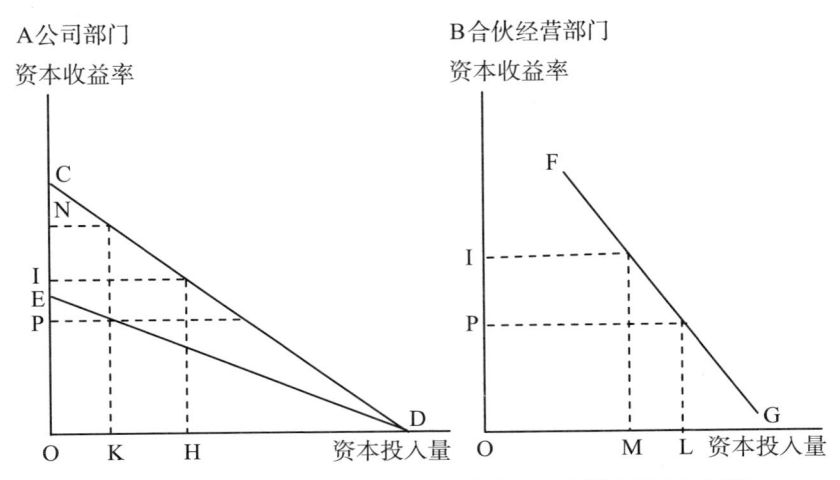

图14-19 对公司部门资本收入课税的局部均衡分析未能包括合伙经营部门因此而受到的影响

由此可见，在分析对公司部门资本收入课税的转嫁和归宿时，注意力不仅要放在公司部门，也应包括合伙经营部门，局部均衡分析没有考虑因征税而引起的资本流动的影响，由此而得出的有关税收负担将落在公司部门资本所有者身上的结论显然是不完全的。从一般的均衡的角度看，对公司部门资本收入课税的税负，最终要随着资本从公司部门向合伙经营部门的流动而为两个部门的资本所有者所分担。

14.3.3 税收归宿的一般均衡分析模型

为了使税收转嫁和归宿问题的分析从局部均衡扩展到一般均衡，西方经济学界设计了一个分析模型，称之为"税收归宿的一般均衡分析模型"。

由于一般均衡分析涉及的范围很大，这个模型首先确定了其理论前提：整个经济体系仅有两个市场——食品市场和服装市场；生产要素仅有两种——资本和劳动力；家庭部门没有任何储蓄，收入＝消费。

这个模型共涉及四种税：只对某一部门的某种生产要素收入课征的税；对两个部门的某种生产要素收入课征的税；对某种商品的消费课征的税；综合所得税。其具体模型如下：

t_{KF}	+	t_{LF}	=	t_F
+		+		
t_{KM}	+	t_{LM}	=	t_M
=		=		
t_K	+	t_L	=	t_T

其中，F＝食品业；M＝服装业；K＝资本；L＝劳动力；t_{KF}＝以食品业的资本收入为课征对象的税；t_{LF}＝以食品业的劳动者工资收入为课征对象的税；t_F＝以食品的流转额为课征对象的税；t_{KM}＝以服装业的资本收入为课征对象的税；t_{LM}＝以服装业的劳动者工资收入为课征对象的

税；t_M＝以服装制品的流转额为课征对象的税；t_K＝以食品和服装两个部门的劳动者工资收入为课征对象税；t_T＝综合所得税。

这个模型的最大特点，是它可以揭示各个税种之间相互作用、相互影响的结果。其方法是将其中两种税相结合，使其产生的效应与另一种税（或称第三种税）的效应相等或相同。也就是说，通过某些税种的结合，并使其具有的归宿等同于其他税种的归宿，可以揭示整个经济体系中所有者税收的归宿，同时也能区分不同税种之间在质和量上的差别。例如：

——在模型的右边一栏，如果政府既征收 t_F，也征收 t_M，且使用的税率相同，那么，这两种税的共同效应将等同于政府征收 t_T 的效应。其原因在于，如果对消费者的各方面支出额分别按相同的税率征税，其效果等于对消费者的全部收入按与前相同的税率课征综合所得税。

——在模型的最后一行，如果政府对所有的资本收入和劳动者工资收入按相同的税率分别征收所得税 t_K 和 t_L，那么，这两种税的共同效应将等同于政府征收 t_T 的效应。其原因在于，对各种来源的收入分别按相同的税率征收分类所得税，其效果等于将所有来源的收入相加，并按与前相同的税率统一征收综合所得税。

——在模型的左边一栏，如果政府同时征收 t_{KF} 和 t_{KM}，且使用的税率相同，那么，这两种税的共同效应将等同于政府征收 t_K 的效应。其原因在于，如果对两个部门的资本收入分别按相同的税率征收所得税，其效果等于将所有经济部门的资本收入汇总相加，并按与前相同的税率统一对资本收入征收所得税。

——在模型的中间一栏，如果政府同时征收 t_{LF} 和 t_{LM}，且使用的税率相同，那么，这两种税的共同效应将等同于政府征收 t_L 的效应。其原因在于，如果两个部门的劳动者工资收入分别按相同的税率征收所得税，其效果等于对社会全部劳动者工资收入按与前相同的税率统一征收所得税。

依此类推,在模型的最上一行,如果政府同时征收 t_{KF} 和 t_{LF},且使用的税率相同,那么,这两种税的共同效应将等于政府征收 t_F 的效应。在模型的中间一行,政府若按相同的税率同时征收 t_{KM} 和 t_{LM},那么,其效应将等于政府征收 t_M。

西方经济学家认为,只要能够按照这种方法找出一系列税种的相互关系,便可通过对少数几种税的归宿的分析,来把握整个经济体系中所有税的归宿。

14.3.4 商品课税归宿的一般均衡分析

根据上述模型,可以对商品课税和生产要素收入课税的转嫁与归宿问题进行一般的均衡分析。

在应用这个模型时,要有以下几个假设条件:每个生产部门都使用资本和劳动力这两种生产要素,但部门间所使用的资本和劳动力的比例不一定相同,资本与劳动力的替代率可以不一样;资本和劳动力可以在各个生产部门间自由流动,而造成这一流动的原因在于部门间收益率的差异;总的生产要素供给量固定不变,即劳动力和资本的供给总量是一个常量,政府征税不会造成劳动力和资本的供给总量的变动;所有者消费者的行为偏好相同;税种之间可以相互替代;市场处于完全竞争状态。

可以模型中所涉及的 t_F 即食品税为例,来说明商品课税归宿的一般均衡分析。

从局部均衡分析中,已经得到这样的结论:对食品征税之后,食品价格上涨,食品生产量下降,其结果,税收分别由消费者和生产者从支出和收入两个方面所分担。在此基础上,可将考察的视野从食品市场扩展到服装市场。

从消费者的角度看,政府对食品征税之后,消费者会减少食品的购买量,而将部分购买力转向服装。故对服装的需求量会增加,服装的价格也会因此而上涨。随着服装价格的上涨,食品价格又会相对有所下降。于是,税收负担的承担者从食品的消费者扩展到所有其他商品的消费者。也就是说,食品税的负担不仅会落在食品消费者身上,也同样会落在所有其他商品的消费者身上。

从生产者的角度看,政府对食品征税之后,随着食品业收益率的下降,食品业的生产要素会向服装业流动。假定两个行业资本和劳动力之间的替代率不同,食品业属劳动密集型行业,服装业则是次劳动密集型行业。这就意味着,随着社会商品结构的变化,各种生产要素的需求结构也会发生变化。食品业流出的劳动力相对较多,资本相对较少。而服装业扩大生产规模所需要吸收的劳动力相对较少,资本相对较多。这就造成服装业劳动力供给相对宽松,资本供给则相对紧张。食品业流出的劳动力若要为服装业所吸收,劳动力的相对价格必须下降。而劳动力的相对价格一旦下降,税收负担就会有一部分落在劳动者的身上。而且,不仅食品业的劳动者要承担税负,服装业的劳动者也要承担税负。如果情况相反,食品业属次劳动力密集型,服装业是劳动力密集型。那么,由于食品业流出的劳动力相对较少,资本相对较少。服装业的劳动力供给相对紧张,资本供给相对宽松,也会造成资本相对价格的下降。随着资本相对价格的下降,税收负担就会有一部分落在资本所有者的身上。而且,不仅食品业的资本所有者要负担税收,服装业的资本所有者也要负担税收。

由上述分析可见,对某一生产部门产品的课税,其影响会波及整个经济。不仅该生产部门产品的消费者要承担税负,其他生产部门产品的消费者也要承担税负。不但该生产部门的生产者和生产要素提供者有可能承担税负,其他生产部门的生产者和生产要素提供者也可能承担税负。据此,得出的结论是:整个社会的所有商品和所有生产要素的价格,几乎都可能因政府对某一生产部门的某一产品的课税而发生变动。包括消费者、生产者和生产要素提供者在内的所有人,几乎都可能成为某一生产部门的某一产品税收的直接或间接的归宿。

14.3.5 生产要素收入课税归宿的一般均衡分析

也可以模型中所涉及的 t_{KM} 即对服装业资本收入的课税为例,来说明生产要素收入课税归宿的一般均衡分析。

政府对服装业资本收入征税之后,会产生两个方面的影响,即收入效应和替代效应。

从收入效应来看,政府对服装业资本收入征税,而对食品业资本收入不征税,会造成服装业资本收益率相对下降,从而应税的服装业资本向免税的食品业流动。伴随这一流动过程,服装业的产品数量减少,资本毛收益率上升。食品业的产品数量增加,资本收益率下降。只有当两个行业的资本纯收益率被拉平时,资本的这种流动才会停止,其结果,不仅服装业的资本所有者承担了税负,通过从服装业向食品业的流动以及由此而带来的资本收益率的平均化,食品业的资本所有者也承担了税负。也就是说,政府对服装业资本收入的课税负担,最终要被应税的服装业和免税的食品业的资本所有者所分担。

从替代效应来看,政府对服装业资本收入征税,而对劳动力收入不征税,会促使服装业生产者倾向于减少资本的使用量,而增加劳动力的使用量,即以劳动力替代资本,从而造成服装业资本相对价格的下降。进一步看,随着服装业生产要素向食品业的流动,这种替代效应也会在食品业发生。不仅服装业资本所有者的税负会变本加厉,食品业资本所有者的税负也会出现同样情形。也就是说,政府对服装业资本收入的课税,会通过生产要素配置比例的变化(多使用劳动力,少使用资本),导致两个行业的资本所有者承受较政府所征税额为重的负担。这是因为,以劳动力替代资本的过程,就是劳动力的需求相对增加,而对资本的需求相对减少的过程,同时也就是劳动者的工资率相对上升,而资本的收益率相对下降的过程。

通过上述分析,可以得出这样一个结论:政府对某一生产部门的某一种生产要素收入的课税,其影响亦会波及整个经济。不仅该生产部门的资本所有者要承担税负,其他生产部门的资本所有者也要承担税负。整个社会资本的所有者不但要承担相当于政府所征税收的负担,还有可能承担较政府所征税收为多的额外负担。

14.4 简短的归纳:税收转嫁的一般规律

根据对税收转嫁与归宿问题所做的局部均衡和一般均衡分析,并结合现代市场经济的运行特点,西方经济学界把税收转嫁的一般规律归纳为如下六个方面:

14.4.1 税收转嫁与供求弹性的关系

商品或生产要素的供求弹性是决定税收转嫁状况的关键因素。

商品或生产要素的需求弹性愈大,税收前转的可能性愈小。反之,商品或生产要素的需求弹性愈小,税收前转的可能性愈大。

商品或生产要素的供给弹性愈大,税收前转的可能性愈大。反之,商品或生产要素的供给弹性愈小,税收前转的可能性愈小。

如果商品或生产要素的需求弹性大于供给弹性,税收向后转嫁或不能转嫁的部分将会较大。反之,如果商品或生产要素的供给弹性大于需求弹性,税收向前转嫁的部分将会较大。

如果商品或生产要素的需求完全没有弹性,税收将会全部向前转嫁。反之,如果商品或生产要素的供给完全没有弹性,税收将会全部向后转嫁。

如果商品或生产要素的需求完全有弹性,税收将会全部向后转嫁。反之,如果商品或生产要素的供给完全有弹性,税收将会全部向前转嫁。

14.4.2 税收转嫁与课税范围的关系

一般说来,课税范围越宽广,越易于税收转嫁;课税范围越狭窄,越不易于税收转嫁。这是因为:

课税范围越是狭窄,越对商品或生产要素的购买者有替代效应,从而需求也就越具有弹性。即是说,只要课税范围只包括那部分商品或生产要素,就极可能驱使购买者改变购买抉择,减少课税商品或生产要素的购买量,而增加无税或低税商品或生产要素的购买量。在这种情况下,课税商品或生产要素价格的提高就要受到限制,税收自然难以转嫁。

与此相反,课税范围越是宽广,越不易对商品或生产要素的购买者发生替代效应,从而需求也就越缺乏弹性。即是说,如果课税范围涉及了大部分甚至全部商品或生产要素,购买者购买商品或生产要素的抉择一般就不会因课税而改变。在这种情况下,课税商品或生产要素价格的提高就较为容易,税收自然容易转嫁。

14.4.3 税收转嫁与计税方法的关系

前已提及,按照计税依据的不同,可将税收划分为从量税和从价税。

从量计税,税额不受价格变动影响。课税加价,负税者容易感觉,购买者会倾向于少买或不买课税或重税商品和生产要素,而多买或全买无税或轻税商品和生产要素。在这种情况下,税收转嫁困难,趋势较弱。

从价计税,税额随价格的升降而增减,商品或生产要素越是昂贵,税负越重。反之,商品或生产要素越是廉价,税负越轻。所以,课税加价,负税者不易感觉,购买者购买商品和生产要素的抉择不易受到影响。在这种情况下,税收转嫁较易,趋势较强。

14.4.4　税收转嫁与经济交易的关系

税收转嫁的基本途径是在经济交易发生之时,将税款加于商品或生产要素的价格之中转给他人。经济交易是税收转嫁的必要条件。这就是说:与经济交易无关而直接对纳税人课征的税,如对生产要素收入的课税,一般是不易或较难转嫁的;通过经济交易过程而间接对纳税人课征的税,如对商品的课税,一般是易于转嫁的。

14.4.5　税收转嫁与课税商品性质的关系

就不同种类的商品而言,对生产用品的课税,税负辗转次数多,转嫁速度快;对生活用品的课税,税负辗转次数少,转嫁速度慢。

就消费品而言,对生活必需品的课税,由于其消费必不可少,需求弹性小,故消费基础广,税收容易转嫁;对奢侈品的课税,由于其消费可有可无,需求弹性大,故消费基础窄,税收不易转嫁。

14.4.6　税收转嫁与市场结构的关系

现代市场条件下的市场结构通常可分为四种类型:完全竞争、垄断竞争、寡头竞争和完全垄断。市场结构不同,税收转嫁的状况也是不同的。

完全竞争指的是一种竞争完全不受任何阻碍和干扰的市场结构。其条件有四:其一,市场上有许多生产者和消费者。任何个人的消费量或购买量都仅占市场上的很小的比例,所以任何个人都无法影响价格,每个人都是既定价格的遵从者或接受者。其二,不存在产品差别。即生产某种产品的所有生产者所供给的产品都是同质的,所以生产者无法通过自己的产品差别来控制价格。其三,各种生产要素都可以完全自由流动而不受任何限制。其四,市场信息畅通,生产者和消费者都可以获得完备的信息,双方不存在相互的欺骗。在这种市场结构下,市场价格由整个行业的供求关系所决定。一旦决定之后,对于每一个生产者而言,这一价格便是既定的。因此,政府征税之后,任何生产者都无法在短期内单独把商品价格相应提高,而向前转嫁给消费者。但从长期来看,在产品生产成本不变的条件下,各个生产者会形成一股整个行业的提价力量,从而税收最终要加在价格之中,而完全向前转嫁给消费者。也就是说,在完全竞争条件下,对单个生产者来说,只有在发挥整个行业的力量下,税收才可能前转。

垄断竞争指的是一种既有垄断又有竞争,既不是完全竞争又不是完全垄断的市场结构。其条件有二:其一,产品之间存在差别,即同种产品之间在质量、包装、牌号或销售条件等方面有差别。各种产品具有的特点,使这些有差别产品的生产者成为自己产品的垄断者。但同时由于各种产品在一种程度上又有替代性,各种有差别的产品之间又形成了竞争。其二,生产者的数量是比较多的。各生产者对市场的控制力都不大。这种市场结构下的税收转嫁同完全竞争下的税收转嫁略有不同。在完全竞争下,单个生产者无力控制价格,短期内无法单独提价转嫁税负。在垄断竞争下,单个生产者可利用自己产品的差异性对价格进行适当调整,从而有可能把政府所征之税部分地加入价格向前转嫁给消费者。但由于没有形成垄断市场,仍有竞争,又不能完全转嫁出去而保留垄断利润,因而是部分地前转,部分地后转。

寡头垄断指的是一种少数几个生产者供给某种产品的大部分,这几个生产者的产量在该行业的总产量中各占有较大的份额,从而可对市场的价格和产量发挥举足轻重影响的市场结构。在这种市场结构下,各生产者在价格或产量方面的变化都会影响整个市场和其他竞争对手的行动。每个生产者在做出价格和产量的决策时,不仅需考虑本身的成本和收益情况,还需考虑到对市场的影响以及竞争对手可能做出的反应。因此,政府征税之后,各寡头生产者肯定知道其余寡头竞争对手也会面临同样的情况。因而各寡头都会将政府所征之税加入价格转嫁给消费者。通常的情况是,寡头生产早已达成协议,一旦各家成本同时增加(如加税),就在原价基础上,自动根据某一公式,各自提高价格。

完全垄断指的是整个行业的市场完全被一家厂商所控制的市场结构。在这种市场结构下,实际上是生产者独家定价。政府若对其产品征税,垄断生产者必会千方百计将税款加入价格转嫁给消费者。但转嫁多少则要视其产品的需求弹性而定。若其产品属生活必需品,需求弹性较小,垄断生产者便可按所征税款额度提高价格,把税负全部或大部转嫁给消费者。若其产品属一般商品,需求弹性较大,垄断生产者提高价格会导致需求减少,价格的提高便会受到限制,税负就不会全部或大部向前转嫁,而会更多地向后转嫁。

小 结

1. 税收的转嫁与归宿研究的是税收负担转移的过程和结果问题。西方经济学界在此问题上的观点大致可分为绝对转嫁论和相对转嫁论。前者对税收转嫁问题做出绝对的结论,后者则做出相对的结论。目前广为流行且占统治地位的是相对转嫁论。

2. 西方经济学家用纳税人和负税人的非一致性,来解释税收的转嫁与归宿问题。税收的转嫁就是指纳税人在缴纳税款之后,通过种种途径而将税收负担转移给他人的过程。税收负担的最终归着点或税收转嫁的最后结果,则是税收的归宿。税收的转嫁可一次完成,也可数次完成。税收经过转嫁,可能把税负全部转移出去,也可能只把部分税负转移出去。

3. 税收的转嫁形式可归纳为四种:纳税人将其所纳税款,通过提高商品或生产要素价格的方法,向前转移给购买者或最终消费者负担,称为前转;纳税人将其所纳税款,以压低生产要素进价或降低工资、延长工时等方法,向后转嫁给生产要素提供者负担,称为后转;纳税人将其所纳税款,通过改善经营管理、改进生产技术等方法,在生产发展和收入增长中自行消化,称为消转;生产要素购买者将所购生产要素未来应纳税款,通过从购入价格中预先扣除而向后转移给征税要素出售者负担,称为税收资本化。

4. 对商品课税和生产要素收入课税所做的局部均衡分析表明,决定税收转嫁和归宿状况的关键因素是课税商品和生产要素的供求力量对比。若商品和生产要素的供给弹性大于需求弹性,税负前转的可能性较大,购买者将会承担大部分税负;若商品和生产要素的供给弹性小于需求弹性,税负后转或不能转嫁的可能性较大,生产者或生产要素的提供者将会承担大部分税负。

5. 现实经济生活的复杂性决定了局部均衡分析的局限性。为了使税收转嫁和归宿问题的分析更贴近现实,需要在局部均衡分析的基础上,将考察对象拓宽开来,而进入一般均衡分析。根据"税收归宿的一般均衡分析模型"对商品课税和生产要素收入课税所做的一般均衡分析表明,对某一生产部门的某种产品或某种生产要素的课税,其影响会波及整个经济,包括消费者、生产者和生产要素提供者在内的几乎所有人,都有可能成为某一生产部门的某种产品或某种生产要素税收的直接或间接的归宿。

6.税收转嫁的一般规律通常可归纳为:对商品或生产要素课征的税款,往往向没有弹性或弹性较小的方向转嫁。课税范围越宽广,越易于税收转嫁;相反,则越不易转嫁。从量计税下的税收,转嫁困难;从价计税的税收,则转嫁容易。与经济交易无关而直接向纳税人课征的税不易转嫁;通过经济交易过程而间接向纳税人课征的税,则易于转嫁。对生产用品的课税转嫁速度快,对生活用品的课税转嫁速度慢。对生活必需品的课税容易转嫁,对奢侈品的课税较难转嫁。完全竞争下的税收,短期内无法转嫁,但从长期看则完全可以转嫁;垄断竞争下的税收,既部分地前转,又部分地后转;寡头垄断下的税收,由各寡头生产者通过协议提价而转嫁;完全垄断下的税收,由垄断生产者视产品需求弹性的大小而决定向前或向后转嫁。

第 15 章　开放经济条件下的税收问题

　　这一章我们将视野扩展到开放型的经济,研究国际间的税收问题。

　　在西方经济学界,很早就有人在研究国际税收问题。但是,国际税收理论得到迅速发展,并成为西方财政学的一个重要组成部分,是在第二次世界大战以后。这首先是因为,战后国际间的经济往来日益频繁,经济生活越来越趋向于国际化。商品货物、人员劳务、科学技术和资金在国际间大幅度流动,纳税人的经济活动以及收入的实现远远超出了一个国家的范围,从而使税收的征税关系跨越了国界。其次,所得课税战后在西方主要发达国家中获得了迅速的发展,并一跃而居主体地位。这又使主要表现在所得课税方面的国与国之间在税收利益分配上的矛盾更为尖锐和复杂化了。在这种情况下,国际税收问题就为越来越多的人所广泛重视,西方财政学的研究也由此被延伸到国际领域。本章就准备对国际税收理论的主要内容进行讨论。

15.1　税收管辖权与国际重复课税

15.1.1　国际税收的含义

　　国际税收是一个历史范畴。它是随着国际间经济关系的发展而发展起来的。

　　税收本是一国政府凭借政治权力,对其管辖范围内的纳税人和纳税行为所进行的一种强制性课征。在相当长的时期内,这种征纳关系被严格地限制在一国范围之内。然而,当从事生产、经营或提供劳务的人们的范围突破了一国疆域之后,由于各国政府都有对其管辖范围内的居民(公民)以及在其境内发生的经济活动进行课税的权力,税收的征纳关系就必然要跨越国界。这时,对于一国政府来说,其面对的纳税义务人就不仅有本国居民(公民),还会有外国居民(公民)。本国的居民(公民)也不仅仅会在本国发生纳税行为,还有可能在外国发生纳税行为。对于从事跨国经济活动的纳税人来说,其面对的课税权主体也不仅仅是居住国(国籍国)政府,还包括外国政府。他所获得的收入或拥有的财产不仅会成为居住国(国籍国)政府有权课税的目的物,还会成为其他国家政府有权课税的目的物。也就是产生了跨国的纳税人和跨国的课税对象。从此,各国的税收事务和税收制度由原来的互不相关发展到彼此经常联系,并出现了税收利益在有关国家间合理分配和税收制度在有关国家间协调的必要。国际间的税收关系便因此而产生。

15.1.2　税收管辖权的交叉与国际重复课税的产生

随着国际间税收关系的产生,各国政府必然要对其所行使的税收管辖权做出应有的抉择。

如前所述,所谓税收管辖权,就是各国政府在课税方面所拥有的管辖权力。关于行使税收管辖权的原则,没有统一的国际法规,但它的行使客观上受国家政治权力所能达到的范围的制约。这一范围在地域概念上,指该国所属领土的全部空间,包括其领土、领海和领空;在人员概念上,指该国所管辖的所有个人,包括具有其国籍,在法律上享有权力和承担义务的全部公民,以及居住在其境内并受其法律管辖的全部居民。根据这两个概念,一个国家所能行使的税收管辖权的范围,无非是该国公民和居民以及在其所属领域内从事的经营活动。于是,各国所行使的税收管辖权也就分别表现为公民税收管辖权、居民税收管辖权和收入来源地税收管辖权。

公民税收管辖权,是以公民身份为联结因素的税收管辖权。它根据人员概念确定,强调各国有权对具有本国国籍的公民所取得或拥有的来源或存在于世界范围内的收入或财产行使课税权。不论课税对象来源或存在于何处,是境内还是境外,只要是本国公民所取得或所拥有,作为公民的国籍国就有权对其课税。

居民税收管辖权,是以居民身份为联结因素的税收管辖权。它亦根据人员概念确定,强调各国有权对其境内居住的所有居民所取得或拥有的来源或存在于世界范围内的收入或财产行使课税权。不论课税对象来源或存在于何处,是境内还是境外,只要是本国居民所取得或所拥有,居民的居住国就有权对其课税。

收入来源地税收管辖权,是以收入来源地点为联结因素的税收管辖权。它根据地域概念确定,强调各国有权对来源或存在于本国境内的收入或财产行使课税权。不论收入或财产是哪国公民或居民所取得或所拥有,只要是来源或存在于本国境内,作为收入来源地或财产所在地的国家就有权对其课税。

当今世界的现实是,绝大多数国家都是兼行着两种税收管辖权,也就是既行使收入来源地税收管辖权,同时又行使居民(公民)税收管辖权,甚至有的国家如美国、墨西哥,还是三种税收管辖权同时并用。行使单一税收管辖权的国家极为少见。课税依据截然不同的税收管辖权在国际范围内并存,不可避免地带来了双重(甚至多重)税收管辖权的出现。也就是两个或两个以上国家对同一纳税人的同一课税对象同时行使不同的税收管辖权,其结果就是人们所熟知的"国际重复课税"。例如,甲国一个公民居住在乙国,他在丙国从事经济活动,并在年终取得了50000美元的收入。在这种情况下,对这50000美元的收入,甲、乙、丙三国都会基于不同的税收管辖权而要求课税。甲国可依据公民税收管辖权对具有甲国国籍的这个纳税人所取得的来源于全世界的收入行使课税权,乙国可依据居民税收管辖权对具有乙国居民身份的这个纳税人所取得的来源于全世界的收入行使课税权,丙国则可依据收入来源地管辖权对这个纳税人所取得的来源于其境内的收入行使课税权。这样一来,该纳税人的这同一笔50000美元的收入,就要同时面对三个不同的课税权主体,同时向三个国家政府缴纳税收。这显然有悖于理。

由此可见,国际重复课税产生的前提是跨国纳税人和跨国课税对象的出现。即纳税人从事跨国的经济活动,在其居住国或国籍国以外的一国或数国同时获得收入或拥有财产。或者,在其居住国或国籍国以外的另一国或数国同时获得收入或拥有财产。只有收入来源地(财产所在地)和居民(公民)身份相分离,或者,只有在两个或两个以上国家都取得收入或拥有财产,才有可能同时对两个或两个以上国家负有双重或多重纳税义务。国际重复课税产生的原因则是各国行使的税收管辖权的交叉性。即世界上绝大多数国家同时行使居民(公民)税收管辖权和收入来源地税收管辖权。没有两种或多种税收管辖权的重叠课税,就不会有居住国或国籍国与收入来源国(财产所在国)对同一纳税人的同一笔收入或财产的双重或多重课税。

国际重复课税对国际间经济关系发展的妨碍是严重的:它造成了跨国投资者的额外税收负担,不利于资金的国际间流动和运用;它阻碍商品、劳务、人才、技术的国际间流动,不利于资源在国际范围内的合理配置和有效运用;它阻碍国际性的专业化分工和落后国家与地区的经济开发,从而不利于整个世界经济的发展。

15.1.3 国际重复课税的避免必须借助于国际间的税收协调

由于国际间经济关系的发展是经济发展的必然趋势,跨国度取得收入或拥有财产的情况是不可避免的。那么,能否找到一种办法来避免或消除由此而造成的国际重复课税现象呢?

一种显而易见的说法是:既然各国行使的税收管辖权的交叉性是造成国际重复课税的原因,那么,解决问题的途径就应当是各国统统行使单一的税收管辖权。比如说,各国都像阿根廷那样,只行使收入来源地税收管辖权。这个方案在经济发达国家是肯定行不通的。经济发达国家在国际经济关系中的特点是通常有较多的从别国流入本国侨居的居民,资本和技术输出也较多;这些国家的跨国纳税人来源或存在于世界各地的收入或财产也较多。如果只在收入来源地(财产所在地)征税,作为居民(公民)所在地的发达国家,税收要损失一大块。怎么能设想发达国家会对为数可观的股息、利息、特许权使用费、营业收入和劳务报酬等收入以及各种动产和不动产等财产撒手不管,而将这样巨大的税源完全让给作为收入来源地(财产所在地)的发展中国家呢? 那么,各国都实行单一的居民(公民)税收管辖权行得通吗? 答案也是否定的。因为众多的发展中国家在国际经济关系中所处的地位是,通常较少有本国居民或公民去国外从事跨国经济活动。相反,由于技术落后,资金缺乏,却经常有较多的从其他发达国家输入的技术和资本。相应地,也就经常发生有别国的居民(公民)来源或存在于本国境内的收入或财产。如果只行使居民(公民)税收管辖权而放弃收入来源地税收管辖权,发展中国家对涉外收入就几乎无税可收。所以,也不能设想发展中国家会对为数可观的发生在本国境内的各种收入和存在于本国境内的各种财产撒手不管,而将这笔税源完全让给作为居民(公民)

所在地的发达国家。再进一步,即使各国都只行使单一的税收管辖权,国际重复课税也完全可能照样存在。比如,各国都只行使居民税收管辖权。在国与国之间对居民身份的判定标准存在着差别的情况下,就可能出现这样一个问题:同一个自然人,或同一个法人,为两个以上的国家政府同时认定为它们的居民。这时,双重居民税收管辖权就出现了。这就意味着这个双重居民(自然人或法人)要对两个以上的国家政府承担双重的纳税义务。毫无疑问,它会导致更为沉重的国际重复课税负担。还比如,各国都只行使收入来源地税收管辖权,同样的道理,在国与国之间对收入来源地的判定标准存在差别的情况下,也可能会出现同一课税对象为两个以上的国家政府同时认定为发生于它们的境内。这又会导致双重收入来源地税收管辖权的出现,从而造成另一种形式的国际重复课税。

据此来看,要解决国际重复课税问题,出路只有一个,这就是借助于国际间的税收协调。通过各有关国家之间协商的办法,对居民(公民)税收管辖权和收入来源地管辖权做出合情合理的限制,使各国在经济生活国际化的条件下都分得适当的税收利益。

15.2 国际间对商品课税制度的协调

在当今世界,国际间税收关系的协调主要表现在四个方面:商品课税制度的国际协调、所得课税制度的国际协调、国际间对跨国收入和费用分配的协调以及国际间对避(逃)税防范措施的协调。以下分别加以说明。

国际间的税收关系,可以说首先是随着国际间商品交换的出现,各国商品流通的范围跨越国界以及各个国家对商品交易行为的课税而产生的。特别是在进入资本主义社会之后,资本主义社会生产力迅速发展,国际分工、国际贸易不断发展扩大,并形成了世界市场,更要求各有关国家在对商品课税的制度方面进行相应的协调。

15.2.1 关税制度的国际协调

前面已经说过,所谓商品的课税就是对处在流通过程不同阶段的商品课征的税收,例如关税、消费税、增值税等等。其中关税制度是商品课税制度国际协调的主要内容。

关税的课税对象是进出国境的商品货物,纳税人是与从事国际贸易有关的自然人或法人。课税对象和纳税人都具有跨国的性质。一批在国际间流通的商品货物,对甲国是出口,对乙国可能是转口,对丙国又变成进口。在经济国际化的历史条件下,对这批商品货物课征多少税,不仅涉及各国对纳税人的征纳关系,而且要涉及各有关国家之间的税收分配关系。例如,甲国为了鼓励产品出口创汇,规定课征低税率的出口关税,甚至免征出口关税。乙国为了吸引货物过境,从中赚取劳务收入,优惠免征过境关税。丙国为了保护本国民族工业生产,则对进口的产品课征高税率的进口关税。从表面上看,甲、乙、丙三个政府都在根据本国的情况行使各自的税收管辖权,这样做不会引起国际间的税务纠纷。然而,深一层看,在经济国际化的条件下,各国的经济发展是彼此关联、相互依赖的。甲国可能为了扩大产品出口,而希望丙国降低进口税税率。丙国也可能对此提出相关条件,要求甲国对从丙国进口的其他产品,予以对等的关税优惠,否则将维持高水平的进口税税率以进行报复。乙国可能希望甲、丙两国都能减让关税,使之过境商品货物增加,从而获得更多的收入。这时,为了各自以及共同的经济利益,甲、乙、丙三国就可以通过谈判,进行税收协调,缔结关税协定,以此来规范甲、乙、丙三国的关税制度,协调三国之间的税收关系。

从实际情况来看,近一百年来,特别是 20 世纪 30 年代以来,西方国家之间的"关税战"持续不断。为了促使本国产品大量输出和倾销,许多国家采取了对本国产品出口给予减税、免税、退税的政策;为了保护民族工业,限制别国产品进入,许多国家又筑起"关税壁垒",对进口产品课以高额进口税、反补贴税和反倾销税。甚至将两种政策时而转向,交替使用,使得正常的国际商品流通受到了严重阻碍,从而也严重阻碍了国际间经济关系的正常发展。为了改善国际商品流通,减少人为阻碍,避免在不断升级的"关税战"中两败俱伤,甚至多败俱伤,许多国家谋求通过协商谈判、订立双边或多边关税贸易协定的途径来对各有关国家的关税制度进行协调。其主要内容之一,就是要求缔约各国相互为对方进口商品提供课征较低关税的优惠条件。如 1947 年 10 月 30 日由 23 个国家共同发起签署,现在已有 100 多个国家和地区参加的《关税及贸易总协定》(General Agreement On Tariff and Trade,GATT),就是在这样的条件下应运而生的。

《关贸总协定》的宗旨是,"达成互惠互利的安排,以求大幅度削减关税和其他贸易壁垒,消除国际贸易中的歧视待遇",以便"提高生活水平,保证充分就业,保证实际收入和有效需求的巨大稳定增长,促进世界资源的充分利用,扩大商品生产和交换"。总协定分序言和四大部分:第一部分为缔约国在关税及贸易方面相互提供无条件最惠国待遇和关税减让事项;第二部分是对取消数量限制和可以采取的紧急措施的规定;第三部分为总协定接受、生效、减让、停止、撤销以及退出等的具体手续和程序;第四部分为发展中国家的贸易和发展问题。总协定文本的基本内容包括:

1. 关税减让。它将特定的进口货物、品名规格及关税税率,列在减让表内,规定减让表中的税率为最高税率,缔约国可在此基础上降低,但不得提高。超征关税将构成违反国际协议的行为。

2. 最惠国待遇。它规定任何缔约国给予另一缔约国的优惠必须立即同样地给予其他所有缔约国。在缔约国内不搞差别待遇。

3. 多边贸易谈判。它规定要定期举行缔约国间的多边贸易谈判，协调各缔约国在关税制度、国际贸易等方面的政策。

4. 反倾销和反补贴规定。它规定当一缔约国的厂商将其产品以低于"正常价值"的办法出口到另一缔约国时，另一缔约国生产类似产品的厂商若因此而受到重大损害或重大损害威胁，或严重阻碍新的类似产品工业的建立，则该另一缔约国政府可以对倾销的产品征收反倾销关税。但征收反倾销关税的税额不得超过进口产品的倾销幅度，即正常价格同倾销价格之间的差额。此外，当一缔约国对其出口的工业品实施补贴，这种受补贴的产品对另一缔约国生产类似产品的厂商造成重大损害或重大损害威胁时，则该另一缔约国可以对受补贴的进口产品征收反补贴关税。但反补贴关税的税额也不得超过出口国的补贴金额。

5. 取消数量限制义务。它规定各缔约国应主要通过关税而不是其他行政手段，如非关税壁垒的各种手段，来控制本国的进出口贸易。

除此之外，还对发展中国家享有的优惠待遇、国营贸易企业等问题做出了原则上的规定。

《关贸总协定》是当今世界对进出口贸易的商品课税制度进行国际协调的重大成果。它缔结40多年来，前后已进行过诸如"狄龙回合""肯尼迪回合""东京回合""乌拉圭回合"等多次多边谈判，不断削减关税。仅前三次主要谈判中，协定缔约国就通过谈判对大约5.5万种商品进行了关税减让。经历次谈判而降低关税税率的范围达6万个税目以上，涉及国际贸易商品种类的50%以上。据统计，在1932年，世界各国平均关税税率（进口关税税额占应税进口额的比重）为59%，到1980年"东京回合"谈判之后，平均关税税率已降至7%。随着"乌拉圭回合"谈判的进行，平均关税税率还将进一步压缩到5%以下。这是

《关贸总协定》在协调关税制度上所取得的一大成就。

15.2.2　增值税制度的国际协调

除了关税之外,增值税也是商品课税制度国际协调的重要方面。因为如果仅仅在关税上进行协调而听任各国的商品课税制度有很大的差异,国际间的税收壁垒实际上仍无法取消。一个极为突出的问题是,如果各国商品课税制度不一,税率高低不等,在其他条件相等的情况下,低税国家的商品就会比高税国家的商品具有较高的竞争力。而如果不能解决这个问题,"关税战"就可能在另一种形式下再次发生。其结果,将不仅仅是国与国之间的税收关系会趋向紧张,国际间的正常经济贸易关系也势必会因此而受到损害。为此,欧洲经济共同体(EEC,European Economic Community),这个当今世界上影响很大的区域性经济组织,继完成了关税制度的协调之后,又在增值税制度的协调上采取了一系列重要步骤。

欧洲经济共同体是由法国、德国、意大利、荷兰、比利时、卢森堡、英国、爱尔兰、丹麦、西班牙、葡萄牙和希腊等 12 个经济发达国家所组成的政治和经济集团。它自 1958 年 1 月 1 日正式建立以来,一直以实现经济一体化和政治一体化为战略目标。由于经济一体化首先是从商品流通领域开始的,商品课税制度的协调问题很快就被提上议事日程,并于 1968 年实现了"欧洲经济共同体成员国之间取消关税,对非成员国实行统一关税税率"的关税制度的协调目标。继关税之后,欧洲经济共同体协调商品课税制度的注意力又转向增值税和国内消费税。

从 1967 年 4 月至 1986 年 6 月,欧洲经济共同体连续 21 次发布指令,要求其成员国毫无例外地将本国各种形式的商品流转税统一改行增值税,并对税制形态、税率设计、计税方法、免税和扣除等提出了协调方案(参见表 15-1)。

表 15-1　欧洲经济共同体为统一实行增值税而发布的各号指令

指令序号	发布时间	主要内容
1	1967 年 11 月 4 日	普遍推行增值税,争取 1970 年 1 月 1 日实行到零售环节,成员国自主确定税率和免税范围
2	1967 年 11 月 4 日	增值税结构,包括税基、纳税人、征税对象、计税价格、税收抵免、发票法和资本物及进出口的税收处理
3	1969 年 12 月 9 日	增值税普遍推行时间加延至 1972 年 1 月 1 日
4	1971 年 12 月 20 日	增值税普遍推行时间加延至 1972 年 7 月 1 日
5	1972 年 7 月 4 日	同意意大利实行增值税时间延至 1973 年 1 月 1 日
6	1977 年 5 月 17 日	对农业、零售商、免税范围、投资资产的中间税收抵免和劳务地点做出一般规定
7	1978 年 1 月 11 日	避免对艺术品、收藏物、古董和二手货的道道征税问题
8	1979 年 12 月 6 日	欧共体非居民的退税规定
9	1978 年 6 月 19 日	6 号指令实施时间延至 1979 年 1 月 1 日
10	1984 年 7 月 31 日	不动产租赁的劳务地点
11	1980 年 3 月 26 日 1980 年 1 月 23 日 1983 年 3 月 28 日	法国海外领土不受 6 号指令约束的规定 对船舶、航空和国际列车采取零税率 对某些进口品的免税规定
12	1983 年 1 月 25 日	取消特定企业有关支付客车、游艇、飞机、摩托车、旅游、食物、休假、娱乐、招待以及奢侈品的扣除规定
13	1982 年 7 月 19 日	对在欧共体以外的非居民退税的规定
14	1982 年 7 月 9 日	进口税收延期支付问题
15	1983 年 12 月 19 日	希腊实施增值税延期至 1986 年 1 月 1 日
16	1984 年 7 月 23 日	消除消费者进口物的双重税收问题
17	1984 年 8 月 17 日	除运输工具以外的临时进口物免税问题
18	1984 年 12 月 4 日	废除 6 号指令中所许可的某些变通办法
19	1984 年 12 月 4 日	修订 6 号指令
20	1984 年 7 月 17 日	取消对联邦德国农民财政补贴改为特别补助后的变通办法
21	1986 年 6 月 20 日	希腊实施增值税时间延至 1987 年 1 月 1 日

1985年6月,欧洲经济共同体在《完成统一大市场》白皮书中,又提出了分三个阶段协调增值税和消除税率差异的更为具体的计划。这就是:第一阶段,停止变更成员国现行的增值税;第二阶段,协调增值税,消除成员国不同类型增值税的差异,特别是税率上的差异;第三阶段,统一增值税制度。

15.2.3 国内消费税制度的国际协调

国内消费税制度也是商品课税制度国际协调的一个方面。前已指出,在初步完成了对关税制度的协调之后,欧洲经济共同体就开始着手增值税和国内消费税的协调。

1972年3月,欧洲经济共同体委员会提出了关于国内消费税制度的调整方案。该方案规定,对于各成员国税收收入中所占比重很小的某些消费税,如对咖啡、砂糖、茶等产品课征的消费税,要逐步取消;对于在各成员国税收收入中所占比重较大的某些消费税,如对石油产品、烟草制品、酒精饮料等产品课征的消费税,要在各成员国之间进行相应协调。但由于这些消费税的税率一般很高,协调税率难免会影响各成员国的公共收入,所以协调过程中的困难较大。

不过尽管如此,欧洲经济共同体在商品课税制度的国际协调方面已经开了一个好头,为了世界各国提供了许多有益的经验。

15.3 国际间对所得课税制度的协调

所得课税制度的国际协调是由一部分纳税人的收入国际化引起的。

第二次世界大战以后,以资本输出为主要特征的国际间经济关系发展异常迅速,经济生活越来越趋于国际化。特别是50年代跨国公司的大量出现,更给经济生活的国际化注入了新的内容。跨国公司同时在若干个国家和地区投资经营企业,有的还垄断了资本主义世界的重要工业部门,形成国际化的康采恩。企业的国际化必然带来纳税人收入的国际化,纳税人收入的国际化又为税收的国际化创造了前提条件。

如前所述,世界上大多数国家同时行使收入来源地税收管辖权和居民(公民)税收管辖权。表现在所得课税上,也就是对居民(公民)取得的来源于世界范围的收入和对非居民(非公民)取得的来源于本国境内的收入,都有权课税。只要纳税人从事跨国经济活动并取得跨国收入,他就要成为跨国纳税人,而面临两个或两个以上国家对其同一笔跨国收入重复课税的问题。于是,除非跨国纳税人完全同意就他们的同一笔跨国收入,分别在两个或两个以上国家缴纳双重或多重税收,否则,一个国家对跨国收入的课税,必然要牵扯到另一相关国家的财权利益,也就是会出现因一国多课税而引起另一国少课税的矛盾。因此,为了国际间的资本流动、经济和技术交流不致因对跨国收入的课税而受到阻碍,必须在有关国家政府之间寻求一种免除国际重复课税的办法。

15.3.1 缔结国际税收协定是国际间协调所得课税制度的基本途径

最初,涉及国际重复课税和有关国家间税收利益分配的问题,多是由各有关国做出单方面的权宜处理。如通过制定国内税收法规,主动地放弃对境外一切收入或某项收入的课税权;或收入来源国主动地对本身课税权加以适当约束,使居民所在国也可分享到一定的税收利益;等等。但是,从总体上看,这种单方面的措施是远远不够的。特别是随着国际间经济往来的不断发展,国与国之间的税收利益分配关系极为错综复杂,单方面的权宜处理已不能适应形势发展的需要。各国遂逐步求助于在有关国家间缔结双边或多边税收协定的途径加以解决。这种由两个或两个以上国家所缔结的协调相互间税收关系的协定,就是通常所说的国际税收协定。

国际税收协定的基本任务,在于约束缔约国各方对协调相互间的税收关系承担义务。各主权国家基于各自的税收政策和不同的财权利益,在处理相互间税收关系的问题上,只能通过协商谈判找到彼此都能接受的方案,并用税收协定的形式加以约束,才能求得妥善解决。从这个意义上说,国际税收协定是建立在有关国家相互尊重、平等协商的基础之上的。协定本身就排斥了任何以一方意志强加于另一方的解决税收分配矛盾和争端的不平等手段。所以国际税收协定自出现以来已为越来越多的国家所接受和采纳,发展十分迅速。由开始偶尔在有关国家间出现到成为当今世界普遍存在的现象,由单项税收协定到综合税收协定,由双边税收协定到多边税收协定,由多样化的税收协定到规范化的税收协定,便是其逐步发展的突出特征。

关于国际税收协定,还有几个有关的概念要说清。

一是国际税收协定的类型。按参加缔约国多少,国际税收协定可分为双边和多边两种类型:双边税收协定是指由两个国家参加签订的协调相互间税收关系的协定,多边税收协定是指由两个以上国家签订的协调相互间税收关系的协定。按照涉及内容范围的大小,国际税收协定还可分为综合和单项两种类型:综合税收协定是指缔约各方所签订的广泛涉及处理相互间各种税收关系的协定,单项税收协定是指由缔约各方为处理相互间某一特定税收关系或特定税种问题所签订的协定。

二是国际税收协定的主要内容。无论哪一种类型的国际税收协定,都是以国家间的税收管辖关系为主要协调对象的。相应地,其内容主要有两项:从地理概念上明确有关国行使收入来源地税收管辖权的范围;从收入概念上明确非居住国(非国籍国)优先行使收入来源地税收管辖权的范围,以及要求居住国(国籍国)采取的行使居民(公民)税收管辖权、避免国际重复课税的措施。除此之外,在有些国际税收协定中,还包括反对税收歧视、反对避税和偷漏税以及交换税收情报等项内容。

三是国际税收协定的文本构成。国际税收协定的文本一般包括三个部分:序文,载明缔约国名称和缔约目的;主文,即协定实体部分,采用条文形式系统列明缔约国各方通过谈判所达成的各项协议;结尾,列明协定有效期、批准生效程序、签字日期和地点,以及代表签字等。

15.3.2 国际税收协定的规范化问题

国际税收协定在协调国与国之间的税收关系,促进国际间经济关系的发展方面发挥了巨大的作用。但是,随着各国普遍采用缔结税收协定方式来解决相互间的税收关系问题,国际上的税收协定越来越多。西方经济学界开始注意到这样一个问题:以缔结国际税收协定作为协调国家间税收关系的基本途径,客观上还要求有一种能体现各缔约国的税收权益,并在条款的设计和内容的规定方面符合简便、易行、节约原则的东西,来指导各国从事缔结税收协定的活动。这种客观上所要求的东西,就是后来产生的国际税收协定范本。

范本,即值得模仿的榜样或模式的意思。国际税收协定范本,就是指为有关国家缔结税收协定而提供的一种值得借鉴和模仿的标准模式。其目的在于实现国际税收协定的规范化。目前世界上影响最大的协定范本有两个:一个是经济合作与发展组织制定的避免重复课税的协定范本,另一个是联合国经济和社会理事会制定的避免重复课税的协定范本。

20 世纪 60 年代初期,为了使国际间缔结的税收协定规范化并能为多数国家所共同接受,由美、英、法、日等 24 个成员国所组成的经济合作与发展组织,首先制定了一个《关于对所得和财产避免重复课税协定范本》(简称《经合组织范本》)。这个范本的内容,实际不只涉及重复课税问题,它还包括了国际税收关系的一些主要方面。发表后不久,便被包括经济合作与发展组织各成员国在内的许多发达国家普遍采用,作为处理其间税收关系、谈判签订双边或多边税收协定的示范样本。

但是,经济合作与发展组织的成员国都是一些经济发达国家。它制定这个协定范本的着眼点主要在于协调其成员国之间的税收关系。因此,这个范本也就自然地较多倾向于发达国家的利益,即维护居民税收管辖权,而未考虑到发展中国家的不同情况和利益要求。随着国际经济关系的发展,发达国家的资金大量流入发展中国家,发达国家与发展中国家缔结避免重复课税的协定成为势在必行之事。但若南北国家签订税收协定以《经合组织范本》为样板,其结果肯定会损害发展中国家的利益。为了解决这个问题,联合国经济和社会理事会在1967年通过一项决议,成立了一个由8个发达国家和10个发展中国家代表组成的税收专家小组,随后在1979年拟定颁布了《关于发达国家与发展中国家避免重复课税协定范本》(简称《联合国范本》)。这个范本的结构、内容与《经合组织范本》大体相似,只不过它既要考虑到发达国家的情况,又要照顾到发展中国家的利益,故在一些具体问题的处理上同《经合组织范本》有区别。

《经合组织范本》和《联合国范本》的基本内容可归纳为以下几个方面:

第一,课税权的划分和协定的适用范围。两个范本在指导思想上都承认优先考虑收入来源地税收管辖权的行使,由纳税人的居住国采取免税或抵免的方法来避免国际重复课税。其区别在于:《联合国范本》比较强调收入来源地税收管辖权,相对较多地反映发展中国家的利益。《经合组织范本》则较多地要求限制收入来源地税收管辖权。

两个范本在协定的纳税人的适用范围和税种的适用范围上基本一致。

第二,常设机构的约定。两个范本都对常设机构的含义做了约定。常设机构是指厂商进行全部或部分营业活动的固定场所,其应具备的基本条件有三:(1)有一从事经营活动的场所,如房屋、场地或机器设备等;(2)该经营场所具有相对的固定性和永久性,而非临时性的,足以表明它是常设;(3)厂商通过该场所进行全部或部分营业活动,而不是从事非营业性质的准备活动或辅助活动。使用常设机构概念旨在认定跨国营业所得的来源地内涵,确定行使收入来源地税收管辖权的范围。即收入来源国对跨国营业所得的课税原则是:只有跨国厂商在其境内设有常设机构才能课税,而且只能对其归属于常设机构的所得部分课税。常设机构认定标准的宽窄直接影响居住国和收入来源国之间税收利益分配的多寡,而常设机构大都是发达国家设在发展中国家,故《经合组织范本》倾向于从窄认定常设机构,以利于发达国家课税。《联合国范本》倾向于从宽认定常设机构,以利于发展中国家课税。

第三,预提税的税率限定。对股息、利息、特许权使用费等投资所得,按照一定的税率扣缴所得税,称为预提税。它是一种基于收入来源地税收管辖权进行课税的方式。通常的做法是,限定收入来源国课征的税率,使缔约国双方都能征到税,排除任何一方的税收独占权。生产率的限定幅度,两个范本有明显的区别。《经合组织范本》要求从低限定税率,以限制收入来源国课征预提税的幅度,从而使居住国在给予纳税人抵免后,还可以课征到较多的税收。《联合国范本》则规定预提税的限定税率要由缔约国双方谈判确定。

第四,税收无差别待遇。《经合组织范本》和《联合国范本》都主张根据平等互利原则,在缔约国之间实行税收无差别待遇。即在税收上给予另一国来到本国境内的居民(公民)与本国居民(公民)相同的待遇。具体内容有四:(1)国籍无差别,即纳税人不因国籍不同而在税收上受到差别待遇;(2)常设机构无差别,即对设在本国的对方常设机构的税负不应重于本国类似厂商;(3)支付扣除无差别,即不因支付对象是本国居民(公民)和对方居民(公民)的区别而在厂商支付的利息、特许权使用费或其他支付款项等费用扣除的处理上,采取差别待遇;(4)厂商资本无差别,即不因缔约国一方厂商资本部分或全部、直接或间接为另一居民(公民)所拥有或控制,而对该厂商的税负或有关条件实行差别待遇。

第五,税收情报交换。在国际税收协定中加入要求缔约国承担相互提供有关跨国纳税人纳税情况的条款,目的在于密切缔约国政府间的配合与协作,堵塞国际偷漏税行为的发生。两个范本所规定的交换内容的重点在于"防止欺诈和偷漏税款的情报"。具体内容包括:一般税收情报资料,如税收法律文件、工作细则、说明书、各种官方资料、税务部门有关个别税务案例的处理意见及法院判决书等;跨国纳税人的档案资料,如跨国厂商所在地点、开歇业日期、经营业务范围和缔约国居民(公民)在当地收入情况等;跨国纳税人的专门材料,如银行往来、利息收支、年度决算报表、利润分配、资料转移和应课征税种等。

尽管《经合组织范本》和《联合国范本》并不对任何一个国家具备法律上的约束力,但它们却起着重要的示范作用,在世界范围内广泛采用,并已成为协调各国的所得课税制度以及国与国间税收分配关系的规范和准则。

15.3.3　免除国际重复课税的基本方法

国际重复课税问题的解决,最终要落实到课税权的划分上。前面说过,就课税权的划分而言,《经合组织范本》和《联合国范本》都在指导思想上承认优先考虑收入来源地税收管辖权的行使,而由跨国纳税人的居住国(国籍国)政府采取免税或抵免的方法来避免国际重复课税。

所谓免税法,就是居住国(国籍国)政府对本国居民(公民)来源于国外的收入免予课税。其指导原则在于承认收入来源地税收管辖权的独立地位,由居住国(国籍国)对本国居民(公民)来源于国外并已在国外纳税的那部分收入,完全放弃行使居民(公民)税收管辖权,以此避免税收管辖权的交叉重叠,使得国际重复课税不致发生。

所谓抵免法,就是居住国(国籍国)政府允许本国居民(公民)以其在非居住国(非国籍国)已缴所得税税款冲抵本国纳税义务。其指导原则在于承认收入来源地税收管辖权的优先地位,同时居住国(国籍国)并不放弃行使居民(公民)税收管辖权。其做法就是允许跨国纳税人用其已在非居住国(非国籍国)实际缴纳的所得税税款,冲抵在居住国(国籍国)按适用所得税税率计算的应纳税款,以此避免国际重复课税的发生。

具体说来,抵免法又可细分为直接抵免和间接抵免两种方法。直接抵免适用于同一经济实体的跨国纳税人,其基本特征是允许跨国纳税人在非居住国(非国籍国)直接缴纳的税款,全部冲抵其居住国(国籍国)纳税义务。计算公式为:

纳税人的居住国(国籍国)应纳税款=纳税人的世界范围应税所得×居住国(国籍国)适用税率-已在国外缴款额

间接抵免适用于有关联但又并非同一经济实体的跨国母子公司(包括子孙公司)之间的抵免。其基本特征是允许跨国纳税人在非居住国(非国籍国)非直接缴纳的税款,部分冲抵其居住国(国籍国)纳税义务。也就是母公司(子公司)只能按其从子公司(孙公司)取得股息所含税款还原数,而得到相应的间接抵免额。计算公式为:

间接抵免额=$\dfrac{领导层公司所得到股息}{下属公司税后所得}$×下属公司向非居住国(非国籍国)已缴税款

纳税人的居住国(国籍国)应纳税款＝纳税人的世界范围应税所得×居住国(国籍国)适用税率-(认可的)间接抵免额

适用于多层母子公司的间接抵免额,可按上述方法逐级计算。

需要注意的是,由于收入来源国可能采用比居住国(国籍国)更高的所得税税率,抵免法的实行通常都附有所谓"抵免限额"规定。这也就是,允许就来源于国外的收入缴纳的所得税在国内抵免时,其抵免数字要以按本国税率计算的应纳税额为限,超额部分不能抵免。其目的在于避免居住国(国籍国)税收利益因超额抵免外国税收而受到损失。

至于抵免限额的计算方法,则有两种:一是分国限额法,就是居住国(国籍国)对跨国纳税人来源于各非居住国(非国籍国)的收入,分别不同国家逐一计算抵免限额。其特点是对来源于不同国家的收入实行区别对待。因而跨国纳税人在同一纳税年度内发生在不同非居住国(非国籍国)之间的不足限额和超限额,不能相互抵充。计算公式为:

分国限额＝按国内外全部应税所得计算的居住国(国籍国)纳税义务 × $\dfrac{来源于某一非居住国(非国籍国)的应税所得}{来源于居住国(国籍国)国内外的全部应税所得}$

另一是综合限额法,就是居住国(国籍国)对跨国纳税人来源于各非居住国(非用籍国)的收入,加总求和,统一计算抵免限额。其特点是将来源于不同国家的收入当作一个整体,实行统一对待。因而跨国纳税人在同一纳税年度发生在不同非居住国(非国籍国)之间的不足限额与超限额,可以相互抵充。计算公式为:

综合限额＝按国内外全部应税所得计算的居住国(国籍国)纳税义务 × $\dfrac{来源于所有非居住国(非国籍国)的应税所得}{来源于居住国(国籍国)国内外的全部应税所得}$

除此之外,还有一种综合限额法的补充方法,称为专项限额法。就是居住国(国籍国)对跨国纳税人来源于非居住国(非国籍国)的某些低税率收入项目,单独计算抵免限额。其作用在于弥补综合限额法的不足。这是因为,在综合限额法下,对来源于各非居住国(非国籍国)的收入实行汇总计算,由于许多国家对某些收入项目给予低税优惠,跨国纳税人可通过在高低税率国所缴税款的平均而超额抵免居住国(国籍国)税收。为了堵住这一漏洞,这些国家便将外国税率的某些收入项目与其他项目分开,实行单独另行计算抵免限额的方法。计算公式为:

专项限额 = 按国内外全部应税所得计算的居住国(国籍国)纳税义务 × $\dfrac{\text{来源于非居住国(非国籍国)的专项应税所得}}{\text{来源于居住国(国籍国)国内外的全部应税所得}}$

就免税和抵免两种方法的推行情况来看,免税法由于有可能带来居住国(国籍国)少征部分税款之损失,采用国家为数不多。特别在资本输出较多的西方主要发达国家更是很少采用,即使采用通常也要附加一定的限制条件。对比之下,抵免法由于既可体现收入来源国的优先课税权,又能照顾到居住国(国籍国)的税收利益,故其产生以来为许多国家所广为接受,现已被作为国际上免除国际重复课税的最基本的方法。

15.4　国际间对跨国收入和费用分配的协调

根据第 12 章所阐述的原理,所得税的计征要有一个从总所得到应税所得的计算过程。而在这个过程中,关键的问题是要将与总所得的产生有关的成本、费用、损失从总所得中扣除,扣除之后的净收入便是应税所得。同样的道理,在国际税收领域,跨国纳税人据以计税的应税所得也要通过从其总收入中减去费用支出之后形成。然而,由于跨国联属厂商的存在,使得这个本来比较简单的问题变得复杂化了。

15.4.1 跨国联属厂商和转让定价

跨国纳税人要参与国际经济活动,一般总会发生一定的费用并取得一定的收入。对于一个有跨国收入的跨国自然人来说,从事的主要是跨国个人劳务活动,在非居住国(非国籍国)政府向其取得的跨国个人劳务收入征税时,一般应同时从中扣除与取得这笔收入有关的费用。通常实行一种简便的方法,即从收入中扣除一个固定费用额或扣除一个按固定费用率来计算出来的费用额,然后以其余额作为应税所得额并据以计税。在居住国(国籍国)政府向其来源于世界范围的收入征税时,通常是从收入中减去本国税法所允许扣除的各项费用,如他本人和家属的生计费、医药费、保险费、子女教育费等等,然后以其净收入作为应税所得并据以计税。所以,跨国自然人的跨国收入和费用一般不会发生在有关国家间进行分配的问题。

对于一个有跨国收入的跨国法人来说,则有两种不同的情况:

一种情况是,跨国法人与其他国家的无关联厂商之间所发生的诸如销售收入、利息收入、租金收入、劳务收入、特许权使用费收入以及与此有关的各项业务费用等等。这些跨国收入和费用,既然是发生在与其他国家的无任何关联的厂商之间,并已由它们分别根据当时当地的实际发生额明确地记载在各自的账目上,那么,不论是居住国(国籍国)政府,还是非居住国(非国籍国)政府,在对它们征收所得税时,自然都可以按其实际发生的跨国收入,减去税法所允许的各项实际发生的费用,然后以其净收入作为计税依据。因而不存在一个跨国收入和费用在国际间的分配问题。

另一种情况是,跨国法人与其他国家的联属厂商之间所发生的销售收入、利息收入、租金收入、劳务收入、特许权使用费收入以及与此有关的各项业务费用等等。跨国联属厂商在国际税收领域是有特定含义的,它是指资本股权和财务税收相互关联达到一定程度,需要在国际税收上加以规范的厂商。总公司与其分支公司之间、同一总公司的不同分支公司之间、母公司与其子公司或孙公司之间、同一母公司的不同子公司或孙公司之间、总公司与其分支公司的子公司之间等等,都是跨国联属厂商的不同表现形式。这些跨国联属厂商,既然是受同一利益集团支配,有着共同的利益,那么发生在它们之间的收入和费用,往往要在共同集团利益的支配下,通过不同于一般市场价格的内部交易价格,在各跨国联属厂商之间进行分配。这种内部交易价格,就是通常所说的"转让定价"。

各国之所以要对跨国联属厂商在国际税收上进行规范,原因就在于转让定价。转让定价既然是联属厂商之间内部转让交易的价格,这种价格又不同于一般市场上的价格,那么,通过转让定价进行的联属厂商之间的收入和费用分配,肯定不同于通过一般市场价格进行的无关联厂商之间的收入和费用分配。转让定价的基本特征是它可视需要而人为地抬高或降低,特别是可利用各国税率水平和税制规定的差异,将本应反映在高税国联属厂商的收入转移到低税国或免税国联属厂商账上,从而使得整个公司集团的全球税负最小化,财务利益最大化。这显然会影响到各跨国联属厂商所在国的税收利益,从而造成各国出于税收目的而对跨国联属厂商内部收入和费用分配的关注。

可以一个例子来说明这个问题。假定一跨国公司集团所属的三个公司 A、B、C 分别设在甲、乙、丙三国。三国的公司所得税税率分别为50%、30%、15%。A 公司为 B 公司生产零部件,B 公司组装成品后投放市场。若 A 公司以 100 万美元的成本生产了一批零部件,加上 20 万美元的利润,然后以 120 万美元的价格卖给 B 公司。经 B 公司组装后将成品以 160 万美元的价格投放市场。这样,A、B 两公司和该公司集团的税负应为:

A 公司的税负：(120−100)×50%＝10(万美元)

B 公司的税负：(160−120)×30%＝12(万美元)

公司集团的总税负：10+12＝22(万美元)

然而，为了减轻整个公司集团的总税负的需要，事实上，A 公司未将零部件直接卖给 B 公司，而是假手 C 公司转售，即先以 105 万美元的低价卖给 C 公司，C 公司再以 145 万美元的高价卖给 B 公司，B 公司的成品最后仍以 160 万美元的价格出售。这样一来，该公司集团的税负较前大大减轻了：

A 公司的税负：(105−100)×50%＝2.5(万美元)

B 公司的税负：(160−145)×30%＝4.5(万美元)

C 公司的税负：(145−105)×15%＝6(万美元)

公司集团的总税负：2.5+4.5+6＝13(万美元)

从这个例子可以看出四个问题：其一，该跨国公司集团利用三国公司所得税税率水平的差异，通过转让定价在国际间转移利润和费用，使得总税负较正常情况下的交易减少了 9(22−13)万美元；其二，A 公司所在国甲国因此而少征税款 7.5(10−2.5)万美元；其三，B 公司所在国乙国因此而少征税款 7.5(12−4.5)万美元；其四，C 公司所在国丙国因此而多征税款 6 万美元。也就是说，该跨国公司集团通过转让定价人为转移利润和费用的结果，一方面是该公司集团避了税，另一方面是各有关国家的税收利益发生了不合理的增减变动。这不能不引起各国政府的重视，从而产生了制定一种合理的分配标准，以此规范跨国联属厂商之间收入和费用分配的问题。

15.4.2　跨国收入和费用的分配原则

制定一种合理的、能为各国征纳双方所共同接受的跨国收入和费用分配标准，并非易事。这是因为，各有关国政府在跨国联属厂商人为转移利润和费用的问题上,常常是处在利益得失完全对立的位置上,如上例中的丙国和甲、乙两国就是这样的情况。这就需要首先明确制定跨国收入和费用分配标准所应遵循的原则是什么。

自60年代以来,由经济合作与发展组织、联合国等国际组织先后提出的跨国收入和费用分配原则主要有如下两项:

一是独立核算原则(arms-length principle)。亦称公平独立核算原则。它要求联属厂商之间的交易往来,按无关联厂商之间交易往来的方式进行,以此对跨国联属厂商间的跨国收入和费用分配进行规范。

这项原则的理论根据在于,国际间收入和费用分配的不合理只有在联属厂商之间才会发生,而处在市场竞争中彼此独立的无关联厂商之间不存在这样的问题。若能按照后者之间的业务往来方式和条件,对前者之间的内部交易往来进行规范,则既可以收到合理分配跨国收入和费用的效果,又可为各国税务当局及跨国纳税人所共同接受。

按照独立核算原则规范跨国联属厂商之间跨国收入和费用分配,一般是采取两种方法进行的:一种方法是以跨国联属厂商间的交易价格为规范对象,即以跨国联属的各厂商分设账簿为依据,对其间的每一笔业务往来按独立竞争定价原则予以调整,将各项收入和费用依应收应付制归属各跨国联属厂商账簿;另一种方法是以跨国联属厂商间的交易利润为规范对象,即在分设厂商账簿基础上,按独立核算交易应得的利润进行公平估计,归属各跨国联属厂商利润。

独立核算原则的突出特征,是它将市场竞争价格作为规范跨国收入和费用分配的依据。其优点在于:以市场价格为标准分配跨国收入和费用,无论对征纳双方之间,还是对各国税务当局之间,都可达到最大限度的公平,因而有其合理性,此其一;从实践上来看,它早已成为无关联厂商之间交易所奉行的原则,易被各国税务当局和跨国纳税人所共同接受,因而也有其可行性,此其二。但它也有一定的缺点:缺点之一,市场上往往很少有完全的独立自由竞争价格,相反,大量存在的倒是垄断竞争价格、寡头买主垄断竞争价格以及寡头卖主垄断竞争价格。而且这些价格还经常处于变化之中,因而实践中有时难以找到可比的客观依据;缺点之二,跨国联属厂商为数众多,其内部交易次数又相当频繁,按独立核算原则对其交易价格进行逐笔审核,工作量大,执行起来会有很多困难。

从实际情况来看,独立核算原则自1963年由经合组织在《关于所得和资本双重课税的协定草案》中提出以来,已为越来越多的国家所接受。1977年的《经合组织范本》和1979年的《联合国范本》都将其作为各国税务当局处理国际间收入和费用分配的指导原则。如今它是唯一写入有关国家国内法或案例,并得到国际公认的跨国收入和费用分配原则。

二是总利润原则(gross-profit principle)。这项原则要求对跨国联属厂商间的内部交易不予过问,而等到年度终了将整个跨国联属厂商集团在全世界范围内取得的所有利润汇总相加,再按一合理标准于其间重新分配。

总利润原则不企图对跨国联属厂商之间的每笔交易都做出解决,而是旨在对其所取得的世界范围内的全部利润进行汇总,然后再予其间重新分配。至于合理的分配标准,《经合组织范本》规定了三条:第一条是按各跨国联属厂商经营额或手续费收入占整个跨国联属厂商集团经营总额或手续费收入总额的比重进行分配;第二条是按各跨国联属厂商人员工资额占整个跨国联属厂商集团全部人员工资总额的比重进行分配;第三条是按各跨国联属厂商流动资金额占整个跨国联属厂商集团流动资金总额的比重进行分配。

由此可见,这项原则的突出特点,是从直接分配整个跨国联属厂商集团的总利润入手,规范跨国联属厂商之间的跨国收入和费用分配。

其优点,一是可以免除逐笔审核跨国联属厂商间的交易,逐笔分配跨国收入和费用之苦,简化税务管理;二是可以纠正因主客观因素所造成的跨国收入和费用分配的不公允,解决各国税收利益分配和跨国纳税人的避税问题。其缺点,一是适用范围较小,一般只能适合同等或同类跨国联属厂商间的利润分配,非同等或同类的跨国联属厂商不能适用这项原则;二是依照此原则所分配的各跨国联属厂商利润,有可能与实际出现较大的差异;三是实践中难以确定一为有关各方均能接受的决定总利润分配的主要因素。正因为如此,采用总利润原则作为跨国收入和费用分配原则的国家,较之采用独立核算原则的国家为少。

15.4.3 跨国收入和费用的分配标准

既然当今各国主要采用独立核算原则解决国际间收入和费用分配的争端,那么,如何针对跨国联属厂商间各种内部交易的特点,来制定一些较为具体和精确的贯彻标准,以防止对独立核算原则的主观任意解释,就显得十分必要了。

迄今为止,各国政府和国际组织对跨国收入和费用分配的标准尚处在探索中,还没有一个通行的公认标准。尽管如此,在经合组织和联合国税收协定小组以及一些西方主要发达国家的影响和带动下,各国所掌握的为贯彻独立核算原则而确立的跨国收入和费用分配的具体标准基本上还是一致的。归纳起来,这些标准可分为以下四种:

第一,市场标准(market standard)。所谓市场标准,就是以彼此无关联厂商在市场竞争中经过讨价还价所确定的价格,作为跨国联属厂商间交易价格制定的依据,以此规范其间的跨国收入和费用分配。

西方经济学家视市场标准为最符合独立核算原则的分配标准。它的基本特点是,要求跨国联属厂商之间的内部交易价格,完全以彼此无关联的独立竞争厂商之间进行类似交易的市场价格为标准制定。这些市场价格既可是交易发生的当地或当时,该跨国联属厂商集团成员与无关联厂商进行类似交易的成交价格,也可是交易发生的当地或当时,同类有形财产、无形财产或劳务的一般市场成交价格。此外,还包括资金借贷市场的一般市场利率。

市场标准的适用范围很广,跨国联属厂商间的各种交易,包括有形财产销售、贷款、劳务提供、财产租赁和无形财产转让等,都可依此标准制定价格或进行调整。实行市场标准的国家税务当局,对跨国联属厂商之间的交易定价,包括销售收入、特许权使用费收入、劳务收入以及利息收入等各项主要业务收入的分配,都要按市场标准检验、衡量。凡检查结果不符合市场标准的,即跨国联属厂商之间交易的定价高于或低于市场价格,不论是转出厂商因超过市场标准(交易定价高于市场价格)而使转出国增加了税收收入,还是转入厂商因低于市场标准(交易定价低于市场价格)而使转入国增加了税收收入,转出国和转入国的税务当局都要依照市场标准对跨国收入和费用进行重新分配。

第二,比照市场标准(according to market standard)。所谓比照市场标准,就是以按进销差价倒算出来的市场价格,作为跨国联属厂商间工业产品销售收入的分配依据,以此规范其间的跨国收入和费用分配。

比照市场标准是市场标准的一种延伸,它主要适用于跨国联属厂商之间工业产品销售收入的分配。其基本特征是通过倒算价格法计算比照市场价格。这就是,以转入厂商的产品市场销售价格,减去合理销售毛利,其结果作为跨国联属厂商之间工业产品销售收入分配的标准。其计算公式是:

比照市场价格 = 转入厂商市场销售价格 × (1 − 合理毛利率)

其中:

$$合理毛利率 = \frac{转入厂商所在地无关联企业同类产品销售毛利}{转入厂商所在地无关联企业同类产品销售价格}$$

第三,组成市场标准(compose market standard)。所谓组成市场标准,就是以按成本加利润方法而构成的市场价格,作为跨国联属厂商间内部产品销售收入的分配依据,以此规范其间的跨国收入和费用分配。

组成市场标准是市场标准的另一种延伸。它一般适用于跨国联属厂商之间缺乏可比对象的某些工业产品销售和特许权使用费之类无形资产转让等收入的分配。其基本特征是运用预算价格法计算组成市场价格。这就是,以有关产品或无形资产的成本费用加上合理的利润,作为跨国联属厂商之间内部产品销售收入的分配标准。其计算方法视交易对象的不同而有所区别:

如果跨国联属厂商之间转让专利技术等无形资产,应以转出厂商研究和生产该项技术的成本费用加上合理利润,作为转让分配标准。其计算公式为:

$$无形资产的组成市场价格 = \frac{转出厂商研究和生产的成本费用}{1-合理利润率}$$

若是同时转让给几个厂商(或特许几个厂商使用),则需要进一步将成本费用在几个转入厂商间分摊。其计算公式为:

$$无形资产的组成市场价格 = \frac{转出厂商研究和生产的成本费用 \times 分摊率}{1-合理利润率}$$

如果跨国联属厂商之间销售工业产品,应以转出厂商生产该项产品的有关直接和间接成本加上合理的毛利,作为销售收入分配依据。其计算公式为:

$$工业产品的组成市场价格 = \frac{转出厂商生产加工该项产品直接成本+间接成本}{1-合理毛利率} = \frac{转出厂商生产加工该项产品直接成本+间接成本}{合理生产费用率}$$

第四,成本标准(cost standard)。所谓成本标准,就是以与交易对象有关的实际成本费用作为跨国联属厂商间非主要业务费用和非商品收入的分配依据,以此规范其间的跨国收入和费用分配。

这是一种性质完全不同的分配标准,其基本特征就是只着眼于成本费用,而将利润因素排除在外。它以转出厂商账簿上所正确记载的与交易对象有关的成本费用作为分配标准,反映了跨国联属厂商之间特有的业务往来关系,而不是一般的商品交易关系。所以成本标准通常只适用于跨国联属厂商之间非主要业务费用的分配,以及一部分非商品收入的分配。非商品业务包括贷款、劳务提供和财产租赁等,与此有关的相应收入即是利息收入、劳务收入和租赁收入等。跨国联属厂商之间主要业务的收入分配,以及商品销售收入和与商品生产密切相关的特许权使用费等收入的分配,不能适用成本标准,而只能适用前三个包含有利润因素的分配标准。

15.5 国际间对国际避(逃)税防范措施的协调

在税收领域,避税和逃税具有普遍性意义。特别是当税收的征纳关系跨越了国界时,这类活动就显得更为突出。因此,研究国际避(逃)税的起因和方式,以及可相应采取的防范措施,便成为国际税收理论所要解决的重要课题。

15.5.1 国际避(逃)税及其起因

国际避税和国际逃税之间并没有绝对的界限,两者都属于跨国纳税人减轻税负的行为,其动机和结果是一样的。但一般说来,国际避税通常是指跨国纳税人利用各国税法规定的差异,以种种合法手段将纳税义务减至最低限度的行为。国际逃税(亦称国际偷漏税)通常是指跨国纳税人利用国际税收管理合作的困难和漏洞,以种种非法手段逃避或减轻纳税义务的行为。因此,在西方经济学界看来,两者的重要区别就在于,后者属违法行为,前者则不属违法行为。

然而,就其产生的原因而论,国际避税和国际逃税之间并无多少区别。国际避(逃)税产生的主观原因,就存在于从事跨国经济活动的跨国纳税人牟取额外收益的强烈欲望之中。既然税收、成本和利润共同组成产品的价格,跨国纳税人要取得尽可能多的净利润,就得运用精心策划的各种手段,包括合法的或违法的手段,少纳税,多获利。

至于造成国际避(逃)税的客观原因,则多是由国家间税制规定和税负轻重的差异所引起的。具体可归纳为以下几个方面:

第一,税收管辖权约束规范的差异。前已说明,税收管辖权包括三种不同的表现形式:收入来源地税收管辖权、居民税收管辖权和公民税收管辖权。在约束税收管辖权行使范围的诸种规范中,除了公民身份的认定有公认的标准,即以其是否拥有某国国籍来判定之外,对收入来源地和居民身份的认定,各国均有自己的规定。这种规定的差异便有可能被跨国纳税人利用,作为其在国际间避(逃)税的途径。例如,在判定一笔所得是否来源于本国境内的问题上,各国采用的标准就不统一,有的以劳务提供地为准,有的以合同的签订地为准,还有的以权利的使用地为准。这样一来,跨国纳税人便可利用这些标准的差异,使自己的收入变为来源于其他国家境内的收入,从而逃避本国收入来源地税收管辖权的管辖。再如,在居民身份的判定问题上,各国采用的标准也不统一,如对法人居民,有的以注册登记地为准,有的以总机构或实际管理机构为准。如果一家跨国公司要逃避有关国家居民税收管辖权的管辖,它就可在采用总机构标准的国家登记注册,而将公司的管理机构设在采用登记注册地标准的国家。于是,这个跨国公司因不具备任何一国居民公司的身份地位,而无须承担任何一国的无限纳税义务。

第二,税率的差异。税率是税收负担轻重的标志。如前所述,各国的所得税制度所采用的税率一般多为超额累进税率,但也有采用比例税率的。至于税率水平的高低,应税所得级距的大小,各国的规定就更是差别很大了。这样一来,当一个国家的税率较其他国家的税率为低时,居住在高税率国家的跨国纳税人就会设法将其收入转移到这个国家去,以获得低税待遇,逃避所在国家的高额税负。当一个国家采用比例税率,其他国家采用累进税率时,即使后者的最高税率较前者为高,也有可能实际税负较前者为轻,这又为跨国纳税人选择避(逃)税途径提供了条件。

第三,税基的差异。所得税中的税基就是应税所得。我们已经知道,从总所得到应税所得,要经过一系列的扣除。这在各国是一样的。但对于哪些项目可以扣除,具体到一个项目又可扣除多少,各国的规定则不尽相同。一般说来,扣除越多,税基越小。反之,则越大。在税率既定的条件下,税负的轻重就决定于税基的大小。各国税法在税基上的不同规定,意味着跨国纳税人的某项所得在一国不能扣除或扣除较少,而在另一国却可能获得扣除或扣除较多的待遇。这又为跨国纳税人避(逃)税提供了机会。

除此之外,税制中其他方面规定的差异,如国与国间采用的免除国际重复课税方法的不同,具体的征收管理制度办法的不同等等,也是引起跨国纳税人的避(逃)税行为的客观原因。

15.5.2 国际避(逃)税的常见手法

国际避税和国际逃税的常见手法,可以分别来说。

国际避税的基本特征既是跨国纳税人以种种合法手段来规避或减轻税负,那么,其常见手法无非是如下几种:

其一,居所迁移避税法。即跨国纳税人基于避税目的,而将其居所在国际间进行迁移。通过迁移居所而改变居民身份,逃避所在国行使居民税收管辖权。

跨国纳税人之所以要利用居所的迁移来逃避纳税义务,除了各国税负水平高低不等之外,各国行使不同的税收管辖权以及行使居民税收管辖的国家,多以课税主体即纳税人在本国有无永久性或习惯性住所,作为其行使居民税收管辖权的依据,则是更为直接的原因。例如,将居所从高税国向低税国迁移,以低税国居民身份纳税,从而减轻原应负担的纳税义务;将居所从行使居民税收管辖权的国家向行使收入来源地税收管辖权的国家迁移,以后者居民身份而仅就其来源或存在于行使收入来源地税收管辖权的国家境内的收入或财产纳税,从而逃避原应对行使居民税收管辖权的国家所承担的纳税义务;通过不断变更居所,躲避居民身份,而避免在任何国家以居民身份承担无限纳税义务;通过常年在国际间流动,在任何一国停留都不超过非居民纳税起点时间,而逃避几乎所有的纳税义务。

其二,转让定价避税法。即跨国纳税人基于避税目的,通过转让定价将利润在跨国联属厂商之间进行人为转移。

造成跨国纳税人利用转让定价逃避纳税的根本原因,在于各国税制设计的差异性。只有在国与国之间税负水平高低不等的前提下,跨国纳税人才有将利润进行国际转移的必要。而跨国联属厂商内部交易的转让定价,又使这种利润的转移成为可能。正如前述,只有通过跨国联属厂商的内部交易,才有可能人为地提高或降低转让价格。例如,通过压低其高税国联属厂商对其低税国或免税国联属厂商的销货、贷款、服务、租赁和无形资产转让等业务的收入和费用分配标准,可将本应反映在高税国联属厂商的利润转移到低税国或免税国联属厂商账上,躲避原应向高税国缴纳的高额税款,而享受较低税率或免税的优惠;通过抬高其低税国或免税国联属厂商对其高税国联属厂商的销货、贷款、服务、租赁和无形资产转让等业务的收入和费用分配标准,可将本应反映在低税国或免税国联属厂商的费用转移到高税国联属厂商账上,扩大享受较低税率或免税优惠的利润比重,降低需按较高税率纳税的利润比重,都可使跨国纳税人达到逃避或减轻纳税义务的目的。

其三,收入或财产转移避税法。即跨国纳税人基于避税目的,而将收入、财产在国际间进行迁移。

跨国纳税人之所以要通过收入和财产的国际迁移来避税,原因亦在于各国税负水平的差异。跨国纳税人为在纳税上避重就轻,势必会利用这种差异。例如,与设在低税国或免税国的银行签订收入和财产信托或受托协议,造成法律形式上收入或财产同原所有人的分离,可以避免在居住国缴纳与这部分收入或财产有关的税项;利用某些国家或地区对资本利得的免税规定,将流动性收入转成这些国家或地区的资本性收入,可以逃避就这部分收入的课税;利用双边税收协定对某些常设机构的免税规定,通过在国外建立常设机构而将收入、财产转到该常设机构名下,也可达到避税的目的;在避税港(对收入和财产免税或按很低的税率课税的国家或地区的通俗称法)开设各种形式的招牌公司,通过转让定价而将收入、财产汇集到招牌公司名下,可以得到"人为的"税收利益;等等。

相比之下,国际逃税的常见手法要相对简单些。例如,利用银行账户保密法隐匿应税收入,或将应税收入转到国外银行而使国内税务当局无法侦查,从而逃漏应就这部分收入承担的纳税义务;虚报成本费用,冲减应税收入,从而"人为地"缩小税基;虚报投资额或虚报固定资产价款,多列折旧以多分股息;或者,虚报借入资金从事地下经营,完全逃避税务监管;等等。

15.5.3 国际反避(逃)税的一般措施

既然跨国纳税人的避税或逃税活动会造成有关国家税收收入流失,影响国际资本的正常流动,各国政府以及国际性组织都对国际避(逃)税问题予以极大的关注,并制定了一系列相应的反避(逃)税措施。

先来看一下单边的反避(逃)税措施。

所谓单边反避(逃)税措施,是指各国政府单方面采取的防范国际避(逃)税活动的措施。这主要是通过制定单边的反避(逃)税法规来实现的。单边的反避(逃)税法规通常包括下面这些内容:

——规定跨国纳税人负有延伸提供税收情报的义务。在单边反避(逃)税法中做出这样的规定,目的在于使居住国(国籍国)政府取得跨国纳税人的国外活动资料。其具体做法,一是在每一种税法中分别以单独条款规定具体的报告义务;二是作为整个税制的一部分,专门制定一总的报告义务规定。

——规定跨国纳税人负有就某些交易行为事先取得政府同意的义务。在单边反避(逃)税法中,这是最为严厉的措施。做出这样的规定,目的在于使政府对某些有可能导致避(逃)税的行为进行有效控制。

——规定跨国纳税人负有对国际逃税案件事后提供证据的义务。当国际逃税案件发生时,对有关国政府来说,最困难的莫过于提供证据来证实或证伪是否逃税。在单边反避(逃)税法中规定跨国纳税人有事后向当局提供证据的义务,可有助于缓解政府查证逃税案件的负担。

再来看一下双多边的反避(逃)税措施。

所谓双多边反避(逃)税措施,是指两个或两个以上国家在防范国际避(逃)税方面所采取的合作措施。

国际避(逃)税活动一般都要涉及两个或两个以上的国家,显而易见,对国际避(逃)税的防范必须在单方面采取措施的同时,谋求国际间的合作。这主要是通过各有关国签订包含有反避(逃)税条款的双边或多边税收协定来实现的。

无论是双边反避(逃)税措施,还是多边反避(逃)税措施,都是以相互交换税收情报为中心内容的,只不过前者是两个国家之间的税收情报交易,后者则是多个国家之间的税收情报交易。1977年,经合组织就曾向其成员国建议,通过广泛运用国际税收协定和有关工具,以及新的双边或多边活动安排,来增加各成员国反避(逃)税的调查和处理权力。联合国的有关专家们在1983年也发表了"与国际避(逃)税做斗争的国际合作指南"文件,将反避(逃)税视为各国税务当局的共同目标。就当前国际双多边合作的情况看,包含有反避(逃)税内容的国际税收协定,多以《经合组织范本》和《联合国范本》为蓝本。这两个范本关于防止出现避(逃)税的规定渗透于各有关条款之中,尤其是范本的第26条,对缔约国双多边的情报交换更做了极为详尽的规定。

特别值得提及的是1972年年底北欧五国共同签署的"关于税务协助规定"。这是一个对缔约国都有法律约束力且内容极为详尽的税收协定。该协定第1条规定了税务合作的总内容,包括文件交流、税务调查、提供纳税申报单或其他报表、税收课征及税法执行。第12条则规定了更具体的情报交换内容,包括股息、利息、特许权使用费、工资、薪金、养老金、终身年金、损失赔偿、保险支付、其他收入和财产以及跨国纳税人在银行或其他金融机构的存款金额等。

尽管如此,西方经济学家仍然强调,各种国际反避(逃)税措施虽可从不同的角度起到防范作用,但并不能完全消除国际避(逃)税。这里的原因是多方面的:国际避(逃)税对各有关国造成的税收利益损失不平衡,有些国家或地区还有可能因此而获得好处,因而各国对反避(逃)税态度不尽一致,此其原因之一;反避(逃)税的所有国家都签订双边税收协定的情况,这就使得跨国纳税人绕过协定签订国而避(逃)税成为可能,此其原因之二;有些税收协定中的反避(逃)税条款在原则的确定与实际的运用上存在着距离,贯彻起来有很大的难度,此其原因之三。所以,在国际间对国际避(逃)税防范措施的协调方面,还有一段很长的路要走。

小　　结

1. 税收管辖权指的是各国政府在课税方面所拥有的管辖权力。国际税收的种种问题，都是与各国的税收管辖权密切相关的。它主要表现为公民税收管辖权、居民税收管辖权和收入来源地税收管辖权。由于世界上绝大多数国家同时兼行其中的两种税收管辖权，这就不可避免地产生了同一跨国纳税人的同一课税对象在两个或两个以上国家被重复课税的问题。所以，国际重复课税产生的前提是跨国纳税人和跨国课税对象的出现，国际重复课税的最终产生则导因于各国行使的税收管辖权的交叉性。

2. 国际重复课税是国家间税收关系的焦点。而要解决这一问题，只能借助于国际间的税收协调。通过各有关国家之间的协调，对居民（公民）税收管辖权和收入来源地税收管辖权均做出合理的限制，使各国在经济生活国际化的条件下分得适当的税收利益。

3. 国际间对商品课税制度的协调包括关税制度的国际协调、增值税制度的国际协调和国内消费税制度的国际协调。关税制度的国际协调主要通过缔结双边或多边关税协定的方式进行，其中心内容是要求缔约国各方相互为对方进口商品提供课征较低关税的优惠条件，《关贸总协定》便是在这方面所取得的一个重大成果；增值税制度和国内消费税制度的国际协调目前主要发生在实行区域性经济联合的国家集团之间，欧洲经济共同体已先后提出了增值税和国内消费税的协调方案，并为此发表了若干次指令。这为世界各国在更大范围内的商品课税制度的国际协调提供了许多有益的经验。

4. 国际间对所得课税制度的协调是由于一部分纳税人收入的国际化所引起的。最初，涉及对跨国收入的国际重复课税和有关国家间税收利益分配的问题，多是由各有关国做出单方面的权宜处理，但随着国际间经济往来的不断发展,国与国之间的税收利益分配关系错综复杂化了,各国遂求助于在有关国家间缔结双边或多边税收协定的途径加以解决。国际税收协定便因此而迅速发展起来,由双边到多边,由单项到综合,由多样化到规范化,便是其逐步发展的突出特征。《经合组织范本》和《联合国范本》就是作为谈判签订国际税收协定的示范样板而产生的。国际社会经过几十年努力所积累的免税法和抵免法在免除对跨国收入的国际重复课税方面,发挥着重要作用。

5. 国际间对跨国收入和费用分配的协调,是由于跨国联属厂商和转让定价的存在而产生的。跨国联属厂商和非关联厂商的一个重要区别,就是前者可利用各国税率水平的差异,通过转让定价,在国际间分配收入和费用,以达到整个公司集团全球税负最小化和财务利益最大化之目的。由于这会影响到各跨国联属厂商所在国的税收利益,制定一种合理的分配标准,以此来规范跨国联属厂商之间收入和费用的分配便被提上议事日程。自60年代以来,由经合组织和联合国等国际组织先后提出的跨国收入和费用的分配原则主要是独立核算原则和总利润原则,与此相对应的分配标准有四种,这就是市场标准、比照市场标准、组成市场标准和成本标准。

6. 国际间对国际避(逃)税防范措施的协调,导因于跨国纳税人国际避(逃)税行为的普遍存在。国际避(逃)税产生的主观原因,存在于跨国纳税人牟取额外收益的强烈欲望之中,其客观原因则在于国家间税制规定和税负轻重的差异性。居所迁移、转让定价、收入或财产转移、隐匿应税收入、虚报成本费用等都是跨国纳税人在国际避(逃)税方面的常见手法。各国政府和国际性组织对国际避(逃)税的防范,可分为单边和双多边两类措施。单边反避(逃)税措施是指各国政府单方面采取的防范国际避(逃)税活动的措施;双多边反避(逃)税措施是指由两个或两个以上国家所采取的防范国际避(逃)税活动的措施。

第4篇 公债的运用与管理

第 16 章　公债运用的一般原理

在现代经济条件下,公债的运用规模和程序都达到了前所未有的状态,对经济发生着十分重大的影响。这里既有深刻的理论背景,更有公共财政实践上的考虑。对西方公债理论的演变进程和公债运用的发展状况的考察分析,正是本章的主要内容。

16.1　有关公债的理论观点的演进

在公债的运用问题上,19 世纪的主流经济学观点和 20 世纪的主流经济学观点是截然相反的。其间经历了一个漫长的演进过程。而公债理论的演进,可以说基本上是一个由否定到肯定公债、由负债有害论到有债必要论的进步与发展的过程。

16.1.1　大衰退以前的正统公债理论——负债有害论

前已述及,在 20 世纪 30 年代大衰退以前的资本主义自由竞争时期,经济学家们一般是反对国家干预,主张自由经营的。所以,反映在公债理论上,那一时期的古典学派经济学家大多对公债持否定态度,强烈地反对公债的发行。

重农学派的弗朗斯瓦·魁奈曾经声言,"国家应当避免借债",国家公债及与它相联系的体现于公债券上的"不结果实的货币财产",是"把财富从农业抽出来,而且使农村丧失为改善土地以及为利用或耕耗土地所必要的财富"。

亚当·斯密更坚决地指出公债对国民经济的发展是有害的。他批判了威廉·配第的公债观点。配第把公债看作是可以增补国内现有资本和促进工业、商业和农业增长的巨额资本。斯密对此指出,公债完全不是追加的资本,恰恰相反,乃是国内现有资本之扣除。并且会造成社会劳动和物质财富的非生产性的耗费。他这样写道:"据某著者主张,欧洲各债务国的公债,特别是英国的公债,是国内其他资本以外的另一个大资本;有这个资本,商业的扩展、制造业的发展、土地的开垦和改良、比较单靠其他资本所能成就的要大得多。可是主张此说的著者,没有注意到以下的事实,即最初债权者贷予政府的资本,在贷予的那一瞬间,已经由资本的机能,转化为收入的机能了。换言之,已经不是用于维持生产性劳动者,而是用于维持非生产性劳动者了。就一般而论,政府在借入那资本的当年,就把它消耗了,浪费了,无望其将来能再生产什么。"因此,斯密认为,靠发行公债来弥补政府支出,等于原工商业资本为政府所吸收,被挪用于非生产性用途,这乃是国内原有资本的浪费,是阻碍生产力发展的。据此,他对公债的增长持坚决否定的态度,并发出警告:"一切举债国都会趋于衰弱。""首先采用这方法的,似为意大利各共和国。热那亚和威尼斯,……它们都因举债而衰弱。西班牙似是由意大利各共和国学得此举债方策,而就天然力量说,它比它们尤见衰微。……由举债而衰微而荒废的国家,所在皆是。"

古典经济学的完成者大卫·李嘉图,也把公债看作国民资本被浪费的因素。他以政府支出取之于公债等于抽移人民的生产资本,有碍工商业发展为由,而坚决反对公债的发行。李嘉图还认为,若政府收入不足,应采取税收方式筹资,不可通过举债而充之。按照他的观点,税收较之公债的优点首先在于,在用税收弥补军事支出时,人民马上就会尖锐地感觉到战争的痛苦,因而国家也将较少倾向于战争。如果战争已经开始,也将会力图尽快结束战争。而在用公债弥补军事支出时,人民不致马上感觉到这种支出的重担,国家会轻率地倾向于卷入代价昂贵的冲突。而且,除了这种政治上的优点之外,税收较之公债还有一个很重要的经济上的优点,这就是,税收是由国民收入支付的,公债则要吞食掉一部分国民生产资本并使之减少。从这一点出发,它都是为压迫人民而发明的。"可怕的灾难之一,无论什么时候,它都是为压迫人民而发明的。"

以亚当·斯密理论的解释者和通俗化作家自居的法国经济学家让·巴蒂斯特·萨伊,根据法国公债发行的经验,与亚当·斯密持有同样的看法。萨伊认为,私人借债同政府借债有很大的区别。私人借债一般是为生产用途,有益于经济发展。政府借债则是为满足非生产性的消费或开支,实质是现有资本的浪费。萨伊批判了关于公债不过是右手欠左手的债,绝不会把国家搞贫弱的观点。它指出:"国家确会弄得贫弱,因为贷予政府的资本,由于被消费而归于消灭,不能再给任何人生利润。换句话说,不能再生产作为生产手段所能生的利息。"他得出结论,各种公债都具有共同的坏处,那就是使资本从生产用途退出,转向非生产性消费方面。萨伊还反对把公债券和有价证券看成是社会现有的实际价值和真实财富。"书面契约或书面保证只是证明这个东西或这个财产所有权的文件。因此,当书面保证不代表现有实际价值,而只作为政府给予它的债权人的一种委任状,使它每年能够收取政府将要向一般纳税人课征的税收的一部分时,书面保证甚至不是财富的证明,更不必说实际价值了。"一切有价证券包括公债券都不是真实的资本,而是虚假的资本。

19世纪中叶的英国经济学家约翰·斯图亚特·穆勒,完全同意亚当·斯密和大卫·李嘉图的关于节约公共支出、限制国家职能的观念,亦反对公债的发行。他认为,资本从私人企业转移于政府消费总是一种损失,对经济发展总是不利的。但他同时也对亚当·斯密等人的公债理论做了某些修正。在他看来,如果政府以公债形式举借的资金是非国内的外国资本,或虽是国内资本,但该资本所有人原本无意于储蓄,或虽储蓄但不用于生产事业,或虽用于生产但是投资于国外,在所有这些情况下,政府所借的债务,对本国资本以及生产绝无损害。穆勒还提议以市场利率的升降与否作为衡量公债为害程度的方法。这就是,如果公债的发行刺激了市场利率上涨,即证明民间的生产资金被政府所吸收,则该公债有害;反之,若市场利率不被刺激,则该公债为害甚微。由此可见,穆勒对于传统的公债理论是既有继承又有发展的。

至19世纪末叶,巴斯特布尔(C. F. Bastable)对公债虽基本上仍持传统的看法,但在穆勒的基础上对公债理论进行了更带有进步性的若干修正。他认为,公债应分为两种:一种是为纯粹的非经济的目的而发行的,另一种是为再生产的运用而发行的。前者实无须也不应靠举债来应付,因为它会阻碍生产的发展,后者则可以也应当靠举债而筹资,因为它可促进生产的发展。

概括起来,古典学派经济学家反对公债的发行,其论点不外乎下列几个方面:

1. 政府举债必使民间生产资金移充财政用途,妨碍工商业的发展;

2. 用公债来弥补政府公共收支的赤字,会使政府形成一种不负责任的开支风气;

3. 政府在公债上须作两度的支付,一次付息,一次还本,颇为浪费人力、物力和财力;

4. 公债的发行会引起市场利率上涨,阻碍生产规模的扩大;

5. 公债的大量增长会造成国力的衰弱。

16.1.2 大衰退以后的现代公债理论——公债新哲学论

30年代的大衰退,是公债理论发展史上的重大转折点。

大衰退的爆发,动摇了经济学家们对市场经济的内在稳定机制的信念,把政府干预经济提上了议事日程。反映在公债理论上,就是这一时期的大多数经济学家对公债的态度开始由否定转向肯定,由认为公债有害于经济转向认为公债有益于经济,即产生了所谓"公债新哲学论"或"公债新理论"。

公债新理论的创立者应属英国约翰·梅纳德·凯恩斯。1936年在他的《就业、利息和货币通论》一书中,他把资本主义经济发生经济衰退和严重失业的原因,归之于有效需求的不足,即消费需求不足和投资需求不足。在他看来,要使经济经常保持在"充分就业"和"繁荣"的水平上,必须由政府通过有补充作用的财政活动来扩大有效需求。也就是政府要增加支出,削减税收,实行赤字财政,而赤字财政必然导致大量增发公债。但凯恩斯认为,"举债支出虽然浪费,结果倒可以使社会致富","公债支出的作用表现为两种形式,一是增加投资,二是增加消费",使经济免受衰退之灾。这就肯定了公债发行对经济发展的作用,打开了通向公债新理论的道路。

美国哈佛大学的教授阿尔文·汉森,更坚决地支持发行公债。他认为,在当今的经济条件下,维持预算平衡并无必要,要公债的持续增长,实为经济繁荣和充分就业所必需的条件。因为在经济不景气的时期,人们对经济预期不佳,很难指望私人投资和消费会增加。唯有由政府出面,以举债支撑政府支出来消除生产过剩的现象。据此,汉森指出,公债可能是一种"经济的福利",是一个增加国民收入和保证充分就业的因素。因为,"如果我们的收入不能随着生产率的增长而按比例地增加,我们就将遭受经常增加的失业。我们不能在这种经常增加的失业的条件下生存。因此,我们应当使我们的事业去促成国民收入的经常增长。并且任何时候,我们都应当从增加国民收入的这个观点来考察我们的债务问题",而公债"首先,可提供一定的保证来防止严重的萧条"。汉森还认为,公债应否偿还,要以整个经济情况为前提。健全的公债政策,应是繁荣时期削减部分公债,危机时期增加公债,增加支出。

美国经济学家塞穆尔·哈里斯对公债发行也做出了同样的论断。他在其《国债与新经济》一书中,把公债说成是治疗失业的一种万应灵药:"病已查明了,并且医生给开具了盘尼西林药方。同样,政治机体的病——失业和经济资源的浪费——亦暴露出来了,经济学家之所以这样做,因为在他看来,任何其他的药剂都不能治好这种病症,而且还因为这种病症要比药剂昂贵得多。"不仅如此,哈里斯还把公债视作赢得第二次世界大战胜利的重要因素:"……大概有些人设想,我国的债务是死的债务,而且它没有做出任何好事情。我想指出:只用20亿美元的债款就使我们研制出了原子弹,并且大大促成了战争的胜利。"

著名经济学家劳伦斯·R.克莱因还根据30年代以来公债收入的使用情况,指出公债并不是非生产性的。恰恰相反,它倒可以成为增加国民财富的重要因素,"通过公债筹措之资金乃用来使本来失业的人获得工作,建筑房屋、桥梁、道路、学校。从实质上看,这会使我们更富"。因此,"这种公债不可能是一种祸害",也不会是一种负担。

"功能财政论"的创立者勒纳(A. P. Lerner),根据其所谓财政政策的制定应着眼于整个经济体系的影响,而不必拘泥于预算平衡与否的论点,指出:"政府的收支与举债,应仅是管制社会资金的工具,其目的在于保持物价稳定下的就业状态。……公债发行的目的只在吸收社会上的游资,降低膨胀时的通货流通。偿还的目的则在于增加不景气时的通货流通。"而且,"如果公债利率确定适当,那么,公债的发行不但无损于已就业的资本,引起资源的错误就业,反而可以引导资金的有效运用与资源的正确就业"。在这里,公债已被提到直接调节经济发展的政策手段的高度。

对于公债的负担问题,美国经济学家理查德·A.马斯格雷夫和皮吉·B.马斯格雷夫认为,把公债的负担转移到下一代是"公平合理的",因为下一代所获得的物质财富是现在这一代的遗产,他们应该因公债偿还而产生的高税收在财政上做出贡献。保罗·萨缪尔森更认为:"一代人把负担加给下一代人的主要方式是耗费掉国家现有的资本品的总量,而不对资本品添增通常的投资,但公债由于具有生产性之特征,确是直接增加国家的物质财富。这种公债实际上代表着一种负数的负担。因为,它能够在目前导致出更大数量的资本形成和消费。"

总之,公债新哲学论或公债新理论的主要观点可概括如下:

1. 以公债支持赤字财政的实行可以直接或间接地扩大社会需求,从而消除经济危机和失业;

2. 公债是经济危机时期刺激经济增长的必要条件,公债的利与弊应当从刺激经济增长的角度去考察、评价;

3. 公债具有生产性,它可以促使物质财富的增加,因而,所发行的巨额公债,不但不是政府之债务,反而应视同国家的资产;

4. 公债的还本付息非但不会增加下一代的负担,而且还可通过促使更大数量资本形成和消费的增加,为下一代增加可继承的遗产;

5. 公债可作为政府调节、干预经济的重要杠杆,其作用不仅在于吸收通货膨胀时期的剩余购买力,增加经济衰退时期的需求,以稳定经济,还在于通过公债利率的恰当确定,引导社会资源的合理配置。

16.2　公债的运用原则：归纳与比较

有关公债的理论观点的对立，必然导致关于公债的运用原则主张的差异。从负债有害论出发，古典学派的经济学家们所提出的公债运用原则，肯定是较为谨慎的。而从公债新哲学论出发，凯恩斯之后的现代经济学家们所崇尚的公债运用原则，自然是较为积极的。

16.2.1　古典经济学家的公债运用原则

古典经济学家们关于公债运用的规范原则，基本可归纳为两条：

其一，只有当政府财政面临一次性的、超常规的社会需求，并且这种需求对于公共支出的要求是暂时性的时候，政府财政才能求之于发行公债这种手段。这种超常规的需求，在那个时期，往往是伴随着战争而出现并上升的。因此，这一古典的公债运用戒律意味着，在战争时期所累积起来的未清偿的公债在战争结束后应当得到清偿。因为战争结束后，就不再存在超常规的社会需求了。

其二，当政府是为真正的生产性资本项目筹措资金而发行公债时，也只有在生产性资本项目是超常规时，才可以以举借公债方式筹资。即使如此，公债的规模都必须适当，公债的清偿期安排也要适当。这一原则意味着，当政府通过发行公债而为资本性公共开支筹措资本时，应当且必须使公债的支付期与资本投资项目的收益回收期相对应。

易于看出，古典经济学家关于公债运用的这两条原则，是根据政府借债与个人或家庭借债完全类似的基本假定而提出来的。在他们看来，如果一个人或一个家庭要靠借债度日，则说明这个人或这个家庭是挥霍型的，或者属于不善于管理的人或家庭。同样的道理，如果一个政府要靠发行公债来平衡预算，则说明该政府是挥霍型的、不善于管理的政府。当然,古典经济学家们在做这种类比时,并没有将商业性公司,尤其是大公司的债务状况与政府的债务进行类比。很显然,商业性公司,尤其是大公司的债是与个人或家庭的借债情况截然不同的。

16.2.2 现代经济学家的公债运用原则

以凯恩斯主义为代表的现代经济学家关于公债运用的规范原则,大体上也可概括为两条:

其一,当经济面临有效需求不足的衰退时,政府应当以举债作为弥补因实施刺激需求措施而引发的财政赤字的手段。前面说过,在凯恩斯主义看来,现代经济发生衰退和严重失业的原因,在于有效需求的不足,也就是消费需求和投资需求不足。而消费需求和投资需求之所以不足,在很大程度上又同人们对经济形势的预期不佳有关。这时,唯有由政府出面,通过有补充作用的公共财政活动来扩大有效需求,才有可能使经济摆脱衰退和失业,走上正常发展的道路。这就意味着,政府要增加支出,削减税收,即实行所谓赤字财政。赤字财政无疑是要以公债的发行或运用为必要条件的。

其二,公债应否偿还或偿还多少,应视整个经济形势的需要而定。健全的公债运用原则,应是繁荣时期削减部分公债,衰退时期增加公债。这就是说,公债的偿还决策,不能仅仅考虑财政的收支状况以及举债时的期限规定,而应从经济稳定发展的大局着眼。如果经济面临衰退,那么,即使公债已经到期,财政亦有偿还能力,也不应该全数照章偿还而使公债规模减小,而应根据反衰退的经济政策的需求,来考虑借新债,还旧债。或者,借新债多,还旧债少(相对于借新还旧的数额对比而言,并非有一部分债务到期不还),从而使总的公债规模有所扩大。如果经济面临繁荣,那么,即使公债没有到期,财政上的支出压力亦很大,也应视经济政策的需要,考虑通过从公债二级市场购回部分债券的途径,来清偿一部分公债,从而使总的公债规模有所削减。

凯恩斯主义关于公债运用的原则看法,是根据政府借债与个人或家庭借债完全不相同的某些假定而提出来的。在他们看来,个人或家庭理财习惯和政府财政职责在指导思想上有区别。预算平衡对于个人或家庭来说是十分必要的,但对于一个政府来说则无关紧要。对个人或家庭来说,借款提供了一种推迟现行支付的方法,但最终结果仍须支付其原应负担的款项。但是,对于政府来说,就不存在这种负担的时间转移问题了。由于政府包容了一个社会的全体成员,它不可能实现成本或负担的转移。而且,只要公债全都是内债,国内人民自己拥有自己的债务,借贷双方的损益会相互抵消。所以,他们的看法是,公债并不构成一国的实际负担。对公债的利弊分析及运用上的抉择,只有从国民经济的总量关系中考虑,而不是从个量关系去揣摸,得出的结论才会是客观的,做出的抉择才是于整个经济的稳定发展有利的。

16.3 李嘉图等价定理

在西方公债理论中,被称作"李嘉图等价定理"(Ricardian equivalence theorem)的一个命题,占有特别重要的地位。

16.3.1 李嘉图对等价定理的表述

大卫·李嘉图在其《政治经济学及赋税原理》的第 17 章中,曾就征税和举债的效应问题这样写道:"如果为了一年的战费支出而以发行公债的方式征集 2000 万英镑,这就是从国家的生产资本中取走了 2000 万英镑,每年为偿付这种公债利息而课征的 100 万英镑,只不过由付这 100 万英镑的人手中转移到收这 100 万英镑的人手中,也就是由纳税人手中转移到公债债权人手中。实际的开支是那 2000 万英镑,而不是为那 2000 万英镑必须支付的利息。付不付利息都不会使国家增富或变穷。政府可以通过赋税的方式一次征收 2000 万英镑;在这种情形下,就不必每年征课 100 万英镑。但这样做并不会改变这一问题的性质。"

从上述这段话中,可以归纳出李嘉图的三点含义:第一,课征 2000 万英镑税收和举借 2000 万英镑公债,都会使一国的生产资本减少 2000 万英镑。在这里,他假定是政府为战争费用而筹款;第二,因举借公债而引致的借息偿付,只不过是将一部分人的收入转付给另一部分人而已,并不会改变一国的财富总量;第三,由于举债和课税同样会造成一国纯损失 2000 万英镑,人民的收入会因此而下降,消费支出也会下降,举债和课税对人们消费行为的影响的方向和力度,都是相同的。

李嘉图关于举债和课税对人们经济行为的影响相同,特别是对人们消费行为的影响相同的观点,在 20 世纪 70 年代被西方经济学家命名为"李嘉图等价定理",并将其作为研究公债理论和实践问题的一个重要线索。

16.3.2 李嘉图等价定理命题的意义

李嘉图等价定理实质是这样一个命题:政府公共收入形式的选择,不会引起人们经济行为的调整。换句话说,无论政府是以课税方式弥补公共支出,还是以举债方式来弥补公共支出,其对消费和投资的影响是无差别的。

现代经济学家之所以会重视李嘉图等价定理,在于举债条件下人们的消费行为是否发生变化直接关系到国民收入水平的决定。前面说过,国民收入的大小主要取决于社会总需求的水平。因此,作为社会总需求的一个主要内容的消费需求,在国民收入的决定模型中,扮演着一个重要的角色。而消费需求的大小又取决于同时期人们所取得的可支配收入以及所拥有的总财富的水平。这就是说,人们是否将其所持有的政府债券视作总财富的一个部分,将在很大程度上决定着人们的消费需求的大小,进而决定着整个社会的国民收入的大小。

如果人们能够清楚地认识到现期的公债与未来的税负之间的关系,即认识到其手中的政府债券只能通过包括其本身在内的所有纳税人将来缴纳的税收来偿还,那么,政府债券就不会被视作总财富的一部分。因而,相对于征税来说,举债不会造成人们消费支出的变化。相反,如果人们不能清楚地认识到现期的公债与将来的税负之间的关系,或者虽然认识到,但基于某些原因,对此并不在意,那么,政府债券就会被作为总财富的一部分。因而,同征税相比,举债会造成人们消费支出的增加。

问题在于,在现实生活中,政府债券完全被作为总财富的一部分或完全不被作为总财富的一部分的情况,毕竟是极为少见的,或者说,纯粹是一种理论的假定。巴廷金在其 1965 年出版的《货币、利息和价格》一书中,曾就这个问题进行了专门研究,并得出结论:在政府未清偿的公债中,有相当于 K 比例的部分是被人们视作总财富的一部分的。很显然,在李嘉图等价定理中,K 是被推定为 0 的。而若人们完全不知现期公债与未来税负的关系,或即使知晓,却不在意,K 就会等于 1。由此看来,K 值肯定界于 0 和 1 之间($0 \leqslant K \leqslant 1$),$K$ 值的大小对于举债的经济效应的分析,是一个非常关键的因素。

就问题的实质来看,在很多情况下,政府债券是否被作为总财富的一部分以及各种公共收入形式之间的替代效应如何,基本上属于同一个问题。也就是说,李嘉图等价定理所揭示的实质是举债和课税的比较效应问题。

隐含在李嘉图等价定理之中的逻辑其实是十分简单的。这可以通过一个简单的例子来说明。假定政府决定对每个人一次性减税(一次总付人头税)100美元,并且,因减税而造成的财政亏空通过向每个发售100美元政府债券的方式来弥补。为了简化起见,再假定所发行的公债为期一年,利率为5%。并且,在此期间人口数字不发生变动。为了偿付在减税年份所发行的公债本息,政府在次年必须向每个人增课税收105美元。

现在来考察家庭对其税负在时间上的调整(即本应在第一年承担的每人100美元税负被推迟至第二年承担)所做出的反应。家庭可以通过增加现期储蓄100美元,来维持其原先的现期和未来消费计划不变。事实上,家庭可以将其所持有的政府新发行的100美元政府债券,作为新增储蓄的形式。到了第二年,当政府为公债的还本付息而向每人增课105美元新税时,家庭正好可用其所持有的政府债券的本息来抵付税款。因此,家庭原先的消费计划并未因此而改变。由此可得出结论,在所筹措的资金数额一定的条件下,政府公共收入形式的变化,不会引起人们消费行为的变化。或者说,人们的消费行为与政府公共收入形式的选择无关。

在上述简单的例子中,现期的减税所造成的财政亏空是通过发行一年期的政府债券来弥补的。那么,如果政府所发行的政府债券的期限不是一年,而是N年,情形又将如何呢?依原来的思路推论,即使在这样的情况下,由上述例子所得出的结论仍然可以成立。其中的道理并不难解释:在第一年,每一消费者用100美元的可支配收入认购政府新发行的100美元的政府债券。如果这些政府债券在清偿之前年年支付利息,那么,政府必须在这些年内,为此年年增征一次总付人头税。于是,持有这些政府债券的消费者可以一手从政府手中接受公债的利息收入,另一手又将利息收入用于新增税款的缴纳。如此下去,到了N年之后的公债偿还之时,每一消费者都可用其从政府那里获取的债券本金以及最后一年的利息收入,来缴纳政府为偿付这笔本息而增征的税收。这样一看,消费者又一次可以维持其原先的现期和未来的消费计划不变,并发现其这样做是合理的。

分析到这里,人们很自然要问,如果现期活着的消费者中有一部分或者全部在公债到期之前而去世了,李嘉图等价定理关于人们消费行为不会发生变化的结论还能成立吗?或者换句话说,那些在初始时享受到了政府以公债替代税收而带来的减税好处,却在公债到期需为此而承担新增税负之前去世的人,也不会因此而增加自己的消费支出吗?对于这个问题的回答,是由美国经济学家罗伯特·巴罗(R. J. Barro)来完成的。

16.3.3 巴罗对李嘉图等价定理的引申

如果消费者们只关心其本身的利益,那么确实存在通过死亡来逃避未来的税务的可能性。原因很简单,每个人实际上都不可能是长生不老的,他们也不一定会按自己是长生不老的假定来做出自己的经济选择。如果有一部分消费者在现期以公债替代税收时减轻了税负,又在公债到期之前去世,从而无须承担未来的税负,他们肯定会增加现期的消费支出。很显然,这种情况是李嘉图等价定理本身所不能解释的。

然而,巴罗在其1974年所发表的"政府债券是净财富吗?"的著名论文中,却提出了一个独创性的观点。这一论点引申了李嘉图等价定理的含义,使得其可在消费者死于偿债期之前的情况下继续成立。

巴罗的论点是建立在遗产行为与利他动机相混同的基础之上的。其思路是:一个具有利他动机的消费者不仅会从自身的消费中获得效用,而且可从其子孙后代的消费中获得效用。所以,一个具有利他动机,为其后代着想的消费者,不但关心自身的消费,也关心其后代的消费。进一步推理,如果这个利他的消费者的所有子孙都是利他的,并关心他们自己的后代的效用,那么,这个利他的消费者便会间接地关心其所有子孙后代的消费。依此推理,如果所有的消费者都具有利他的动机,这一论点就可以进一步延伸:利他的消费者肯定关心,至少是间接地关心其本人及其所有子孙后代的包括现期和未来消费在内的整个消费过程。

在巴罗看来,既然代际之间的利他消费者都关心包括自身及其所有子孙在内的整个消费过程,以死亡来逃避未来的税负并在减税的现期增加消费支出的情况就不会存在了。理由很简单,对于利他的消费者来说,是由其本人还是由其子孙来缴纳为偿付新发行的公债本息所需的高额税收,是没有什么区别的。当现期的税负减少 100 美元时,利他的消费者因此做出的反应,将不是增加自身的现期消费,而是认购并保持 100 美元的政府债券;如果他在公债清偿之前去世,他会把这笔政府债券留给后代,其后代将用这笔政府债券来缴纳公债到期之年的较高的税收;或者,如果这笔政府债券不能在其后代的有生之年到期,其后代又会将这 100 美元的政府债券继续传给他们的后代,而让更后的一代用这笔政府债券的本息缴纳公债到期之年的较高的税收。这样一来,李嘉图等价定理便可在具有利他动机的消费者死于公债到期之前的情况下继续成立了。

但是,一个明显的事实是,遗留财产给其后代的消费者并不必然具有前述意义上的利他动机。遗产行为可能因最终导致财产所有人死亡的突发事件而发生,或者基于并非巴罗所论证的纯粹的利他目的而发生。而一旦发生这样的情况,将不能认定消费者是出于对其后代或对其后代的后代所征税收增加的关心,而遗留财产给后代了。这时,李嘉图等价定理就不能成立了。可见,遗留财产与关心后代的税负是两回事,理论和实践上,都难以将两者挂在一起。

由此而引发的另一个问题是,如果政府可以以不断地发新债还旧债的办法而滚动债务,从而永远不必为因前例中减税而发行的公债偿付增加税收,那就肯定会出现这样的情形:以举债替代征税而实现的现期税负的下降,将使得消费者自身及其后代所承担的现期和未来税负的现值减少,从而会引起这个家庭的整个消费支出的增加。至于现期的税收减少是否一定会导致在将来某个时期增税的问题,则要取决于公债利率和经济增长率的对比关系。若公债的利率高于经济增长率,政府就不能将因减税而发行的公债无限期地滚动下去。退一步说,如果政府企图这样做,其结果,便是政府债券以相当于公债利率的速度逐年增长;相反,若公债的利率低于经济增长率,政府就完全可以实现因减税而发行的公债的无限期滚动,从而就无须以增税的办法来解决公债本息的偿付问题。事实上,在现代经济条件下,以发新债的办法来抵付旧债,已成为各国政府偿还到期债务的基本手段。这就是说,以举债替代征税而实现的现期的税收减少,并不意味着未来的某一时期一定要因此增税。所以,也就不存在消费者基于利他动机,为给后代遗留财产而不增加现期的自身消费的问题了。这样,就从总体上否定了李嘉图等价定理的真实性。

16.3.4 托宾对李嘉图等价定理失效原因的分析

在对李嘉图等价定理进行了较为详尽的描述之后,接下来的任务就应当是分析其不符合真实情况的原因了。

对于李嘉图等价定理为什么在揭示举债与征税的比较效应方面失效的原因分析,是由詹姆斯·拖宾(J. Tobin)提出的。托宾在其1980年出版的一本题为《财产积累与经济活动》的著作中,明确指出消费者在缴纳税收和认购公债两种情况下的经济行为,肯定是不一样的。李嘉图等价定理在实际生活中的失效,当然也是必然的。其原因在于,这个定理是在一系列现实生活中并不存在的严格的假定条件下得出的。

第一,李嘉图等价定理不但要求各代的消费者都是利他的,而且要求在利他动机支配下的各代消费者所遗留给子孙的财产不能是负值。说得更明确一点,就是不能给其子孙留下债务。然而,常识告诉我们,一个给其子孙遗留下负值的财产的消费者,并不一定就不具有关心其后代的利他动机。现实生活中很可能会出现这样的情形,消费者的子孙可能较消费者本人富有,在该消费者认为给子孙留下负值的财产不会影响子孙所能获得的效用的情况下,便有可能使遗产值为负,即使他关心其子孙的效用。这样一来,当他面临政府实行以举债来替代征税的政策时,由于偿还公债本息所需增课的税收要在他死后才能开征,他所需缴纳的税收的现值就会下降,其现值的消费支出就会增加。

第二,李嘉图等价定理的暗含前提是政府以举债替代征税的政策不具有再分配效应,并且各个消费者的边际消费倾向是无差别的。这在现实生活中显然是不存在的。例如,假定现期税收的减少只影响一半的消费者。更确切地说,假定这一半的消费者在当年每人可少缴200美元的税款,同时另一半消费者的税负不变。为了弥补因减税而出现的财政亏空,政府又向每人发行100美元的政府债券,并在次年偿付这笔公债的本息。为简化起见,再假定这一时期的人口数字不变,政府债券的利率为5%。于是,减税后的次年,每个消费者所承担的税负将因此而增加105美元。最后,再假定所增征的税收是均匀地落在所有消费者的身上。在这种情况下,公债对税收的替代是肯定具有收入再分配效应的。它实际上是将未受减税影响的那一半消费者手中的一部分资源,转移给了享受减税好处的另一半消费者。很显然,在这种收入再分配过程中获利的消费者将会增加消费支出,而受损的消费者将会减少消费支出。消费支出在消费者之间的重新配置,肯定是对李嘉图等价定理暗含前提的一种破坏。进一步分析,整个社会的消费支出总量是否会因这种重新配置而增加或减少,则取决于境况不同的两类消费者的边际消费倾向的比较情况。如果所有的消费者的边际消费倾向是无差别的,总消费量或资本累积量就不会因此而受到影响。然而,如果在收入再分配过程中获得的那一半消费者的边际消费倾向大于另一半受损的消费者的边际消费倾向,总消费量肯定要因此而增加;反之,肯定要因此而减少。这又会对李嘉图等价定理的暗含前提构成破坏。

第三,李嘉图等价定理是基于政府所课征的税收都是一次总付人头税的假定而得出的。因此,举债对征税的替代只会造成一种税收的总额变化。而税收总额的变化又恰好为公债数量上的变化所完全抵消。但是,现实生活中,政府所课征的税收并非一次总付人头税,实际上大多数的税收都是针对特定的经济行为而征收的。这就意味着,以举债替代征税而实现的税收上的变化肯定会引起人们经济行为的相应变化。毋庸赘言,人们经济行为的变化就意味着李嘉图等价定理的失效。

16.4　公债的用途

这里所说的公债的用途,指的是政府运用(发行)公债之后所能达到的目的或产生的效果。

在西方经济学家看来,作为一个公共收入范畴的公债,在现代经济条件下具有多方面的用途。大致可以归纳为以下几个方面:

16.4.1　筹措战争军费

利用公债,政府可以迅速地筹措起战争所需的大量军费。

在战争时期,军费开支的骤然上升会带来整个政府支出的激增。而政府一方面无法通过增税在短时期内筹得巨额资金以应付战争的需要,另一方面又不能根据军费增大的比例相应确定增税的确切数额,便唯有求助于举债。发行公债不仅可为政府迅速地筹得战争所急需的大量军费,而且举债的数额也可视战争的需要情况随时灵活调整。正因为如此,公债就成为各西方国家在战争时期筹措军费的一条捷径。亚当·斯密曾就此论述道:"战时为国防设备所需的费用,须三倍四倍于平时,因此在战时的收入,也须三倍四倍于平时收入……而赋税的课征,大抵要经过十个月乃至十二个月,才有税款收入国库。可是,在战争勃发的瞬间,或者说,在战争似要勃发的瞬间,军队必须增大,舰队必须装备,防军驻扎的都市必须设防,而这军队、舰队、防军驻在的都市,还须供给武器、弹药和粮食。总之在危险临到的瞬间,就得负担一项马上就要的大费用;这费用是不能等待新税慢慢地纳入国库来应付的。"而且,"因为战争所需费用不定,赋税增加多少才够,也没有把握。各国政府所碰到的这两层困难,如采用举债方法,就容易解决了"。

  西方国家的公债史表明,公债的不断增长几乎总是与战争或军费的膨胀有着直接的联系,几乎总是可以从战争或军费的需要找出它的动因。第一次世界大战,参战国差不多有近2/3的军费来自举债。在1914—1919年的五年期间内,英国的公债从70800万英镑增加到748100万英镑,即增加了9.6倍。法国的公债从335亿法郎增加到1542亿法郎,即增加3.6倍。德国的公债从52亿马克增加到1561亿马克,即增加29倍。即使积极参战仅19个月的美国,也发行了5次公债,总额高达240亿美元。其参战前的公债规模仅为10亿美元,到1919年8月战争结束时则已高达266亿美元,增加25倍半。第二次世界大战,公债再次成为参战国筹措战费的主要途径。英国的公债从1939年9月1日的84亿英镑增加到1945年7月的231亿英镑,增加1.8倍。德国的公债从战前的350亿马克增加到1944年年底的3500亿马克,即增加9倍。美国在参加战争的5年时间内,共发行过7次战时公债和一次胜利公债。从1941年美国总统罗斯福购买第一张E类储蓄债券的这一天起,到 1946 年 1 月 3 日胜利公债竞购期间来自储蓄债券的最后一美元进入国库的时候为止,联邦政府共举债 1857 亿美元。联邦债务从 1941 年的 563 亿美元一跃而为 1945 年的 2587 亿美元,即增加了 3.6 倍。由此可见公债对于战争军费筹措的重要意义。

16.4.2 弥补财政赤字

利用公债,政府可以有效地弥补财政支大于收即赤字的数额。

这一用途在 7.3 中已做简要阐释。就一般的情况而论,造成政府财政发生赤字的原因大体有二:一是经济衰退。生产和贸易的衰落以及国民收入的锐减,都会引起政府税收和其他公共收入的下降。由于公共支出不能相应减少,反而可能上升(如随着经济不景气和失业的大量增加,各项社会福利支出会有"自动"增加之势),其结果必然是财政出现赤字。二是自然灾害。自然灾害的发生,一方面会造成国民经济的损失,从而引起税收等项公共收入减少,另一方面又会使政府用于灾害地区的各项救济费支出猛烈增加。两者双管齐下,结果也是财政发生赤字。

财政赤字一旦发生,必须想办法予以弥补。如前所述,弥补财政赤字一般说来只有三种办法,即增加税收、增发通货和举借公债。若试图用第一种办法来弥补赤字,那么,不仅不能迅速地筹得大量资金,而且会在政治和经济上遭到强烈反对。至于第二种办法,因会导致无度通货膨胀,平时更只能做有限的运用。更何况它在许多西方国家的现行金融制度下,也是难以办到的;与前两种办法相比,第三种办法仅是社会资金使用权的暂时转移,在正常情况下不会招致无度通货膨胀,还可迅速、灵活和有效地弥补财政赤字,故被各国政府作为弥补赤字的一种基本方法。

从历史上看,公债本身就是同财政赤字相联系的经济范畴,是作为弥补公共收支差额的来源而产生的。可以说,弥补财政赤字是公债最原始和最基本的用途。其他方面的用途则大都是随着公债的发展而派生出来的。

16.4.3 执行经济政策

利用公债,政府可以灵活地执行不同时期的经济调节政策,以稳定经济。

在现代经济条件下,公债的发行常常被作为政府执行"反衰退"政策的手段。根据财政乘数的原理,政府要反衰退,就应该(1)增加政府开支,(2)削减政府税收,(3)或两者兼而行之。这样,既可直接扩大消费和投资,补偿私人消费和投资的不足,还可间接地刺激私人消费和投资的扩大,再通过"财政乘数"的作用,达到增加整个经济的有效需求之目的。但增支减税的结果,必然伴随着政府财政的赤字。如前所述,弥补赤字一般说来,只有增加税收、增发通货和举借公债三种方法。增加税收会直接压低私人需求,显然与反衰退政策的初衷相违背;增发通货在现今西方国家金融制度下难以办到;发行公债则既同反衰退政策的目标相一致,又能有效地弥补财政赤字。正因为如此,当今西方各国政府的反衰退政策,主要是以发行公债为后盾的。

以美国政府战后推行的以赤字财政为主要内容的反衰退政策为例,在战后40多年的历史中,美国联邦政府预算除少数几年(仅为8年)有过盈余外,其余的大多数年份都有赤字,而且赤字越来越大。从杜鲁门开始执政的1945年到布什执政的1992年为止,联邦财政赤字累计已有26000多亿美元。据统计,其中近一半以上属于政策性的赤字。同一时期,联邦政府债务从2587亿美元陡增至约40000亿美元。48年间就翻了4番左右。由此不难看出公债发行同美国政府反衰退政策的密切联系。

16.4.4 偿还到期债务

利用公债,政府可以筹集起偿还债务所需的大量资金。

政府用以偿还到期债务的资金来源一般有三:一是在财政预算中专门设置"偿债基金"支出项目;二是靠公共收入大于公共支出的预算盈余;三是通过发新债还旧债。由于当今西方各国公债累积额十分庞大,每年到期债务额已远非政府预算所能负担,前两种资金来源对许多国家来说已无实际意义,因而通过发行新公债为到期债务筹措还债资金,便成为其偿还到期债务的基本手段。

美国联邦政府债务的偿还就是如此。在联邦预算中,既没有债务还本支出项目,又常年保持巨额赤字。这样,发新债抵旧债实际是其偿还到期债务的唯一途径。日本自 1975 年以来公共收入中很大部分来自公债,财政对公债的依存度(公债发行额/公共支出额)高达近 1/3,实际也是以新债还旧债。

16.4.5 调剂季节性资金余缺

利用公债,政府可以灵活调剂政府财政收支过程中所发生的季节性资金余缺。

这是因为,政府的公共收入(主要是指税收)在一年中往往不是以均衡的速率流入国库的,而公共支出则基本上是以较为均衡的速率进行。这意味着即使从全年来说政府财政预算是平衡的,在个别月份也有可能发生相当的赤字。例如,以所得税为主体收入的国家,如美国,每年的 4—6 月份通常为公共收入的"旺季",其余月份则是"淡季",而其公共支出则一般是各月均匀分布的。由此势必造成整个预算年度中的某些月份收不抵支,某些月份却收大于支。即使以增值税为主要收入的国家,如法国,这种季节性收支不平衡的情况也是经常发生的。为弥补这种纯属季节性的赤字,保证政府职能的正常履行,许多国家都把发行期限在一年之内(短至几个月,最长不超过52周)的短期公债,作为一种季节性的资金调剂手段,以求解决暂时的收支不均衡。

这就是,在公共收入"淡季",发行短期公债,使政府预收一部分"资金";到公共收入"旺季",便以盈余资金进行这种债务的偿还。从而使收入淡季不淡,旺季不旺,与以较为均衡的速率进行的公共支出相适应。

小　　结

1. 在公债的运用问题上,19世纪的主流经济学观点和20世纪的主流经济学观点是截然相反的。其间经历了一个漫长的演进过程,由否定到肯定公债,由负债有害论到有债必要论,是这种演进过程的基本特点。大体上说,20世纪30年代大衰退之前的经济学家大都以公债具有非生产性,会减少生产资金,浪费人力、财力、物力等为由,而反对政府举债;大衰退之后的经济学家则大都以公债具有生产性,会促使物质财富增加,可成为政府调节经济的杠杆等为由,而主张政府举债。前者可称为古典的正统公债理论,后者则称作现代的公债新理论。

2. 从负债有害论出发,古典经济学家所提出的公债运用原则较为谨慎:只有当政府财政面临一次性的、超常规的社会需求,且这种需求对于公共支出的要求是暂时性的时,或者当政府是为真正的生产性资本项目筹措资金,且这种生产性资本项目是超常规时,才可以诉诸发行公债。从公债新哲学论出发,凯恩斯之后的现代经济学家所崇尚的公债运用原则较为积极:当经济面临有效需求不足的衰退时,政府应当以举债作为弥补因实施刺激需求措施而引发的财政赤字的手段。公债应否偿还或偿还多少,应视整个经济形势的需要,而不应仅考虑财政的收支状况和举债时的期限规定。

3.李嘉图等价定理的核心思想在于:公债不是净财富,政府无论是以税收形式,还是以公债形式来取得公共收入,对于人们经济选择的影响是一样的。巴罗在将遗产动机和利他动机相混同的基础上,又将李嘉图等价定理加以引申,使得它在人们死于偿债期之前的情况下继续成立。但尽管如此,在西方经济学界,李嘉图等价定理仍然遭到了非议。这是因为,李嘉图等价定理是在一系列严格的假设条件下得出的,而这些假设条件在现实生活中并不存在或不完全存在。

4.现代经济条件下公债的用途相当广泛,政府利用公债,不仅可以迅速地筹集起战争所需的大量军费,而且可以有效地弥补财政支出大于收入即赤字的数额。不仅可以灵活地执行不同时期的调节经济政策,还可迅速地筹募起偿还到期债券所需的大量资金。除此之外,政府还可将公债作为灵活调剂财政季节性资金余缺的有效手段。

第 17 章 公债的管理：种类、发行及还本付息

西方经济学家关于公债管理问题的论述，是围绕着公债的种类、发行及还本付息而展开的。本章对西方公债管理理论的阐释，自然也要从这些问题入手。

17.1 公债的种类

17.1.1 公债的分类方法

同税收的分类一样，对于公债，也可依据不同的标准，采取不同的方法进行分类。例如：

按照发行区域，可将公债划分为国内公债和外国公债。凡属在国内发行的公债为国内公债，简称"公债"。凡属在国外发行的公债为国外公债，简称"外债"。

按照偿还期限，可将公债划分为短期公债、中期公债和长期公债。偿还期限较短的叫短期公债，偿还期限较长的叫长期公债，介于两者之间的叫中期公债。

按照举债主体，可将公债划分为国家公债和地方公债。凡属由中央政府发行的公债，称为国家公债，亦称"国债"。凡属由地方政府发行的公债，称为地方公债，亦称"地方债"。

按照流通与否,可将公债划分为可转让公债和不可转让公债。可在金融市场上自由流通买卖的公债,称为可转让公债。不能在金融市场上自由流通买卖的公债,称为不可转让公债。

按照举债方法,可将公债划分为强制公债、爱国公债和自由公债。政府不管认购者愿意与否,即利用政治权力强行发行的公债,称为强制公债。政府利用认购者的爱国热情,不是利用其对经济利益的追求所发行的公债,称为爱国公债。政府所发行的由认购者自主决定购买与否的公债,称为自由公债。

17.1.2 可转让公债

前述的几种分类方法,只是概括说明了公债的分类情况。在此基础上,还须从公债的经济性质而做的重要分类——可转让公债和不可转让公债——入手,做更为详细的分析。

可转让公债通常按还本期限的长短分为四种:国库券、中期债券、长期债券和预付税款券。

1. 国库券(treasury bill)

国库券[①]是短期公债的最主要形式,期限有 3 个月、6 个月、9 个月,最长不超过一年。其面额多样,可大可小。如美国联邦财政部发行的国库券就分为 5000、10000、15000、50 万和 100 万美元等若干种面额。国库券一般不记名,不按期付息,债券上只有票面金额,而不载明利率。但出售时按票面金额打一定折扣发行(折扣率按当时的市场利率灵活确定),到期按票面金额十足还本,等于持券人预扣利息。

国库券是各国短期金融资本市场上的主要流通工具,在短期资金融通中占有重要地位。这首先是由于它的安全可靠性,国库券是政府

---

① 此处指西方国家的国库券。我国的国库券一般为中、长期债券。

的直接债务,是风险最低的投资,只要不发生特大意外事故,到期马上可以还本;其次是由于它的高度流动性,国库券在金融市场上随时可以出售变现,当投资预期发生变化或遇有资金急需时可及时脱手,有"仅次于现金的凭证"之称;再次,国库券又是一种可以带来利润的资产,发行时打折扣买入,到期十足还款,二者的差额便是一笔可观的收益;最后,国库券的面额多样,可大可小,无论是资本实力雄厚的富商,还是持有零散资金的一般居民,都可在国库券上投资。

  国库券发行的目的,主要是为了调剂政府公共收支过程中的短期资金余缺,便于进行"政府现金管理"。如前所述,由于公共收入流入国库的速率和公共支出进行的速率存在着不同步的情况,即使从全年来说财政预算是平衡的,个别月份财政部门仍可能出现收不抵支现象。为弥补这种纯属季节性的赤字,政府便把发行期限较短的国库券,作为一种季节性的资金调剂手段。也正是因为它的发行属于国库内部公共收支的正常调剂,不会影响整个预算年度的财政平衡,故被冠之以"国库券"之名。

  国库券的承购者主要有四类:一是中央银行。中央银行负有调节经济中的货币供给量之责任,而调剂货币供给量的一个重要手段就是以其拥有的国库券进行买卖,来影响短期借贷的供求,因而需要大量购入国库券。二是商业银行。商业银行主要经营的是短期存放款业务,它的大部负债需要随时支付,而且每周、每天变化很大。这就要求商业银行在选择其投资构成时,必须在取得收益和保持流动性之间求得平衡,即要求其投资对象必须能很方便地变成一般支付手段(现金)。而国库券转手方便,期限短,还可随时将其向中央银行要求贴现,符合商业银行要求较高流动性的特点,自然就成为它的重要投资对象。三是大型工商业厂商。它们通常将购进或抛出国库券作为其现金管理的一项重要工作。四是居民家庭。这是因为国库券的面额多样,可大可小,特别适合居民家庭的各种闲散资金投资。

发行国库券会对经济产生几方面的影响:国库券具有较高的流动性,其流动性程度在各类金融资产中仅次于货币,因此人们通常称之为"近似货币"或"仅次于货币的支付手段";国库券是商业银行的重要投资对象,中央银行亦大量购进国库券,发行国库券可在很大程度上导致银行信用规模的扩大;在市场资金供给量及其结构既定的条件下,大量发行国库券会使短期利率有所上升,长期利率相对降低,从而有可能刺激投资和消费的增加。总的来说,国库券的发行对经济有扩张性或膨胀性影响。

2. 中、长期债券

中期债券(在有些国家亦称"财政部债据")和长期债券(亦称"政府债券",也有些国家将其连同中期债券统称为"政府债券")是中长期公债的主要形式。中期债券的期限通常为1—10年,10年以上的为长期债券。但各国采用的期限分类标准并非完全一致,如澳大利亚将中期债券的期限定为4—5年,而长期债券的期限定为5年以上。在加拿大,则是把期限在20—25年的定为长期债券。这两种债券的面额也是多样性的,但一般要大于国库券,特别是长期债券的面额更大。

中长期债券分记名式和不记名式两种。记名式券面写明债券所有人姓名,在债券转让时须作转移登记;不记名式券面不书写姓名,以债券持有人为所有人。但不管怎样,这两种债券一般都不采取打折扣方式发行,而是附有利息(利率通常高于国库券折扣率),政府定期付息。在很多国家,这两种债券都是采取剪息票付息方式,即在中长期债券上附有可凭以按期领取利息的票券,其上载明兑付利息的时间和金额。债券持有人按期持券到付息处,剪下息票,兑付息款。

中长期债券是各国长期金融资本市场上的主要流通工具,在长期资金的融通活动中居于重要地位。这是因为它和国库券一样,都是政府的直接债务,是一种具有高度安全可靠性的投资。即使它的期限较长,在投资预期发生变化或遇有资金急需时,往往也可及时在金融市场脱手兑现(只不过因其期限较长,市场利率的波动有可能使债券持有人受到一些损失)。所以,中长期债券便成为长期金融资本市场上广为人们所接受的投资对象,尤其是那些对流动性需求不大,将主要目标放在赚取投资收益的厂商单位、居民与个人或其他机构,更是乐于在中长期债券上进行投资。

与国库券发行不同的是,中长期债券的发行不是用于弥补预算年度内各季节间公共收入的淡旺差额,而实实在在是为了实现整个预算年度的公共收支平衡。无论发行中长期债券的初衷是偿还到期债务,还是执行调节经济政策,或是基于其他方面的考虑,都会表现为整个预算年度的财政赤字的弥补。其实质都是为了实现整个预算年度公共收支的平衡。这也正是中长期债券期限超过1年甚至长达几十年的原因所在。

中长期债券尤其是长期债券的承购者主要是银行以外的金融机构:一是专门经办储蓄业务的储蓄银行。其负债的平均期限较长,在一定时期内付款的规模和频率较为稳定,所以它的投资对象选择不必要求较高的流动性,取得较高的收益才是主要目标。而中长期债券恰能满足这种要求。二是保险公司。保险公司的业务一般是和顾客签订合同,根据合同要求客户在较长期中定期进行储蓄。而且,保险公司对保单持有者的付款通常也能够相对准确地预计,因此它在选择投资对象时,中长期债券就成为其认购的重点。此外,一些靠养老基金和年金生活的个人,以及拥有较多收入并未雨绸缪为将来而进行长期储蓄的单位或个人,也往往要在中长期债券上进行投资。

发行中长期债券的经济影响可从三个方面来考察:首先,发行中长期债券换取流动性最高的货币,等于在一定程度上减少货币供给量

(略去政府将公债收入转作公共支出的影响不论)。其次,较长期债券的承购者主要是非银行的金融机构和居民个人等,它的发行一般不致引起银行信用扩大,同时由于短期债券的发行相对减少(多发行中长期债券的结果),也会在一定程度上导致银行收缩信用。再次,在市场资金供给量一定的条件下,大量发行较长期的债券,会使长期资金的需求相对大于供给,而短期资金的供给相对大于需求,从而抬高长期利率。由于长期利率较之短期利率对投资和消费需求的影响更为直接,因而将造成投资和消费的下降。所以,总的来说,中长期债券的发行对经济的影响一般是紧缩性的,或至少是非扩张性的。

3. 预付税款券(advance tax bill)

预付税款券是一种临时性的短期公债。发行这种债券的目的是吸收厂商准备用于纳税而储存的资金。

这是因为,各国的所得税大都实行分季征收,年终汇算清缴的办法。如美国联邦所得税一年征收四次。一些规模较大的厂商为了能及时纳税,须事先将税款准备好。但这部分资金如果闲置不用,不能生息,对厂商便是一种损失。即使存入银行,因存款利息远低于其他投资收益,对厂商也是不合算的。从政府这方面看,让厂商的税款能较均匀地流入国库,使政府在税收淡季也可收入一部分资金,到了纳税旺季,还可避免集中在一个时间纳税,过度收缩市场信用,无论从政府财政本身还是从整个国民经济着眼,都是有利的。预付税款券就是为了解决这个问题而设计发行的。

预付税款券与国库券有许多相似之处。它的期限也是短的几个月,最长不超过一年。而且,同样是按票面额打折扣发行,预扣利息。它的特点在于,其认购者主要是一些大型厂商,债券到期日通常为各种重要税收的缴纳日期。所以,厂商可在税收淡季为储存纳税资金而事先以折扣价购入这种债券。到税收旺季,即所得税集中缴纳之时,再用这种债券按票面额抵付税款。

17.1.3 不可转让公债

不可转让公债按发行对象大致可分为两类：对居民家庭发行的储蓄债券和对特定金融机构发行的专用债券。

1. 储蓄债券

储蓄债券是专门用于吸收居民储蓄的债券。它是不可转让公债的最主要形式，在许多国家有着多年的历史。法国和意大利从 19 世纪即发行这种债券，英国从第一次世界大战开始发行这种债券，美国和加拿大则是从第二次世界大战开始发行这种债券。至今储蓄债券已在世界各国普遍采用。

储蓄债券的期限尽管各国不一，但大多较长，一般均在几年或十几年以上。如在澳大利亚为 7—8 年，在美国为 8—10 年，在德国为 6—7 年，在卢森堡为 7 年以上，最短的也在 3 年以上。1 年左右期限的极为少见。不过，在期限上与一般政府债券有所不同的是，储蓄债券的持有者在遇有资金急需或投资预期发生变化时，可不受债券期限的限制，而提前向政府要求兑现（当然提前兑现要损失一定的利息）。这是因为，储蓄债券本身是不能转让的，而相对较高的流动性又是吸引居民家庭储蓄资金的不可或缺的因素。在此情况下，若能通过允许持有者要求提前兑现的办法，来使储蓄债券具有一定程度的流动性，则无疑会提高储蓄债券的吸引力。不过，为了避免过多的债券回流，特别是在发行之后的较短时间内回流，各国对提前兑现往往要规定一定的限制条件。如规定必须持有一定期限方可要求兑现，等等。

储蓄债券的发行条件通常较为优厚，其表现一是它的利率较高，一般高于可转让公债和银行储蓄存款的利率；二是它的发行价格低于票面额，从中可得到一定的折价收益；三是它的利息收益可免缴或少缴所得税。如在英国,国家储蓄债券、有奖储蓄债券和从源扣除储蓄契约(Save-As-You-Earn Contract)的利息收益,免纳所得税和资本利得税。在美国,得自储蓄债券的利息,免纳州和地方所得税(仍缴联邦所得税)。在意大利和卢森堡,来自储蓄债券的利息,更是完全免税。

储蓄债券实际上是专为居民个人投资者,特别是小额储蓄者而设计的。它不在公开市场上发售,只在政府机关登记购买,而且一般只对居民个人发行,并限制其他投资者或单位购买。如在美国,明文规定禁止商业银行认购储蓄债券。在法国,则是禁止所有的金融机构认购储蓄债券。在卢森堡,储蓄债券更是只限于出售给个人。

2. 专用债券

各国政府专门向金融机构发行的不可转让债券,种类繁多,名称各异,有的叫国库券(如澳大利亚),有的叫登记债券(如芬兰),有的叫投资债券、政府债券(如西班牙和德国),还有的叫特别发行债券(如美国)。为了简化起见,可将这类不可转让债券统称为"专用债券"。

专用债券是专门用于从特定金融机构(主要包括商业银行、保险公司和养老基金等)筹集财政资金的债券。它是不可转让公债的一种形式。其期限较之储蓄债券更长,最长期限达10年或20年以上;德国专用债券的期限为1—25年;荷兰专用债券的期限为6—25年;西班牙专用债券的期限为10年。这种债券通常也可在持有一定时间后,提前要求兑现。但对兑现前的必须持有期限规定较长,大大高于储蓄债券。

专用债券是专为从特定金融机构吸收资金而设计的,一般不向其他单位或个人推销,而且推销方法在许多国家都带有某些强制性。例如,美国联邦政府是根据各个信托基金账户的盈余数额,向其摊派专用债券;西班牙政府是根据商业银行和储蓄银行的存款增加额,向其摊派专用债券。但不管怎样,政府的摊派数额一旦确定,这些金融机构必须如数认购。这显然是为了能从这些金融机构稳定地取得财政资金来源（同时还有可能获得调节货币供给量的政策效果）。

正由于专用债券是专为特定金融机构设计,且主要采取强制摊派的办法推销,专用债券发行条件的优惠程度通常低于储蓄债券,有的甚至还低于可转让的诸种债券。

17.2 公债的发行

公债的发行规模一旦确定,不管其种类如何,都必须有一个发行过程。而公债发行面临的主要问题,就是发行方式、发行条件和应债来源的选择或确定。本节先讨论前两个问题,后一个问题留待下一节讨论。

17.2.1 公债的发行方式

各国所采用的公债发行方式可以说是多种多样的。具体到每一国家又都有各自的特色。可从主要方面进行归类说明。

1. 固定收益出售方式(sale on fixed-yield basis)

这是一种在金融市场上按预先确定的发行条件发行公债的方式。其特点有:(1)认购期限较短,从公债开盘发售到收盘,一般必须在几天(最长为两周)的时间内完成;(2)发行条件固定,即公债的利率与票面价格相联系,固定不变,按既定的发行条件出售,而这一既定的发行条件,往往是由财政部门通过事先与有关包销财团谈判或按照金融市场行情确定的;(3)发行机构不限,金融机构、邮政储蓄机构、中央银行、财政部门等都可以此方式发行或代理发行公债,但通常以前两类机构为主;(4)主要适用于可转让的中长期债券的发行。

在金融市场利率稳定的条件下,这种方式的采用是比较有利的。政府既可据此预测市场容量,确定公债的收益条件和发行数量,也可灵活选择有利的推销时间。但在金融市场利率易变和不稳定的条件下，采用这种方式就会遇到一定困难，其突出表现是政府不易把握金融市场行情，并据此确定公债的收益条件及发行数量。即使勉强调定，也会因金融市场行情在公债推销期间发生变动而与市场需求不相适应，因此难以保证预定公债发行任务的完成。

为了解决这一问题，此种发行方式往往要辅之以"销售担保"措施。这就是：

（1）辛迪加财团包销。即财政部门与银行、信贷机构和证券商等组成的辛迪加金融财团通过谈判签订合同，后者对政府债券实行包销。如公债预定发行量未能完全推销掉，其余额由包销者自身购入。但作为包销者担保公债发行风险的补偿，政府必须向其支付高昂的佣金和手续费。因而实行这种措施的推销费用较高。

（2）中央银行包销。即由中央银行负责包销政府债券。并承购任何未能推销掉的余额，然后由其负责在市场上继续出售。它一般不需政府支付包销佣金和手续费，在推销费用上显然优于前者。却存在着影响中央银行的货币政策效果，可能诱发通货膨胀的问题。

2. 公募拍卖方式（auction technique）

亦称公募投标方式。这是一种在金融市场上通过公开招标发行公债的方式。其主要特点是：（1）发行条件通过投标决定，即认购者对准备发行的公债的收益和价格进行投标，推销机构根据预定发行量，通过决定中标者名单被动接受投标决定的收益和价格条件。（2）拍卖过程由财政部门或中央银行负责组织，即以它们为发行机构。（3）主要适用于中短期政府债券，特别是国库券的发行。

具体的拍卖方法是多种多样的，其中包括：

（1）价格拍卖。即公债的利率与票面价格相联系，固定不变，认购者根据固定的利率及对未来金融市场利率变化的预期进行投标。投标价格可低于债券面值,也可高于债券面值。发行机构则按价格及购买数额由高到低依次出售,额满为止。

(2)收益拍卖。即固定债券出售价,认购者对固定价格的利率,也就是投资收益率进行投标。发行机构根据投标利率高低,由低到高依次出售,额满为止。

(3)竞争性出价。即财政部门事先公布债券发行量,认购者据此自报愿接受的利率和价格。发行机构按认购者自报的价格和利率,或从高价开始,或从低利率开始,依次决定中标者,一直到完成预定的发行数量为止。

(4)非竞争性出价。即一般小额认购者或不懂此项业务的认购者,可只报拟购债券数量,发行机构对其按当天成交的竞争性出价的最高价与最低价的平均价格出售。这种拍卖方法通常只限于认购额在一定限度内(美国为100万美元)的认购者采用。

上述发行方式的优点在于可避免因市场利率不稳,公债发行条件可能与市场行情脱钩,从而预定发行任务不能顺利完成的情况。但政府却在发行条件上处于被动地位,尤其是可能出现投标利率过高或投标价格过低。因此,在采用这种发行方式的同时,常常要附加某些限制条件。其中主要是规定最低标价(出售价格)和最高标价(公债利率),低于最低标价或高于最高标价的投标,发行机构不予接受。

3. 连续经销方式(sale by tap technique)

亦称出卖发行法。发行机构(包括经纪人)受托在金融市场上设专门柜台经销。这是一种较为灵活的发行方式。其特点有四:(1)经销期限不定。发行机构可无限期地连续经销,直到预定发售任务完成。一种债券的推销可持续一个相当长的时期,几个星期或几个月,甚至几年(实际上除特殊情况外,一般开盘几天就能全部售完)。(2)发行条件不定,即不预先规定债券的出售价格,而由财政部或其代销机构根据推销中的市场行情相机确定,且可随时进行调整。(3)主要通过金融机构和中央银行以及证券经纪人经销。认购者直接或通过证券交易所向经销机构递交申请,后者或是直接或是通过证券交易所予以出售。(4)主要适用于不可转让债券,特别是对居民家庭发行的储蓄债券。

与前两种方式相比,它的主要优点是可灵活确定公债的发行条件及发行时间,从而确保公债发行任务的完成。这是因为,金融市场行情往往瞬息万变,公债发行条件与其不适应的情况是经常发生的。只有随时进行相应调整,并灵活选择有利发行时机,才能提高政府债券的吸引力,吸引社会资金投资。连续经销方式较能适应这样的条件。然而,连续经销方式的优点也正是其缺点的根源。这就是它会与私人厂商争投资,排挤私人厂商的筹资活动,从而妨碍厂商投资。通常被认为是以整个经济遭受损失的代价来换取政府短时的收入利益(实际上其他方式也同样存在这个问题,只不过在连续经销方式上表现更为突出)。

4. 直接推销方式(private placement technique)

亦称承受发行法。它是一种财政部门直接与认购者谈判出售公债的发行方式。主要特点在于:(1)发行机构只限于政府财政部门,如财政部或其所属公债局(署、司),即由它们直接与认购者进行交易,而不通过任何中介或代理机构。(2)认购者主要限于有组织的机构投资者(institutional investor)。其中主要是商业银行、储蓄银行、保险公司、养老基金和政府信托基金等。个人投资者不能以此种方式认购公债。(3)发行条件通过直接谈判确定,由财政部、公债局召集各个有组织的机构投资者分别就预备发行公债的利率、出售价格、偿还方法、期限等条件进行谈判,协商确定。(4)主要适用于某些特殊类型的政府债券的推销。如比利时和瑞士的专门用于吸收商业银行资金的特殊可转让债券,以及有些国家对特定金融机构发行的专用债券等,就是通过这种方式发行的。

此种方式优点突出,这就是它可充分挖掘各方面的社会资金。因为公债的发行条件通过与各个投资者直接谈判确定,为财政部门提供了了解、掌握认购者投资意向的机会。可据此向各类认购者设计发行不同条件的债券,显然有利于调动、挖掘尽可能多的公债资金来源。而且,谈判采取随发行随举行的办法,又使财政部门在发行上有了较大的灵活性,可随时根据财政状况确定公债发行量和发行时间。不过,这种方法的缺陷也是突出的。这就是它只能在有限的范围采用。如只适于发行少数特定类型的债券,而不能扩大到一般债券;只适用于有组织的机构投资者,而不能扩大到个人投资者。否则,势必会因工作量巨大、繁重而陷于困境。这就决定了它又只能作为一种发行公债的辅助性方式。

5. 组合方式(combination of selling technique)

这是一种综合上述各种方式的特点而加以结合使用的公债发行方式。

在某些国家的公债发行过程中,有时可不单纯使用上述的任何一种方式,而是将这些方式的其中一些特点综合起来,取其所长,结合运用。英国是一个最典型的例子。在英国,公债的发行往往采用先拍卖后连续经销方式,即最初先将公债以公募拍卖方式出售,由于拍卖期限较短,且附有最低标价规定,难以避免投标数量不足。拍卖余额就由英格兰银行(中央银行)负责购入,其后再以连续经销方式继续出售,直到完成预定的发行任务。英国的这种发行方式就是综合了公募拍卖和连续经销两种方式的特点,取其各自的长处,从而弥补了各自的不足。在公债的发行中便具有了相当的灵活性,显然有利于保证公债的顺利发行。

17.2.2 公债的发行条件:价格与利率

公债的发行条件,涉及的问题较多,如公债的票面额、期限、利率、发行价格、偿还方式、能否转让等,都属于公债发行的基本条件。但相对重要、牵扯面较广的主要还是发行价格和利率的确定问题。

先看公债的发行价格。

公债的发行价格,就是政府债券的出售价格或购买价格。

政府债券的发行价格不一定就是票面值,它可以低于票面值发行。少数情况下,也可以高于票面值发行。所以有一个发行的行市问题。按照公债发行价格与其票面值的关系,可以分为平价发行、减价发行和增价发行三种发行价格:

1. 平价发行(at par)。平价发行就是政府债券按票面值出售。认购者按公债票面值支付购金,政府按票面值取得收入,到期亦按票面值还本。

政府债券按照票面值出售,必须有两个前提条件:一是市场利率要与公债发行利率大体一致。如市场利率高于公债利率,按票面值出售便无法找到认购者或承购者。市场利率低于公债利率,按票面值出售,政府财政也将遭受不应有的损失。唯有市场利率与公债利率大体一致,公债既能顺利地发售出去,又不至于增加国库负担。二是政府的信用必须良好。唯有在政府信用良好的条件下,人民才会乐于按票面值认购,公债发行任务的完成才能获得足够的保障。

2. 减价发行(at a discount)。减价发行(亦称折价发行)就是政府公债以低于票面值的价格出售。即认购者按低于票面值的价格支付购金,政府按这一折价取得收入,到期仍按票面值还本。例如,面值 100 美元的公债,以 95 元的价格出售,公债偿还时,除利息之外,债券持有者还可得到 5 美元的溢差,即为减价发行。

债券的发行价格低于票面值,其原因是多种多样的。由于市场利率上升,政府必须降低发行价格,债券才能找到认购者或承购者是一个原因;压低行市(压低发行价格)比提高公债的利率,便于掩盖财政拮据的实际状况及不致引起市场利率随之上升而影响经济的正常发展,也是一个原因;此外,在发行任务较重的情况下,为了鼓励投资者踊跃认购而用减价的方式给予额外利益,是一个更重要的原因。

3. 增价发行(at a premium)。增价发行(亦称溢价发行)就是政府债券以超过票面值的价格出售。认购者按高于票面值的价格支付购金,政府按这一增价取得收入,到期则按票面价值还本。

政府债券能按高于票面值的价格出售,只有在两种情况下才能办到:一是公债利率甚高,高于市场利率以致认购者有利可图。二是公债利率原与市场利率大体相当,但当债券出售时,市场利率出现下降,以致政府有可能将债券增价发行。

比较上述三种发行价格,从政府财政的角度看,第一种价格即平价发行可说是最为有利的。首先,采用这种价格发行公债,政府可按事先规定的票面值取得预期收入,又按此偿还本金。除需按正常的利率支付一定的债息外,不会给政府财政带来额外负担,有利于公共收入的管理和预算的顺利进行。其次,按照票面值出售债券,不会对市场利率带来上涨或下降的压力,撇开政府经济政策的因素不论,这是有利于经济的稳定的。而且,债券面额与发行价格一致,还有助于避免债券的投机之弊。

第三种价格即增价发行虽可在发行价格上为政府带来一些价差收入,但因增价只有在公债利率高于市场利率的情况下才能办到,必会使政府财政蒙受不应有的高利支出之累。即使偶尔出现前者大于后者的情况,由于其收入不规则,于公共收支的计划管理也不大有利。

至于第二种发行价格即减价发行,则既不能为政府按票面价值带来预期收入,政府偿还本金支出又要大于实际公债收入,而且还有可能影响市场利率的稳定,于政府财政更为不利。

再来看公债的利率。

公债的利率,就是政府因举债所应支付的利息额与借入本金额之间的比率。

公债利率的高低,主要是参照以下三种因素来确定的:

1. 金融市场利率水平。公债利率应参照金融市场的利率而决定。具体地说,金融市场利率高,公债利率必须相应提高;金融市场利率低,公债利率可相应降低。否则,如公债利率与金融市场利率相差甚远,便或会因公债利率低于金融市场利率致使公债找不到认购者,或会因公债利率高于金融市场利率致使政府蒙受不必要的损失。

2. 政府信用状况。公债利率也应按照政府信用的状况而决定。具体地说,政府信用良好,公债利率可相应较低,政府信用不佳,公债利率只能较高。否则,不是会加重政府债息负担,就是会阻滞公债的发行。

3. 社会资金供给量。公债利率还应根据社会资金供给量的大小而决定。说得具体一点,社会资金供给充足,公债利率可相应下调;社会资金供给匮乏,公债利率便须相应上调。否则,便有可能或是使国库承受额外的债息支出,或是使公债的发行不畅。

17.3　公债的应债来源

所谓公债的应债来源(亦可称公债的发行对象),就是公债发行的资金收入,来自何处。也就是公债出售于何处,由何者认购。

按照发行影响的不同,可将公债的应债来源划分为银行系统和非银行系统两大类别。

17.3.1 银行系统作为应债来源

这里所说的银行系统,主要包括商业银行和中央银行。

先来考察商业银行认购公债的情形。

商业银行在许多国家都是公债的重要承购者。这首先是因为商业银行作为企业购进政府债券是一项有利的投资,持有政府债券可以获得利息收入,在资金方面安全可靠;其次是因为商业银行作为银行购进政府债券是一种可靠的储备资产。政府债券(尤其是可转让债券)流动性较高,随时可在金融市场上出售,极适于作为商业银行的第二线储备资产。当第一线储备资产(现金)不足时,随时可通过出售一定数量的政府债券来换取现金。

从直接影响看,商业银行认购公债,将通过财政资金的使用和转移,在经济中增加相当于认购公债额一倍的货币供给。

假设商业银行以多余现金准备购买政府债券,商业银行和中央银行的资产负债表将因此而发生下列变化(参见表17-1):

表17-1　商业银行以剩余资金购入公债的经济影响

商业银行(单位:万美元)		中央银行(单位:万美元)	
①准备金　-100		①准备金　+100	①财政部存款 +100
①政府债券 +100		①准备金　-100	②财政部存款 -100
②准备金　+100	②公众存款 +100		

注:①公众从商业银行提款100万美元用于认购公债,财政部将发行公债所得资金存入中央银行。

②财政部支用发行公债收入100万美元,政府支票领受人将所获款项存入商业银行。

第一步,商业银行交出额外现金准备100万美元,购入政府债券100万美元。这时,商业银行账户资产方准备金减少100万美元,持有公债增加100万美元。同时,财政部将发行公债所获收入100万美元存入中央银行,也就是中央银行账户资产方准备金和负债方财政部存款同时增加100万美元。

第二步,政府以发行公债所获收入100万美元充作支出财源,分别支付给居民个人(如发放食品券补贴)和私人厂商(如向私人厂商采购物资),居民个人和私人厂商又将所得资金存入各自开户商业银行(这里省略了政府支票转送兑付的过程)。即中央银行账户资产方准备金和负债方财政部存款同时减少100万美元,而商业银行(这里我们把全国的商业银行作为一个整体考察)账户的资产方准备金和负债方公众存款同时增加100万美元。

经过上述两步变化的结果是,商业银行系统持有的政府债券增加100万美元,公众存款增加100万美元。即国民经济中增加了100万美元的货币供给。有些人比商业银行购入政府债券之前多出100万美元的钱,而又没有哪些人的钱因此而减少。所以,商业银行认购公债的经济影响是扩张性的。

再来看中央银行认购公债的情形。

中央银行也是公债的主要承购者。但中央银行认购公债,通常是由于下述两个方面的原因:其一,中央银行作为货币政策执行机关,要通过在公开市场上买卖政府债券,其中主要是国库券来调节货币供给量和市场利率(这也就是所谓"公开市场业务"),因而需要大量购入政府债券作为执行货币政策的基础。其二,中央银行作为政府财政的支持者,在政府财政面临大量赤字的情况下,要通过认购一定数量的公债,为政府提供资金援助(尤其在政府不能从其他方面找到足够的公债收入来源时,更是如此)。

中央银行认购政府债券,一般可通过两个途径:一是从财政部直接购入,即所谓直接途径。二是从公开市场上买进,即所谓间接途径。但无论通过哪一种途径,其结果都会增加商业银行系统的准备金,从而造成银行存款多倍扩大,货币供给量多倍增加。

如果中央银行直接从财政部购进政府债券,中央银行和商业银行的资产负债表将因此而发生如下变化(参见表17-2)。

第一步,中央银行购入政府债券100万美元。这时,中央银行账户资产方持有公债增加100万美元,负债方财政部存款增加100万美元。

第二步,财政部支用其存款,将100万美元支付给居民个人或私人厂商。后者将政府支票送存各自开户商业银行。商业银行将支票转送中央银行,收款后转入上述居民个人或厂商存款账户。同时,中央银行将财政部存款转作商业银行存款(即为商业银行准备金)。这时,商业银行账户资产方准备金增加100万美元,负债方公众存款增加100万美元,中央银行账户负债方财政部存款减少100万美元,商业银行增加100万美元。

上述交易活动的最重要的结果是,商业银行系统的公众存款增加100万美元。准备金也增加100万美元。

表17-2 中央银行从财政部直接购入公债的初始影响

中央银行(单位:万美元)		商业银行(单位:万美元)	
①政府债券 +100	①财政部存款 +100	②准备金 +100	②公众存款 +100
	②财政部存款 −100		
	②商业银行存款 +100		

注:①中央银行以增加财政部存款方式购入公债100万美元。
　　②财政部支用存款,政府支票领受人将支票送存商业银行,后者与中央银行进行划拨转账。

中央银行从公开市场上购入政府债券一般可分为两种情况:一是交易对象为商业银行,二是交易对象为社会公众。

如果中央银行从商业银行购入政府债券,则中央银行和商业银行的资产负债表将因此而发生下述变化(参见表17-3):

表 17-3　中央银行从商业银行间接购入公债的初始影响

中央银行（单位：万美元）	商业银行（单位：万美元）
①政府债券　+100　　①商业银行存款　+100	①政府债券　-100 ②准备金　　+100

注：中央银行以增加商业银行存款方式从商业银行购入政府债券 100 万美元。

第一步,中央银行从商业银行购入政府债券 100 万美元。中央银行账户资产方持有公债增加 100 万美元,负债方商业银行存款增加 100 万美元。

第二步,商业银行将政府债券交付中央银行后,在自己账户上进行相应结算。即商业银行账户资产方持有公债减少 100 万美元,准备金增加 100 万美元。

上述交易的最重要的结果是,商业银行系统的存款准备金增加 100 万美元(不过,须注意,这里商业银行存款额未直接马上发生变化,这将使它与其他情况的最终影响有些区别)。

如果中央银行从非银行的社会公众手中购入政府债券,中央银行和商业银行的资产负债表因此而发生的变化为(参见表 17-4):

第一步,中央银行开出 100 万美元支票支付给公众,从公众手中购入政府债券 100 万美元。这时,中央银行账户资产方持有公债增加 100 万美元,负债方签发支票增加 100 万美元。

第二步,公债出售者将中央银行支票送存自己开户银行,商业银行将支票转送中央银行,收款后转入公债出售者存款账户。同时,中央银行将签发支票转作商业银行存款。这时,商业银行账户资产方准备金增加 100 万美元,负债方公众存款增加 100 万美元。中央银行账户负债方签发支票减少 100 万美元。商业银行存款增加 100 万美元。

这笔交易的最重要结果为,商业银行系统的公众存款增加 100 万美元,存款准备金增加 100 万美元。

表 17-4　中央银行从公众手中间接购入公债的初始影响

中央银行（单位：万美元）		商业银行（单位：万美元）	
①政府债券　+100	①签发支票　　　+100 ②签发支票　　　-100 ②商业银行存款　+100	②准备金　+100	②公众存款　+100

注：①中央银行签发支票,从公众手中购入政府债券 100 万美元。
　　②债券出售者将支票送存商业银行,后者与中央银行进行划拨转账。

经过上述一系列的考察,可以看出,中央银行认购公债,不论是通过直接途径,还是间接途径,也不论是从财政部购入,还是从商业银行或公众手中购入,其共同的最重要的结果都是:商业银行系统在中央银行的存款或说是商业银行系统的存款准备金增加 100 万美元(相当于中央银行认购公债额一倍即同样大的规模)。就是说,商业银行系统现在拥有新增准备金 100 万美元。

但这还只是初始的影响,事情并没有就此结束。

一般说来,为了赚取利润,商业银行是不会让其拥有的新增准备金处于闲置状态的。它肯定要设法将新增准备金的超过法定限额部分即超额准备金用于发放贷款或证券投资。

假定政府规定的法定准备金比率为 20%,①每一家商业银行将其新增的超额准备金用于贷款或投资。那么,整个商业银行系统(这里同样将全国的商业银行当作一个整体)的存款通货将因此而有可能以 5:1 的比率扩大,或说货币供给量会有可能以 5 倍于新增准备金的规模(也就是中央银行认购公债数额)扩大。其变化过程是:

---

①　各国的实际法定准备金水平要低得多,使用这个数字仅仅是为了计算和解释的方便。

第一步,A 商业银行将因中央银行认购 100 万美元公债而新增的准备金 100 万美元分作两部分:20 万美元法定准备金和 80 万美元超额准备金。其后,将 80 万美元超额准备金用于贷款和投资。

第二步,A 商业银行的 80 万美元贷款与投资,经过一系列的交易过程以公众存款形式流进 B 商业银行。B 商业银行资产负债表上的准备金和公众存款因此同时增加 80 万美元。B 商业银行将其中 16 万美元留作法定准备金,64 万美元超额准备金用于贷款和投资。

第三步,B 商业银行的 64 万美元贷款与投资,经过一系列的交易过程又会以公众存款形式存入 C 商业银行,C 商业银行的准备金和公众存款均因此增加 64 万美元。C 商业银行又将其中的 12.8 万美元留作法定准备金,51.2 万美元超额准备金用于贷款和投资。

银行新增存款数额的总和现在为 100 万美元加 80 万美元加 64 万美元,即 244 万美元。这几乎是起首新增准备金的二倍半。但是,很清楚,第四级商业银行会继续得到 51.2 万美元的存款和准备金;第五级商业银行又会得到 51.2 万美元的 80% 即 40.9 万美元的存款和准备金。照此类推,除了为数极微的尾差以外,最后可得到的各级商业银行新增存款数额的总和将为 499.99……万美元,接近 500 万美元,如下表所示(参见表 17-5)。

表 17-5　中央银行认购公债的最终影响　　(单位:万美元)

商业银行	新存款	新贷款和投资	准备金
A 银行	100	80	20
B 银行	80	64	16
C 银行	64	51.2	12.8
……	……	……	……
第几级银行			
共计	500	400	100

经过上述一系列的变化过程的结果是,中央银行持有的政府债券增加100万美元,而商业银行系统的公众存款增加500万美元,即国民经济中增加了500万美元的货币购买力或货币供给量。也就是说,有些人比中央银行认购政府债券之前多出500万美元的钱,而又没有哪些人的钱因此而减少(唯一例外的是,如中央银行从商业银行购入公债,由于不会直接使商业银行的存款额马上发生变化,它所带来的存款增加率较之上述结果小1)。所以,中央银行认购公债的经济影响是扩张性的。而且,其扩张程度远大于商业银行认购,是"乘数"式的。

17.3.2 非银行系统作为应债来源

这里所说的非银行系统是指国民经济中除银行业之外的所有其他部门、厂商和居民个人。为了分析上的方便,可将非银行系统划分为两大类:一类为社会公众,主要包括居民个人、工商业厂商、非银行金融机构以及除银行之外的各种投资者,另一类为政府机构,主要指除财政部以外的中央政府各部门、各级地方政府。

先看社会公众认购公债的情形。

社会公众承购政府公债,一般只会造成政府支出与民间支出的转换,不会增加或减少经济中的货币供给量,但有可能引起市场利率的短时波动。

假设公众动用银行存款购买政府债券,①商业银行和中央银行的资产负债表将因此而发生如下变化(参见表17-6):

第一步,公众从其商业银行存款账户提取100万美元,用作认购政府债券的资金来源。财政部将发行公债所获收入100万美元存入中央

---

① 在现代经济条件下,人们的多余资金大都要以银行存款的形式存在,只有应付日常生活必需开支的资金才以现金形式存在。

银行。中央银行账户因此在资产方准备金增加100万美元,在负债方增加财政部存款100万美元。而商业银行为支付提款,一方面其账户负债方公众存款减少100万美元,另一方面其账户资产方准备金亦减少100万美元。

如果这时商业银行拥有超额准备金,则公众的提款不会引起货币供给紧缩。如果这时商业银行并没有超额准备金,则公众的提款将使商业银行发生现金准备不足,而只能通过收回部分贷款或变卖库存有价证券,以资填补。这时,资金供给将因此出现紧缩,市场利率也会随之上升。

不过,这种紧缩现象的出现只是一时性的。一旦进入第二步的变化过程,紧缩的现象便会自动解除或缓和。

第二步,财政部花费它的新存款,将100万美元存款从中央银行提出分别支付给居民个人或私人厂商等公众。公众又将所得款项存入各自开户银行。即中央银行账户资产方准备金减少100万美元,负债方财政部存款减少100万美元,而商业银行资产方准备金增加100万美元,负债方公众存款亦增加100万美元。

这时,商业银行的存款金额和现金准备额又将恢复到原有的水平。也就是,与公众认购公债之前相比,银行准备金没有变动,存款总额也没有变动。前述的紧缩现象必将随之消除。

表17-6 社会公众认购国债的经济影响

中央银行(单位:万美元)				商业银行(单位:万美元)			
①准备金	+100	①财政部存款	+100	①准备金	-100	①公众存款	-100
②准备金	-100	②财政部存款	-100	①准备金	+100	②公众存款	+100

注:①公众从商业银行提款100万美元用于认购公债,财政部将发行公债所得资金存入中央银行。

②财政部支用发行公债收入100万美元,政府支票领受人将所获款项存入商业银行。

经过上述两步变化的结果是,100万美元的资金使用权由民间转移给政府,除有可能发生短时的利率波动外,商业银行的准备金和存款水平都将维持原有水平,因而不会增加或减少货币供给量(不过,有一点须注意,公众存款的持有人将发生变动。在财政部付款后,存款的所有人并不是购买公债的人,而这两种人花掉存款的模式或倾向可能不一样)。所以,社会公众认购公债的经济影响从总体说一般是"中性"的,即对社会总需求既不会产生扩张性影响,也不会带来紧缩性影响。

再看政府机构认购公债的情形。

在西方一些国家,政府机构也常常成为公债的重要承购者。政府机构之所以认购政府债券,主要是为了充分利用政府内部的资金。具体来说,有这样几个原因:(1)政府经费拨付的集中性和政府支出速率的均衡性通常可使政府机构在经费支出过程中形成暂时存留资金,其大部分可通过投放于为期几个月的短期公债而调剂使用;(2)政府管理的各种社会保险基金一般有专项的税款收入,且专款专用,有可能形成盈余而在公债上投资;(3)地方各级政府掌握的财政资金和预算外资金往往会形成大量盈余而处于闲置状态,也可通过认购政府公债加以调剂使用;(4)有些国家,如美国更是通过法律明文规定,政府机构的暂时存留资金和由政府管理的各种社会保险基金的资金盈余等,必须投放于政府债券,而不能用作其他用途。

政府机构认购公债实际上仅是政府部门内部的资金转移,或说是政府各部门银行存款账户之间的资金余缺调剂,用西方经济学界的话说,"是从政府的一个口袋转入另一个口袋"。一般不会因政府机构购入公债而对经济产生任何扩张或紧缩性影响。只不过随着政府机构认购公债而将一部分资金使用权转交财政部,而财政部与各政府机构的支出模式或倾向不可能完全一致,从而有可能在资金的使用方向或是具体用途上发生变化。所以,政府机构认购公债的经济影响基本上是"中性"的。

17.4 公债的还本付息

17.4.1 公债的付息方式

公债发行之后,除短期者外(已通过折价发行预扣利息),在其存在的期间内必须付息。由于公债在发行时已经规定了利率,每年应付的利息支出是固定的,政府在公债付息方面的主要任务,便是对付息方式,包括付息次数、时间及方法等做出相应的安排。

公债的付息方式大体可分为两类:一是按期分次支付法。即将债券应付利息,在债券存在期限内分作几次(如每一年或半年)支付。一般附有息票,债券持有者可按期下息票,兑付息款。二是到期一次支付法。即将债券应付利息同偿还本金结合起来,在债券到期时一次支付,而不是分作几次支付。

前一种方式往往适用于期限较长或在持有期限内不准兑现的债券。这是因为,在较长的期限内,如能定期支付一定数额的利息,不仅可激发持券人认购公债的积极性,也可避免政府债息费用的集中支付,使债息负担均匀分散化。后一种方式则多适用于期限较短或超过一定期限后随时可以兑现的债券。这是因为,在较短的期限内,债息的分次支付成为不必要。而如在债券到期时,将息款连同本金一次支付,则可大大简化政府的公债付息工作,债券持有者也完全可能接受。

由于付息方式上的不同,政府在每一年度应付的利息和实际支付的利息并不完全一样。通常情况下,应付额会大于实付额而形成一笔利息上的债务。因此,在公债的付息工作中,政府往往要通过恰当地选择付息方式,安排好应付额和实付额的关系,以期与政府的财政状况和经济形势的需要保持一致。

17.4.2 公债的偿还方式

公债到期之后，就要依发行时的规定，按期如数还本。公债偿还中的一个重要任务，就是慎重地选择好偿还方式。公债本金的偿还数额虽然是固定的，但政府在偿还方式上却有很大的选择余地。何时偿还于经济发展有利？采取何种方式可与政府财政状况相适应？这是选择偿还方式时的主要着眼点。

在西方国家，政府可选择使用的公债偿还方式主要有以下几种：

1. 分期逐步偿还法

即对一种债券规定几个还本期，每期还本一定比例，直到债券到期时，本金全部偿清。比如，两年期的债券分四次在两年内偿还，每半年偿还 1/4。而票面额 100 美元的债券持有人可以每隔 6 个月从政府收回 25 美元，到两年期限结束收回全部本金 100 美元。

这种偿还方式可以分散公债还本对国库的压力，避免集中偿还可能给政府财政带来的困难。但在这种偿还方式下，须频繁地进行本金兑付，公债利率也往往要有差别的规定。还本愈迟，利率愈高，以求鼓励债券持人推迟还本期。因而政府公债偿还的工作量和复杂程度势必会因此加大。

2. 抽签轮次偿还法

即在公债偿还期内，通过定期按公债券号码抽签对号以确定偿还一定比例债券，直至偿还期结束，全部公债券皆中签偿清为止。比如，两年期的债券每半年抽签偿还 1/4，对每次中签的债券，按债券面额还本并按规定付给利息。对未中签者仍按期支付利息。直到两年期结束，通过四次抽签全部债券都将中签还本。这种偿还方式的利弊之处与分期逐步偿还法大致类似。

3. 到期一次偿还法

即对发行的公债实行在债券到期日按票面额一次全部偿清,也就是何时债券到期,何时一次偿还。这是一种传统的偿还方式,其优点是政府公债还本管理工作简单、易行,且不必为公债的还本而频繁地筹措资金。缺点则是集中一次偿还公债本金,有可能造成政府支出的急剧上升,给国库带来较大压力。

4. 市场购销偿还法

即在债券期限内定期或不定期地从证券市场上赎回(或称买回)一定比例债券,赎回后不再卖出,以致在这种债券期满时,其已全部或绝大部分被政府所持有,从而债券的偿还实际上已变成一个政府内部的账目处理问题。其赎价一般要高于票面额,债券持有者可视资金松紧情况自由决定是否出售债券。由于各国普遍进行所谓公开市场业务活动,通过中央银行大量买卖政府债券(主要是短期的),上述购销的方法就成为短期公债还本的主要方式。

这种方式的长处是给投资者提供了中途兑现的可能性,并会对政府债券的价格起支持作用,有助于增强对公债的信任和稳定感。同时,政府还可通过政府债券的购销达到调节社会金融之目的。其短处是政府需为市场购销进行大量繁杂的工作,对从事市场购销的工作人员也有较高的素质要求,特别是要求其具备相当的判断力,因而不宜全面推行。

5. 以新替旧偿还法

即政府通过发行新债券来兑换到期的旧债券,以达到偿还公债之目的。换句话说,就是到期债券的持有者可用到期债券直接兑换相应数额的新发行债券,从而延长持有政府债券的时间;政府可用新发行债券直接兑换相应数额的到期债券,从而使到期债务后延。

这种偿还方式有明显的优越性。从政府财政的角度看,公债既可用一般预算资金偿还,又可通过发行新债券偿还,增加了筹措还债基金的灵活性。从债券持有者的角度看,只要其认为有利,便可拥有继续持有政府债券的优先权(当然也往往允许要求到期兑现),在新债券需求量较大的情况下对原持有者有利。其问题在于:如果经常使用这种偿还方式,实际上等于无限期推迟偿还,终究会损坏政府债信。

17.4.3 公债偿还的资金来源

不论采取什么偿还方式,公债的还本总是会形成对于国库的一个压力。同时,还本是否能如约进行,既影响到期债券的行市,也影响其他一切债券的行市,对债券持有者和政府都是利害攸关的。这就要求公债的偿还必须有较为稳定且充足的资金来源。

那么,政府用于偿还公债的资金来源都有哪些呢?

1. 设立偿还资金

就是由政府预算设置专项基金用以偿还公债。即每年从公共收入中拨交一笔专款设立基金,由特定机关管理专充偿付公债之用,而不得用作其他用途。而且,在公债未还清之前,每年的预算拨款不能减少,以期逐年减少债务,故又称作"减债基金"。

偿债基金的办法最早由英国政府根据理查·普莱斯关于"国家应以单利借款,以复利放债"的建议在18世纪加以采用。从1786年起,英国建立偿债基金和相应的专门委员会,每年由国库拨款100万英镑,交委员会用于在市场上买进政府债券,债券上的利息(由政府照付)则由该委员会继续用于买进债券。但不久就因财政困难无法克服,偿债基金被挪用而遭失败。

西方经济学家从历史的经验中得出结论,设立偿债基金实为弊多利少。其利处在于:设有偿债基金的公债,较为投资者所欢迎,因而其发行的价格能较条件相同或类似的证券为高。

其弊端在于：偿债基金常不免于挪用而形同虚设，"当国家升平无事，而有种种特别开支的需要时，政府每当开征新税，不若挪用减债基金来得便利。不论开征任何新税，人民都会感到多少的痛苦，因而引起怨声，引起反对……至于暂时停止偿还债务，人民是不会马上感到痛苦，因而也不致引起怨言，也不致引起不平之鸣。所以，挪用减债基金，常为摆脱目前困难的显然容易的方策"①。此外，政府因设置基金而被迫定期定额拨款，也会使预算的安排失掉一定的灵活性。而当预算平衡出现严重困难时，又势必忽略按年拨付基金；或者，为拨付偿债基金，势必要发行新的债券。这样一来，政府负担势必会因此加重，且会引起不必要的管理混乱。

也正因为如此，偿债基金的办法，虽然在一些西方国家中试行过，但最后大都以失败而告终。

2. 依赖财政盈余

就是政府在预算年度结束时，以当年公共收支的结余作为偿还公债的资金。如盈余多，则偿债数额亦多。如盈余少，则偿债数额亦少。如无盈余，则无款可用于偿债。

就西方国家目前的情况来看，这种靠财政盈余作为偿债来源的办法实属虚拟。这是因为，一方面，当今各国公债的规模大都呈日益增加之势，每年都有大量的到期债务需偿还。另一方面，各国公共收支的平衡也愈来愈困难，收支不能相抵的年份愈来愈多，赤字数额越来越大。即使偶有盈余，也远不济当年偿还公债之需。况且，为了能长期不断地发行债券，也必须按期及时偿还公债以维持政府债信，根本不可能视财政盈余的多寡来决定偿还公债的数额。

---

① 亚当·斯密：《国民财富的性质和原因的研究》下卷，第484页。

3. 通过预算列支

就是将每年的公债偿还数额作为公共支出的"债务还本"项目而列入当年支出预算,由正常公共收入(主要指税收)保证公债的偿还。

表面上看,这似乎是确保公债近期偿还的稳妥办法。但实践中也会遇到种种问题。这是因为,如果政府财政有能力每年拨出专款用作公债偿还支出,那么就可能没有必要发行公债,或者不必要每年发行那么多公债。举债国通常的状况是,政府财政资金紧张,不敷支出需要,有余力偿还公债的情况比较少见。除非在财政状况较为充裕时期,政府一般不可能通过预算列支并靠正常公共收入偿还公债。否则,即使在预算中列支,也常常会被作为支出的"软项",在正常的公共收入紧张时被挤掉而使"偿债支出"有名无实,形同虚设。而为了保证公债到期偿还,政府又必须寻求正常公共收入之外的财源,即再发行公债以筹措偿债资金,进而形成"预算列支,举债筹资"的局面。

如此看来,通过预算列支的办法偿还公债,必须要以正常公共收入之外的财源作为资金来源或补充性资金来源。

4. 举借新债

就是政府通过发行新债券为到期债券筹措偿还资金,也就是以借新债的收入作为还旧债的资金来源。①

这是目前西方国家偿还公债的主要资金来源。在西方经济学家看来,这既有实践上的必然性,也有理论上的合理性。从各国的财政实践来看,当今之世,政府公债的累积额十分庞大。每年的到期债务已远非正常的公共收入所能担负,偿还到期债务的资金来源,不能不依赖于不断地举借新债。从理论上看,公债可以被看作储蓄的延长形式。在正

---

① 请注意这里实际包括发行新债和偿还旧债两个阶段。它同前面所说的"以新替旧偿还法"不是一回事。

常情况下，任何储蓄从个别讲有存有取；但从总体看，则是只存不取。公债同样如此，从单项债务看，它有偿还期；但从债务总体讲，它实际上并不存在偿还期，而是只应用借新债还旧债的办法，无限长时间地延续下去的。或许正因为如此，通过发行新公债的办法为到期债务筹借还本资金，便成为各国政府偿还公债的基本手段。

小　　结

1. 对于公债，可依据不同的标准，采用不同的方法进行分类。但最基本的分类，是按其流通与否，分为可转让公债与不可转让公债两大类。可转让公债又可按还本期限的不同，进一步划分为国库券、中期债券、长期债券和预付税款券。不可转让公债可按发行对象的不同，进一步划分为对居民家庭发行的储蓄债券和对特定金融机构发行的专用债券。各种公债(债券)在期限、面额、利率、流动性、发行目的、发行对象及经济影响等方面，各有自己的特点。

2. 公债的发行方式大体可归纳为固定收益出售(按预先确定的发行条件发售)、公募拍卖(在金融市场上公开招标)、连续经销(在金融市场上设专门柜台经销)、直接经销(财政部门直接与认购者谈判出售)和组合方式(综合各种方式的特点而加以综合使用)等五种。它们各有千秋，各国多视本国国情而选择采用。

3. 公债的发行条件涉及的问题较多。但相对重要、牵扯面较广的主要是发行价格和利率的确定。公债的发行价格就是政府债券的出售价格或购买价格。它有平价发行、减价发行和增价发行等三种形式。应力争平价发行，而避免减价或增价发行。公债的利率就是政府因举债所应支付的利息额与借入本金额之间的比率。其水平应参照金融市场利率、政府信用状况和社会资金供给量等因素加以确定。

4.按照经济影响的不同,可把公债的应债来源划分为银行系统和非银行系统两大类。银行系统(包括商业银行和中央银行)作为应债来源的经济影响是扩张性的。其中商业银行认购公债可依其认购规模扩大货币供给一倍;中央银行认购公债可依法定准备金比率扩大货币供给数倍;非银行系统包括社会公众和政府机构作为应债来源的经济影响是"中性"的,其中社会公众认购公债只会造成民间支出与政府支出的转换,政府机构认购公债仅是政府部门内部的资金转移。

5.公债的付息方式大致可分为两类:一是按期分次支付法,即将债券应付利息在债券存在期限内分作几次支付给债券持有者,往往适用于期限较长或在持有期限内不准兑现的债券;二是到期一次支付法,即将债券应付利息同偿还本金结合起来,在债券到期时一并支付给债券持有者,多适于期限较短或超过一定期限后随时可以兑现的债券。

6.公债的偿还方式主要有分期逐步偿还法、抽签轮次偿还法、到期一次偿还法、市场购销偿还法和以新替旧偿还法五种。用于偿还到期公债的资金来源大体有设立偿债基金、财政盈余、预算列支和举借新债四个方面。这些偿还方式和资金来源各有千秋,政府可视经济发展形势和公共收支状况加以慎重选择。目前西方国家偿还到期债务,主要是依靠举借新债筹得的资金。

第 18 章 公债管理与宏观经济调控

西方经济学家认为,公债管理的意义,是不能仅从纯财政的角度去理解的。更为重要的,是应把它同经济的稳定发展联系起来,并将其作为一种有效的宏观经济调控手段加以运用。

本章将在上一章的基础上,把公债管理置于经济稳定发展的大背景下,就公债管理同宏观经济调控的关系问题,进行专门讨论。

18.1 公债管理:流动性效应和利率效应

在西方经济学家看来,公债管理对于宏观经济调控的作用,主要是通过其对经济活动的流动性效应(liquidity effect)和利率效应(interest rate effect)来实现的。这就是说,公债管理作为一种宏观经济调控手段,从公债管理活动的实施,到对经济的稳定增长发生效力,其间有一个传导过程。如果说经济的稳定增长是公债管理的目标所在,那么,流动性效应和利率效应即是考核、监测公债管理情况对于宏观目标作用情况的中介目标。

18.1.1 公债管理的流动性效应

公债管理的流动性效应,是指在公债管理上通过调整公债的流动性程度,来影响整个社会的流动性状况,从而对经济施加扩张性或紧缩性影响。其传导过程可表述为:公债的流动性程度变动→社会的流动性状况变动→经济活动水平变动。

为此,可以选择旨在变动政府债券期限构成的策略。其操作方法是:

1. 相机决定公债发行的期限种类。前已指出,政府债券按偿还期限可分为短期、中期、长期三大类。债券的期限不同,流动性程度有很大区别。短期债券变现能力强,有"近似货币"之称,在三类债券中流动性最高。长期债券变现能力相对较弱,在三类债券中流动性最低。中期债券的流动性居中。显而易见,政府债券发行中的期限种类的设计是肯定会对经济施加扩张性或紧缩性影响的。当政府需要启动经济,对经济施加刺激时,扩大短期债券的发行,提高短期债券在全部政府债券中的比重,以此引起社会中的流动性增加,便是一种有效的政策手段。反之,当政府需要紧缩经济,对经济实施抑制时,就可采取相反的方法,扩大长期债券的发行,提高长期债券在全部政府债券中的比重,以此降低社会中的流动性。

2. 相机进行政府债券的长短期调换。不难理解,债券期限上的流动性差异,不仅表现在债券发行的期限种类设计上,政府债券的调换[①]也会有类似反映。用长期债券调换短期债券,无异于减少公债的流动性,用短期债券调换长期债券,则无异于增加公债的流动性。将上述道理应用于此,政府债券的相机调换,同样可作为政府实施经济扩张或经济紧缩政策的一种途径。

还可以选择旨在调整公债应债来源的策略。这亦应有两种操作方法:

1. 相机决定政府债券的应债来源。前面说过,公债的应债来源,按照经济影响的不同可分为银行系统和非银行系统两大类。银行系统认

[①] 这是指政府为变更原发行公债的起债条件,而发行新的债券以调换尚未偿还的原有债券的公债管理活动。进行这种活动通常与政府的经济政策有关。

购或持有公债,通常会通过信贷规模的相应扩大而增加货币供给量。也就是说,社会中的流动性会因此而增加。非银行系统认购或持有公债,只引起资金使用权的转移,一般不会增加货币供给量,从而社会的流动性状况不会因此而受到多大影响。所以,公债应债来源的抉择,也是一种对经济施加扩张性或紧缩性影响的政策手段。这就是,在经济繁荣、面临通货膨胀的威胁时,尽量从非银行来源借入资金,缩小银行系统持有公债在全部公债中的比重,以此降低社会中的流动性。在经济衰退、面临通货紧缩的威胁时,力求扩大银行系统持有公债的比重,限制非银行系统认购公债,以此增加社会中的流动性。

2. 相机进行有针对性的政府债券买卖。流动性程度不同的政府债券,通常都有其特定的投资者。商业银行因其主要经营短期存放款业务,大部分负债需要随时支付,且每周、每天变化很大,往往是流动性最高的短期债券的主要投资者。而业务性质对流动性要求相对不高的其他投资者,对债券长短期构成的选择就不那么敏感。因此,在公债二级市场上买卖短期债券,①肯定会对商业银行持有公债的状况乃至社会中的流动性产生影响。相反,在公债二级市场上买卖长期债券,商业银行持有公债的状况则一般不会受到冲击,从而对社会中的流动性影响不大。既然如此,当政府执行扩张性的经济政策时,可选择在公债二级市场上卖出短期债券(同时买入长期债券)的办法,以扩大商业银行持有公债的比重,从而增加扩张信用的基础和社会中的流动性,当政府执行紧缩性的经济政策时,可选择在公债二级市场上买进短期债券(同时卖出长期债券)的办法,以缩小商业银行持有公债的比重,从而减少扩张信用的基础和社会中的流动性。

---

① 请注意:这里指的是由财政部门的公债管理机构或中央银行进行的公债管理活动,非指中央银行的公开市场业务。

18.1.2 公债管理的利率效应

公债管理的利率效应,指的是在公债管理上通过调整公债的发行或实际利率水平,来影响金融市场利率升降,从而对经济施加扩张性或紧缩性影响。其传导作力过程可表述为:公债的利率水平变动→金融市场利率变动→经济活动水平变动。

为此,首先可以选择调整公债发行利率的策略。这主要是通过相机决定公债的发行利率水平来操作的。西方经济学家认为,现代市场经济条件下,公债利率是金融市场上的一种最能体现政府宏观经济政策意图而对市场预期有重大影响的代表性利率。它的高低通常可对金融市场的利率升降产生直接影响。这样一来,公债发行利率的相机决定便成为政府对市场利率水平施加影响,从而贯彻其宏观经济意图的一个途径了。例如,当经济形势需要实行扩张时,可相应调低公债发行利率,以诱导整个金融市场利率下降。市场利率的下降,是肯定有利于刺激投资,提高经济活动水平的。当经济形势需要实行紧缩时,可相应调高公债发行利率,从而影响整个金融市场利率上升。市场利率的上升,也是肯定会起到抑制经济的作用的。

也可以选择旨在调整公债实际利率水平的策略。其操作方法,就是相机买卖政府债券。这是鉴于债券价格同利率呈反方向变动的关系原理,而在政府债券的二级市场上进行的着眼于公债实际利率(非名义利率)的公债管理活动。它通常是由中央银行或财政部门的公债管理机构负责操作的。通过中央银行或财政部门的公债管理机构在公债二级市场上相机买卖政府债券,可促使政府债券价格发生涨跌,进而影响整个金融市场利率水平的升降。具体而言,在经济形势需要实行刺激时,可在公债管理上采取买入政府债券的措施。这就意味着,政府债券价格会因需求增加而上升(其实际利率水平下跌),市场利率水平会随之下降,从而对经济产生扩张性影响。而在经济形势需要实行紧缩时,可在公债管理上采取抛售政府债券的措施。不言而喻,政府债券价格会因供给增加而下跌(其实际利率水平上升),市场利率水平亦会随之上升,从而对经济产生抑制性影响。

上述道理还可推广到市场利率结构的调控上。比如,在公债二级市场上买入短期债券,同时卖出长期债券,其结果必然是长、短期公债的供求状况发生方向相反的变动。很明显,由于短期债券的需求大于供给,短期债券的价格会趋于上升(实际利率下降),长期债券的价格会趋于下降(实际利率上升)。再进一步,短期公债利率水平的下降又会拖动市场短期利率水平随之下跌,长期公债利率水平的上升也会拉起市场长期利率水平一起上扬。同样的道理,在公债二级市场上买入长期债券,同时卖出短期债券,会引起长期债券的价格上升(实际利率下降),短期债券的价格下跌(实际利率上升),进而促使市场长期利率水平下降,市场短期利率水平上升。在西方经济学家看来,长短期公债利率和长短期市场利率的这一变动过程,实质是政府对金融市场利率水平的作用范围由宏观推进到了微观。于是,不仅金融市场的整体利率水平要受公债管理活动的影响,即使金融市场的长短期利率结构,也有可能为公债管理活动所左右了。

18.2 公债管理同财政、货币政策的协调配合

公债管理既是一种重要的宏观经济调控手段,那么,在其实际操作过程中,就不能不考虑到同其他宏观经济调控手段的协调配合问题。特别是同现代经济条件下政府调控经济的两大杠杆——财政政策和货币政策的协调配合,在西方经济学家看来,更是至关重要的。

18.2.1　公债管理与财政、货币政策的同一性

弄清公债管理同财政政策和货币政策的关系是十分必要的。

先来看一下公债管理同财政政策的关系。这个问题在前面实际已经有所涉及。一般地讲,财政政策主要是由税收政策、支出政策以及赤字弥补政策等三个方面的内容所组成的。就财政政策实施的基础条件而论,无论税收政策的调节(减税或是增税),还是支出政策的运用(增支或是减支),都与财政的平衡状况密切相关。而只要财政上发生赤字,就有一个赤字如何弥补的问题。尽管弥补财政赤字的方式不少,例如向银行借款,增发通货,直接扩大征税范围或提高税率等,但就由此而带来的经济社会效应来说,公债是弥补财政赤字的最佳方式。从实际情况看,目前各国政府的财政赤字也基本上是靠发行公债来弥补的。这就是说,作为弥补财政赤字的基本方式的公债,是财政政策得以实施的基础条件。

再来看公债管理同货币政策的关系。货币政策主要是指中央银行运用公开市场业务、调整贴现率和变动法定准备金等"三大武器"来影响市场利率的形成和调节货币供给量。而公开市场业务的操作对象就是政府债券,它实质上是通过在公开市场(即金融市场)上买卖政府债券以控制金融市场的一种活动。当中央银行要增加货币供给量,放松信用,即执行扩张性的货币政策时,它就要在公开市场上买进政府债券,以此向流通领域注入货币;而当中央银行要压缩货币供给量,收缩信用,即执行紧缩性的货币政策时,它就要采取与前相反的行动,卖出政府债券,以此从流通领域回笼货币。由此不难看出,中央银行利用吞吐政府债券而调节货币供给量的公开市场业务,是以较大规模的政府债券的存在为前提的。"大量的公债给'联邦'(指美国的联邦储备银行)提供了大面积的回旋余地来从事大规模的公开市场业务,……广

阔的政府债券市场的存在使得广泛的稳定性的公开市场业务成为可能,从而具有增加货币政策的效果的倾向。"①从这个意义上讲,公债管理就是中央银行运用货币政策调节经济的"传导器"。

据此,西方经济学家认为,无论是财政政策,还是货币政策,其实施过程都同公债管理有着不可分割的联系。正是从公债管理把本来分别由财政部门和中央银行执行的相互独立的财政政策和货币政策连接了起来这一点出发,西方经济学家将公债管理视作财政政策和货币政策之间的连接点或桥梁(参见图 18-1)。

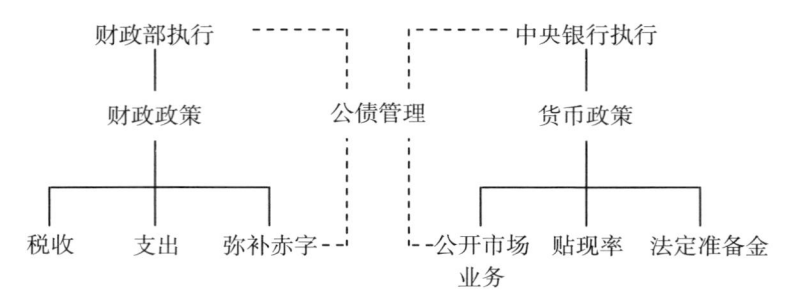

图 18-1 公债管理:财政政策和货币政策之间的连接点

18.2.2 公债管理与财政、货币政策的差异性

不过,严格地说来,尽管公债管理同财政政策和货币政策有不可分割的关系,但公债管理并不是财政政策或货币政策的一部分。它毕竟是一种相对独立的经济活动,有其独特的运行规则。比如,就作用范围而论,公债管理既不能直接使公共支出和税收的规模及相关流量发生变化,也不能直接使货币供给量发生变化。它所面对的仅仅是既定规模的公债,包括已经决定发行但尚未售出的新公债以及已经

---

① 保罗·萨缪尔森:《经济学》上册,第 534 页—535 页。

发行但尚未偿还的旧公债。对既定规模的公债,采取有助于实现宏观经济政策目标的管理活动,乃是公债管理在宏观经济调控方面的作用范围。就政策目标而论,公债管理固然在总体目标上须服从于财政和货币政策的基本要求,但直接目标同财政和货币政策却不乏矛盾之处。例如,公债管理的直接目标之一就是尽可能降低举债成本。为此,在财政政策上应控制公债的发行规模。因为举债规模和举债成本正相关。举债规模大了,债息率及支付给推销机构的佣金和手续费率肯定要随之增长,但举债规模的控制是以减少或消除财政赤字为前提的。这很可能会与财政政策的直接目标相悖。还有,低利率时期多发行长期公债,高利率时期多发行短期公债,是在公债管理上降低举债成本的必需途径。这通常是要同货币政策的直接目标发生冲突的。因为低利率往往发生在经济发展低落的时期,在经济已经衰退的条件下,大量发行长期公债会驱使长期利率上升,阻碍投资增长和长期资本形成。而高利率往往发生在经济高速增长时期,在经济面临通货膨胀威胁或已经处于通货膨胀之中的条件下,大量发行短期公债犹如在一定程度上增发货币。就操作手段而言,前已述及,公债管理的操作主要是通过公债种类的设计、发行利率的决定、应债来源的选择等来完成的。这既同财政政策主要通过调整税收和政策支出以及弥补赤字的方式等去实施有不同之处,也同货币政策主要以公开市场业务、调整贴现率和变动法定准备金比率"三大武器"加以贯彻有所区别。

18.2.3 可遵循的原则

至此,可以得出的结论是,公债管理同财政政策、货币政策既有同一性,又有差异性。同一性决定了它们之间可以协调配合,采取目标一致、手段作力同向的行动,是其协调配合的基础条件。差异性决定了它们之间只有相互协调配合,才能避免相互掣肘,共同实现总体目标,是其协调配合的必要条件。

在西方经济学家看来,单一宏观经济调控手段的操作是相对容易的。但是,诸种宏观经济调控手段的协调配合,并将它们连接为一个有机的整体,形成最为恰当的作用合力,以实现经济稳定增长的总体目标,则就不那么简单了。其中的原因不难理解,单一宏观经济调控手段(如财政政策)的操作,总是建立在"其他条件不变"或"其他方面情况正常"的基础上,并由对这一调控手段的种种特点比较了解、对需要调控的对象比较清楚且专司其职的具体部门(如财政部)负责的。诸种宏观经济调控手段的配合运用,则是在不同的调控手段相互制约、互为条件、相互补充、彼此渗透的情况下,由同这些调控制手段相关的职能不同的各个部门共同负责的。

但不管怎样,西方经济学家强调,就公债管理作为一种宏观经济调控手段,应当在同其他宏观经济调控手段特别是财政政策和货币政策的协调配合中发挥作用这一点来说,至少有几个方面的原则是应当遵循的。这就是:

其一,在总体目标上,公债管理应当同财政政策、货币政策的基本要求保持一致。公债管理是在财政政策和货币政策所确定的政策框架内及经济环境中进行操作的。其作用的力度不能超过两大政策所允许的范围,其作力的方向不能与两大政策所追求的目标相悖。换言之,公债管理在宏观经济调控方面的作用,主要是配合各个时期的财政、货币政策,补充和加强它们的政策效应。

其二,在直接目标上,公债管理应当区别不同情况而分清主次。当公债管理的直接目标和经济稳定增长的总体目标相一致的时候,公债管理的操作可以尽情去追求自己的目标。当公债管理的直接目标同经济稳定增长的总体目标相矛盾的时候,直接目标就要让位、服从于总体目标。公债管理的操作应当把追求总体目标放在首位,然后再考虑直接目标的实施问题。

其三,在朝着经济稳定增长的总体目标努力的前提下,公债管理可以在自己的作用领域内,以其独特的方式和途径,充分展示其在宏观经济调控中的才能。

18.3 引发的思考:中国公债管理的问题与改革

在对西方经济学界有关公债管理与宏观经济调控关系的理论做了一番阐述之后,人们很自然要提出这样的问题:中国的公债管理能否在宏观经济调控领域扮演其应有的角色呢?

站在市场经济一般的立场上考虑问题,对上述问题的答案当然是肯定的。然而,问题的关键在于:要充分而有效地发挥公债管理在宏观经济调控领域中的作用,必须为之创造得以发挥作用的条件。其中,在当前,具有紧迫意义的有这样几条:

第一,公债的规模应适度扩大。公债管理的宏观经济调控能力同公债规模的大小正相关。这是因为,公债管理活动的操作是以社会上存在大量的政府债券为前提的。公债的规模越大,公债管理活动可操作对象的数量越大,其回旋余地也就越大。西方发达国家的公债管理正是随着公债规模的扩大而逐渐发展起来。就此而论,我国公债的连年发行,客观上的确有为公债的管理活动打基础的意义。现在的问题是,从1981年我国重新启用公债(仅指内债)到如今,13年过去了,公债管理活动的操作至今也未算真正搞起来。这固然有多方面的原因,但我国公债的累积规模未达到足以可使公债管理业务启动的程度,恐怕是一更重要的原因。从这个意义上讲,我国公债的发行规模似有适度扩大的必要。

第二，公债的种类应朝多样化的目标进一步努力。公债种类的多样化问题，我们已经提了好多年了，近两年也确实在增加公债的品种方面做了一些尝试，但公债品种单一化的格局并未有较大的改观。这个问题不解决，不仅提高投资者积极性的目标难以实现，公债发行同国库用款需要的步调难以协调，公债管理活动的操作也缺乏必要的基础条件。道理不难说清，公债管理活动的相机操作主要通过调整变动公债的种类构成（特别是期限构成）来实现，如果市场上公债的种类单一，甚至没有对公债管理活动具有关键意义的短期债券的发行，则这种调控手段的运用便无从谈起。由此看来，当前很有必要在尽快改变公债期限的单一化格局、增加公债的种类上下一番功夫。

第三，公债的应债来源相应拓宽。如前所述，公债管理活动的一个重要操作手段，就是调整、变动公债的持有者结构，这当然也要以广泛多样的公债应债来源为前提。在这方面，我国要做的事情主要是打破对专业银行和中央银行买卖政策债券的限制，让它们加入公债持有者的行列。在此基础上，使政策债券在银行系统的资产结构中占有相当比重。令人欣慰的是，我国金融体制改革的规划已经将专业银行企业化，投资对象多元化作为一项重要目标提出。可以想见，随着这一目标的逐步实现，专业银行肯定会成为政府债券，特别是较短期公债的重要投资者。问题在于中央银行何时能获准进入公债市场，这当然是有一定困难的，其中最为主要的是有可能因此而诱发通货膨胀。这种担心不是没有道理的。在目前中国的银行贷款规模还是由年初信贷计划直接给定的条件下，中央银行认购公债显然会增加计划外的基础货币投放，形成通货膨胀的压力。但是，出在特定体制上的毛病，不应成为排斥中央银行认购公债的理由。问题的解决要从金融体制改革着眼。所以，随着我国金融体制改革逐步深化的进程，中央银行认购并持有公债，从而为公债管理业务操作打下基础，是应当必须尽快着手的一项工作。

第四,理顺关系,完善公债的管理机构。公债管理机构是公债管理活动的操作主体。在宏观经济调控中扮演着关键角色,这就要求公债的管理机构处于比较"超脱"的地位,一切活动都要以国家的宏观经济政策为最终出发点,而决不能以营利为目的。应当承认,我国目前的确存在公债管理机构行为不规范的问题。这突出表现在一部分由财政部门出资的金融机构(信托投资公司或投资公司)和由各财政部门自己设立的国债服务部,不顾本身的职能、作用特点,在公债市场上争相充当"经销商"的角色。甚至为了"创收",钻发行利率不规范的空子,只买不卖或多买少卖,囤积公债,猎取较高的差价收入或利息收入。无须赘言,在公债管理机构行为不规范的情况下,发挥公债管理在宏观经济调控中的作用,只能是一句空话。有鉴于此,必须花大气力规范公债管理机构的行为,明确规定其各方面的权限和职责,特别是明确规定它在政府宏观经济调控中的地位和作用。同时,还应当在总结经验、理清思路的基础上,着手公债管理的立法工作,并逐步使之完善起来。

第五,利率的形成机制应向市场化的方向改进。不难理解,公债发行利率的相机决定,并以此作为调节市场利率的手段,是建立在利率形成机制市场化的基础之上的。政府债券买卖活动对市场利率水平的调节,也是如此。没有利率形成机制的市场化,就不能指望公债发行利率的高低可对以银行存贷款利率为代表的各种利率水平产生效力。如人们所熟知的那样,目前我国的银行存贷款利率是以行政命令直接决定的,其他债券的利率亦不能摆脱行政干预,总要受到各种直接或间接的控制。就这个方面而言,资金商品化、利率市场化的改革任务,同样是非常紧迫的。这也是公债管理得以在宏观经济调控领域发挥作用的基础条件。

小　　结

1. 公债管理的意义,不能仅从纯财政的角度去理解,还应将其置于经济稳定发展的大背景下来考察。就公债管理对于经济活动的流动性效应和利率效应来说,公债管理也是一种重要的宏观经济调控手段。

2. 公债管理的流动性效应,是指在公债管理上通过调整公债的流动性程度,来影响整个社会的流动性状况,从而对经济施加扩张性或紧缩性影响。为此可采用的策略有:变动政府债券的期限构成(相机决定公债发行的期限种类和相机进行政府债券的长短期调换)、调整公债应债来源(相机决定政府债券的应债来源和相机进行有针对性的政府债券买卖)。

3. 公债管理的利率效应,指的是在公债管理上通过调整公债的发行或实际利率水平,来影响金融市场利率升降,从而对经济施加扩张性或紧缩性影响。为此,可选择调整公债发行利率(相机决定公债的发行利率水平)和调整公债实际利率水平(相机买卖政府债券)的策略。

4. 公债管理是在同财政政策和货币政策为主的其他宏观经济调控手段的协调配合中发挥作用的。它同两大政策既有同一性,又有差异性。同一性决定了它们之间可以协调配合,是其协调配合的基础条件;差异性决定了它们之间只有相互协调配合,才能避免相互掣肘,是其协调配合的必要条件。但不管怎样,公债管理与财政、货币两大政策的协调配合,是应当遵循一定的原则进行的。

5. 从市场经济一般的角度考虑问题,中国的公债管理同样可以在宏观经济调控领域发挥作用。但要做到这一点,必须为之创造得以发挥作用的条件。其中,主要是适度扩大公债规模、公债种类多样化、拓宽应债来源、完善公债管理机构和利率形成机制市场化。

主要参考文献

英文部分

1. David N. Hyman: *Public Finance: A Contemporary Application of Theory to Policy*, The Dryden Press, 1990.
2. Richard A Musgrave, Peggy B. Musgrave: *Public Finance in Theory and Practice*, McGraw-Hill Book Company, 1984.
3. Coopers & Lybrand: *International Tax Summaries 1990*, John Wiley & Sons, 1990.
4. Howard Sutton: *Contemporary Economics*, The Dryden Press, 1976.
5. Earl R. Rolph, George F. Break: *Public Finance*, The Ronald Press Company, 1981.
6. Edger K. Browning, Jacquelene M. Browning: *Public Finance and The Price System*, Macmillan Publishing. Inc, New York, 1982.
7. Wayland D. Gardner: *Government Finance: Federal, State and Local*, Prentice-Hall, Inc, 1978.
8. James A. Maxwell, Richard J. Aronson: *Financing State and Local Government*, Brookings Institution Washington D. C. 1977.
9. Ansel M. Sharp, Kent W. Olesn: *Public Finance*, Oklahoma State University West Publishing Company, 1978.
10. Due J. F. : *Government Finance: Economics of The Public Sector*, Richard D. Irvin Illinois, 1981.
11. Deloitte Haskins & Sells: *Taxation of International Executives*, Kluwer Law and Taxation Publishers, 1985.
12. Coopers & Lybrand: *Asia & Australasia Tax Summaries 1988*, John Wiley & Sons 1988.

13. Richard A. Brealey, Stewart C. Myers: *Principles of Corporate Finance*, McGraw-Hill, Inc, 1991.
14. Hal R. Varin: *Intermediate Microeconomics*, W. Norton & Company, 1990.
15. R. W. Boadway: *Public Economics*, Little Brow and Company, 1979.
16. H. J. Arrow: *The Economics of Taxation*, The Brookings Institution, 1980.
17. Michael J. Boskin and Charles E. Mclure, Jr: *World Tax Reform: Case Studies of Developed and Developing Countries*, International Center for Economic Growth, 1990.

中文部分

1. 王传纶:《资本主义财政》,中国人民大学出版社 1981 年版。
2. 邓子基主编:《比较财政学》,中国财政经济出版社 1987 年版。
3. 唐腾翔:《比较税制》,中国财政经济出版社 1990 年版。
4. 侯梦蟾:《税收经济学导论》,中国财政经济出版社 1990 年版。
5. 编写组:《西方政府财政及预算管理》,中国财政经济出版社 1989 年版。
6. 编写组:《资本主义国家财政》,中国财政经济出版社 1985 年版。
7. 韦自良:《香港税务指南》,商务印书馆 1989 年版。
8. 李九龙、於鼎丞:《外国税制》,东北财经大学出版社 1987 年版。
9. 薛天栋:《现代西方财政学》,上海人民出版社 1983 年版。
10. 肖德义:《西方财政学》,中国财政经济出版社 1989 年版。
11. 西蒙·詹姆斯、克里斯托弗·诺布斯:《税收经济学》,罗晓林、马国贤译,中国财政经济出版社 1988 年版。
12. 坂入长太郎:《欧美财政思想史》,张淳译,中国财政经济出版社 1987 年版。
13. 李建昌、高培勇:《当代美国财税教程》,世界知识出版社 1988 年版。
14. 阿图·埃克斯坦:《公共财政学》,张愚山译,中国财政经济出版社 1983 年版。
15. 保罗·萨缪尔森:《经济学》,高鸿业译,商务印书馆 1979 年版。
16. 葛维熹主编:《国际税收教程》,中国财政经济出版社 1987 年版。
17. 周玉津:《财政学概要》,五南图书出版公司版。
18. 李超英:《财政学概要》,五南图书出版公司版。
19. 高培勇、梁友平:《国际税收知识手册》,四川人民出版社 1990 年版。

20. 彭澄、倪平松:《外国财政》,东北财经大学出版社1987年版。
21. 平新乔:《财政原理与比较财政制度》,上海三联书店1992年版。
22. 梁小民:《西方经济学导论》,北京大学出版社1984年版。
23. 保罗·R.格雷戈里、罗伯特·G.斯图尔特:《比较经济体制学》,林志军、刘平等译,上海三联书店1988年版。
24. 陈共主编:《财政学》,四川人民出版社1991年版。
25. 厉以宁、秦宛顺:《现代西方经济学概论》,北京大学出版社1983年版。
26. 褚葆一主编:《当代美国经济》,中国财政经济出版社1981年版。
27. 胡代光、厉以宁:《当代资产阶级经济学主要流派》,商务印书馆1982年版。
28. 布赖恩·摩根:《货币学派与凯恩斯学派》,薛蕃康译,商务印书馆1984年版。
29. 詹姆斯·M.布坎南:《民主过程中的财政》,唐寿宁译,上海三联书店1992年版。